**Europäische Freiheitskämpfe
Das merkwürdige Jahr 1848**

Ausstellungsorte und -termine

Wissenschaftszentrum Bonn-Bad Godesberg
24. 2. 1994 – 17. 4. 1994

Altonaer Museum – Norddeutsches Landesmuseum – Hamburg
22. 7. 1994 – 16. 10. 1994

Heimatmuseum Neuruppin
21. 2. 1995 – 30. 4. 1995

Historisches Museum der Stadt Frankfurt am Main
24. 5. 1995 – 30. 7. 1995

Erinnerungsstätte für die Freiheitsbewegungen in der
deutschen Geschichte Rastatt
25. 8. 1995 – 12. 11. 1995

Museum für Volkskunde Staatliche Museen zu Berlin
20. 1. 1996 – 29. 4. 1996

S|M
P|K

Staatliche Museen zu Berlin
Preußischer Kulturbesitz

Schriften
des Museums für Volkskunde
Band 19

Angelika Iwitzki

Europäische Freiheitskämpfe
Das merkwürdige Jahr 1848

Eine neue Bilderzeitung
von Gustav Kühn in Neuruppin

Berlin 1994

Umschlagillustration
Vorderseite: 2. Bild, s. S. 19
Rückseite: 11. Bild, s. S. 41

Redaktion: Theodor Kohlmann und
Irene Ziehe

Ausstellung
des Museums für Volkskunde
Staatliche Museen zu Berlin
Preußischer Kulturbesitz

Idee und Konzeption: Angelika Iwitzki,
Theodor Kohlmann und Irene Ziehe
Gestaltung: Christian Ahlers

Restauratorische Betreuung:
Eberhard Metzner

Die Deutsche Bibliothek – CIP-Einheitsaufnahme

Europäische Freiheitskämpfe, das merkwürdige Jahr 1848 : eine neue Bilderzeitung von Gustav Kühn in Neuruppin / Angelika Iwitzki. [Red.: Theodor Kohlmann und Irene Ziehe]. – Berlin : Reimer, 1994
ISBN 3-496-01115-7
NE: Iwitzki, Angelika; Kohlmann, Theodor [Red.]

© 1993 Staatliche Museen zu Berlin
Preußischer Kulturbesitz
Herstellung: Reiter-Druck, Berlin

Buchhandelsausgabe:
Dietrich Reimer Verlag
Dr. Friedrich Kaufmann
Unter den Eichen 57
12203 Berlin

ISBN 3-496-01115-7
Printed in Germany

Vorwort

Das Museum für Volkskunde der Staatlichen Museen zu Berlin – Preußischer Kulturbesitz legt mit dem 19. Band seiner Schriftenreihe eine kommentierte Dokumentation der Bilderbogenserie »Europäische Freiheitskämpfe. Das merkwürdige Jahr 1848. Eine neue Bilderzeitung« aus der Offizin von Gustav Kühn in Neuruppin vor. Die Dokumentation und der Kommentar sind Frau Angelika Iwitzki zu verdanken, mit der das Museum seit 1975, dem Jahr der Fertigstellung ihrer Staatsexamensarbeit zum Thema, in fortdauernder Verbindung steht. Frau Iwitzki ist es in langwierigen Untersuchungen gelungen, die Bilderbogenserie fast vollständig nachzuweisen und zahlreiche Belege für die Bildmotive und die Bilderbogentexte aufzuspüren. Damit ist es nun möglich, die Neuruppiner »neue Bilderzeitung« zu den europäischen Revolutionsereignissen der Jahre 1848 bis 1850 aus verstreuten Quellen geschlossen vorzulegen und der weiteren Forschung zur Verfügung zu stellen.

Das Museum für Volkskunde besitzt in seiner inzwischen etwa 8000 Blätter umfassenden Bilderbogensammlung 14 von insgesamt 81 nachweisbaren Bogen der Serie. Zwei weitere Bogen im Besitz der Stiftung Preußischer Kulturbesitz steuert die Staatsbibliothek zu Berlin bei. Mehr Bogen als die Stiftung Preußischer Kulturbesitz befinden sich nur im Bundesarchiv in Rastatt (24 Bogen) und im Altonaer Museum in Hamburg (29 Bogen). Gut bestückt sind auch die Sammlungen des Schleswig-Holsteinischen Landesmuseums in Schleswig (16 Bogen), des Landesarchivs Berlin (16 Bogen), des Deutschen Historischen Museums in Berlin (15 Bogen) und des Museet Kolding in Dänemark (12 Bogen). Danach folgen das Heimatmuseum in Neuruppin (7 Bogen) und zahlreiche weitere Sammlungen mit ein bis sechs Bogen der Serie. 31 Bogen sind bisher nur in einem einzigen Exemplar nachweisbar, – ein Zeichen dafür, daß insbesondere im populären Bereich verbreitete Druckerzeugnisse nur mangelhaft in öffentliche Sammlungen (Museen, Archive, Bibliotheken) gelangt sind.

Der Weg der Bilderbogen in sicheren öffentlichen Besitz soll anhand der 14 Bogen des Museums für Volkskunde verfolgt werden. Als das Museum 1981 seinen Bestand von damals etwa 1200 Neuruppiner Bilderbogen in einem Katalog vorstellte, konnten aus der Serie »Das merkwürdige Jahr 1848« lediglich zwei Bogen vorgelegt werden, die beide aus der 1967 erworbenen Bilderbogensammlung Hirschberg/Hamburg stammten. Fünf Bilderbogen, die Ereignisse in Schleswig-Holstein zum Thema haben, kamen 1990 zusammen mit der Sammlung von V. E. Clausen aus Dänemark in das Museum, eine Sammlung, die etwa 1000 in Dänemark verbreitete Neuruppiner Bilderbogen umfaßt. Die über die Akademie der Wissenschaften der DDR in das Museum für Volkskunde gekommene Sammlung von Professor Adolf Spamer, Berlins erstem Lehrstuhlinhaber für Volkskunde, enthält allerdings keinen weiteren Bogen der »neuen Bilderzeitung«. Ein weiterer Bogen mit der Bestattung der Berliner Märzgefallenen konnte im Berliner Antiquariatshandel erworben werden, zwei Bogen kamen von bzw. über einen Privatsammler in das Museum. Vier Bogen schließlich gehörten früher zu der bekannten Bilderbogensammlung Lankheit/Karlsruhe und wurden von den Erben dankenswerterweise dem Berliner Volkskundemuseum überlassen. Die Finanzierung des Ankaufs ist dem Verein der Freunde des Museums für Volkskunde zu verdanken.

Die »neue Bilderzeitung« von Gustav Kühn diente der Information über die aktuellen Ereignisse der bewegten Jahre seit der Februarrevolution 1848 in Paris. Die »europäischen Freiheitskämpfe« wurden auch von anderen Offizinen ins Bild gesetzt, so insbesondere von Kühns Neuruppiner Konkurrenten Oehmigke & Riemschneider. Das Museum für Volkskunde besitzt hiervon 28 Blätter. Aber auch andere Firmen, z. B. Friedrich G. Schulz in Stuttgart, Fechner in Guben, Kanning in Hamburg, waren mit Bilderbogen zu den Ereignissen der Jahre 1848 bis 1850 am Markt. Von G. N. Renner in Nürnberg besitzt, um ein Beispiel zu nennen, das Museum ein Blatt »Die Schlacht bei Novara am 23. März 1849 zwischen dem österreichischen Armeekorps unter Radetzky und den sardinischen Truppen«. Die Kämpfe in Italien fehlen in der Neuruppiner Berichterstattung, wenn sie sich nicht unter den nicht nachweisbaren Nummern verstecken.

Gustav Kühn in Neuruppin unterscheidet sich von den übrigen Bilderbogenverlegern dadurch, daß er seinen Blättern von Anfang an einen zusammenfassenden Reihentitel mit fortlaufender Sondernumerierung gibt. Das war ein Verfahren, daß von der Firma Gustav Kühn besonders früh und wohl auch häufiger als von anderen Bilderbogenverlegern angewendet wurde. Schon 1835/36 kam eine »Bilder-Zeitung von Frankreich« mit mindestens vier Nummern heraus, von denen das Museum zwei besitzt. Die Nr. 3 zeigt das »feierliche Leichenbegräbniß« der bei dem Attentat des Korsen Fieschi vom 28. Juli 1835 getöteten Begleiter des Königs und die Nr. 4 die »Hinrichtung des Anfertigers der Höllenmaschine nebst seinen beiden Mitschuldigen« am 16. Februar 1836. Eine »Bilderzeitung der Gegenwart« zeigt im 3. Bild »die Wiederherstellung des Kaiserreichs in Frankreich« vom 2. Dezember 1852. »Bilderzeitung der Gegenwart« nennt dann auch G. N. Renner in Nürnberg eine Reihe von Bogen mit »Alexander II., Kaiser von Rußland« aus dem Jahr 1855 und mit Ereignissen aus Italien von 1859/60. Auch die Serie Gustav Kühns »Der Krieg Deutschlands gegen Frankreich« von 1870/71 trägt noch den Untertitel »Bilderzeitung der Gegenwart«. Oehmigke & Riemschneider nannten ihre Serie »Der Krieg der Deutschen gegen die Franzosen«. Die Bilderbogenserie zum Ersten Weltkrieg erscheint allerdings bei Gustav Kühn ohne einen Reihentitel, während der Verlag Oehmigke & Riemschneider seine Serie »Der europäische Krieg« betitelte. Das Museum besitzt daraus Bogen bis zur Nr. 30.

So fügt sich die »neue Bilderzeitung« von 1848 bis 1850 in ein von Gustav Kühn und dann auch von anderen Offizinen benutztes Verlagskonzept ein. Von allen Serien zu aktuellen Ereignissen darf aber die Folge »Das merkwürdige Jahr 1848« das größte Interesse beanspruchen. Keine andere »Bilderzeitung« der Bilderbogenverlage des 19. Jahrhunderts hat es auch auf eine so hohe Blattzahl gebracht, so daß sowohl der Inhalt als auch der Umfang der Serie eine gesonderte Bearbeitung und Veröffentlichung rechtfertigen.

Dem Herrn Präsidenten der Stiftung Preußischer Kulturbesitz ist für die Realisierung des schon lange geplanten Unternehmens zu danken, indem die Publikation als Katalog und Begleitband zu einer Ausstellungsreihe der Stiftung Preußischer Kulturbesitz in Bonn/Bad Godesberg und an anderen Orten der Bundesrepublik dient. Den Kolleginnen und Kollegen in Hamburg-Altona, Rastatt, Frankfurt am Main und Neuruppin ist für die Kooperation bei der Übernahme der Ausstellung zu danken, ebenso allen Leihgebern, die ihre Bilderbogen für den Katalog und die Ausstellung zur Verfügung stellten.

Theodor Kohlmann
Direktor des Museums für Volkskunde

Inhaltsverzeichnis

Vorwort	5
Einleitung	9
Das merkwürdige Jahr 1848 – Eine neue Bilderzeitung	
Neuruppiner Bilderbogen	10
Vormärz	14
1. Bild bis 97. Bild	16
Schlußbetrachtung	185
Bilderbogen von Gustav Kühn »Das merkwürdige Jahr 1848 – Eine neue Bilderzeitung«	189
Bilderbogen von Oehmigke & Riemschneider zu den Revolutionsereignissen der Jahre 1848 bis 1850	197
Standortnachweis der Bilderbogen	200
Quellen- und Literaturverzeichnis	201
Personenregister	203
Ortsregister	205
Fotonachweis	206

Einleitung

Als ich im Wintersemester 1973 meinen damaligen Geschichtsprofessor an der Pädagogischen Hochschule Reutlingen, Herrn Prof. Dr. Josef Seubert, um ein meiner Heimatstadt Berlin oder zumindest doch der näheren Umgebung verbundenes Thema für meine Zulassungsarbeit zur 1. Staatsprüfung für das Lehramt an Realschulen bat, und er mir die Aufgabe der Rekonstruktion und Interpretation der Serie: »Das merkwürdige Jahr 1848 – Eine neue Bilder-Zeitung« aus dem Bilderbogenverlag Gustav Kühn in Neuruppin stellte, konnten weder er noch ich ahnen, daß diese Arbeit uns über nunmehr zwei Jahrzehnte verbinden würde. Über all diese Jahre war er mir ein verläßlicher Ratgeber, der mich zur Weiterarbeit nach dem Examen ermunterte und bestärkte, der mir immer wieder neue Anregungen und Hinweise gab, der sich mit mir über jeden neuen Fund freute und der stets bereit war, meine Bildinterpretationen zu lesen und mich auf sachliche Fehler hinzuweisen oder mir Verbesserungsvorschläge zu unterbreiten. Deshalb gilt mein ganz besonderer Dank zu allererst ihm.

Des weiteren möchte ich Frau Lisa Riedel, der ehemaligen Museumsdirektorin des Heimatmuseums in Neuruppin danken, die mich schon während der Anfertigung meiner Examensarbeit, aber auch in späteren Jahren mit ihrem großen Sachverstand zu allem, was mit Bilderbogen zu tun hat, unterstützte. Eine weitere wichtige Persönlichkeit auf dem Weg zu dem nun vorliegenden Werk ist Herr Dr. Roland Klemig, ehemaliger Leiter des Bildarchivs Preußischer Kulturbesitz, der mit der Weitergabe meiner Examensarbeit an einen Verlag meine Weiterbeschäftigung mit dem Thema erst so richtig angefacht hat. Ich möchte aber auch nicht die vielen Mitarbeiter von Museen und Archiven vergessen, die mir oftmals in zeitaufwendiger und sachkundiger Hilfestellung zur Seite standen. Ihnen allen sage ich hiermit meinen Dank.

Meine Recherchen erstreckten sich zum einen intensiv auf die Bundesrepublik Deutschland und die ehemalige DDR, zum anderen auf die in der Serie angesprochenen Schwerpunkte außerhalb Deutschlands: Prag, Posen, Paris, Wien und Kopenhagen. Ein umfangreicher Briefwechsel verband mich mit allen in Frage kommenden Museen und Archiven, Sammlern und Antiquariaten. Vielfach recherchierte ich vor Ort, so daß ich glaube, die Serie so vollständig wie möglich zusammengetragen zu haben. Sollte durch die jetzige Veröffentlichung der eine oder andere Bilderbogen doch noch auftauchen, so wäre das eine sehr wünschenswerte Folge.

Im Zuge der Aufarbeitung der Bilderbogen kam ich auch mit Wissenschaftlern in Kontakt, die mir mit ihren landeskundlichen Kenntnissen eine große Hilfe waren. Ich denke dabei an Herrn Dr. Paul Zubek vom Schleswig-Holsteinischen Landesmuseum im Schloß Gottorf und Herrn Dr. Kurt Wernicke vom ehemaligen Museum für Deutsche Geschichte im Zeughaus in Berlin. Beide haben mir in ihrem jeweiligen Metier viele Anregungen und Hinweise gegeben, ohne die so manch ein auf dem Bilderbogen dargestelltes Ereignis nicht hinreichend aufgehellt worden wäre. Auch ihnen möchte ich hiermit herzlich danken.

Schließlich drohte das ganze Projekt doch zu scheitern, da alle angesprochenen Verlage zwar Interesse äußerten, aber die Kosten für den Druck einer so großen Zahl von großformatigen Farbbildern zu hoch waren. Hier nun kam Herr Prof. Dr. Theodor Kohlmann, Direktor des Museums für Volkskunde der Staatlichen Museen zu Berlin – Preußischer Kulturbesitz, mit dem Vorschlag, eine Ausstellung der Serie mit dem Druck eines Kataloges zu verbinden und auf diese Weise gezielt einen Interessentenkreis anzusprechen. Da sich diesem Unterfangen auch einige Museen mit großem Bilderbogenbestand anschließen werden, scheint nunmehr dem Projekt nichts mehr im Wege zu stehen. Herr Prof. Dr. Werner Knopp, der Präsident der Stiftung Preußischer Kulturbesitz, hat das Unternehmen in seine Obhut genommen. Somit gilt ihm und Herrn Prof. Dr. Kohlmann mein besonderer Dank für die Verwirklichung meiner Arbeit.

Nicht vergessen möchte ich meine Familie und meine Freunde, die nicht nur alle schon einmal mit mir nach Neuruppin mußten, sondern die mir auch mit bewunderungswürdigem Langmut auf Ferienfahrten die Marotte nachsahen, alle in erreichbarer Nähe liegenden Museen aufzusuchen, um Nachforschungen anzustellen, und die sich geduldig alle Neuigkeiten über ›meine Neuruppiner‹ anhörten. Ihnen allen auf diesem Wege ein herzliches Dankeschön.

Zum Schluß möchte ich noch bemerken, daß ich das Recherchieren und die Aufarbeitung der Bilderbogen nie als Arbeit empfunden, sondern als Bereicherung meines Lebens aufgefaßt habe – es hat mir ganz einfach Freude gemacht!

Das merkwürdige Jahr 1848 – Eine neue Bilderzeitung

Neuruppiner Bilderbogen

»NeuRuppin zu haben bei Gustav Kühn« – wem ist dieses Signum nicht schon in einer Ausstellung oder in der Literatur begegnet. Während der Nostalgiewelle in den siebziger Jahren wurden auch die Bilderbogen, dieses bunte Massenprodukt aus dem 19. Jahrhundert, wieder in das Bewußtsein von Liebhabern und Sammlern von Volkskunst getragen. Bei eingehender Beschäftigung mit diesem Sujet stellt man alsbald fest, daß die brandenburgische Kreisstadt Neuruppin zu den führenden Herstellungsorten von Bilderbogen gehörte, ja eigentlich ein Zentrum des europäischen Bilderbogens bildete.

Noch für die Menschen Anfang unseres Jahrhunderts war »NeuRuppin zu haben bei Gustav Kühn« ein mit Leben erfülltes geflügeltes Wort. Wenn auch die Firma Gustav Kühn erst im Zweiten Weltkrieg ihre Pforten endgültig schließen mußte, so ist die Blütezeit des Bilderbogens untrennbar mit der Person Gustav Kühn selbst verknüpft, der den Verlag von 1822 an fast 40 Jahre lang leitete.

Der zweite, nicht minder erfolgreiche Bilderbogenverlag, die Firma Oehmigke & Riemschneider, begann 1835 mit der Produktion von Bilderbogen. Diese Offizin brachte im Verlauf ihres Bestehens ebenfalls über 10000 verschiedene Motive in ähnlich hohen Auflagen heraus wie die Firma Kühn.

Noch eine dritte, bisher recht unbekannte Firma, die des Friedrich Wilhelm Bergemann, etablierte sich 1855 in Neuruppin. Mit etwa 1500 verschiedenen Motiven blieb sie der kleinste und unbedeutendste Bilderbogenhersteller Neuruppins.

Wenn auch die Verlage Kühn und Oehmigke & Riemschneider in Zahl, Motiven und Verbreitung von Bilderbogen etwa gleichzogen, so bleibt festzustellen, daß Gustav Kühn der Berühmtere ist, nicht nur, weil er schon 1822 den Verlag von seinem Vater übernommen hatte und ein bereits florierendes Unternehmen besaß, als seine Konkurrenten 1835 ins Geschäft einstiegen, sondern ganz besonders, weil er ein echter ›Bilderbogenmann‹ war, der eine Vielzahl seiner Bilder selbst zeichnete und sie mit eigenen Texten oder selbst verfaßten Versen versah, während Oehmigke & Riemschneider wohl die Themen festlegten, Bilder und Texte aber in Auftrag gaben. Zu Kühns Bekanntheitsgrad dürfte auch sein gängiger Werbespruch »NeuRuppin zu haben bei Gustav Kühn« nicht unwesentlich beigetragen haben.

Ein anderer Neuruppiner und Zeitgenosse Kühns, Theodor Fontane, gibt uns in einem Kapitel über Gustav Kühn in seinen »Wanderungen durch die Mark Brandenburg« Aufschluß über die ungeheure Beliebtheit der Kühnschen Bilderbogen:

»Was ist der Ruhm der Times gegen die zivilisatorische Aufgabe des Ruppiner Bilderbogens? Die Times, die sich mit Recht das ›Weltblatt‹ nennt, gleicht immer nur dem anglikanischen Geistlichen, dem hochkirchlichen Bischof, der, an schmalen Küstenstrichen entlang, in den großen reichbevölkerten Städten der andern Hemisphäre seine Wohnung aufschlägt und seines Amtes wartet, der Gustav Kühnsche Bilderbogen aber ist der Herrnhutsche Missionar, der überall hin vordringt, dessen Eifer mit der Gefahr wächst und der die eine Hälfte des Lebens in den Rauchhütten der Grönländer, die andere Hälfte in den Schlammhütten der Fellahs verbringt. Die Times bleibt im Hintertreffen gegenüber der Verbreitung jener Dreipfennigsbogen, die mit der wohlbekannten Notiz ›bei Gustav Kühn in Neu-Ruppin‹ über die Welt flattern. Gebiete, die Barth und Overweg, die Richardson und Livingstone erst aufgeschlossen – der Kühnsche Bilderbogen war ihnen vorausgeeilt und hatte längst vor ihnen dem Innersten von Afrika von einer Welt da draußen erzählt.«

Wenn wir auch Fontanes feine Ironie hinter diesen Worten spüren, so läßt sich in ihnen aber auch sein Staunen und seine Bewunderung für die Popularität der Kühnschen Bilderbogen erkennen.

Bilderbogen, heute begehrte Sammelobjekte, waren Gebrauchsgraphik. Auf billigem Papier gedruckt, waren sie für den ›Gebrauch‹ bestimmt: Heiligenbilder und Haussegen wurden in Haus und Stall aufgehängt, Porträts von Herrschern und ihren Familien schmückten die gute Stube, mit Märchen- und Ausschneidebogen spielten die Kinder und Aktualitätenbilderbogen wurden nach kurzer Zeit weggeworfen. So ist es nicht verwunderlich, daß auch von Bilderbogen mit einer hohen Auflage nur verhältnismäßig wenige die Zeiten überdauert haben, viele sogar überhaupt nicht nachgewiesen werden können.

Jeder Bilderbogen, gleich welcher Gattung er angehörte, hatte seine Aufgabe: er sollte erbauen, unterhalten, informieren oder belehren. Sie richteten sich an das einfache Volk, fanden ihre Abnehmer aber auch bei der Mittelklasse, so daß das Weltbild dieser Menschen zu einem nicht zu unterschätzenden Teil durch diese populäre Graphik geprägt wurde. Die Bilderbogenhersteller gehörten ihrerseits dem Besitzbürgertum an und vertraten weitgehend dessen Interessen. Sie zeigten auf ihren Bilderbogen eine ›heile Welt‹, in der jeder seinen angestammten Platz einnahm und niemand die Rechte des anderen antastete. Hierzu stellt Klaus Lankheit in seiner Einführung im Katalog zur Ausstellung »Bilderbogen« des Badischen Landesmuseums in Karlsruhe fest, »systemverändernd waren die Bilderbogen nicht«, und fährt fort: »Die Ambivalenz von Erziehung durch Information einerseits und Stabilisierung politischer Zustände andererseits gehört gerade zum Wesen des Bilderbogens.«

Die Bilderbogenherstellung war bis in die zweite Hälfte des 19. Jahrhunderts hinein ein reiner Manufakturbetrieb, in dem Zeichner, Lithographen und Kolorierer sich die Arbeit teilten. Die Zeichner sind meist anonym, da die Bilderbogen bis auf wenige Ausnahmen nicht signiert sind. Die Lithographien wurden mit der Handpresse hergestellt. Zwar hatte Kühn schon 1858 eine 1852 erfundene lithographische Schnellpresse erworben, doch scheint er sie für die Produktion von Bilderbogen erst viel später genutzt zu haben. Da das Steindruckverfahren bis Ende des 19. Jahrhunderts nur schwarz-weiße Bilder lieferte, wurden diese mit Hilfe von Schablonen koloriert. Für diese Arbeit beschäftigte Kühn 1850 etwa 30 Erwachsene und die gleiche Anzahl Kinder. Das »Templiner

Schulheftumschlag, Bilderbogen von Chr. Steen & Sön, Kopenhagen. Dänische Ausgabe eines Bogens von Gustav Kühn, Neuruppin. (MVK Berlin)

Kreisblatt« vom 2. August 1898 gibt uns eine Schilderung über die Kinderarbeit in den Bilderbogenverlagen:

»Die bunten Bilderbogen aus Neuruppin, zu haben bei Gustav Kühn, kennt wohl jeder Leser und hat in seiner Kindheit wohl selbst mit ihnen gespielt. Nun wohl, diese Ruppiner Bilderbogen werden meist während der Schulferien von Schulkindern koloriert. In Alt- und Neuruppin, in Lindow, Rheinsberg, Wusterhausen und Pritzwalk erhalten Schulkinder in Zweigniederlassungen der Ruppiner Großindustriellen die lithographierten Bogen zum Kolorieren. Dieses geschieht mittels Schablonen, und sie werden je nach der Anzahl der für eine Bogensorte benutzten Farben bezahlt und zwar für jede Farbe auf 480 Bogen in Wusterhausen mit 15 Pfg., in Lindow mit 17 1/2 Pfg. Werden z. B. vier Farben für eine Sorte Bilderbogen gebraucht, so erhalten sie in Wusterhausen für das Kolorieren von 480 Bogen 60 Pfg. ...

Und trotz dieser erbärmlichen Bezahlung verbringen, wie konstatiert wurde, über 150 Kinder die ganze Ferienzeit bei dieser Arbeit. Viele sitzen aber nicht nur in den Ferien dabei, sondern auch sonst Mittwoch und Sonnabend von 1–7 Uhr, 45 Kinder fand man auch an allen übrigen Wochentagen ca. 3 Stunden bei dieser Arbeit sitzen. Die seitens der Gewerbeaufsichtsbeamten auf diese Kinderausbeutung aufmerksam gemachte Staatsanwaltschaft beantragte auch die Bestrafung der betreffenden Arbeitgeber; aber der zweite Strafsenat des Reichsgerichts erklärte, daß das Bilderkolorieren nicht als Fabrikarbeit im Sinne der Gewerbeordnung anzusehen ist...«

Dem Aktualitätenbilderbogen gebührt in dieser Arbeit besondere Aufmerksamkeit. Er ist als Vorläufer der Illustrierten Zeitungen und letztlich auch des Fernsehens anzusehen. Mitte des vorigen Jahrhunderts kamen verschiedentlich Serien von Bilderbogen auf den Markt, die ausdrücklich als »Eine neue Bilderzeitung« gekennzeichnet waren, so auch die Serie »Das merkwürdige Jahr 1848/49«.

Aktuelle Ereignisse mußten schnellstmöglich und in anschaulicher Weise herausgebracht werden, und hier war Gustav Kühn, wenn wir Fontanes Schilderung folgen, ein Meister: »*Lange bevor die erste ›Illustrierte Zeitung‹ in die Welt ging, illustrierte der Kühnsche Bilderbogen die Tagesgeschichte, und was die Hauptsache war, diese Illustration hinkte nicht langsam nach, sondern folgte den Ereignissen auf dem Fuße.*« Auch kannte Kühn den Geschmack und die Erwartungen seiner Kundschaft genau, wie Fontane uns berichtet: »*In jedem Augenblicke zu wissen, was obenauf schwimmt, was das eigentliche Tagesinteresse bildet, das war unausgesetzt und durch viele Jahrzehnte hin Prinzip und Aufgabe der Ruppiner Offizin.*«

Bis 1848 beschränkte sich die aktuelle Berichterstattung allerdings auf fürstliche Hochzeiten, Kindtaufen und Todesfälle, auf Unglücke und Naturkatastrophen, auf kriegerische Ereignisse, Morde und Attentate und dergleichen mehr. Bilderbogen mit politischem Engagement finden sich nur in den zensurfreien Jahren von 1848 bis 1852.

Zu den am entschiedensten vertretenen Forderungen der März-Revolution von 1848 gehörte die Abschaffung der Pressezensur, die die Presse seit den Karlsbader Beschlüssen von 1819 zu einem Unterdrückungsinstrument der Herrschenden gemacht hatte. Als der Deutsche Bund die Pressezensur im April 1848 endlich offiziell für ganz Deutschland aufhob, war dieser Beschluß bereits überholt, denn die deutschen Einzelstaaten hatten im Verlauf der März-Erhebungen die Pressefreiheit schon gewähren müssen. Endlich war es möglich, politische Themen ohne Gängelung aufzugreifen und öffentlich zu diskutieren. Gleichzeitig hatte die Bevölkerung in dieser Zeit der politischen Spannungen einen ungeheuren Informationsbedarf, und so schlug sich das Zusammentreffen der Interessen von Journalisten (und solchen, die sich dafür hielten) und Lesern in Presseerzeugnissen in einer Vielzahl von häufig recht kurzlebigen Zeitungsneugründungen, Broschüren, Extrablättern, Flugschriften und -blättern, und nicht zuletzt in einer Fülle von Graphiken, Karikaturen und Bilderbogen nieder. Gerade der bildlichen Darstellung kam eine besondere Bedeutung zu, da sie ihre Kunden umfassender informieren konnte. Sie berichtete nicht nur über ein Ereignis, sie ließ die Menschen auch das Unvorstellbare durch das Bild miterleben. Selbstverständlich kamen beide Neuruppiner Offizine, Gustav Kühn und Oehmigke & Riemschneider, mit zahlreichen Bilderbogen zu den aktuellen Ereignissen während der Revolutionszeit auf den Markt, wobei Kühn viel Gespür für die Zeichen der Zeit bewies, indem er seine Berichterstattung von Anfang an als Serie unter dem Titel »*Das merkwürdige Jahr 1848 – Eine neue Bilderzeitung*« plante.

Gustav Kühn begann seine Serie mit dem Sturm auf die Tuilerien am 23. Februar 1848, obwohl es schon in den Jahren davor immer wieder zu ähnlichen revolutionären Erhebungen in mehreren europäischen Staaten gekommen war. Es stellt sich somit die Frage, warum er gerade zu diesem Zeitpunkt überzeugt war, daß das Jahr 1848 ›merkwürdig‹ werden würde, also ›wert, gemerkt zu werden‹. Eher hätte man dem politisch aktiveren Verlag Oehmigke & Riemschneider diese Voraussicht zugetraut. Entscheidend für die Beantwortung dieser Frage dürfte das Herausgabedatum des 1. Bildes sein. Es läßt sich an Bildern, die Kühn für diese Serie aus der Leipziger Illustrirten Zeitung kopierte, nachweisen, daß vom Ereignis über den Druck in der Illustrirten Zeitung bis hin zur Herausgabe eines Bilderbogens durch Kühn rund vier bis fünf Wochen vergingen. Bilder, die er selbst entwarf, konnten natürlich schneller hergestellt werden. Aber auch für die eiligste Herausgabe wird wohl eine Zeit von wenigstens drei bis vier Tagen zu veranschlagen sein, bedenkt man, daß die Bilder handkoloriert wurden.

Die ersten Berichte über die Pariser Ereignisse erschienen in der Vossischen Zeitung am 26. Februar 1848. Die Leipziger Illustrirte Zeitung brachte erst am 4. März 1848 in ihrer Beilage eine ausführliche Schilderung von der Erstürmung der Tuilerien und der Flucht Louis Philipps am 24. Februar. In ihrer Ausgabe vom 11. März 1848 finden wir neben weiteren Berichten über die Pariser Ereignisse mehrere bildliche Darstellungen, darunter eine, die die Aufständischen vor den Tuilerien am 24. Februar zeigt. Es ist anzunehmen, daß dieses Bild Kühn als Vorlage zu seinem

»Der Barrikadenkampf in Berlin.« P.C. Geißler, Nürnberg, o.No. (MVK Berlin)

1. Bild gedient hat, da der mittlere Gebäudeteil ziemlich genau übernommen ist, und er sicherlich nicht ein Bild der Tuilerien archiviert hatte. Damit wäre eine Herausgabe des 1. Bildes nicht vor dem 18. März anzunehmen, wahrscheinlicher ist sogar ein noch späteres Herausgabedatum. Dies würde auch erklären, warum Kühn trotz der großen Aktualität keinen Bogen über die Ereignisse vor dem Berliner Schloß herausgab, sondern sich gleich den Barrikadenkämpfen zuwandte. Hier dürfte die rasante Entwicklung der Ereignisse ihn überrollt haben.

Nun hatte er die Revolution vor seiner eigenen Tür und es galt, schnellstens die Ereignisse aus Berlin zu publizieren, wollte er seinem Konkurrenten Oehmigke & Riemschneider, der bereits einen Bogen über die Vorfälle am Berliner Schloß auf den Markt gebracht hatte, nicht unterlegen sein.

Wenn aber das 1. Bild erst gut drei Wochen nach den Pariser Ereignissen auf den Markt kam, so ist es nicht mehr gar so verwunderlich, warum Kühn eine Serie über dieses »merkwürdige Jahr« plante. Inzwischen hatte sich die französische Revolution als Flächenbrand entpuppt, der zuerst auf süd- und westdeutsche Staaten übergriff und schließlich Metternich, die Bastion der Reaktion, zu Fall brachte. Auch in Preußen stieg die Stimmung auf den Siedepunkt, und der preußische König sah sich gezwungen, Zugeständnisse zu machen. Kühn bewies also durchaus Weitblick sowie Geschäftssinn, als er voraussah, daß diese Revolution, die fast ganz Europa ergriffen hatte, nicht in kurzer Zeit von den Herrschenden zu unterdrücken sein werde.

Quellen:
Riedel: Zur Geschichte der Neuruppiner Bilderbogen, 1984 – Riedel: Neuruppiner Bilderbogen, 1981 – Hirte: Der Bilderbogen, he Juchhe, he Juchhe, 1969 – Bauer: Der Neuruppiner Bilderbogen, 1903/04 – Lankheit: Bilderbogen, Katalog Bad. Landesmuseum, 1973 – Zaepernick: Neuruppiner Bilderbogen der Firma Gustav Kühn, 1972 – Fontane: Gustav Kühn, S. 33ff., 1969 – Arnscheidt: Politische Druckgraphik der Revolution 1848/49, S. 1ff., 1978.

Vormärz

1815 war Napoleon endgültig von der politischen Bühne verbannt, und die Siegermächte gingen daran, Europa neu zu ordnen. Konnte man die Ära Napoleon auch nicht ungeschehen machen, so versuchte man unter Führung Metternichs auf dem Wiener Kongreß die alten Machtverhältnisse, wie sie bis 1789 bestanden hatten, möglichst wieder herzustellen.

Die Völker Europas waren mit Begeisterung in die Freiheitskriege gezogen, um ihren Teil zur Vertreibung des Usurpators beizutragen. Sie hatten ungeheure Entbehrungen auf sich genommen und den Verlust der Gefallenen klaglos ertragen. Nun, als es an die Arbeit des Neuorientierens und Neubeginnens ging, blieben sie davon ausgeschlossen. Auf dem Wiener Kongreß entschieden die Könige und Fürsten von Gottes Gnaden in alter Selbstherrlichkeit über die Geschicke Europas. Doch der Gedanke an Errichtung von Nationalstaaten, der während der Freiheitskriege aufgekommen war, ließ sich nicht mehr unterdrücken. Er sorgte in den folgenden Jahren immer wieder für Unruhe und Aufstände, derer sich die Herrschenden nur mit militärischer Gewalt zu erwehren wußten.

Die französische Juli-Revolution von 1830 gab das Zeichen zu nationalrevolutionären Erhebungen in ganz Europa. Auch in Deutschland wurde die Idee eines Nationalstaates wieder entschiedener vertreten. Höhepunkt dieser Bestrebungen war das Hambacher Fest von 1832, an dem etwa 25000 Menschen teilnahmen – für damalige Verhältnisse eine ungeheure Menge. Die Herrschenden antworteten auf diese Massendemonstration mit Verboten, Verhaftungen und Ausweisungen. Sie hofften, Angst und Verfolgung würde die freiheitlichen Ideen aus den Herzen ihrer Völker vertreiben.

Die Zeit zwischen dem Hambacher Fest und der Mitte der vierziger Jahre ist von dem Unverständnis und der Unfähigkeit der Fürsten geprägt, freiheitliche Gedanken aufzugreifen und in ihrem Interesse zu verwerten. Sie gaben dem Volk keine Möglichkeit, Einfluß auf die Staatsgeschäfte zu nehmen und vertraten die reaktionären Ziele des Adels mit Nachdruck.

Zur allgemeinen Unzufriedenheit über die Regierungen kam ab 1846 eine gesamteuropäische Wirtschaftskrise hinzu, die erneut die sozialen und politischen Spannungen verschärfte und den Boden für eine Revolution in vielen Ländern vorbereitete.

Die Polen erhoben sich im Februar 1846 gegen die Mächte der Heiligen Allianz. Rußland und Preußen gelang es rasch, den Aufstand in den von ihnen annektierten Teilen zu unterdrücken. Die Erhebung im Freistaat Krakau hatte jedoch zunächst Erfolg, so daß sich hier Ende Februar 1846 eine polnische Nationalversammlung konstituieren

Schulwandbild »Barrikadenkämpfe 1848 in Berlin.« Nach einem Gemälde von Hans Mocznay, Volk und Wissen Volkseigener Verlag Berlin (MVK Berlin)

konnte. Anfang März 1846 wurde Krakau aber durch russische, österreichische und preußische Truppen besetzt, der Aufstand unterdrückt und der Freistaat im November 1846 Österreich zugeschlagen.

Als besonders gefährlich erwies sich die schleswig-holsteinische Frage. Der dänische König war gleichzeitig Herzog von Schleswig und Holstein. Im Juli 1846 erhob König Christian VIII. den Anspruch, die beiden Herzogtümer Dänemark anzugliedern. Die Erregung darüber schlug nicht nur in Schleswig und Holstein, sondern in ganz Deutschland hohe Wellen. Der Krieg, der im April 1848 um die Herzogtümer zwischen Dänemark und dem Deutschen Bund ausbrach, wurde von Preußen als dem nächsten großen Nachbarn nur zu gerne angenommen, konnte es zum einen doch seine nationale Rolle betonen und der moralischen Unterstützung der Volksbewegung sicher sein, zum anderen aber auch von den innenpolitischen Wirrnissen jener Tage ablenken.

Auch in Italien machte sich eine revolutionäre Stimmung wieder verschärft bemerkbar. Italien war staatlich genauso zersplittert wie Deutschland und darüber hinaus im Norden von Österreich besetzt. Im Januar 1848 flammten im ganzen Land Erhebungen auf, die Österreich mit Waffengewalt zu unterdrücken suchte. Doch das österreichische Militär konnte sich gegen die Volksbewegung nicht behaupten und mußte sich zurückziehen. So kam Österreich Anfang 1848 mit der Revolution direkt in Berührung.

Am 22. Februar 1848 sprang der revolutionäre Funke auf Frankreich über – und mit diesem Ereignis begann Gustav Kühn seine neue Bilderzeitung »Das merkwürdige Jahr 1848«.

Quellen:
Illustrierte Geschichte der dt. Rev. 1848/49, 1975, S. 15 ff., 21, 53 ff. – Fragen an die dt. Geschichte, Katalog, 1974, S. 52, S. 68 ff. – Valtentin: Dt. Geschichte, Bd. 1, 1969, S. 348, Bd. 2, 1968, S. 449 ff. – Näf: Die Epochen der neueren Geschichte, Bd. 2, 1970, S. 184 ff.

Das 1. Bild: *Die Erstürmung der Tuillerien in Paris am 23ten Februar 1848*«

Am 26. Februar 1848, abends um 7 Uhr, erfuhr die seit Wochen beunruhigte Bevölkerung Deutschlands durch eine Extraausgabe der *»Kölnischen Zeitung«* folgendes:
»Revolution in Paris!
Die Republik proklamirt!
Der vorgestrige Tag dürfte leicht für Millionen ein verhängnißvoller sein. Die Emeute hat zu Paris am 24. Februar eine ganz unerwartete Wendung genommen, es ist eine Revolution ausgebrochen. Der Kampf hat sich gegen das Königthum gerichtet. In Folge von Ereignissen, über die uns noch die zusammenhängenden Nachrichten fehlen, wurde, nachdem alle Zugeständnisse, zu denen der König sich erboten, zurückgewiesen worden, die Republik proklamirt!« –
Unter der Regierung des ›Bürgerkönigs‹ Louis Philipp und seines Vertrauten Guizot galt die Devise: ›Enrichissez-vous!‹. Es war zu ungeheuren Spekulationen und Korruptionen gekommen, so daß sich die Gesellschaft in einen kleinen Teil unermeßlich Reicher und in die große Masse in tiefster Armut lebender Menschen gespalten hatte. Diese Mißstände glaubte das liberale Bürgertum mit einer Wahlreform beheben zu können. Da den Bürgern eine freie politische Betätigung nicht erlaubt war, wurden ›Reformbankette‹ ins Leben gerufen, auf denen man gemeinsam speiste und gleichzeitig diskutierte. Die Forderungen auf diesen Banketten wurden immer radikaler, so daß die Regierung sie argwöhnisch beobachtete. Am 21. Februar 1848 ließ Ministerpräsident Guizot ein Reformbankett verbieten, das am 22. Februar hätte stattfinden sollen. Dieses Verbot wurde zwar von den Bankettteilnehmern hingenommen, nicht jedoch von der Pariser Bevölkerung. Es kam zu spontanen Massendemonstrationen, man sang wieder die ›Marseillaise‹ und forderte den Rücktritt des Ministeriums Guizot. Die Regierung war auf Unruhen vorbereitet und ließ verstärkt Soldaten und die Munizipalgarde durch die Stadt patrouillieren. Es kam zu ersten blutigen Zusammenstößen.

Am 23. Februar versuchte die Regierung, den Aufruhr durch das Militär brutal zu unterdrücken, doch der Widerstand der Bevölkerung wuchs um so stärker an. Es wurden Barrikaden gebaut, Waffen besorgt und es kam zu heftigen Kämpfen. Unter dem Eindruck dieser Kämpfe gab der König der Forderung des Volkes nach Entlassung des Ministeriums Guizot nach und gab Befehl zur Feuereinstellung der Truppen. Das Volk feierte seinen Sieg und demonstrierte noch am gleichen Abend vor dem Ministerium Guizot. Die Demonstranten stießen dort auf Militär, das plötzlich ohne Vorwarnung das Feuer auf die Menge eröffnete. Die Bilanz ergab mehr als 50 Tote auf Seiten der Demonstranten.

Nach diesem Vorfall bereitete sich ganz Paris auf den Kampf gegen das Militär vor. War das Volk bisher für den Sturz Guizots und für Reformen eingetreten, so wurde am 24. Februar der Ruf nach Abschaffung der Monarchie laut. Obwohl weitere Truppen herangezogen wurden, waren sie nicht in der Lage, den Aufstand unter Kontrolle zu bringen. Die Barrikadenkämpfer bestanden auf dem Sturz Louis Philipps. Als der Kampf sich dem Schloß näherte, floh der König und ging ins Exil nach England.

Gustav Kühn setzt den Kampf vor den Tuilerien und die Flucht des französischen Königs an den Anfang seiner Serie. Er stellt den Kampf der aufständischen Bürger in den Vordergrund des Bildes, das Schloß ist nur in seinem Mittelteil zu sehen und hat gewisse Ähnlichkeit mit der Darstellung der Tuilerien auf dem Bild aus der Leipziger Illustrirten Zeitung vom 11. März. Anhand der Kleidung der Kämpfenden ist gut zu erkennen, welche Bevölkerungsschichten am Kampf teilgenommen haben. Da kämpfen Bürger mit Zylinder und Gehrock neben Arbeitern und Handwerkern in ihren damals typischen Arbeitsblusen (Blousenmänner) und Studenten mit ihren flachen Studentenmützen. Auch ein Nationalgardist in Uniform und zu Pferde ist als teilnehmender Kämpfer auszumachen. Die Nationalgarde hatte sich nicht bereitgefunden, den Aufstand niederzuschlagen, sondern sich den Forderungen des Volkes nach Reformen angeschlossen. In der Mitte der Kämpfer ist eine Barrikade aus einem umgestürzten, mit Steinen gefüllten Wagen zu erkennen, hinter der einige Kämpfer, aber auch Verletzte, Schutz gesucht haben.

Die Bewaffnung ist vielfältig, angefangen von den damals üblichen Vorderladern, gut zu erkennen an dem gerade das Gewehr nachladenden Arbeiter vorn links, über Lanzen, Säbel und Knüppel bis hin zu Steinen, die aus dem aufgerissenen Pflaster im Vordergrund stammen. Ein Arbeiter führt die Trikolore mit sich, während fünf weitere Bürger Fahnen nicht erkennbarer Herkunft tragen. Die Kämpfenden werden vom Schloß aus schwer unter Beschuß genommen.

Gustav Kühn ist mit seinem 1. Bild eine recht genaue Darstellung der Situation vom 24. Februar 1848 vor den Tuilerien gelungen.

»Die Erstürmung des Hôtels des Premier-Ministers Guizot in Paris am 24. Febr. 1848.«
Oehmigke & Riemschneider, No. 1315

Quellen:
Illustrierte Geschichte der dt. Rev. 1848/49, 1975, S. 58 ff. – Illustrirte Zeitung, No. 244, v. 4. 3. 1848, S. 156 ff., No. 245, v. 11. 3. 1848, S. 167 ff. – Extraausgabe Kölnische Zeitung v. 26. 2. 1848.

Das merkwürdige Jahr 1848. — Eine neue Bilderzeitung.

Europäische Freiheitskämpfe. erstes Bild.
Die Erstürmung der Tuillerien in Paris am 23ten Februar 1848.
Flucht des Königs Ludwig Philipp und seiner Familie.
Frankreich wird als Republik erklärt.

Original u. Eigenthum. No 2030.   Neu Ruppin zu haben bei Gustav Kühn.

Das 2. und 3. Bild: »*Kampf zwischen Bürger u. Soldaten in der Straße Frankfurter Linden in Berlin, am 18ten und 19ten März 1848*« – »*Barrikadenkampf in der breiten Straße am Rathause zu Berlin, am 18ten und 19ten März 1848*«

Die Kunde vom Ende des Bürgerkönigtums in Frankreich erzeugte unter Berlins Bevölkerung einen Zustand höchster Erregtheit. Am 6. März 1848 bewilligte Friedrich Wilhelm IV. die regelmäßige Einberufung des Vereinigten Landtags, zog aber gleichzeitig Truppen in Berlin zusammen. Die Anwesenheit des verhaßten Militärs verschärfte die Lage. Es kam zu ersten Zusammenstößen mit dem Militär, die Tote und Verletzte forderten.
Mit der Nachricht von Metternichs Sturz in Wien am 16. März 1848 stieg die Nervosität der Berliner weiter an. Der König versuchte, dieser wachsenden Unruhe durch Zugeständnisse im Bereich der Verfassungsfrage Herr zu werden. Am 18. März 1848 sagte er die beschleunigte Einberufung des Vereinigten Landtages und die Pressefreiheit zu und verlangte in einem Patent von seinen deutschen Bundesgenossen die Umwandlung Deutschlands von einem Staatenbund in einen Bundesstaat. Er erkannte gleichzeitig an, daß eine solche Bundesrepräsentation eine konstitutionelle Verfassung aller deutschen Länder notwendig mache.
Die Bekanntgabe dieses Patents löste unter der Berliner Bevölkerung Begeisterung aus. Spontan versammelte sie sich auf dem Schloßplatz, um Friedrich Wilhelm IV. zu danken. Als der Schloßplatz durch das Militär geräumt werden sollte, fielen aus ungeklärter Ursache zwei Schüsse, die jedoch niemand verletzten. Doch die Nervosität der letzten Tage, die auf den Berlinern gelegen hatte, kam jetzt zum Ausbruch. Der Ruf »Verrat« schallte über den Platz und pflanzte sich durch die Straßen fort. Es setzte ein erbitterter Straßenkampf zwischen den Bürgern Berlins und dem Militär ein.
Der Aufstand vom 18./19. März wurde von allen Schichten der Bevölkerung getragen, die sich durch den Einsatz des Militärs verraten fühlten. Es war ein Kampf für die Verfassung und gegen das Militär, und nicht ein Kampf gegen den König oder gegen die Monarchie.
Die Zahl der aktiv Kämpfenden ist nicht abzuschätzen, doch dürfte sie drei- bis viertausend nicht überschritten haben. Die Zahl der Helfer hingegen hat viele Zehntausende betragen. Unter den aktiv Kämpfenden befanden sich Studenten, Bürger, Handwerksgesellen und Arbeiter. Besonders wertvoll erwies sich die Unterstützung durch die Berliner Schützengilde, die als einzige gut bewaffnet war und den Truppen schwer zu schaffen machte. Die Bewaffnung der übrigen Kämpfenden war bunt zusammengesucht und unzureichend. Nur wenige besaßen Pistolen oder Gewehre, die meisten waren mit alten Säbeln, Stöcken, Äxten, Hämmern oder Mistgabeln bewaffnet.
Auf der anderen Seite standen 12 500 Infanteristen mit modernster Bewaffnung. Preußen hatte 1841 sein Heer mit dem ersten Hinterlader, dem 15-mm-Zündnadelgewehr, neu bewaffnet. Durch Helm, Tornister und Lederzeug waren die Soldaten einigermaßen vor Steinwürfen geschützt.
Bei der Errichtung der Barrikaden halfen alle Anwohner mit. Nur so war es möglich, daß innerhalb weniger Stunden Hunderte von Barrikaden entstanden. Zum Bau wurden Droschken, Fuhrwerke, herausgerissene Bürgersteigplatten, Ölfässer, Steine, Erde, Laternenpfähle, kurz alles, was sich nur irgendwie zum Barrikadenbau eignete, verwandt.
Das Militär sah sich nun der Situation gegenüber, Berlin von den hinter den Barrikaden sitzenden Rebellen zu säubern. Zuerst versuchte die Infanterie, die Barrikaden von vorn einzunehmen. Da sie aber von den umliegenden Häusern aus unter Beschuß genommen und mit Steinen beworfen wurde, kam ihr Angriff nur schwer voran. Die Kavallerie konnte wegen des aufgerissenen Straßenpflasters nicht voll eingesetzt werden. Erst der Einsatz der Artillerie brachte dem Militär Erfolge.
Die beiden Bilderbogen über die Barrikadenkämpfe geben bis in alle Einzelheiten die Vorgänge des 18. und 19. März 1848 wieder. Die aus allen Bevölkerungsschichten kommenden Kämpfer – kenntlich an ihrer Kleidung –, die Kampfesweise von Militär und Aufständischen sowie der Barrikadenaufbau wird in anschaulicher Weise auf den Bildern gezeigt. Das Symbol der Aufständischen, die schwarz-rot-goldene Fahne, ist auf beiden Bildern mehrmals vertreten.
Die auf dem 2. Bild von Kühn genannte Straße ›Frankfurter Linden‹ läßt sich zwar unter dieser Bezeichnung auf zeitgenössischen Stadtplänen nicht feststellen, es war aber der populäre Name für die ›Große Frankfurter Straße‹, die vom Frankfurter Tor bis zur Kleinen Frankfurter Straße/Kaiser Straße verlief und die bis zum U-Bahnbau 1927/28 mit einer Doppelreihe Linden bepflanzt war.
Die auf dem 3. Bild genannte Breite Straße lag in Alt-Kölln zwischen Schloßplatz und Köllnischem Fischmarkt. Kühn zeigt die Barrikade, die die Breite Straße zum Köllnischen Fischmarkt hin abschloß. Rechts ist das Köllnische Rathaus, im Hintergrund die Conditorei d'Heureuse zu erkennen.
Hans Blum, der Sohn des in Wien am 9. November 1848 erschossenen Robert Blum, beschreibt diese Barrikade wie folgt: »*Eine der gewaltigsten Barrikaden war vom Mechaniker Siegrist in der Breitenstraße erbaut. Hier stürmten die Soldaten dreimal und zweimal wurden sie zurückgeschlagen. Erst beim dritten Sturmangriff mußten die Verteidiger ihre tapfer behauptete Stellung räumen.*«
Nach Theodor Fontane konnte diese Barrikade nur eingenommen werden, indem das Militär nach mehreren vergeblichen Sturmangriffen sie von vorn

»Erster Angriff der Cavallerie auf das unbewaffnete Volk vor dem königl. Schlosse in Berlin, gez. von J. Kirchhoff.« Holzstich, Illustrirte Zeitung No. 249 vom 8. April 1848

»Erster Angriff der Cavallerie auf das unbewaffnete Volk vor dem Königl. Schlosse in Berlin.« Oehmigke & Riemschneider, No. 1317

zum Schein angriff, während ein Teil der Soldaten die Barrikade umging und von der Brüder- und Scharrnstraße in das Köllnische Rathaus eindrang. So wurden die Aufständischen überrumpelt und zum größten Teil sofort erschossen.

Die sehr exakte bildliche Wiedergabe der umkämpften Gebäude in der Breiten Straße dürfte auf Kühns genauen Ortskenntnissen fußen, die er sich als Siebzehnjähriger während seines Berlin-Aufenthaltes bei seinem Bruder, der in der Breiten Straße 25 eine Buchbinderei besaß, angeeignet hatte. Andererseits hat der Verlag M. Cohn & Co., Commandanten Str. 10, Berlin, einen sehr ähnlichen Bilderbogen herausgegeben, so daß es möglich erscheint, daß Kühn diesen als Vorlage benutzte.

Quellen:
Kaeber: Berlin 1848, 1948, S. 53 – von Meyerinck: Die Straßenkämpfe in Berlin – Rellstab: Berlin und seine nächsten Umgebungen, 1855, S. 49 ff. – Blum: Die deutsche Revolution 1848–49, 1897, S. 184 – Fontane: Die Berliner Märztage, 1919, S. 23 f. – Vossische Zeitung, No. 63 – No. 69, vom 15. 3. 1848 – 22. 3. 1848 – Extra-Blatt der Patriotischen Bürger-Zeitung – Illustrirte Zeitung, No. 249, vom 8. 4. 1848.

Abb. 2. Bild in:
Zaepernick: Neuruppiner Bilderbogen; Seubert: Ein Neuruppiner Bilderbogen aus dem Jahre 1848.

Abb. 3. Bild in:
Wetzel: Taub für die Stimme der Zeit, S. 45.

Das 4. Bild: *»Bestattung der für die Freiheit gefallenen Kämpfer, den 22. März 1848.«*

Am 22. März 1848 wurden die Märzgefallenen feierlich bestattet. Der Trauerzug führte vom Deutschen Dom am Gendarmenmarkt, wo die toten Kämpfer seit dem 19. März aufgebahrt waren, am Schloß vorbei zum Friedrichshain, dem ersten, noch in der Anlegung begriffenen Stadtpark Berlins. Als der Trauerzug über den Schloßplatz kam, traten Friedrich Wilhelm IV. und seine Minister auf den Schloßbalkon und nahmen Helme und Hüte ab, um die Toten zu ehren.

August Braß, ein Augenzeuge, der schon am 3. April 1848 seine Eindrücke über die Märzereignisse zu Papier gebracht hatte, schildert diesen Vorgang folgendermaßen:

»... die einhundert und dreiundachtzig Särge (wurden), jeder von 6 Männern, getragen. Zwischen den Särgen waren die Gewerke mit ihren Fahnen eingemischt, indem jedes Werk die ihm angehörigen Todten führte.... Dann kam die gesamte Geistlichkeit, an der Spitze derselben die beiden Grabredner, Bischof Neander und Prediger Sydow, zwischen den Geistlichen gingen die Leidtragenden der Gefallenen, damit diese sich fortwährend des geistlichen Zuspruchs erfreuen konnten.

... Ein ernster tief bedeutungsvoller Moment aber war es, als die Spitze des Zuges das Königliche Schloß erreichte. Bei seiner Annäherung trat der König, umgeben von seinen Ministern und Adjutanten, auf den Balkon heraus, und die beiden Trauerfahnen auf demselben, sowie die dreifarbige Fahne in der Mitte dieser beiden, wurden grüßend gesenkt. Der König selbst ehrte die Todten, indem er den Helm abnahm (er war in Uniform) und entblößten Hauptes so lange stehen blieb, bis die Särge vorüber waren.«

Der Vergleich des 4. Bilderbogens mit diesem Augenzeugenbericht weist eine getreue Wiedergabe des berichteten Geschehens auf. Diese Genauigkeit zeigt sich auch bei der Angabe der Namen der Toten auf den Särgen. In dem *»Verzeichniß der an den Märztagen Gefallenen«* finden sich die beiden Namen: *»Kalinsky, Tischlergeselle, Köpenickerstr. 51«* und *»Weiß, Levin, Student, aus Danzig.«*

Bei diesem Verzeichnis handelt es sich um eine Aufstellung der Toten, die bis zum 20. März 1848 ermittelt worden waren. Das vollständige Verzeichnis der im Friedrichshain Beerdigten erschien erst im Juni 1848 und enthält 258 Namen gegenüber den 150 Namen in dem ersten Verzeichnis. Auf der zweiten Liste sind auch die Personen erfaßt, die erst nach dem 20. März ihren Verletzungen erlegen sind.

Während Kühns Berichterstattung bei den ersten drei Bildern völlig neutral ist, läßt er bei dem 4. Bild durch die Unterschrift *»Bestattung der für die Freiheit gefallenen Kämpfer«* sowie durch sein kleines Gedicht *»Das sind die gefallenen Freiheitshelden«* Sympathie, wenn nicht gar Parteinahme für die Barrikadenkämpfer erkennen.

Quellen:
Braß: Berlin's Barrikaden, 1848, S. 117f. – Valentin: Geschichte der Dt. Rev., Bd. 1, 1930, S. 117f. – Peschken/Klünner: Das Berliner Schloß, 1982, S. 53, S. 102 ff. – Vossische Zeitung, No. 70, vom 23. 3. 1848.

Abb. in:
Peschken/Klünner: a. a. O., S. 104.

»Leichenbegängniß der am 18–19 März gefallenen Freiheitskämpfer.« Oehmigke & Riemschneider, No. 1320 (MVK Berlin)

Verzeichniß der an den Märztagen Gefallenen.

Gebhardt, Friedr., Müllergeselle, Wallstr. 11.
Borcharding, Carl, Tischlerges., Schillingsg. 32a.
Behm, Adelaide geb Neumann, Arbeiterfr. Gr. Frankfurterstr. 11
Trost, Joh. Andr., Schuhmachermstr., Waßmannstr. 18.
Müller, Carl Fr., Bäckergeselle.
Hinzpeter, Jul., Buchbinderges., Kurstr. 48.
Hagenhausen, Fr. Ch., Maschinenbauer, Alexandrinenstr. 55.
Wenzel, Auguste, unverehl., Klosterstr. 81.
Anders, Gottl., Arbeitsm., N. Königstr. 33.
Bartenfeld, Arbeitsm., Prenzlauerstr. 19.
Mengel, Buchbinderges., Gr. Hamburgerstr. 8
Hoffmann, Chr., Weber, Weberstr. 5.
Herrmann, Zimmerges.
Bab., Tischlerges. aus Dresden.
Graf, Carl Heinr. Gust., Seidenwirkerges., Kl. Frankfurterstr. 8.
Maton, Tischler, Niederwallstr.
Dill, Friedr., Arbeitsm., Kl. Frankfurterstr. 11.
Birn, Fr., Hausknecht, Friedrichstr. 115.
Schulz, Raschmacher, vor dem N. Königsthore.
Hartmann, Carl, Arbeitsm., Rosengergasse 14.
Dambach, Frl. Charl., Ober-Steuerinsp.-Tochter, Jerusalemerstr. 20.
Kohn, Mor., Handlungsd., Spandauerstr. bei Bock
Bernstein, Magnus, Buchdrucker aus Ellrich.
Weiß, Levin, Student, aus Danzig.
von Hoßendorff, Herrm., Stud jur., aus Jagow bei Prenzlau.
Franke, Ludwig Wilhelm, Buchhalter im Schickler'schen Handlungshause, Kochstraße 58.
Sabatier, Louis, Buchhalter.
Clauß, Carl, Schlossergeselle, Jüdenstraße.
Schotensack, Carl, Arbeitsmann, Weberstr. 35.
Moll, Malergehülfe, Kurstraße 43.
Heußler, Maschinenmeister, Neue Friedrichstr. 24.
Leitzke, Albert, Knabe, taubstumm, Krausenstr. 3.
Bumde, Wilh., Schiffer, Wassergasse 22
Unterloß, Arbeitsmann, im Frankfurterthor-Bezirk.
Rudolph, Fr., Schlossergeselle, v. d. Oranienburgerthor.
Rumbold, Arbeitsmann.
Schlansky, Carl Dav., Seidenwirkerges., Büschingstr. 13
Faß, Maschinenbauer, Linienstr. 116.
Mühldoff, Carl, Schlossergeselle, Mauerstr. 12.
Fehrmann, Aug., Malerlehrling beim Maler Talmatey, Kochstraße.
Hohendorff, Hausdiener, Golnowstr. 24.
Altekopf, Arbeitsmann aus Charlottenburg.
Braun, Wilhelm, Eisenbahninspektor, Wilhelmstr.
Brüggemann, Tapezierer.
Erdmann, Friedr. Ed., Tischlergeselle, Schützenstraße 3
Freund, Tischlergeselle, aus Berlin
Hoffmann, Schuhmacher, aus Leipzig.
Hinz, Benno, Schneider, aus Königsberg i. P
Heißler, M., Sattlergeselle, aus Berlin
Koch, Schlosser.
Kleinfeld, Caroline, Oberwallstr. 12 u 13. b. Friedheim
Körting, Schuhmachergeselle, aus Halberstadt
Kalinsky, Tischlergeselle, Köpnickerstr. 51.
Knideberg, Tischlergeselle, Stallschreiberstraße 9.
Klett, Speisewirth, Fischerstraße 23.
Kosses, Schneidergeselle Mehnerstraße
Mailand, Carl Gottl. Hein., Schlosser, Schützenstr. 3.
Nizelsky, Schneider, Neue Königsstr. 13.
Priebe, Schneidergeselle, aus Neu-Stettin
Pohmann, Carl, Schmiedelehrling, Auguststraße 37
Riemer, Wilh., aus Dammsgarten bei Wollin
Richter, F. W. A., Lederwaarenfabrikant, Ritterstraße
Rupprecht, Conditor, Werderstr. 3.
Schröder, Carl, Schuhmacher, Wollankstr. 23.
Steinau, Tischlergeselle, aus Leipzig
Specht, Tapezierer, Linkstr 18
Schulz, Louis, Riemerlehrl., Spandauerstr. Ecke d. Königstr.
Voigt, unbekannt.
Würdig, Daniel Fr., Kattundrucker
Werlein, Tischlergeselle aus Berlin
Wegemann, Christine, aus Christianstadt.
Wegener, Tischlergeselle, Stralauerstr. 5.
Teichmann, Zimmergeselle, Linkstr. 23.
Hachar, Tischlergeselle, Blumenstr. 35
Behnert, a Berlin, Schneidergeselle, Jerusalemerstr. 33.
Werner, Carl, Kleidermacher, Charlottenstr. 32.
Lamprecht, Ferd., Maschinenbauer, Gr. Frankfurterstr. 74.

Matthes, Gust. Ad., Dresdnerstr. 87
Wehrlein, Tischlergeselle.
Hesse, Heinr., Hausknecht, Jerusalemer- und Schützenstr.-Ecke, beim Kaufmann Eckert.
Lankford, Ad. Wilh., Kunstgießer, alte Jakobstr. 30.
Klein, Arbeitsmann, Friedrichsfelde.
Engel, Büchsenmacherges., Elisabethstr. 17.
Müller, Rud., Tischlergeselle.
Werpel, Mauerges., Kochstr. 34.
Pägel, Casimir, Arbeiter bei Wöhlert, Brunnenstr. 19
Freund, Tischlerges., Mauerstr. 2.
Gieseler, Franz, Mauerges., Elisabethstr. 11.
Frankenberg, Schlosserges. bei Borsig, Artilleriestr. 25.
Jungmann, Zeugschmied.
Tutsche, Christ. Fr. Wilh., Knecht in Wilmersdorf b. Schulzen Bliß.
Kemnitz, Zeugschmiedges. b. Mstr. Wöhlert.
Seiffert, Seidenwirkerges.
Hering, Schneiderges.
Kuhn, Carl Ludw., Knabe, 12 Jahre alt, Linienstr. 27, beim Vater.
Thiermann, Ad., Schneiderges., Stralauer Mauer bei Puhlmann.
Sprott, Casp., Tischlerges., Stallschreiberstr. 40.
Puls, unbekannt.
Junge, Arbeitsmann, Spittelmarktstr. b. Hennig.
Rudolph, Joh., Schlosserges., Gartenstr. 2.
Lemke, Karl Friedr. Herrm., Korbmacherlehrl., Ackerstr. 4.
von Stoczynsky, Florian, Kaufmann, aus Fraustadt im Großherzogth. Posen.
Benn, Jean, Buchbinderges., unbek.
Stahlberg, Friedr., Zimmerges.
Thämler, Joh. Friedr., Colorist, Lichtenberger Rieß.
Mauer, Seidenwirkerges.
Heinze, Carl Fr., Schuhmacherges., Golnowstr. 40.
Schubach, George, Weberges., Rosengasse 33.
Zinna, Ernst Fr. Rud., Schlosserlehrling, Jägerstr. 4. b Leining.
Waldschisched, Friedr., Töpferges., Auguststr. 13.
Kirchner, Möbelpol., Rosengasse 16.
Schmidt, Christ., Schlächterges.
v. Lensky, Gust., Reg.-Ref.
Krüger, Joh. Kupferschmied.
Schulz, Friedr., Tischlerges.
Dressler, Ernst, Bildhauer.
Reichstein, Schneiderges. aus Ohlau, Krausen- u. Charlottenstr. Ecke.
Arnold, männl. Leiche.
Siebert, männl. Leiche.
Häger, Tischlergeselle, Invalidenstr. 50.
Bauerfeld, Arbeitsmann, Gr. Hamburgerstr. 30.
Eben, Carl Wilh. Joh., Knabe, Gartenstr. 51.
Zimmermann, Schneider, unbekannt.
Bürkner, Ferd., Tischlergeselle, unbekannt.
Graubaum, Tischlergeselle, Wallstr. 17.
Bremer, Vergoltergehülfe, unbekannt.
Kloß, Wilh., Tischlergeselle, Mehnerstr. 1.
Hinze, Wilh., Tischlergeselle, Elisabethstr. 5–9
Behm, Buchbindergeselle aus Bromberg.
Behnert, Schneidergeselle, Splittergerbergasse 9.
Rosenfeld, Helene, geb. Eichelmann, Arbeitsmannsfrau, Friedrichstr. 167.
Brünn, Leop., Kattundrucker, Stralauer Platz 24.
Riebe, Fried. Christian, Kattundrucker, Rosengasse 33
Würdig, Wilh., Kattundrucker Mühlenstr. 65.
Blumenthal, Carl Wilh., Privat-Secretair, Große Hamburgerstr. 16.
Rand, Ludwig, Mauerges., Brunnenstr. 9.
Schmidt, Franz August Gottlieb, Tischlermeister, Brunnenstr. 41.
Gebrke, George, Schmiedegeselle, Mohrenstr. 56.
Radmig, Mauerpolier u. Straßenaufseher bei der Straßen-Reinigungs-Anstalt unter den Frankfurter Linden
Seiffert, Franz Isaac, Handlungsdiener, Kürassierstr. 15
Flügge, Tischlermeister, Alte Jacobstr. 102.
Tillack, Schlosser aus Sorau, Neue Königstr. 39.
Jungmann, Zeugschmied, Chausseestr. 75.
Behmer, Aug., pension. Grenz-Aufseher, Blumenstr. 30.
Fuchs, Seidenwirker, Große Frankfurterstr.
Anclam, Schuhmachergeselle, Friedrichsgracht.
Wendt, Tischlermeister, Marktstraße 82.
Waderhagen, Vergolder, Jerusalemerstr. 45
Stutir, Ludwig, Kattundrucker, Weberstr. 31.
Ohm, Tischlergeselle Anhalt. Komm. 13.

Die Namen der übrigen Gefallenen sind nicht zu ermitteln

Verlag und Schnellpressendruck von G. Lüdig Adlerstr. 6.

»Leichenbegängniß der in den Märztagen Gefallenen am 22. März, gez. von J. Kirchhoff.« Holzstich, Illustrirte Zeitung No. 250 vom 15. April 1848

Das 5. Bild: »*Sr. Majestät Friedrich Wilhelm IV. König v. Preußen, verkündet in den Straßen seiner Hauptstadt die Einheit der deutschen Nation.*«

Am 21. März 1848 setzte folgende Proklamation die Berliner in freudige Erregung:
»*An die deutsche Nation!
Eine neue glorreiche Geschichte hebt mit dem heutigen Tage für Euch an. Ihr seid fortan wieder eine einige große Nation, frei und mächtig im Herzen von Europa. Preußens Friedrich Wilhelm IV. hat sich, im Vertrauen auf Euren heldenmütigen Beistand und Eure geistige Wiedergeburt, zur Rettung Deutschlands an die Spitze des Gesammtvaterlandes gestellt.
Ihr werdet ihn mit den altehrwürdigen Farben deutscher Nation noch heute zu Pferde in Eurer Mitte erblicken:
Heil und Segen dem konstitutionellen Fürsten, dem Führer des gesammten deutschen Volkes, dem neuen König der freien, wiedergeborenen Nation!*«
Friedrich Wilhelm IV. hatte eingesehen, daß mit Gewalt nichts zu erreichen war, so beugte er sich dem Rat seiner Minister und trug nun selbst die ihm verhaßten Farben Schwarz-Rot-Gold. Der Flügeladjutant August von Schöler trug unter dem 21. März folgendes in das Adjudantenjournal ein: »*Bewegter Tag in fortwährendem aufgeregten Getreibe. ... Nach 10 Uhr der Entschluß, an die Spitze der Bewegung zu treten! Um 3/4 11 Uhr der König, nur von dem geringen gerade gegenwärtigen und berittenen Gefolge wie von den neuen Ministern begleitet, zu Pferde (alles mit den deutschen Farben, in Kokarde, Bändern und Schleifen) unter das Volk, von tausend und aber tausend Vivatrufen begleitet, um 3/4 11 durch Portal Nr. 1 über den Schloßplatz, Schloßfreiheit, die Schloßbrücke zur alten Königswache, am Opernhaus vorbei, durch die Behren- und Friedrichstraße über die Linden (Sonnenseite) nach der Universität und wieder zurück bis zum Köllnischen Markt und, dort umkehrend, ins Schloß.*« Überall hielt Friedrich Wilhelm IV. kurze Ansprachen, und das Volk, auf das er noch zwei Tage zuvor hatte schießen lassen, ließ ihn immer wieder hochleben.

Allerdings gibt es auch noch eine völlig andere Schilderung dieser Begebenheit von Wilhelm J. C. E. Stieber, der in seinem Buch »*Spion des Kanzlers. Die Enthüllungen von Bismarcks Geheimdienstchef*« folgendes berichtet: er selbst stieß als junger Kriminalkommissar durch Zufall auf den alleine durch die Straßen reitenden König, der von einer aufgebrachten Volksmenge umdrängt und hilflos dieser ausgeliefert war. Als die Lage für den König bedrohlich wurde, bahnte er – Stieber – dem königlichen Reiter einen Weg durch die Menge ins schützende Schloß. Dort entpuppte sich der König nach Abnahme von Perücke und Bart als ein Künstler des Hoftheaters, der dem König stark ähnelte und der diese gefährliche Rolle für den König übernommen hatte.
Ob diese Darstellung des Umritts Friedrich Wilhelms IV. der Wahrheit entspricht, ist nicht mehr zu klären, doch dürfen Zweifel gehegt werden, denn zum einen wird sich der König, so weltfremd und romantisch er auch gewesen sein mag, kaum völlig allein auf diesen Ritt begeben haben, noch ließe sich eine derartige Maskerade so vollständig geheim halten, daß sie nicht auch in anderen Quellen aufgetaucht wäre. Die Berliner Tagespresse, die ihre Reporter vor Ort gehabt hatte, berichtete, daß der König bei seinem Umritt von Mitgliedern der königlichen Familie und Ministern begleitet wurde, und daß ihn überall eine jubelnde Menschenmenge bei seinem Erscheinen umdrängte.

»Aufzug des Königs von Preußen am 21. März 1848.« Oehmigke & Riemschneider, No. 1336

»Feierlicher Umzug S. M. Friedrich Wilhelm IV. von Preussen am 21ten März 1848 zu Berlin.« Lithographie (Staatsbibliothek Berlin)

Aggressivität oder gar Handgreiflichkeiten werden nicht erwähnt. So ein Verhalten entsprach wohl auch nicht der Stimmungslage der Berliner, die für Reformen und gegen das Militär gekämpft hatten, aber nicht gegen die Monarchie. Außerdem war das Bürgertum mit dem Erreichten durchaus zufrieden und glaubte vertrauensselig, daß all die erkämpften Versprechungen vom König eingelöst werden würden. Die Handwerker, Gesellen und Arbeiter jedoch, die am Barrikadenkampf zahlenmäßig am meisten vertreten waren (legt man dafür das »Verzeichniß der an den Märztagen Gefallenen« zugrunde: von 150 aufgeführten Toten waren 30 Handwerker, 59 Gesellen, 7 Lehrlinge und Gehilfen und 19 Arbeiter und Knechte), sollten recht bald merken, daß es für sie mit den Versprechungen nicht weit her war. Schon am 2. April 1848 griffen Arbeiter von Borsig auf einer Volksversammlung die Bestimmung des Wahlgesetzes an, die *»die in Kost und Lohn stehenden und eines eigenen Herdes Entbehrenden vom Wahlrecht ausschließen«* sollte.

Auf dem 5. Bild ist nicht festzustellen, an welchem Punkt sich der König gerade bei seinem Umritt befindet, doch gibt Kühn auch dieses Ereignis wahrheitsgetreu und sehr anschaulich wieder. Bei diesem Bild ist Kühn ein chronologischer Fehler unterlaufen. Der Umritt des Königs fand am 21. März, die Beisetzung der Märzgefallenen (4. Bild) am 22. März statt. Es ist anzunehmen, daß die Bildnummern infolge der sich überschlagenden Ereignisse jener Tage verwechselt wurden.

Quellen:
Valentin: Geschichte der Dt. Rev., 1930, S. 450f. – Die Berliner März-Rev., 1848, S. 89 – Vossische Zeitung, No. 69, v. 22. 3. 1848 – Stieber: Spion des Kanzlers, 1978, S. 24 ff. – Die Dt. Rev. 1848/49 in Augenzeugenberichten, 1963, S. 97 f. – Flugschrift: »An die deutsche Nation.«

Abb. in:
Lahnstein: Die unvollendete Revolution 1848–1849, 1982, Umschlag v. S. 75.

Das 6. Bild: »Schlacht bei Schleswig, den 23ten April 1848. Sieg der Preußen über die Dänen.«

Der Ausbruch der Februar-Revolution in Paris beschleunigte den Ausbruch eines anderen, seit langem schwelenden Konfliktes: die Auseinandersetzungen zwischen den Herzogtümern Schleswig-Holstein und der dänischen Krone. Die beiden Herzogtümer waren jahrhundertelang in Personalunion mit Dänemark verbunden. Seit den Freiheitskriegen hatten aber nationale und liberale Gedanken auch in Schleswig-Holstein Verbreitung gefunden. Man besann sich wieder auf alte Verträge mit der dänischen Krone, deren wesentlichste Punkte folgende waren:
– Schleswig sollte nie mit Dänemark unter einem Herrn vereinigt werden (Waldemarsche Konstitution von 1326),
– die dänischen Könige wollten in Schleswig-Holstein als Herzöge zu Schleswig-Holstein, nicht aber als Könige von Dänemark regieren,
– die Herzogtümer sollten auf ewig ungeteilt zusammenbleiben (Riber Vertrag von 1460).

Diese Privilegien waren während der Zeit des Absolutismus von den dänischen Königen allmählich beschnitten und schließlich nicht mehr beachtet worden, wurden aber ab 1840 – Regierungsantritt von Christian VIII. – von den schleswig-holsteinischen Ständen verstärkt wieder eingefordert. Auf der anderen Seite wuchs aber auch in Dänemark der Nationalismus. Er drückte sich besonders in den Zielen der eiderdänischen Partei aus, die Schleswig als einen Teil Dänemarks betrachtete und vom König die Einverleibung dieses Herzogtums in das dänische Reich ungestüm forderte. Es folgten in Schleswig Danisierungsversuche (u. a. Einführung der dänischen Sprache als Amtssprache, Abschaffung der Landesmünze), die auf den entschiedenen Widerstand des größten Teils der schleswigschen Bevölkerung stießen.

Einen ersten Höhepunkt erfuhr dieser Konflikt durch die unterschiedliche Auffassung in der Frage der Erbfolge. Seit dem Königsgesetz von 1721 galt in Dänemark auch die weibliche Erbfolge, während in den Herzogtümern die Erbfolge nur im Mannesstamm galt. Da von Christians VIII. Sohn keine legitimen Thronerben zu erwarten waren (zwei Ehen waren kinderlos geschieden, zur Linken war er mit einer Bürgerlichen verheiratet), ein Erlöschen des Mannesstammes in absehbare Nähe gerückt war, versuchte Christian VIII. ein Auseinanderbrechen der Personalunion mit den Herzogtümern vorzubeugen. In einem »offenen Brief« vom 8. Juli 1846 vertrat er die Auffassung, daß »*die gleiche Erbfolge des Königsgesetzes im Herzogtum Schleswig, in Gemäßheit des Patents vom 22. August 1721... in voller Kraft und Gültigkeit besteht*«. Da rechtlich die Erbfolge nicht auf Holstein zu übertragen war – Holstein gehörte seit 1815 zum Deutschen Bund –, war das Ziel des dänischen Königs offensichtlich: Einverleibung Schleswigs in Dänemark und damit Trennung der beiden Herzogtümer, die ›up ewig ungedeelt‹ zusammenbleiben sollten. Alle Proteste und Petitionen seitens der Schleswig-Holsteiner blieben in Kopenhagen erfolglos, die Mißstimmung und Verbitterung der Bevölkerung in den Herzogtümern wuchsen bedrohlich an. Am 20. Januar 1848 starb Christian VIII. Sein Sohn Frederik VII. folgte ihm auf den Thron. Die eiderdänische Partei glaubte, mit diesem König ihre Ziele erreichen zu können und verlangte vehement die Einverleibung der beiden Herzogtümer in einen dänischen Gesamtstaat. Noch zögerte der König. Die Schleswig-Holsteiner verkannten nicht die drohende Gefahr, auf beiden Seiten war die Stimmung hoch explosiv.

Da schlug die Nachricht von der Revolution in Paris wie ein Blitz ein. Sofort zündete der Funke in Kopenhagen. Der König mußte unter dem Druck von Massendemonstrationen sein Ministerium entlassen und ein eiderdänisches einsetzen. Die erste Amtshandlung dieses Ministeriums war die Verkündung der Einverleibung der beiden Herzogtümer Schleswig und Holstein in das dänische Reich.

Mit Bekanntwerden dieser Tatsache verständigten sich schon am 23. März 1848 führende Vertreter der Herzogtümer – der Prinz von Noer, Beseler, Reventlow, Schmidt, Bremer und Ohlshausen – zur Bildung einer provisorischen Regierung, die sogenannte Statthalter-

Das merkwürdige Jahr 1848. — Eine neue Bilderzeitung.

Europäische Freiheitskämpfe. — Sechstes Bild.
Schlacht bei Schleswig, den 23ten April 1848.
Sieg der Preußen über die Dänen.

Nach einem mehrstündigen, hartnäckigen Gefecht siegte die Pr... ...che Tapferkeit selbst über den muthvollen Wiederstand der Däni... ...schen Soldaten. Der General von Wrangel zog als Sieger i... ...Stadt Schleswig ein, und wurde jubelnd empfangen.

schaft, die nur solange im Amt bleiben sollte, bis der König-Herzog wieder frei entscheiden könnte. Nun hatten die Herzogtümer zwar eine Regierung, aber keine Streitkräfte, die ihre Forderungen durchsetzen und ihr Land gegen den zu erwartenden Einmarsch der Dänen schützen konnte. Es gelang dem Prinzen von Noer mit einer kleinen Schar von 400 Mann die Landesfestung Rendsburg in einer Überraschungsaktion in seine Hand zu bringen. Zur Beförderung der Truppe wurde erstmals die Eisenbahn eingesetzt. Rendsburg ist somit die erste Festung, die mit Hilfe dieses neuen Verkehrsmittels eingenommen wurde. Die Mannschaften der Festung traten vollständig zur provisorischen Regierung über, während die dänischen Offiziere auf deren Wunsch nach Dänemark entlassen wurden. Mit diesem Coup bekam die provisorische Regierung nicht nur die Landesfestung Rendsburg, Soldaten und militärische Ausrüstungsgegenstände in die Hände, sondern auch die wohlgefüllte Landeskasse.

Daß Schleswig-Holstein trotz des ungeheuren Zulaufs von Freiwilligen bei einer militärischen Auseinandersetzung mit Dänemark keine Chance hatte, zeigte bereits die erste Schlacht bei dem Dorfe Bau am 9. April. Dieses Gefecht wurde hauptsächlich von Kieler Studenten und Turnern bestritten, die – da weder militärisch ausgebildet noch ausreichend bewaffnet – vernichtend geschlagen wurden. Dies voraussehend war der preußische König unmittelbar nach Bekanntwerden der durch Dänemark verfügten Einverleibung der Herzogtümer um militärischen Beistand gebeten worden. Die von Friedrich Wilhelm IV. bereits am 24. März versprochenen Truppen trafen am 4. April in Hamburg ein – es waren dieselben Garderegimenter, die eben noch in Berlin gegen das Volk gekämpft hatten. Auch der Deutsche Bund erkannte die provisorische Regierung an und beauftragte Preußen und das 10. Bundesarmeekorps, die dänische Invasion mit Waffengewalt zurückzuwerfen. Doch Preußen zögerte und verlegte sich zunächst einmal aufs Verhandeln, so daß bei den Dänen der Eindruck entstehen mußte, daß es den Preußen nicht sonderlich ernst sei mit der Durchsetzung ihres militärischen Auftrages. Nachdem die Unterhandlungen erfolglos blieben, wurde der preußische General von Wrangel mit dem Oberbefehl über die Truppen beauftragt.

Am 22. April traf von Wrangel in Rendsburg ein. Bereits in der Nacht vom 22. auf den 23. April gab er den Befehl zum Vormarsch der Truppen in Richtung auf die Stadt Schleswig, wo die Dänen in Stellung lagen. Nach seinem Plan sollte der Feind am 23. April erst beobachtet werden, der Angriff sollte am 24. April erfolgen. Doch die Dänen, die nach den vielen Unterhandlungen nicht an einen preußischen Angriff in Schleswig glaubten, wurden von dem Vormarsch der Preußen derart überrascht, daß sie bereits im Laufe des 23. April aus der Stadt vertrieben wurden.

Gustav Kühn zeigt ein Gefecht dieses Tages auf seinem 6. Bild. Die Hauptlast der Gefechte trug die Infanterie – wie auf dem Bild dargestellt –, da die preußischen Husaren wegen der von Anhöhen und Wasser geprägten Landschaft nur einmal eingesetzt werden konnten. Im Vordergrund des Bildes rücken die Preußen in ihren blauen Waffenröcken und weißen Hosen, auf dem Kopf die im Jahre 1843 eingeführten Pickelhauben, in noch ziemlich geordneten Reihen vor, während die Dänen in ihren roten Waffenröcken, weißen Hosen und den schwarzen Tschakos zum größten Teil hinter einem Hügel Aufstellung genommen haben. In der Mitte sind Soldaten in einen Nahkampf verwickelt, der bereits einige Tote gekostet hat. Der im Hintergrund abgebildete Ort soll wohl Schleswig, rechts hinten das Gebäude das Schloß Gottorf darstellen, beides hat jedoch keine Ähnlichkeit mit dem tatsächlichen Aussehen von Stadt und Schloß. Das Wasserschloß war der letzte Rückhalt der Dänen, nachdem schleswig-holsteinische Truppen den hinter dem Schloß liegenden Tiergarten nach heftigen Kämpfen eingenommen hatten. Die Dänen hielten sich bis zum Abend des 23. April im Schloß verschanzt, zogen dann aber den »Danebrog« (die dänische Fahne) ein und traten den Rückzug an. Die preußischen Truppen rückten aus Furcht vor etwaigen Minen sowie vor den Pulverfässern in den Kellern erst am folgenden Tag ins Schloß ein.

Zwischen dem 5. und 6. Bild läßt Gustav Kühn eine Zeitspanne von vier Wochen verstreichen. Es scheint, daß nach den allzu turbulenten Tagen der Barrikadenkämpfe und so ungeheuerlichen Tatsachen wie der Ehrung der Toten durch den König sowie dessen Umritt durch die Straßen Berlins mit dem Symbol des Aufstandes – einer schwarz-rot-goldenen Binde – am Arm, auch für Kühn eine Periode des Nachdenkens einsetzte. Für ihn als treuen Monarchisten hatte der König in den März-Tagen sicherlich nicht sehr glücklich agiert. Nun konnte er mit dem Sieg der preußischen Truppen sein Bild wieder etwas aufpolieren. Bild und Text des 6. Bildes entsprechen also den tatsächlichen Ereignissen des 23. April 1848, zeigen aber durch Weglassung anderer Fakten, wie zum Beispiel der Teilnahme der schleswig-holsteinischen Truppen an den Gefechten, eine deutliche pro-preußische Haltung.

Quellen:
Baudissin: Geschichte des Schleswig-Holsteinischen Kriegs, 1862, S. 9 ff. – Liliencron: Up ewig ungedeelt, 1980, S. 14 ff. – Meyers Großes Taschenlexikon, Bd. 19, 1981, S. 255 f. – Fontane: Der Schleswig-Holsteinische Krieg im Jahre 1864, 1985, S. 14 ff.

Herzogtum Schleswig um 1848
(Staatsbibliothek Berlin)

Das 7. Bild: »*Die Stadt Kiel in Schleswig-Holstein wird von Dänischen Schiffen blokirt.*«

Da weder Schleswig-Holstein noch der Deutsche Bund über eine Kriegsflotte verfügten und daher kein Angriff auf die dänischen Inseln zu erwarten war, konnte Dänemark, ohne größere Gefahren einzugehen, seine Truppen in Jütland konzentrieren und damit den Ort der Kriegshandlung bestimmen.

Schon zu Beginn der Auseinandersetzung mit Schleswig-Holstein setzte Dänemark seine weit überlegene Kriegsflotte als Druckmittel ein: schleswig-holsteinische Handelsschiffe wurden aufgebracht und beschlagnahmt. Auf diese Weise fügte Dänemark dem Gegner großen wirtschaftlichen Schaden zu.

Als sich Anfang April 1848 abzeichnete, daß der Deutsche Bund preußische Truppen und das 10. Bundesarmeecorps Schleswig-Holstein zu Hilfe schicken würde, drohte Dänemark mit der Blockade der deutschen Küsten der Nord- und Ostsee.

Nach dem schnellen und siegreichen Vorrücken der preußischen Truppen in Schleswig und der Besetzung Flensburgs am 25. April 1848, verlegten sich die Dänen hauptsächlich auf den Seekrieg. Anfang Mai wurde den fremden Mächten in Kopenhagen offiziell angezeigt: »*Die Blokade von Stettin, Stralsund, Rostock und Wismar werde am 3. Mai, die der Elbmündungen provisorisch am 10. Mai beginnen.... Der Hafen und die Bucht von Kiel würden vom 4. Mai an blokirt werden.*« (Vossische Zeitung vom 10. 5. 1848)

Das 7. Bild hat die Blockade des Hafen von Kiel zum Thema. Im Hafenbecken liegen zwei dänische Fregatten, während eine weitere in den Hafen einläuft. Drei dänische Offiziere lassen sich gerade an Land rudern. Die dänischen Fregatten sind mit dem »*Danebrog*« beflaggt, während einige Häuser am Hafenbecken die schwarz-rot-goldene Fahne zeigen.

Die gezeigte Ansicht Kiels hat mit der Realität wenig zu tun. Nur das Verhältnis vom Hafen zur Stadt entspricht einigermaßen der Wirklichkeit. Die Hauptkirche St. Nikolai ist jedoch gekontert. Die anderen Türme und Gebäude sind reine Erfindung.

Der Vierzeiler, der nicht ganz vollständig ist, läßt Kühn als Verfasser vermuten und bringt zum Ausdruck, daß die deutschen Truppen trotz Dänemarks Seemacht die Sieger bleiben werden.

Dem gezeigten Geschehen läßt sich kein bestimmtes Ereignis oder Datum zuordnen. Zwar war Kiel – wie die anderen deutschen Häfen – einer dänischen Blockade unterworfen, jedoch ist es in der Zeit von 1848 bis 1851 keinem dänischen Kriegsschiff gelungen, in den Kieler Hafen einzudringen, den Werner (von) Siemens mit den ersten mit elektrischer Zündung versehenen Minen geschützt hatte. Auch hätten die Dänen niemals unbemerkt in den Kieler Hafen mit drei Kriegsschiffen einfahren können, da von Laboe an der Ostküste der Kieler Förde eine Verbindung nach Kiel durch optische Telegrafen bestand. Daß die Dänen aber vor der Kieler Bucht mit ihren Kriegsschiffen kreuzten, beweisen zwei kurze Zeitungsnotizen. Die Vossische Zeitung berichtet am 17. April 1848: »*Kiel, den 14. April. Vor Kiel kreuzt eine Brigg von 18 Kanonen und gelegentlich stoßen andere Schiffe dazu. In den Hafen ist sie noch nicht gekommen.*« Und im Kieler Correspondenz-Blatt vom 6. Juni 1848 findet sich der folgende Artikel: »*Kiel, den 6. Juni Morgens. Es wird hier von der Festung Friedrichsort und von Laboe her die Nachricht gebracht, daß eine größere Anzahl von Kriegsschiffen (Corvetten und Fregatten) in der Gegend unseres Hafens auf der See kreuzen. Man weiß jedoch noch nicht, ob es Schwedische oder Dänische Schiffe sind. P.S. Die draußen manoeuvrirenden Schiffe sind bereits wieder verschwunden.*«

Quellen:
Blos: Die Dt. Rev., 1898, S. 213 – Correspondenz-Blatt Kiel, vom 24. 3.–30. 6. 1848 – Vossische Zeitung vom 10. 3.–31. 5. 1848 – Liliencron: Up ewig ungedeelt, 1980, S. 163.

Das 8. Bild: »*Der Gen.-Major von Aschoff übernimmt das Commando des Bürgermilitairs.*«

Am 19. März 1848 wurde folgende Bekanntmachung veröffentlicht:
»*Bekanntmachung.*
Seine Majestät der König haben auf den Wunsch der Einwohner Berlins die Bürgerbewaffnung zu genehmigen geruht und ist darüber von den dazu ernannten Unterzeichneten einstweilen folgende provisorische Bestimmung getroffen:
§1 Es wird eine Bürgerbewaffnung organisirt.
§2 Daran nehmen die Bürger und Schutzverwandten theil.
§3 Die Kosten der Bewaffnung trägt der Staat.
§4 Die Schützengilde wird auf der Stelle einberufen und außerdem eine angemessene Zahl von Bürgern sogleich armirt.
§5 Alle näheren gesetzlichen Bestimmungen dieser Organisation werden so schnell als möglich in den nächsten Tagen erfolgen.
Berlin, den 19ten März 1848.
v. Minutoli. Hollbein. Glaue. Haack. Woeniger. Devaranne. Krug.«
Noch am 19. März wurden einige Tausend Männer bewaffnet. Der erste Kommandant der Bürgerwehr war Berlins Polizeipräsident von Minutoli.
Die Bürgerwehr bestand zum größten Teil aus selbständigen Bürgern, die den mit der Aufstellung betrauten Behörden vertrauenswürdiger erschienen als nichtselbständige Arbeiter und Handwerker. Außerdem erhielten die Mitglieder der Bürgerwehr keinen Sold, sie mußten also den Verdienstausfall selber tragen. Das bedeutete, daß es sich wohlhabende Bürger eher leisten konnten, in die Bürgerwehr einzutreten, als Handwerksgesellen und Arbeiter. Hauptleute und Majore wurden von der Bürgerwehr selbst gewählt. Dabei griff man häufig auf ehemalige Offiziere zurück.
Im Juni 1848 betrug die Gesamtstärke der Bürgerwehr 22500 Mann, darunter waren nur 700 Maschinenbauer und 450 Mann des Handwerkvereins. Bei dieser Zusammensetzung wird klar, daß die Bürgerwehr tatsächlich eine »*Wehr der Bürger*« war.
General-Major von Aschoff löste von Minutoli als Kommandanten der Bürgerwehr ab. In ihrer Ausgabe vom 8. April 1848 berichtet die Vossische Zeitung, daß der Generalmajor von Aschoff als neu erwählter interimistischer Befehlshaber der Bürgerwehr bereits am 6. April seine Tätigkeit übernommen habe.
Kühn zeigt auf seinem 8. Bild die Musterung der Bürgerwehr durch den neuen Kommandanten von Aschoff am 8. April 1848 vor der Neuen Wache und dem Zeughaus auf dem ›Platz vor dem Zeughaus‹, also genau gegenüber dem Kommandantenhaus. Von Aschoff war ganz Soldat, der auch in diesen unruhigen Tagen und in seiner neuen Stellung als Chef der Bürgerwehr nicht auf das Tragen der preußischen Uniform verzichtete, was großen Anstoß erregte. Die Bürger kamen in ihrer Alltagskleidung, die Offiziere im Frack mit schwarz-rot-goldener Schärpe zum Dienst in der Bürgerwehr. Zu sehr waren die Uniformen nach den März-Ereignissen noch verhaßt.
Von Aschoff organisierte die Bürgerwehr zu einer Polizeitruppe um. Das Mißtrauen, das ihm von der Berliner Bevölkerung entgegenschlug, griff schließlich auch auf die Bürgerwehr über. Abstimmungen in der Bürgerwehr führten schnell zum Rücktritt von Aschoffs Ende Mai 1848.
Bild und Text des 8. Bildes berichten nicht vom gleichen Ereignis. Der Text befaßt sich mit der Vorstellung der Majore und Hauptleute der Bürgerwehr beim König im Berliner Schloß am 16. Mai und stammt wortwörtlich aus der Spenerschen Zeitung vom 17. Mai 1848. Obwohl das 8. Bild den Anschein einer objektiven Berichterstattung erweckt – die Musterung der Bürgerwehr dürfte sicher so ähnlich wie in der bildlichen Darstellung gezeigt vonstatten gegangen sein, der Text ist aus der Zeitung entnommen –, darf nicht übersehen werden, daß das Bild kurz vor oder sogar schon nach von Aschoffs Rücktritt auf den Markt kam. Kühn mußte zu dieser Zeit bekannt gewesen sein, in welcher Lage sich von Aschoff befand.

Quellen:
Kaeber: Berlin 1848, 1948, S. 83, S. 115 ff. – Rev.-Kalender 1848–1948, 1947, Die Berliner Bürgerwehr, S. 101 ff. – Vossische Zeitung und Spenersche Zeitung v. 1. 4. – 17. 5. 1848.

Das 9. Bild: *»Siegreicher Einzug der Preußischen Garden in Schleswig.«*

Nachdem Kühn mit dem 6. Bild über die Schlacht vom 23. April 1848 bei Schleswig berichtet hatte, zeigt er auf dem 9. Bild den siegreichen Einzug der preußischen Garden in die Stadt Schleswig am gleichen Tag.

Die Ereignisse in Schleswig-Holstein erhitzten die preußischen Gemüter sehr. Hatte man doch eben selbst bedeutende Rechte erkämpft, so unterstützte man nun die Freiheitsbestrebungen anderer deutscher Stämme. Der preußischen Regierung kamen die Bestrebungen nach Selbständigkeit der beiden Herzogtümer insofern gelegen, als sie die preußische Bevölkerung von den inneren Unruhen ablenkten. Außerdem eröffnete die Anlehnung Schleswig-Holsteins an Preußen die Aussicht auf eine eventuelle spätere Angliederung. So ist es verständlich, daß Preußen Schleswig-Holstein durch Militäreinsatz unterstützte. Daß man die Regimenter, die gegen die Berliner Bevölkerung in den Märztagen gekämpft hatten, nach Schleswig-Holstein entsandte, brachte zudem den Vorteil, daß sie ihren Ruf nunmehr auf dem Schlachtfeld für die *»deutsche Sache«* rehabilitieren konnten. Die Rechnung der preußischen Regierung ging auf, denn die Zeitungen beschäftigten sich ausführlich mit den militärischen Erfolgen der preußischen Truppen.

Gustav Kühn trug dem großen Interesse an den Ereignissen in Schleswig mit seinem 9. Bild Rechnung. Die kurze textliche Erklärung seines Bildes hat er dem Artikel *»Die Schlacht bei Schleswig«* in der Vossischen Zeitung vom 27. April 1848, wortwörtlich entnommen. Das Bild zeigt den Einmarsch der preußischen Garden in die Stadt Schleswig, während im Hintergrund noch einige preußische Infanteristen dänische Heckenschützen in einem Haus unter Beschuß nehmen. Etliche Bewohner, teils auf der Straße, teils auf einem Balkon, jubeln den Preußen zu. Der Empfang der preußischen Truppen in Schleswig muß in der Tat überwältigend gewesen sein, da sich General Wrangel veranlaßt sah, der Bevölkerung der Stadt durch ein Schreiben an die provisorische Regierung zu danken: *»Nach Einnahme von Schleswig wurden die Truppen von den Einwohnern bei ihrem Einrücken mit Jubel empfangen, man bestrebte sich allgemein, den Soldaten eine freundliche Aufnahme zu bereiten und für Verpflegung nach Kräften zu sorgen. Dieser Empfang, der unsern Truppen in Schleswig zu Theil wurde, hat mir die Ueberzeugung verschafft, daß auch hier ein echt deutscher Sinn herrscht und ersuche ich eine Hohe Regierung ergebenst, Schleswigs Einwohnern meinen innigsten Dank für die freundliche Aufnahme geneigtest erkennen zu geben. Wrangel.«*

Die gezeigte Stadtansicht Schleswigs entspricht auch auf diesem Bild nicht der Wirklichkeit, um so genauer ist die Darstellung der Uniformen der Garde.

Seit der grundlegenden Änderung der preußischen Uniformen im Jahre 1843 trug die Garde-Infanterie dunkelblaue, unten weit geschnittene Waffenröcke mit roten Aufschlägen und weiße Hosen im Sommer. Die Infanterieausrüstung bestand aus zwei weißen Seitenträgern, an denen das Koppel befestigt war. Das Mützenschild der Pickelhaube hatte die Form des Adlers, und der neue Helm wurde bei der Parade mit Federbusch statt Spitze getragen. Die Trommler trugen rote ›Schwalbennester‹.

Beim Betrachten der Garde auf dem 9. Bild ist eine Übereinstimmung der Uniformen bis in Einzelheiten mit der militärischen Kleiderordnung von 1843 festzustellen. Kühns Zeichner für Soldaten kannte sich also mit Uniformen genauestens aus, was jedoch bei dem damaligen Stellenwert des Militärs in der öffentlichen Meinung nicht weiter verwunderlich ist.

In den Versen unter dem Text lobt Kühn den preußischen Sieg – auch hier finden die schleswig-holsteinischen Truppen, die ja einen erheblichen Anteil am Sieg hatten, mit keinem Wort Erwähnung.

Quellen:
Hagthornthwaite, Philipp: Uniformen und Schlachten 1815–1850, 1976, S. 175f. – Vossische Zeitung, No. 98, vom 27. April 1848 – Illustrirte Zeitung, No. 249, vom 8. Mai 1848 – Baudissin: Geschichte des Schleswig-Holsteinischen Kriegs, 1862, S. 203.

Das 10. Bild: *»Einzug der Bundestruppen in Flensburg.«*

Nach dem siegreichen Gefecht bei Schleswig am 23. April ordnete General Wrangel am Abend die Einstellung aller Feindseligkeiten an. Den Dänen blieb nur der Weg nach Norden auf Flensburg zu offen, den sie eiligst, doch ziemlich geordnet antraten. Es wäre ohne allzu großen Aufwand möglich gewesen, den Dänen den Weg abzuschneiden und vielleicht schon zu diesem Zeitpunkt den Krieg eindeutig zu Gunsten der schleswig-holsteinischen Sache zu entscheiden, doch der Befehl unterblieb – eine damals nicht nachvollziehbare Entscheidung Wrangels. Dies könnte aber sehr wohl ein erster Hinweis darauf sein, daß Wrangels Anweisungen von der preußischen Regierung ganz andere waren, als die ihm als Oberbefehlshaber der Bundestruppen vom Deutschen Bund gegebenen. Die deutschen Truppen nahmen also in Schleswig Quartier und die günstige Chance war vertan.

Am 24. April rückte das 10. Bundesarmeekorps von Rendsburg aus nach, und es kam zwischen Schleswig und Flensburg zu einem blutigen Gefecht, das die deutschen Truppen nur auf Grund ihrer Übermacht für sich entscheiden konnten. Diese Niederlage versetzte die Dänen derart in Panik, daß sie unter Zurücklassung von Waffen, Geschützen und Verpflegung aus Flensburg flohen. Und wieder zogen weder die Bundestruppen noch die schleswig-holsteinische Armee Nutzen aus dem Zustand der in völliger Auflösung begriffenen dänischen Armee. Wrangel wies alle Bitten, dem Feind folgen zu dürfen, als Einmischung in seine Kompetenz zurück. Nachdem die Dänen gemerkt hatten, daß sie weder vom Feind verfolgt wurden, noch Flensburg von den Deutschen besetzt war, kehrten sie noch einmal zurück, um ihr zurückgelassenes Kriegsmaterial abzuholen. Am Morgen des 25. April besetzten dann Truppen des 10. Bundesarmeekorps das von den Dänen geräumte Flensburg.

Gustav Kühn zeigt auf seinem 10. Bild eben diesen Einzug der Bundestruppen. Den Text, den er unter Weglassung der Daten wortwörtlich einem längeren Artikel der Spenerschen Zeitung vom 29. April 1848 entnommen hat, setzt er anschaulich ins Bild um: im Vordergrund das einrückende hannoversche Infanterie-Regiment, das seit 1837 nach preußischem Vorbild gekleidet war, dem die Bevölkerung zujubelt – im Hintergrund wird von einem Hügel – dem ›Schloßberg‹ – mit Kanonen auf die im Hafen liegenden dänischen Kriegsschiffe gefeuert – doch ist die gezeigte Stadtansicht von Flensburg reine Phantasie.

Quellen:
Liliencron: Up ewig ungedeelt, 1980, S. 140 ff. –
Illustrirte Zeitung, No. 256, vom 27. Mai 1848, S. 346 – Spenersche Zeitung, No. 101, vom 29. April 1848 – Vossische Zeitung, No. 99, vom 28. April 1848, No. 101, vom 30. April 1848 –
Eckert/Monten: Das dt. Bundesheer IV, 1981, S. 9 f.

Das merkwürdige Jahr 1848. — Eine neue Bilderzeitung.

Europäische Freiheitskämpfe. Zehntes Bild.
Einzug der Bundestruppen in Flensburg.

Die Bundestruppen sind ohne Schwerdtstreich in Flensburg eingerückt, nachdem am Abend vorher die dänische Hauptmacht die Stadt geräumt hat. Ein hannöversches Infanterie-Regiment rückte zuerst ein. Sogleich wurde von dem Schloßberge ab über die Stadt hinweg auf die dänischen Kriegsschiffe gefeuert. Eine Meile von Flensburg hatten die hannöverschen, braunschweigischen und mecklenburgischen Bundestruppen erst ein Gefecht, in welchem sie den Dänen 400 Gefangene abnahmen.

Original u Eigenthum N° 2055.   Neu Ruppin bei Gustav Kühn.

Das 11. Bild: *»An das deutsche Volk.«*

Das 11. Bild ist der bekannteste und der am häufigsten veröffentlichte und kommentierte Bilderbogen aus der Serie *»Das merkwürdige Jahr 1848«*. Diese Ausnahmestellung verdankt er der Tatsache, daß es sich um einen Gedenkbogen und nicht um einen Aktualitätenbogen handelt, ganz besonders aber der Aufbereitung seines Themas: die Barrikadenkämpfe vom 18. und 19. März 1848. Das Bild wird beherrscht von einem in der Mitte stehenden Arbeiter in seinem blauen Arbeitskittel, der sich mit der linken Hand auf ein Gewehr stützt und in der rechten die schwarz-rot-goldene Fahne hält, die mit einem Freiheitsgedicht bedruckt ist. Den rechten Fuß hat er auf eine Kanone gesetzt. Drei kleine Einzelszenen von Brennpunkten der Barrikadenkämpfe umrahmen ihn.

Dieser Bogen, der sicher durch seine pro-revolutionäre Aufmachung so bekannt wurde und der in Schulbüchern oft als Beispiel für den Freiheitswillen des Volkes dient, steht im Widerspruch zu der gesamten Serie und paßt eigentlich in keiner Weise in das Kühnsche Konzept. Auf den ersten Bildern seiner Serie berichtet Kühn objektiv über die revolutionären Ereignisse, auch wenn er eine gewisse Sympathie für die gefallenen Freiheitshelden im 4. Bild zeigt. Doch schon mit der Wahl des Themas des 6. Bildes (Schlacht bei Schleswig) wendet er sich allmählich den alten Mächten wieder zu. Im 8. Bild versucht er dann mit Hilfe des Textes, den König als Schirmherrn der Bürgerwehr darzustellen. Der 9. Bogen befaßt sich schon wieder mit den siegreichen preußischen Truppen, dem Militär also, das vier Wochen zuvor auf die Berliner Bevölkerung geschossen hatte. Es stellt sich also die Frage, was Kühn zu der Herausgabe des 11. Bildes zu dieser Zeit (wahrscheinlich Anfang Juni 1848) veranlaßt haben könnte.

Zuerst einmal ist zu bemerken, daß auch die gesamte übrige Presse sich

»Barrikadenscene am Alexanderplatz, gez. von Kirchhoff.« Holzstich, Illustrirte Zeitung No. 250 vom 15. April 1848

ständig mit den Revolutionsereignissen befaßte, dazu war das Geschehene zu einmalig und eigentlich auch unfaßbar: die Bürger Berlins, der Hauptstadt Preußens, eines Militärstaates, hatten sich gegen die angestammte Obrigkeit erhoben und auch noch den Sieg davongetragen. Gerade im April und Mai 1848 ergoß sich eine Flut von Publikationen, Augenzeugenberichten und bildlichen Darstellungen über die März-Ereignisse auf den Markt, die durch die Pressefreiheit erst möglich geworden war.

Wichtiger aber ist wohl, daß es Ende Mai/Anfang Juni 1848 einen gewaltigen Aufschwung in der Parteienbildung »Für« und »Gegen« die Revolution gab. Es kam fast täglich zu Versammlungen und Demonstrationen. Eine der gewaltigsten Demonstrationen fand am 4. Juni 1848 statt. An ihr nahmen an die hunderttausend Berliner teil, die sich zur Fortführung der Revolution bekannten, da sie ihre im März erkämpften Freiheiten schon wieder entschwinden sahen. Der Zug nahm den gleichen Weg wie der Trauerzug vom 22. März: vom Gendarmenmarkt zum Friedrichshain. Bei der damaligen Stimmungslage ist es möglich, daß Gustav Kühn – geschäftstüchtig wie er war – darauf setzte, tausende von Exemplaren dieses Gedenkbogens allein in Berlin absetzen zu können.

Gustav Kühn bezieht mit seinem 11. Bild ganz klar Stellung, und zwar für die Revolution und ihre Errungenschaften. Seine Barrikadenszenen zeigen noch einmal, daß die Revolution von allen Bevölkerungsschichten getragen wurde, was klar durch die verschiedene Kleidung der Barrikadenkämpfer zum Ausdruck kommt. Die das ganze Bild beherrschende Figur des Fahnenträgers soll offenbar die Gruppe der Arbeiter und Handwerker besonders hervorheben, die die Revolution ja auch zum überwiegenden Teil getragen hat. Die zu erfechtende Bürgerfreiheit wird durch das Symbol der schwarz-rot-goldenen Fahnen dargestellt, die zu bekämpfende Feudalherrschaft durch die Eisenketten und Kanonenkugeln.

Blaue, über die Hose getragene lange Blusen trugen damals die Arbeiter, so daß der Fahnenträger eindeutig dieser Gruppe zuzuordnen ist. Unter den Arbeitern bildeten wiederum die Maschinenbauer die größte homogene Gruppe. Die rund viertausend Arbeiter der Maschinenfabriken vor dem Oranienburger Tor – Borsig, Eggells, Wöhlert und Pflug – beteiligten sich nach Bekanntwerden der Vorfälle auf dem Schloßplatz spontan an der Revolution. Die älteren Arbeiter blieben in den Fabriken und schmiedeten Waffen, die jüngeren zogen in die Stadt, um die Aufständischen aktiv zu unterstützen. Einer der damals wohl bekanntesten unter ihnen war der Borsigsche Maschinenschlosser Karl Siegerist, der nicht nur den Bau der Barrikade am Köllnischen Rathaus leitete, sondern diese Barrikade auch mutig und besonnen verteidigte. Er überlebte den Kampf und stand aufgrund seiner Heldentaten bei den Berliner Arbeitern in hohem Ansehen. Siegerist war 1848 35 Jahre alt, im Vollbesitz seiner Kräfte, die er nun ganz in die Sache der Revolution einbrachte. Bei allen wichtigen Versammlungen trat er als Redner auf und war auch beim Zeughaussturm an vorderster Front dabei. Dies brachte ihm seine Verhaftung und sieben Jahre Festungshaft ein, die in einem späteren Verfahren auf vier Jahre reduziert wurde.

Es liegt also nahe, daß Siegerist das Vorbild zu Kühns Freiheitshelden ist, zumal der Figur des Fahnenträgers eine Xylographie des Berliner Zeichners J. Kirchhoff zu Grunde liegt. Diese Xylographie wurde von der Illustrirten Zeitung in einer Bildreportage über die Berliner Ereignisse am 15. April 1848 veröffentlicht. Auch die Barrikadenszene ›an der Köllnischen Wache zu Berlin‹ ist in der gleichen Reportage zu finden, allerdings wird als Ort der Barrikade der ›Alexanderplatz‹ angegeben. Eine denkbare Erklärung für die Umbenennung bietet Josef Seubert in seinem Aufsatz »*Ein Neuruppiner Bilderbogen aus dem Jahr 1848*« an, indem er meint, daß es Kühn wahrscheinlich darum ging, die drei wichtigsten Schauplätze der Berliner Straßenkämpfe festzuhalten, wozu ihm noch eine ›Cöllnische‹ Szene fehlte (Köllnische Wache: Cölln. – Neue Königsstraße: Königsstadt. – Taubenstraße: Friedrichstadt).

Keinen Zweifel an der Tendenz des Bogens läßt der Text aufkommen, der den Bürgern die Errungenschaften der

»Angriff auf die Barrikade am Alexanderplatz zu Berlin am Nachmittag des 18. März, gez. v. J. Kirchhoff.« Holzstich, Illustrirte Zeitung No. 250 vom 15. April 1848

Revolution in eindringlichen Worten klarmacht. Kühn rühmt die Tage der Revolution als die, die eine ›schlimme Geistesknechtschaft‹ beendet haben und die ›das Glück und die Wohlfahrt des Volkes begründen und sichern‹. Er ruft seinen Mitbürgern zu, diese Tage nie zu vergessen, damit ›dem frei gewordenen Vaterlande seine Freiheit erhalten‹ bleibe.

In dem auf die Fahne geschriebenen Gedicht, das mit großer Wahrscheinlichkeit auch aus Kühns eigener Feder stammt, rühmt er das Volk, weil es die Ketten der Unfreiheit gesprengt habe. Aber er warnt auch, nicht die Waffen gleich zu strecken, denn ›weißt Du ja doch nicht, was die Wiege der neuen Zeit Dir noch beschert‹. In der dritten Strophe schließlich lehnt er jeden Standesunterschied ab, ›Steh männlich da; nicht Herr'n und Knechte, ein einig Volk von Brüdern sei!‹ In der letzten Strophe erkennt er über dem Volk nur eine höhere Instanz an, ›des Volkes – Gottes Stimme ist‹.

Quellen:
Seubert: Ein Neuruppiner Bilderbogen aus dem Jahr 1848, 1976 – Pfannstiel: Der Locomotivkönig, 1987, S. 181 ff. – Wolff: Berliner Revolutions Chronik, 1. Bd., 1851, S. 177 – Illustrirte Zeitung, No. 250, vom 15. 4. 1848.

Abb. in:
Seubert, Josef: a. a. O. – Ebeling/Birkenholz: Die Reise in die Vergangenheit, Bd. 3, S. 112 (nur der Freiheitsheld) – 1848 Das merkwürdige Jahr, Bildmappe Revolution '48, 1979 (ohne Text) – Erinnerungsstätte für die Freiheitsbewegung in der deutschen Geschichte, Katalog, 1984.

Das 13. Bild: »*Gräuelscenen in Polen.*«

Eine weitere unmittelbare Folge der Revolution in Berlin war die Erhebung der Polen. Schon am 20. März 1848 wurde in Posen eine Proklamation herausgegeben, die die »*gänzliche Befreiung des Vaterlandes*« forderte (Leipziger Illustrirte Zeitung vom 1. April 1848).
Polen wurde 1772, 1793 und 1795 zwischen Rußland, Österreich-Ungarn und Preußen aufgeteilt. Auf dem Wiener Kongreß erfolgte eine erneute Teilung. Das um Posen und Krakau verkleinerte Herzogtum Warschau wurde als Königreich Polen (Kongreß-Polen) in Personalunion mit Rußland vereinigt. Alle von Kongreß-Polen ausgehenden Versuche zur Vereinigung der Teilungsgebiete und zur Wiederherstellung des Nationalstaates endeten 1831 mit der völligen Niederlage. Es setzte eine scharfe Verfolgung der Aufständischen ein, so daß viele Polen ihre Heimat verlassen mußten. Es waren namentlich die Flüchtlinge von 1831, die im März 1848 neuen Mut schöpften und sich an die Spitze der polnischen Nationalbewegung stellten. Sie hofften, irgendeine Keimzelle eines unabhängigen Polen (und sei es nur ein Zipfel, nämlich das Großherzogtum Posen) konstituieren zu können. So reiste im März 1848 eine Deputation nach Berlin und richtete nach Rücksprache mit dem Polenausschuß in Berlin an den König die Bitte, eine Reorganisation des Großherzogtums Posen zu gestatten, die dieser mit Erlaß vom 24. März 1848 bewilligte.
Ende März/Anfang April 1848 berichtete die Presse noch durchaus positiv über die Freiheitsbestrebungen der Polen. Die Leipziger Illustrirte Zeitung vom 1. April 1848 führt in ihrem Artikel »*Die Wiederherstellung Polens*« aus: »*...jedenfalls wird eine vollständige Wiederherstellung Polens sich als das sicherste Schutzmittel gegen einen Angriffskrieg von Seiten Rußlands erweisen, ... und aus Feinden werden die Polen Freunde und Verbündete Deutschlands werden, sobald Preußen und Oesterreich ihre Aufgabe erkannt haben, ein altes Unrecht zu sühnen und gegen Polen Gerechtigkeit zu üben.*«
Auch das Frankfurter Vorparlament hatte sich für die Wiederherstellung Polens ausgesprochen, wie die Polen überhaupt in Deutschland viel Sympathie für ihre Bewegung fanden.
Der preußischen Regierung lag jedoch nichts ferner, als seine Aufgabe, ›altes Unrecht zu sühnen‹, zu erkennen. Schleswig-Holsteins Freiheitsbestrebungen paßten der Regierung voll ins Konzept, denn die Herzogtümer wollten zu Deutschland. Polen jedoch mußte sich von Preußen losreißen, um selbständig zu werden. Auch die in der Provinz Posen lebenden Deutschen hatten an einem polnischen Nationalstaat keinerlei Interesse, sie wollten bei Preußen bleiben, und so war der Bürgerkrieg vorprogrammiert.
Preußen versprach einerseits die Reorganisation des Großherzogtums Posen und ließ andererseits durch starke Konzentrierung preußischer Truppen die Polen seine Macht spüren. Die Stimmung der Polen heizte sich immer mehr auf, und es kam zu ersten Zusammenstößen mit den deutschen Bewohnern Posens. Bereits am 30. März 1848 findet sich ein Artikel in der Vossischen Zeitung, in dem es heißt, daß »*die bisher vielseitig documentierte Sympathie der Deutschen für die nationalen Interessen Polens... sich in Unmuth und Abneigung umzuwandeln anfängt*«. In diesem Artikel wird auch zum ersten Mal von Bauern berichtet, die, mit Sensen bewaffnet, das Leben der Deutschen bedrohen. In den folgenden Tagen und Wochen rücken die von Polen an Deutschen angeblich oder wirklich verübten Greueltaten immer mehr in den Mittelpunkt der Berichterstattung, und so ist es nicht weiter verwunderlich,

»Schlacht zwischen den Preußen und polnischen Sensenmännern bei Rogalin.« Oehmigke & Riemschneider, No. unbekannt

daß auch Gustav Kühn sich dieses Themas mit seinem 13. Bild annimmt.
Er zeigt polnische Husaren, die brutal und mitleidslos Frauen, Männer, christliche Geistliche und Juden ermorden. In seinem Gedicht stellt er die Polen als dumme, grausame und wilde Menschen dar, die, wenn betrunken, mordend und sengend durch das Land ziehen. Doch das Militär wird wieder Ruhe schaffen und die ›Sensenmänner‹ in die Flucht schlagen.
Es ist kaum vorstellbar, daß der Herausgeber des 11. und des 13. Bildes ein und derselbe Mann ist, und doch scheint sich der wahre Gustav Kühn eher aus dem 13. Bild erkennen zu lassen. Er ist ein echter Preuße, der Ruhe und Ordnung liebt. Die Übergriffe der Polen auf Deutsche mußten ihn so mit Abscheu und Unverstand erfüllen, daß die Hintergründe, die zu diesen Übergriffen führten, für ihn unwichtig wurden.

Quellen:
Valentin: Geschichte der Dt. Rev., Bd. 1, 1930, S. 538 ff. – Bloß: Die Dt. Rev., 1898, S. 209 ff. – Meyers Großes Taschen-Lexikon, Bd. 17, 1981, S. 181 f. – Vossische Zeitung, vom 24. März bis 19. April 1848 – Illustrirte Zeitung, No. 248, vom 1. 4. 1848, No. 250, vom 15. 4. 1848, No. 253, vom 6. 5. 1848, No. 254, vom 13. 5. 1848.

Das 14. Bild: *»Schreckliche Klagen der Frauen über ihre Männer.«*

Mit dem 14. Bild macht sich Gustav Kühn in fünf Einzelszenen und einem Gedicht über die sich in den Nachmärztagen formierende Frauenbewegung lustig.

Die Frauen hatten während der März-Revolution ihren ›Mann‹ gestanden, sie hatten beim Barrikadenbau geholfen, Verwundete versorgt, Verpflegung für die Kämpfenden herangeschafft, Steine auf die Dächer geschleppt, kurz, bis auf das Kämpfen mit der Waffe in der Hand alle Aufgaben hinter den Barrikaden mit den Männern gemeinsam getan. Dies wird auch von Kühn auf seinen drei ersten Bildern dieser Serie dokumentiert. Unter den 183 Toten, die während der Kämpfe am 18./19. März in Berlin zu beklagen waren, befanden sich auch fünf Frauen.

Die in der Revolution erkämpften Rechte waren jedoch den Männern vorbehalten, doch die Frauen, obwohl durch gesellschaftliche Konventionen gehemmt, sympathisierten mit der neuen demokratischen Bewegung. Dies wird deutlich durch die vielen öffentlichen Aufrufe von Frauen in der Presse zur Unterstützung der Witwen und Waisen der März-Gefallenen. Doch die Frauen beschränkten sich nicht nur auf karitative Aufgaben, in zunehmendem Maße beteiligten sie sich auch an Volksversammlungen, und zwar nicht nur als Zuhörerinnen, sondern auch als Rednerinnen. Es bildeten sich »Clubs der Frauen«, in denen über die Rechte der Frauen diskutiert wurde. Die Frauen begannen langsam, sich über ihren häuslichen Bereich hinaus für die Tagespolitik zu interessieren. Das brachte sicherlich die Vorstellungswelt so manchen Mannes durcheinander, und die Frauen wurden mit Kritik, Spott und Hohn überschüttet.

Gustav Kühn gehörte auch zu den Männern, die dem erwachenden politischen Interesse der Frauen mit völligem Unverständnis begegneten. Wahrscheinlich animierte ihn ein satirisches Blatt mit dem Titel ›Petitionen der Dienstmädchen Versammlung‹ von A. Sala in Berlin zur Herausgabe eines Bilderbogens mit ähnlichem Inhalt. Für die Hauptszene in der Mitte des Kühnschen Bildes hat trotz leichter Veränderung unverkennbar das Bild von A. Sala als Vorlage gedient. Kühn unterschreibt das Mittelbild mit ›Volks Versammlung der Ehefrauen‹ und kommentiert mit je zwei Strophen die beiden linken und rechten Szenen. Er läßt die Frauen sich über ihre Ehemänner beklagen, die nur noch für das Tagesgeschehen Interesse haben und Frauen und Kinder vernachlässigen. Die beiden Szenen, die das Leben vor der Revolution zeigen, sind mit Blumen umkränzt, die Szenen, die das Leben nach der Revolution veranschaulichen sollen, sind mit militärischen Symbolen – Degen, Pistolen, Gewehren, Fahnen, Kanonenkugeln – umgeben. Das Symbol der Ehefrauen sind blumengeschmückte Pantoffeln, die die Damen jetzt wieder einsetzen werden, um ihre Männer unter diese zu bekommen.

Gustav Kühns Einstellung den Frauen gegenüber dürfte mit diesem Bild klar sein: Frauen gehören an den heimischen Herd und haben sich um Mann und Kinder zu kümmern, in der Politik jedenfalls haben sie nichts zu suchen.

Aber auch Kühns Obrigkeitsdenken offenbart sich mit diesem Bild, wenn er den ›Normalbürgern‹ empfiehlt, sich nicht mit Politik zu befassen, da diese Beschäftigung nur Ärger und Mißstimmung in die Familien bringt. Die Politik sollten sie erfahreneren Männern überlassen und sich selbst wieder als brave und treusorgende Ehemänner und Väter um ihre Familien kümmern.

Quelle:
Hummel-Haasis: Schwestern zerreißt eure Ketten, 1982, S. 50 ff.

»Petitionen der Dienstmädchen-Versammlung« (Staatsbibliothek Berlin)

Das 15. Bild: »*Parade der Bürgerwehr und Schützengilde in Berlin vor Sr. Majestät dem König Friedrich Wilhelm IV.*«

Am 23. Mai 1848 fand die mehrmals verschobene Besichtigung der gesamten Bürgerwehr – gegen 23000 Mann – durch Friedrich Wilhelm IV. Unter den Linden statt. Es waren die gesamten Mannschaften, die berittene Wehr, die Bürgerbataillone zu Fuß und alle angeschlossenen Corps angetreten. Der König ritt in Begleitung des Generals von Aschoff und zahlreichen Gefolges die Front ab. Die Bevölkerung, die diesem Schauspiel zusah, begrüßte den König überall jubelnd. Nach dem Abreiten der Front fand vor dem Schloß der Vorbeimarsch der gesamten Mannschaften statt. Der König äußerte sich sehr anerkennend über die Haltung der Bürgerwehr, da »*die militärischen Bewegungen mit höchster Ordnung und Sicherheit ausgeführt*« wurden (nach einem Bericht in der Vossischen Zeitung vom 24. Mai 1848).

Kühns 15. Bild verblüfft durch eine erstaunlich genaue bildliche Wiedergabe sowohl des zu berichtenden Ereignisses, wie auch der Örtlichkeit des Geschehens. Kühn läßt den König und den General von Aschoff mit porträtähnlichen Zügen in Begleitung weiterer Offiziere an einer Abteilung der Berliner Bürger-Schützengilde vorbeireiten, die mit dem Gesicht zur Neuen Wache, Unter den Linden, Aufstellung genommen hat. Daß Kühn die Schützengilde vorn groß im Bild darstellt und die Bürgerwehr nur eben links im Hintergrund zu sehen ist, entspricht offenbar der damaligen Auffassung von Paraden – keine Parade ohne farbenprächtige Uniformen. Während die Bürgerwehr ihren Dienst im Gehrock und Zylinder versah, waren die Uniformen der Schützengilde denen des Militärs sehr ähnlich. Die Berliner Bürger-Schützengilde trug grüne Waffenröcke, weiße Hosen, schwarze Hüte mit weißen Federbüschen – wie auf dem Bild gezeigt wird. In den Reihen der Schützengilde sehen wir eine preußische und eine Vereinsfahne, jedoch keine schwarz-rot-goldene, was zu dieser Zeit doch einigermaßen verwunderlich ist.

Die auf dem Bild gezeigten Gebäude sind mit großer Sorgfalt ausgeführt: links das Zeughaus, im Hintergrund das Schloß mit der von Stüler 1847 fertiggestellten Kuppel, davor das Kommandantenhaus, rechts das Kronprinzen- und daneben das Prinzessinnen-Palais.

Das Gedicht unter dem Bild ist wieder ein »*echter Kühn*«. Er meint: »*es ist zwar eine Ehr' Mitglied zu sein der Bürgerwehr*«, jedoch »*wer ist's der Frau und Kind ernährt*« und schließlich sieht er »*mit innerem Graus ganz klar vor mir das Armenhaus*«. Dazu noch die Angst, daß die Frau fremdgeht, während der Mann seinen Dienst bei der Bürgerwehr versieht – daraus ist doch nur der Schluß zu ziehen, der Bürger sollte lieber seinem Beruf nachgehen und die Aufrechterhaltung der öffentlichen Ordnung anderen – dem Militär? – überlassen.

Quellen:
Vossische Zeitung, No. 199, v. 24. 5. 1848 –
Der bunte Rock in Preußen, 1981, S. 278.

Das merkwürdige Jahr 1848. — Eine neue Bilderzeitung.

Europäische Freiheitskämpfe. Funfzehntes Bild.
Große Parade der Bürgergarde und Schützen-Gilde in Berlin vor Sr. Majestät dem König Friedrich Wilhelm IV.

Es ist zwar eine große Ehr'
Mitglied zu sein der Bürgerwehr;
Doch denk' ich gründlich drüber nach,
Wird mir bedenklich doch die Sach'.
Im Anfang geht's wohl so noch hin,
Man lebt vom früheren Gewinn,
Allein, ist dieser aufgezehrt,

Wer ist's der Frau und Kind ernährt;
Wer ist's, der, wenn ich Posten steh'
Und Abends patrouilliren geh',
Für mich zu Haus die Arbeit schafft
Und meinen Beutel wieder strafft?
Da seh' ich denn mit innerm Graus,
Ganz klar vor mir das Armenhaus,

Derweil ich hier mein Geld vergeub',
Denn baares Geld ist ja die Zeit! —
Und wenn ich nun die ganze Nacht,
Hier auf der Wache zugebracht,
Macht mir mein Weib ein bös' Gesicht
Und wahrlich! — ich verdenk's ihr nicht.

Ein junges Weib — so ganz allein
Am Tag und bei der Nacht zu sein —
Erreget oftmals böses Blut,
Und macht zu manchen Dingen Muth
Woran man früher nicht gedacht. —
Denn der Versucher kommt bei Nacht! —

Original u Eigenthum No 2060.   Neu Ruppin bei Gustav Kühn

Das 16. Bild: *»Gefecht der Bundestruppen in der Vorstadt St. Georg in Flensburg, am 24ten April 1848.«*

Obwohl Gustav Kühn auf seinem 10. Bild bereits den Einzug der Bundestruppen in Flensburg am 25. April 1848 zeigt, greift er mit seinem 16. Bild auf das vorangegangene Gefecht zwischen Dänen und Bundestruppen bei Flensburg am 24. April zurück. Noch mehrmals ist festzustellen, daß Kühn trotz der Numerierung seiner Serie eine genaue Chronologie der Ereignisse nicht einhält. Offensichtlich wollte er in diesen Fällen seine Kundschaft auf ihm wichtig erscheinende Ereignisse besonders hinweisen oder durch längere Berichte Hintergründe aufzeigen und erklären.

So auch hier: Während das Bild das im Bildtitel angegebene Gefecht wiedergibt, faßt der lange Text den ganzen bisherigen Kriegsverlauf zusammen, ohne auf das im Bild gezeigte Gefecht näher einzugehen. Dieses Gefecht in der Vorstadt St. Georg in Flensburg findet allerdings auch weder in der Illustrirten Zeitung noch in der Tagespresse gesonderte Erwähnung. Die Bundestruppen hatten die Dänen bei dem Dorfe Oewersee südlich von Flensburg zur Annahme eines Gefechtes gezwungen, das für die Dänen mit der Niederlage und der Flucht nach Flensburg endete. Eine Verfolgung der dänischen Armee durch die Bundestruppen am 24. April unterblieb.

Mit dem 16. Bild beginnt Kühn eine neue Art der Berichterstattung in seiner Serie *»Das merkwürdige Jahr 1848«*. Hatte er bisher seine Bilderbogen nur mit einer kurzen Information und häufig mit eigenen Gedichten versehen, so stützt er sich nun zunehmend auf Zeitungsberichte, die er wortgetreu, gekürzt oder leicht verändert übernimmt.

Beides, Bild und Text des 16. Bilderbogens, hat Kühn der Illustrirten Zeitung entnommen. Das Bild stammt aus der Nummer 256 vom 27. Mai 1848, während der Text eine Zusammenfassung – meist genaue Übernahme einzelner Sätze oder ganzer Passagen – aus zwei Artikeln ist: ›Das Treffen bei Bau in Schleswig am 9. und die Schlacht bei Schleswig am 23. April‹ (Ausgabe vom 6. Mai), und ›Die Ereignisse nach dem Sieg bei Schleswig‹ (Ausgabe vom 27. Mai). Der von Kühn im letzten Absatz zitierte Brief eines oldenburgischen Offiziers über seine Erlebnisse bei Sundewitt läßt sich nicht nachweisen.

Zum Schluß bringt Kühn die Strophen 1 bis 4 und 7 des damals sehr populär gewordenen Liedes *»Schleswig-Holstein meerumschlungen«*, das von dem Altonaer Amtsrichter Matthäus Friedrich Chemnitz geschrieben worden war. Von diesem Lied gibt es mehrere Versionen, die hier wiedergegebene ist nicht die gültige.

Quellen:
Illustrirte Zeitung, No. 253, vom 6. Mai 1848, S. 299 f., No. 255, vom 20. Mai 1848, S. 333 f., No. 256, vom 27. Mai 1848, S. 346 f. – Liliencron: Up ewig ungedeelt, 1980, S. 134 ff. – Liederbuch für Schleswig-Holstein, 1970, S. 6 f.

»Schleswig-Holstein-Lied.« Oehmigke & Riemschneider No. 1092 (MVK Berlin)

»Gefecht in der Vorstadt St. Georg in Flensburg am 24. April.« Holzstich, Illustrirte Zeitung No. 256 vom 27. März 1848

»Gefecht in der Vorstadt St. Georg.« wohl Oehmigke & Riemschneider, No. unbekannt (MVK Berlin)

Das merkwürdige Jahr 1848. — Eine neue Bilderzeitung.

Europäische Freiheitskämpfe.   Sechszehntes Bild.

Gefecht der Bundestruppen in der Vorstadt St. Georg in Flensburg, am 24ten April 1848.

Authentischer Bericht des Feldzuges gegen die Dänen, zur Befreiung Schleswig-Holsteins.

Als die schleswig-holsteinschen Truppen zum ersten Male mit den Dänen zusammen trafen, war ihnen das Kriegsglück nicht günstig. Sie wurden von den Dänen bei Apenrade zurückgedrängt und das deutsche Heer nahm eine feste Stellung bei dem Dorfe Bau ein. Die Vorhut stand unter dem Obersten von Krohn, und die Dänen erschienen auf Schiffen und Böten und bewerkstelligten, nicht ohne heftig beschossen zu sein, die Landung. Nun griffen sie die deutschen Truppen am 8. April mit Heftigkeit an und am 9. entbrannte allgemeiner Kampf. Zuerst mußten die Dänen mit Verlust weichen, ganze Reihen von Männern und Rossen stürzten, und die Kanonen lichteten die Reihen der dänischen Dragoner. Kieler Studenten, Turner und Jäger schlugen sich, wie die Löwen und der Graf Bernstorf streckte sieben dänische Offiziere mit seiner Büchse zu Boden. Schon wollte er die achte Kugel entsenden, da schmetterte eine feindliche Kugel den tapferen Schützen nieder. Immer übermächtiger drangen nun die Dänen vor und machten wüthende Angriffe, und so großer Heldenmuth auch von den vereinigten deutschen Truppen bewiesen wurde, so wurde doch ihr rechter Flügel gänzlich abgeschnitten und nur Wenige entkamen nach dem hartnäckigsten Widerstande. — Der Rückzug ward endlich allgemein, man zog durch Flensburg, und der nördliche Theil dieser Stadt, welcher dänisch gesinnt war, nahm thätigen Antheil am Kampfe gegen die Schleswig-Holsteiner. Schüsse aus den Fenstern und Steinwürfe raubten manchem edlen Streiter das Leben, und überdies mußte noch mit den nachsetzenden dänischen Reitern in den Straßen gekämpft werden. Im südlichen Stadttheile dagegen gab man den fliehenden schleswig-holsteinschen Truppen noch Erfrischungen mit auf den Weg und erquickte die ermatteten Streiter zum weiteren Marsche. — Die Armee sammelte sich wieder bei Schleswig und zog kann noch weiter auf holsteinischen Boden zurück, und ob auch durch die dänische Ueberlegenheit an Reiterei und Geschütz, an welchem letzteren es besonders den braven Deutschen fehlte, dem Heere derselben ein ungeheurer Verlust zugefügt war, so war doch der Muth nicht gebrochen und die noch lebenden Krieger dürsteten nach neuem Kampfe, um die Scharte auszuwetzen. —

Endlich nach langem Harren traten die Preußen, unter Anführung des Generals der Kavallerie von Wrangel, genannt General „Trauf" am 23. April den Dänen bei Schleswig entgegen und brachten durch heldenmüthige Tapferkeit denselben eine schmähliche Niederlage bei. Morgens 5 Uhr krachen die preußischen Colonnen an allen Punkten auf; die Hornsignale ertönten, der Trommelwirbel erschallte und die dänischen Vorposten wurden überall zurückgeschlagen. Jetzt ging es im Sturmschritt auf die von den Dänen stark besetzten und muthig vertheidigten Verschanzungen beim Dannewerk vor. Etwa um 9 Uhr griffen die preußischen Husaren an und die Linientruppen nahmen mit gefälltem Bajonett und unter Hurrahruf die Verschanzungen. Unter weithinschallendem Hurrah drang die preußische Garde über die Höhen vor und trieben einen großen Theil der Dänen in einen Sumpf, wo die meisten unter den preußischen Kugeln fielen oder jämmerlich ertranken. Nachmittags 2 Uhr hatten die Deutschen Busdorf und Friedrichsberg besetzt und nur noch einen Kampf mit dänischen Jägern zu bestehen. Dann kämpften die preußischen Garden gegen das Schloß Gottorp, welches die dänische Garde, 500 Mann stark, tapfer vertheidigte, aber am Abende räumen mußte. Die Preußen besetzten es nicht, weil die Keller mit Pulverfässern angefüllt waren und sie also leicht in die Luft gesprengt werden konnten. Dies war der Kampf des Hauptcorps. Mittlerweile hatte aber auch der Oberst von Bonin seine preußischen Truppen um Schleswig herumgeführt und hier kämpfte besonders das 20ste Regiment, meistens Pommern, mit aller Tapferkeit, aber auch mit großem Verluste. Noch nach 7 Uhr Abends wurde hier Geschützdonner gehört; die Deutschen drangen bis gegen Königswill und die Flensburger Chaussee vor und nun mußten die Dänen in Eile auf ihren Rückzug bedacht sein. — Schon Nachmittags war ein Theil der preußischen Linientruppen in Schleswig eingerückt und Sonntags, den 23., Abends, war das preußische Hauptquartier in Schleswig, wo General Wrangel und Fürst Radziwill sich befanden. — Die Dänen hatten 10 bis 12000 Mann im Gefecht, von den Preußen kämpften vier Regimenter. Die dänischen Soldaten schlugen sich sehr brav und ihre Scharfschützen, in den Hecken versteckt, streckten manchen Preußen zu Boden, ihre Kanonen raubten Manchem das Leben; die Preußen aber bewiesen eine überaus heldenmüthige, beispiellose Tapferkeit, zeigten, daß sie noch die alten Preußen waren und brachten so den Dänen eine blutige Niederlage bei.

Die Deutschen rückten nun sämmtlich vor und besetzten am Morgen des 25. April ohne Blutvergießen Flensburg, welches die Dänen am Abend vorher, in völliger Auflösung begriffen, verlassen hatten. Man setzte ihnen nach, doch flohen sie unaufhaltsam und standen auch erst, als sie auf die Insel Alsen gekommen waren. Hierhin konnten die Deutschen, aus Mangel an Fahrzeugen, nicht folgen. Sie zerstörten also nur die von den Dänen angelegten Verschanzungen am Lande und drangen nun immer weiter vor nach Jütland hinein.

Ueber den Angriff der Dänen bei Sundewitt auf die vereinigten oldenburgischen und mecklenburgischen Truppen theilen wir aus dem Briefe eines oldenburgischen Offiziers, zur Widerlegung der umlaufenden vielfach übertriebenen Berichte Folgendes mit: „Die 7. und 8. Compagnie unserer Truppen und 2 Comp. Mecklenburger, die am 28. Mai die Vorposten hatten, wurden Morgens 9 Uhr von, wie man sagt, 5000 Mann Dänen mit 18 schweren Geschützen plötzlich von drei Seiten angegriffen und hielten Stand, während die übrigen zu Hülfe herbeieilten. Erst nach mehreren Stunden mußten sie der ungeheuren Uebermacht weichend, sich zurückziehen und das Gefecht dieses Tages endete nach zwölfstündigem harten Kampfe. Hierbei kam eine Compagnie, die dritte, Hauptmann Schlarbaum, so an der äußersten Spitze der Halbinsel in das Gedränge, daß sie völlig abgeschnitten war, und auf den Punkt stand, gefangen zu werden, den zugereisten Parden sich ergab; er wollte lieber sterben als sich ergeben, griff die Dänen an und schlug sich, nach einem mehrstündigen Kampfe, durch die ganze Masse der Dänen glücklich hindurch, wobei 12 Mann, die Helme und die Compagnie-Karre, im Feldkessel und dem Schanzzeuge der Compagnie, in einen Sumpf geriet, verlor, die Pferde jedoch rettete. Wenn es wahr ist, daß die Hannoveraner so weit dislocirt waren, daß sie sechs Stunden marschiren mußten, um auf den Kampfplatz zu kommen, so wäre dies ein unverantwortlicher Fehler. Der Gen. Wrangel hat bei dem aufgestellten Armeecorps den Hauptmann Schlarbaum vertreten und sich den Bericht in den Durchschlagen wiederholen lassen und darauf die ganze Compagnie dem Corps als Muster hingestellt! Leider, aber natürlich, ist ein so langer und heißer Kampf nicht ohne Opfer gewesen."

Schleswig-Holstein, meerumschlungen,	Ob auch wild die Brandung wüthen,	Doch wenn inn're Stürme wüthen,	Gott ist stark auch in den Schwachen,	Theures Land, du Doppeleiche
Deutscher Sitte hohe Wacht!	Fluth auf Fluth, von Bai zu Bai!	Drohend sich der Nord erhebt:	Wenn sie gläubig Ihm vertrau'n!	Unter einer Krone Dach!
Wahre treu, was schwer errungen,	O, laß blüh'n in deinem Schooße	Schütze Gott die holden Blüthen,	Zage nimmer — und im Rachen	Stehe fest, und nimmer weiche,
Bis ein schön'rer Morgen tagt!	Deutsche Tugend, deutsche Treu!	Die ein mild'rer Süd belebt!	Wird trotz Sturm den Hafen schau'n!	Wie der Feind auch drohen mag!
Schleswig-Holstein, stammverwandt,	Schleswig-Holstein, stammverwandt,	Schleswig-Holstein, stammverwandt,	Schleswig-Holstein, stammverwandt,	Schleswig-Holstein, stammverwandt,
Wanke nicht, mein Vaterland!	Bleibe fest, mein Vaterland!	Siehe fest, mein Vaterland!	Harre aus, mein Vaterland!	Stehe fest, mein Vaterland!

Neu-Ruppin bei Gustav Kühn.

Das 17. Bild: »*Krieg mit den Polen. Erster Kampf.*«

In den Apriltagen 1848 verschärften sich die Gegensätze in der Provinz Posen zwischen den Polen und den dort ansässigen Deutschen zusehends. Die Deutschen erklärten, die Polen wollten alles Deutsche ausrotten, die Polen erwiderten, die Deutschen hätten nichts in ihrem Lande zu suchen. Die preußische Regierung schickte den als polenfreundlich bekannten General von Willisen nach Posen, der die Reorganisation des Großherzogtums in die Wege leiten und zwischen Polen und Deutschen vermitteln sollte. Doch der gegenseitige Haß war inzwischen so unüberwindlich geworden, daß General von Willisen von beiden nicht mehr anerkannt wurde. Die den Polen von ihm gemachten Zugeständnisse, »*Polen als Chefs der obersten Behörden, die polnische Sprache allgemein als Geschäftssprache, ein neues Wappen des Großherzogthums Posen, eine nationale Reorganisation des Unterrichts und des Justizwesens, die Posener Fahne allgemein für die Landwehr, Vereidigung der letzten auf das Großherzogthum Posen*« (Vossische Zeitung vom 17. April 1848) stießen bei der deutschen Bevölkerung in Posen auf Unverständnis und schärfste Ablehnung.

Am 9. April 1848 schloß General von Willisen mit den polnischen Führern eine Konvention, nach der die Polen in den vier Orten Wreschen, Pleschen, Xions und Miloslaw bewaffnete Korps von zirka 600 Mann Infanterie und 120 Mann Kavallerie bis zur weiteren Bestimmung halten durften (Vossische Zeitung vom 18. April 1848).

Während die preußische Regierung General von Willisen bei der friedlichen Beilegung des Konfliktes unterstützte, hintertrieb der König diese Politik, indem er den kommandierenden General in Posen, von Colomb, in dessen Meinung bestärkte, man müsse diese bewaffneten polnischen Korps gewaltsam niederschlagen.

Zum offenen Ausbruch des Konfliktes kam es, als der Inhalt der königlichen Kabinettsorder vom 14. April 1848 bekannt wurde. Die Vossische Zeitung führte am 26. April 1848 unter der Überschrift ›Die nationale Reorganisation des Großherzogthums Posen‹ folgendes aus: »*Die durch die Königl. Cabinets-Ordre vom 24. März versprochene nationale Reorganisation der Provinz Posen ist durch die Cabinetsordre vom 14. April in ein neues Stadium getreten. Es ist nunmehr ausgesprochen, daß die überwiegend deutschen Theile der Provinz von der Reorganisation ausgeschlossen, abgetrennt und dem deutschen Bunde einverleibt werden sollen, daß in den übrigen Theilen aber die Ausführung sofort erfolgen werde.*« ›Die überwiegend deutschen Theile‹ machten zwei Drittel aus, die ›übrigen Theile‹, die den Polen zugesprochen wurden, nur ein Drittel. Weiter heißt es in dem Artikel: »*Die Zusagen, die der General v. Willisen den bewaffneten polnischen Insurgenten gemacht, sind daher sämmtlich gesetzwidrig und deßhalb unausführbar.*« Willisen hatte sich der ihm gestellten Aufgabe nicht gewachsen gezeigt und war schon am 18. April wieder nach Berlin zurückgekehrt. In den letzten Apriltagen kam es erneut zu bewaffneten Überfällen, sowohl von polnischer als auch von deutscher Seite. Das preußische Militär unter General von Colomb drohte den Polen in scharfer Form Vergeltung für die Übergriffe an. In einer Mitteilung in der Vossischen Zeitung vom 19. April 1848 heißt es: »*Posen, den 16. April. So eben erfahren wir, das General v. Colomb die Wreschener Schandthaten als Bruch der Konvention betrachtet und von den Polen bei Miloslaw die Auslieferung der Mörder und Räuber verlangt hat, widrigenfalls er mit Kanonen sprechen würde.*«

Ende April kam es an mehreren Orten, darunter Xions und Miloslaw, zu heftigen Kämpfen, die mit der Zerschlagung der polnischen Freiheitsbewegung endeten.

Der Kampf in Xions am 29. April 1848 zwischen den polnischen »*Insurgenten*« und dem preußischen Militär ist das Thema von Kühns 17. Bilderbogen. Den größten Teil des Bildes füllt das preußische Heer aus, das die Stadt im Hintergrund mit Artillerie und Infanterie angreift. Aus einem Haus am rechten Bildrand werden die Preußen von zwei Polen beschossen, aber sie sind bereits entdeckt und das Feuer wird erwidert. Ansonsten ist von den Aufständischen, bis auf schemenhafte Umrisse sowie zwei Tote, wenig zu erkennen. Die Anlage des Bildes erweckt den Eindruck der absoluten Überlegenheit der preußischen Truppe. Das Ortsbild von Xions ist frei erfunden.

Der Text ist ein wortgetreuer Ausschnitt eines Artikels aus der Vossischen Zeitung vom 5. Mai 1848, der ausführlich das Kampfgeschehen schildert.

Da der 17. Bilderbogen mit »*Krieg mit den Polen. Erster Kampf.*« unterschrieben ist, dürfte der bisher nicht aufgetauchte 18. Bogen den Titel »*Krieg mit den Polen. Zweiter Kampf.*« tragen.

Quellen:
Valentin: Geschichte der Dt. Rev., Bd. 1, 1930, S. 539 ff. – Vossische Zeitung v. 17. 4. – 16. 5. 1848
– Bloß: Die Dt. Rev., 1898, S. 211 f.

Das merkwürdige Jahr 1848. — Eine neue Bilderzeitung.

Europäische Freiheitskämpfe. 17tes Bild.
Krieg mit den Polen. Erster Kampf.

Die polnischen Insurgenten (Empörer) wurden von den preußischen Truppen besiegt.

Am 29. April wurde das bei Xions versammelte Insurgenten-Corps aufgefordert, die Waffen niederzulegen und friedlich auseinander zu gehen. Sie antworteten jedoch hierauf mit Flintenfeuer und wurden demnach sofort von den Truppen, unter dem Befehl des Obersten v. Brandt, mit den Waffen angegriffen. Das Fußvolk der Insurgenten hatte die mit sehr starken Jankzert angelegten Barrikaden gesperrte Stadt besetzt, welche durch einen umfassenden Angriff von der Infanterie nach einem fast 2stündigen hartnäckigen Kampfe genommen wurde, bei welchem die Insurgenten die Truppen aus Häusern und Scheuern, auch den Jehen und von dem Thurme herab, heftig beschossen. Dieser Verlust beträgt an Todten einige 30 Mann, an Verwundeten 5 Offiziere und 40 Mann. Die bedeutende Anzahl der Todten und Verwundeten auf Seiten der Insurgenten ist bis jetzt noch zu ermitteln gewesen, da viele derselben von den Einwohnern von Xions weggetragen worden mit den Ersteren auch eine Anzahl in dem, durch das Gefecht in Brand gerathenen Orte verbrannt sein mögen. Außer dem Hauptanführer Leo Dembroski sind sämmtliche übrigen Führer todt, verwundet oder gefangen in die Hände der Soldaten gefallen. Ebenso wurde der auf dem Marktplatze zusammengedrängte Rest der Vertheidiger von Xions, ca. 600 Mann, einschließlich des in Predigers-Gewandheit steckenden, Speer und Säbel bekleideten, Feldpredigers Kojzucki, gefangen genommen. Die Cavallerie der Insurgenten etwa 300 Pferde stark, wurde gleich Anfangs nördlich der Stadt durch eine Attake der diesseitigen Cavalerie geworfen und mit großem Verluste zerstreut. Dasselbe Schicksal hatte eine beträchtliche Masse von Sensenmännern und Cavalerie, welche während des Kampfes in der Stadt zur Unterstützung herangerückte. Nachdem der General v. Blumen den Führer dieses Insurgenten-Corps den vor Kurzem durch Se. Maj. den König begnadigten Mieroslawski, aufgefordert hatte, sich und seine Schaaren dem Gesetz und der Ordnung zu unterwerfen, dieses aber auf das Bestimmteste zurückgewiesen war, eröffnete die Artillerie den Kampf, worauf die Infanterie den Ort selbst von Norden her angriff und nach hartnäckiger Gegenwehr eroberte. Die Insurgenten wurden völlig aus Mikoslaw herausgeworfen und zogen sich in den südlich des Ortes gelegenen nahen Wald.

Original u. Eigenthum No 2062. *Neu Ruppin bei Gustav Kühn.*

Das 19. Bild: »*Ankunft Sr. Königl. Hoheit des Prinzen v. Preußen von seiner Reise nach London. Feierlicher Empfang in Nowawes bei Potsdam.*«

»Prinz von Preußen« war seit Friedrich II. der Titel des Thronfolgers eines kinderlosen Königs. Da Friedrich Wilhelm IV. kinderlos war, trug Prinz Wilhelm, der zweitälteste Sohn Friedrich Wilhelms III., diesen Titel. Er war im Gegensatz zu seinem romantisch veranlagten Bruder ein nüchterner, der preußisch-militärischen Tradition verhafteter Mensch. Der folgende Eintrag in Varnhagen von Enses Tagebuch läßt die Einstellung des Prinzen zu den Barrikadenkämpfern deutlich werden:

»*In der Nacht vom 18. zum 19. März trat ein angesehener Mann hervor und bat den König flehentlich, er möchte doch Befehl geben, daß der furchtbare Kampf aufhöre, daß die Truppen das Feuer einstellten. Der König lag auf den Arm gestützt und schwieg. Da trat der Prinz von Preußen heran und rief: ›Nein, das soll nicht geschehen, nimmermehr! Eher soll Berlin mit allen seinen Einwohnern zu Grunde gehen. Wir müssen die Aufrührer mit Kartätschen zusammenschießen!‹ Der König blieb auf den Arm gestützt und schwieg (aus sehr zuverlässiger Mittheilung vom Hofe her).*«

Die militärische Einstellung des Prinzen, der bereit gewesen war, »*auf das Volk kräftig schießen*« zu lassen, war der Berliner Bevölkerung wohlbekannt. Der Haß auf ihn entlud sich nach Abzug des Militärs, indem sie sein Palais Unter den Linden zum »Nationaleigenthum« erklärten. Die Drohungen gegen den Prinzen wurden so massiv, daß der König selbst seinem Bruder den Rat gab, Berlin zu verlassen. Mit einem politischen Scheinauftrag reiste der Prinz nach England, wo er so lange blieb, bis sich die revolutionären Wogen geglättet hatten. Als Kronprinz schien er jedoch für immer erledigt.

Doch bereits am 8. Mai faßte das Staatsministerium einen Beschluß, der die Rückkehr des Prinzen in die Wege leiten sollte. Auch ein Artikel in der Vossischen Zeitung vom 13. Mai mit der Überschrift »*Deutscher Sinn – deutsche Ehre – deutsche Gerechtigkeit gegenüber dem Prinzen von Preußen*« versuchte, die Rückberufung des Prinzen als nur normal und gerecht darzustellen. Sogleich setzte eine gewaltige Flut von Aufsätzen und Adressen für und wider die Rückberufung des Prinzen ein, wobei die Provinzen sich für den Prinzen einsetzten, Berlin sich gegen ihn aussprach. Die Berliner beließen es jedoch nicht nur bei Flugblättern und Leserbriefen, sondern es kam zu gewaltigen Demonstrationen gegen den Prinzen, so daß dessen Rückkehr verschoben werden mußte.

Das Staatsministerium unter Camphausen beschloß am 15. Mai, der Prinz solle vor seiner Ankunft seine »*volle Zustimmung zu der betretenen neuen constitutionellen Bahn öffentlich bekanntgeben*«. Außerdem beschloß es, daß der Prinz erst nach der Eröffnung der Nationalversammlung am 22. Mai zurückkehren dürfe (Vossische Zeitung vom 16. Mai 1848). Die geforderte öffentliche Erklärung gab der Prinz von Preußen am 30. Mai 1848 in Brüssel schriftlich, sie wurde am 6. Juni 1848 in der Vossischen Zeitung veröffentlicht.

Schon am 7. Juni 1848 traf der Prinz von Preußen in Potsdam ein, und vom feierlichen Empfang durch die Bevölkerung von Nowawes, der Kolonistensiedlung nahe seines Wohnsitzes Schloß Babelsberg, berichtet der Kühnsche 19. Bilderbogen.

Der Text stammt bis auf den letzten Absatz wortwörtlich von einem Augenzeugenbericht aus der Spenerschen Zeitung vom 9. Juni 1848. Der darin beschriebene Empfang mit blumen- und fahnengeschmückten Ehrenpforten, weiß gekleideten Mädchen und jubelnder Bevölkerung ist sehr anschaulich auf dem Bild wiedergegeben. Das Gebäude im Hintergrund auf dem Hügel soll wohl das Schloß Babelsberg darstellen. Auf diesem Bild tauchen auch wieder zwei schwarz-rot-goldene Fahnen auf, hatte der Prinz doch sein Einverständnis zu den neuen Einrichtungen gegeben.

Der letzte Absatz des Textes dürfte aus Kühns eigener Feder stammen. Er gibt die Stimmung der Provinzen wieder, die der Arbeit der neuen Minister und der Nationalversammlung vertrauen und die sich von Berlin nicht gängeln lassen wollen. Vergessen scheinen die Vorgänge in der Nacht vom 18. zum 19. März zu sein, die dem Prinzen den Namen ›Kartätschenprinz‹ eingebracht hatten.

In dem Gedicht bringt Kühn seine Meinung, die die vieler in der Provinz war, nochmals deutlich zum Ausdruck: »*Nicht Berlin ist's Volk, wie viele eifern*« und »*Mit Lebehoch erwarten die Provinzen… Ihren hochgeliebten theuren Prinzen*«, um zu gipfeln in »*Preußen wollen gerne fröhlich bluten, für Hohenzollern's Stamm*«.

Quellen:
Berliner Rev.-Kalender, 1947, S. 65f. – Vossische Zeitung v. 12. 5.–9. 6. 1848 – Spenersche Zeitung, Mai–Juni 1848 – Illustrirte Zeitung, No. 255, v. 20. 5. 1848, No. 256, v. 27. 5. 1848, No. 257, v. 3. 6. 1848.

Das merkwürdige Jahr 1848. — Eine neue Bilderzeitung.

Europäische Freiheitskämpfe. 19tes Bild.
Ankunft Sr. Königl. Hoheit des Prinzen v. Preußen von seiner Reise nach London.
Feierlicher Empfang in Nowawes bei Potsdam.

Der Empfang Sr. K. Hoheit des Prinzen von Preußen hier in Nowawes bei Potsdam war eben so feierlich, wie herzlich. Trotz des Sturmes der früheren Tage waren Ehrenpforten in großer Zahl gebaut, an deren ersterer, die mit der deutschen und preußischen Fahne und vielen Blumen geziert, der größte Theil der Einwohnerschaft versammelt war. In geordneten Reihen stand die Schuljugend zu beiden Seiten des Weges, voran die weiß gekleideten Mädchen mit vielen Kränzen, Sträußen und Guirlanden. Sobald der Wagen Sr. K. Hoheit sich nahte, setzte sich eine Deputation des Orts in Bewegung, und begrüßte den Prinzen, welcher gerade unserem Orte stets der edelste Wohlthäter gewesen ist. Auf die Anrede des Geistlichen, worin derselbe den Drang der Einwohner hervorhob, gerade jetzt Zeugniß abzulegen von ihrer herzlichen Zuneigung und Erkenntlichkeit, geruhte der Prinz, der inzwischen mit Höchstseiner Gemahlin aus dem Wagen gestiegen war, sehr freundlich zu erwidern, wie ihn dieser Empfang am heutigen Tage besonders lieb und wichtig sei, und wie Nowawes einen hohen Platz in seinem Herzen habe. Die Kinder hatten inzwischen den Vers: Lobe den Herrn, den mächtigen König der Ehren, angestimmt, und bald waren JJ. KK. HH. von denselben umringt, und freuten sich recht herzlich über die zutrauliche Jugend, welche sich von allen Seiten herandrängte. Die Blumenguirlanden wurden nun um den Wagen herumgeschlungen, die Kränze überall daran gehängt, die Blumen hineingeworfen, und so bestiegen dann der Prinz und die Prinzessin den Wagen wieder, nachdem sie noch Vielen die Hand gereicht und Vielen freundliche Worte gesagt hatten. Ein helles, einstimmiges Lebehoch aus tiefster Brust klang JJ. KK. HH. nach, und die Schulkinder sangen: „Lob, Ehr und Preis sei Gott."

Schon seit zwei Tagen wurde der Prinz von Preußen erwartet. Auch hatte sich das Musikchor des ersten Garderegimentes nach dem prinzlichen Schlosse auf dem Babelsberg begeben, von dessen Zinnen herab die deutsche und die preußische Flagge vereinigt wehten. Heute Morgen um 10 Uhr kam Se. K. Hoheit auf der Eisenbahn von Magdeburg an, und wurde auf der Wildparkstation von Sr. Maj. dem Könige mit einer Umarmung und den Worten: „sei mir herzlich willkommen," empfangen. Man will bei dieser rührenden Empfangsscene nach so großen und folgenreichen Ereignissen Thränen in beider Fürsten Augen gesehen haben. Von dort fuhren beide nach Sanssouci, wo J. K. H. die Prinzessin von Preußen und die prinzliche Familie den Prinzen empfingen; darauf fuhren Alle durch den Neuen Garten auf der Berliner Chaussee nach Charlottenburg zur Gedächtnißfeier des Sterbetages des hochseligen Königs.

Mit Begeisterung empfing Preußen die constitutionellen Verheißungen — mit Vertrauen die neuen Minister — mit Zuversicht sieht Preußen den Arbeiten seiner Vertreter entgegen, und erwartet von ihnen das Staatsgrundgesetz, aus freier Berathung hervorgehend. In unserer constitutionellen Monarchie muß Krone und Volk mehr, wie je, Eins sein, fest verbunden durch Achtung und Vertrauen, stark durch gegenseitige Treue; und deshalb gehört der dem Throne am Nächsten — der Prinz von Preußen — jetzt in des Volkes Mitte. Der hierauf bezügliche Antrag des Ministeriums hat Aufregung in Berlin hervorgerufen. Diese hat aber in den Provinzen eine weit mächtigere, in dem entgegengesetzten Sinn blitzschnell erzeugt, weil das Gerechtigkeitsgefühl der verleumdeten, verkannten Prinzen entschieden hier vertritt, und des Landes Selbstständigkeit, Berlin niemals das Recht einräumen kann, dortige Parteibeschlüsse für unser gesammtes Vaterland geltend zu machen. —

Hurrah! Friedrich Wilhelm Prinz von Preußen!
Ruft das Volk, ruft das Heer,
Nicht Berlin ist's Volk, wo viele eisern,
Reden bin, reden her.

Mit Lebehoch erwarten die Provinzen
Sehnsuchtsvoll, muthig sein,
Ihren hochgeliebten theuren Prinzen.
Landwehr schlägt, fröhlich ein.

Uebung macht den Mann; an jedem Orte
Bildet sich Bürgerwehr.
Doch nur um zu steh'n als treue Horte
Beim Fürsten, Hochgeehrt!

Hurrah! laßt uns darum jubelnd rufen
Hurrah heran! wer da kann!
Preußen wollen gerne fröhlich bluten
Für Hohenzollern's Stamm.

Original u Eigenthum No 2065

Neu Ruppin zu haben bei Gustav Kühn.

Das 20. Bild: *»Se. Königl. Hoheit der Prinz v. Preußen erscheint als Abgeordneter des Kreises Wirsitz in der preußischen National-Versammlung zu Berlin.«*

Eine der Hauptforderungen in der Zeit des Vormärzes war die regelmäßige Einberufung des Vereinigten Landtages gewesen. Unter dem Eindruck der Ereignisse in Paris gab Friedrich Wilhelm IV. endlich dieser Forderung am 6. März 1848 nach, ohne jedoch ein konkretes Datum für die Einberufung anzugeben. Der Sturz Metternichs brachte den entscheidenden Umschwung bei der preußischen Regierung und beim König. Mit dem Patent vom 18. März 1848, in dem unter anderem auch die Einberufung des Vereinigten Landtages auf den 2. April 1848 festgelegt wurde, versuchte die preußische Regierung der Unruhen Herr zu werden. Doch das Patent konnte die Revolution nicht mehr aufhalten.

Der am 2. April zusammengetretene Zweite Vereinigte Landtag bereitete die Wahlen zu einer preußischen verfassungsgebenden Nationalversammlung vor, die am 22. Mai von Friedrich Wilhelm IV. eröffnet wurde. Tagungsort war die Singakademie in Berlin.

Das 20. Bild zeigt den Auftritt des Prinzen von Preußen am 8. Juni 1848 in der Nationalversammlung, der er als gewählter Abgeordneter des posenschen Kreises Wirsitz angehörte. Im Sitzungsprotokoll vom 8. Juni, veröffentlicht in der Vossischen Zeitung am 9. Juni 1848, wird das Auftreten des Prinzen mit folgender kurzen Notiz beschrieben: *»Während des Vortrages tritt bald nach 1 Uhr der Prinz von Preußen in Uniform in den Saal. Mehrere Mitglieder erheben sich, andere rufen: sitzen bleiben!«* Dem Prinzen wurde vom Präsidenten das Wort erteilt und er hielt eine kurze Rede, in der er sich voll und ganz zur konstitutionellen Regierungsform bekannte. Nach Beendigung seiner Rede – *»Bravo von einem Theil der Rechten, Zischen von der Linken«* (Vossische Zeitung vom 9. Juni 1848) – verließ der Prinz den Sitzungssaal, um ihn nie mehr zu betreten. Sein Mandat überließ er seinem Stellvertreter. Seine Abfahrt von der Singakademie wurde mit so lautem Zischen und Pfeifen von Studenten begleitet, daß es bis in den Versammlungssaal zu hören war.

Der Text zu Kühns 20. Bild stammt mit Ausnahme der Rede wortgetreu aus der Spenerschen Zeitung vom 9. Juni 1848, während sich die Rede in leicht geänderter Form im Sitzungsprotokoll in der Vossischen Zeitung vom 9. Juni 1848 findet.

Wenn auch Kühn die für den Prinzen günstigere, nicht vollständig der Wahrheit entsprechende Beschreibung der An- und Abfahrt desselben aus der Spenerschen Zeitung wählte, so hielt er sich bei seiner bildlichen Darstellung des Auftritts des Prinzen in der Versammlung an die Tatsachen. Die preußische wie auch die Frankfurter Nationalversammlung war in Rechte, Mitte und Linke aufgeteilt, und so läßt sich auf seinem Bild gut erkennen, daß nur die Mitglieder der Rechten den Prinzen stehend und in der Haltung erwartungsvoll begrüßen, während die Mitglieder der Mitte und Linken sitzen geblieben sind mit abwartendem und verschlossenem Gesichtsausdruck.

Der Sitzungssaal ist dem in der Singakademie sehr frei nachempfunden, wenn man davon ausgeht, daß der in der Illustrirten Zeitung am 29. Juli 1848 abgebildete dem tatsächlichen eher entspricht.

Quellen:
Valentin: Geschichte der Dt. Rev, Bd. 2, 1930, S. 53 – Vossische Zeitung, No. 132, vom 9. 6. 1848 – Spenersche Zeitung, No. 133, vom 9. 6. 1848 – Illustrirte Zeitung, No. 265, vom 29. 7. 1848.

Das merkwürdige Jahr 1848. — Eine neue Bilderzeitung. — 20tes Bild.

Se. Königl. Hoheit der Prinz v. Preußen erscheint als Abgeordneter des Kreises Wirsitz in der preußischen National-Versammlung zu Berlin.

Se. K. Hoheit der Prinz von Preußen wurde, von Potsdam kommend, auf dem Eisenbahnhof von dem Minister von Patow und dem Polizei-Präsidenten von Minutoli begrüßt, und fuhr dann mit seinem Adjutanten in einem offenen zweispännigen Wagen durch das Brandenburger Thor, die Linden entlang zur Singakademie, wo derselbe mit lautem Jubelrufe von der harrenden Zuschauermenge beim Aussteigen begrüßt wurde. Dort wurde der Prinz von dem Minister Grafen von Schwerin empfangen und nach dem Sitzungssaal begleitet. Nachdem der Prinz von Preußen die Tribüne betreten hatte, hielt er folgende Rede:

Ich betrete diese Versammlung vermöge der auf mich gefallenen Wahl, und danke öffentlich für den hohen Beweis des Zutrauens, das man mir dadurch bewiesen. Ich würde schon gestern, gleich nach meiner Ankunft, hieher an meinen Platz geeilt sein, wenn der gestrige Tag nicht ein Tag der tiefsten Trauer für meine ganze Familie wäre. Doch heute ist mein Erstes, hieher in die Mitte der Volksvertreter zu eilen, und Sie Alle willkommen zu heißen. Wir wollen bedenken, meine Herren, daß nicht allein Preußen, nein, die ganze civilisirte Welt auf unsere Verhandlungen blickt, die Segen tragen soll für Fürst und Volk auf lange Jahre. Welch schöner Beruf! Die constitutionelle Regierungsform ist vom Könige für unsere Monarchie angenommen worden; ihr werde ich alle meine Kräfte weihen, wie ich es bei jeder Sache gethan, der ich mich einmal hingegeben. Mein Charakter liegt in dieser Beziehung offen vor Ihnen, Grundsätze, die ich einmal ausgesprochen, getreulich festzuhalten. In dieser Weise mögen Sie mein heutiges Erscheinen bei Ihnen deuten. Meine übrigen Geschäfte erlauben mir zwar nicht, bei Ihren Sitzungen stets gegenwärtig zu sein, und ich ersuche deshalb den Herrn Präsidenten, meinen Stellvertreter einzuberufen, doch werde ich Ihren Verhandlungen meine ganze Aufmerksamkeit widmen. Möge Sie, wie mich, bei allen vorhabenden Handlungen der alte Preußenspruch beseelen: „Mit Gott für König und Vaterland!"

Beim Wegfahren des Prinzen von der Singakademie ertönte von dem Publikum abermals neuer Freudenruf.

Das 21. Bild: *»Bombardement von Prag.«*

Die März-Ereignisse in Wien brachten auch die Wiedergeburt des tschechischen Nationalbewußtseins. Die Tschechen lehnten die Teilnahme an der Frankfurter Nationalversammlung ab und bildeten eine eigene slawische Nationalversammlung, die am 3. Juni 1848 in Prag eröffnet wurde. Der Slawenkongreß stellte die nationale Frage in den Vordergrund und förderte Ideen und Pläne zutage, die die alten Mächte in Angst und Schrecken versetzen mußten.

Der kommandierende General von Böhmen, Fürst Alfred von Windischgrätz, war ein »Mann vom alten Schlag«, der seinem Kaiser treu ergeben war. In den Augen der Prager Bevölkerung aber verkörperte er das ›Alte, Rückschrittliche‹, der neuen Ideen nur militärische Unterdrückung entgegenzusetzen wußte. Er war infolgedessen bei den Pragern äußerst unbeliebt und sie brachten ihm Anfang Juni mehrere Katzenmusiken dar. Der Fürst ließ daraufhin aus Verärgerung – wie ihm Zeitgenossen unterstellten – an mehreren Stellen der Stadt Kanonen auffahren. Am 12. Juni begab sich nach Beendigung eines Slawengottesdienstes eine große Menschenmenge zum Generalkommando-Gebäude. Eine Deputation verlangte vom Fürsten seine Abdankung, Prag vom Militär räumen zu lassen und den Schutz der Stadt der Nationalgarde zu übertragen. Zur Wahrung dieser Aufgabe forderten sie weiterhin Waffen, Patronen und Kanonen. Alle Forderungen wurden von Windischgrätz abgelehnt. Es kam zu Tumulten vor dem Gebäude, und das herbeigerufene Militär versuchte, den Platz vor dem Haus zu räumen. Während das Militär die aufgebrachte Menschenmenge in die Straßen abdrängte, fielen aus dem dem Generalkommando-Gebäude gegenüberliegenden Gasthaus ›Zum goldenen Engel‹ zwei Schüsse, von denen einer die Fürstin Windischgrätz tödlich traf.

Die Erregung der Prager nahm zu und in den Straßen entstanden überall Barrikaden. Es kam zu ersten blutigen Zwischenfällen mit dem Militär. Der Aufforderung, die Barrikaden wegzuräumen und den Kampf einzustellen, kam die Bevölkerung nicht nach. Ein Kampf in den engen Gassen wäre aber für das Militär äußerst unvorteilhaft gewesen, und so entschied Windischgrätz, die Truppen aus der Stadt abzuziehen, sie auf dem Hradschin und auf der Kleinseite in Stellung zu bringen und von dort aus die Stadt beschießen zu lassen. Am 15. Juni mußte sich Prag der militärischen Überlegenheit beugen. Windischgrätz hatte damit getan, was das preußische Militär in Berlin und auch das österreichische Militär in Wien bisher nicht gewagt hatten, nämlich einen Volksaufstand durch Bombardement einer Stadt zu unterdrücken. Sein Vorbild sollte Schule machen.

Kühns 21. Bild beschäftigt sich mit dem Bombardement auf Prag. Das Bild zeigt eine recht phantasievolle Darstellung Prags von der Kleinseite her. Es läßt sich in der Mitte der Kleinseitner Brückenturm, links daneben mit rundem Turm die St. Niklas-Kirche und im Hintergrund der Hradschin erkennen. Im Vordergrund hat das Militär Aufstellung genommen, und zwar links Jäger und hinten rechts Dragoner, die die Stadt aus mehreren Kanonen beschießen. Wieder fällt die sehr exakte Wiedergabe der militärischen Uniformen auf. Die österreichischen Jäger trugen nach der Adjustierungsvorschrift von 1837 ihre Decken schräg über der Schulter. Nur bei der Farbe der Waffenröcke hat sich Kühn geirrt, sie hätte für die Jäger grün oder hechtgrau statt weiß sein müssen. Der Text ist eine Zusammenfassung aus der Spenerschen Zeitung vom 18. Juni 1848 und vom 22. Juni 1848, und aus der Vossischen Zeitung vom 18. Juni 1848 und vom 21. Juni 1848, und zwar sind Sätze bzw. ganze Absätze wortgetreu übernommen und dann zu einem Bericht zusammengesetzt, der die Prager Ereignisse ziemlich objektiv beschreibt.

Quellen:
Bloß: Die Dt. Rev., 1898, S. 344 ff. – Spenersche Zeitung v. 15. 6.–22. 6. 1848 – Vossische Zeitung v. 6. 6.–22. 6. 1848 – Illustrirte Zeitung, No. 263, v. 15. 7. 1848 – Flugblätter: ›Bericht über die Ereignisse in Prag‹, ›Das fürchterl. Blutbad in Prag‹, ›Die blutigen Pfingstfeiertage‹, ›Windischgrätz u. das Bombardement in Prag‹.

Das 22. Bild: »Die Pariser Barrikadenschlacht vom 23.–26. Juni 1848. 1ster Tag.«

Nach der Februar-Revolution in Frankreich hatte die neue bürgerliche Regierung das Recht auf Arbeit proklamiert und versucht, der massenhaften Arbeitslosigkeit durch Errichtung von Nationalwerkstätten Herr zu werden. Mehr als 100000 Arbeiter fanden dort Beschäftigung. Die Idee solcher Nationalwerkstätten war eine Sache, die effektvolle Nutzung eine andere. Von Anfang an litten sie unter Konzeptlosigkeit und Desorganisation, und es wurden infolgedessen große Mengen öffentlicher Gelder verschleudert. Das Bürgertum, das ja die Kosten dafür aufbringen mußte, stand dieser Einrichtung mit Mißtrauen und Ablehnung gegenüber. Nach den Wahlen zur Nationalversammlung vom 4. Mai konnte sich das Bürgertum auf eine breite Mehrheit stützen. Nun begann die Regierung mit dem Abbau der Rechte der Arbeiter, der in dem Dekret des Arbeitsministers vom 21. Juni 1848 gipfelte, nach welchem die Arbeiter in die Armee eintreten oder sich zu Arbeiten in der Provinz bereithalten sollten. Die Nationalwerkstätten sollten geschlossen werden. Doch die Arbeiter wollten weder zum Militär, noch sich auf's Land verbannen lassen, und forderten die Rücknahme des Dekrets. Die Antwort auf ihre Forderung, wenn sie nicht freiwillig den vorgeschlagenen Maßnahmen zustimmten, würde man sie zwingen, versetzte die Arbeiter so in Wut, daß es zu Massendemonstrationen und schließlich am 23. Juni 1848 zum Aufstand kam. Es war ein Kampf von Arbeitern, die nichts als ihr Leben zu verlieren hatten, gegen das Bürgertum, das um seinen Besitz und seine Vorrechte bangte.

Den geschätzten 100000 schlecht oder gar nicht bewaffneten Aufständischen standen rund 200000 gut bewaffnete Männer – Linientruppen der Infanterie, Kavallerie und Artillerie, die Nationalgarde, die Mobilgarde, die republikanische Garde und die Polizei – gegenüber, die sich vier blutige Tage lang auf das Grausamste bekämpften.

Am 24. Juni wurde in Paris der Belagerungszustand erklärt und die Nationalversammlung übertrug dem General Cavaignac die Militärdiktatur. Cavaignac war durchaus gewillt und entschlossen, seine Aufgabe, die Niederschlagung des Aufstandes, in seinem Sinn und zum Ruhm der französischen Armee zu erledigen. Er ließ von Anfang an keinen Zweifel aufkommen, daß er diesen Aufstand mit allen ihm zu Gebote stehenden militärischen Mitteln bekämpfen würde.

Die Ereignisse in Paris erschienen Gustav Kühn so wichtig, daß er gleich drei Bilderbogen diesem Aufstand widmete. Obwohl das 22. Bild mit »*Die Pariser Barrikadenschlacht vom 23.–26. Juni 1848. 1ster Tag*« unterschrieben ist, beschäftigt sich der Text mit den Ereignissen vom 23. bis zum 25. Juni. Der erste Absatz dürfte eine von Kühn selbst angefertigte Zusammenfassung aller ihm vorliegenden Berichte sein, während die zwei folgenden Absätze wortwörtlich bzw. in leicht veränderter Form aus verschiedenen Artikeln der Spenerschen Zeitung vom 29. Juni 1848 entnommen sind. Der fehlende Text auf der rechten Seite läßt sich für die 3. und 4. Zeile mit Hilfe der Spenerschen Zeitung vervollständigen: »*Auf eine dieser Barrikaden war der Bataillons-Chef Masson gestiegen, um die Aufrührer aufzufordern, sich friedlich zurückzuziehen. Kaum hatte er das letzte Wort gesprochen, als er, von 5 Kugeln getroffen, hinstürzte.*« Der restliche fehlende Text ist einer Privatmitteilung der gleichen Ausgabe der Spenerschen Zeitung in veränderter Form entnommen: »*Paris, 25. Juni. (Privatmitth.) Der Kampf, der in den Straßen von Paris heute noch fortdauert, ist wohl der furchtbarste und hartnäckigste, der hier je Statt gefunden hat. Die Aufständischen sind wenigstens 40000 Mann stark, alle sehr wohl bewaffnet und von entschlossener Tapferkeit. Doch sind sie schon im Weichen. Gestern hatten sie noch 8 oder 10 Kanonen, die man ihnen seitdem abgenommen hat. Seit gestern ist die Stadt im Belagerungsstand erklärt, und giebt den traurigsten Anblick. Es darf kein Wagen fahren, an jeder Straßenecke stehen Schildwachen, die jedem irgend verdächtig scheinenden Mann die Taschen umkehren, um zu sehen, ob er Pistolen, Dolche oder Patronen bei sich führt, ist dies der Fall, so wird er sogleich verhaftet, aber auch der Wehrlose muß erklären, wo er hin wolle, und bei dem geringsten Mißtrauen begleitet ihn eine Wache. Dies war sogar der Fall bei einem Arzte, einem jungen Bekannten von mir, obschon sonst das Wort medecin hier zum Freipaß zu dienen pflegt. Auf den Boulevards ist Alles wie ausgestorben, bei geschlossenen Läden fällt erst die Baumleere recht auf, da die Bäume sämmtlich schon im Februar zum Behuf der Barrikaden gefällt worden sind. Bei Nacht herrscht eine Todtenstille, nur unterbrochen durch das Anrufen der Wachen, den schweren Gang der zahlreichen Patrouillen, den Galopp der Adjutanten, das Einherziehen starker Reiterei und das dumpfe Rollen der Kanonen. ...*«

Die bildliche Umsetzung des ersten Absatzes des Textes ist Kühn auch mit diesem Bild wieder glänzend gelungen. Es gibt das Kampfgeschehen an einer Barrikade anschaulich und den vielen Augenzeugenberichten entsprechend wieder. Vor der Barrikade hat eine Abteilung Infanterie in ihren blauen langen Waffenröcken, roten Hosen und mit schwarzen Tschakos auf dem Kopf Aufstellung genommen. Eine Kanone ist auf die Barrikade gerichtet und ein Offizier zu Pferde versucht offensichtlich, mit den Aufständischen zu sprechen. Auf der Barrikade steht ein Arbeiter, in der einen Hand den Säbel, in der anderen die »Blutfahne«. Neben ihm steckt auf einer Lanze der abgeschlagene Kopf eines in die Hände der Aufständischen gefallenen Soldaten. Dazu berichtet die Spenersche Zeitung vom 29. Juni: »*Die Insurgenten machen fast gar keine Gefangene. Man steckt hinter den Barrikaden die abgeschnittenen Köpfe auf die Bajonette, die Piken und Lanzen.*« Unter den Kämpfenden an der Barrikade sind auch zwei bewaffnete Frauen zu sehen, die eine hat ihr Gewehr auf den Offizier angelegt, während die andere das ihre gerade nachlädt. Auch einige Nationalgardisten, von denen etliche zu den Aufständischen übergetreten waren, sind hinter der Barrikade auszumachen. Die Bewaffnung ist vielfältig, längst nicht alle Kämpfenden besitzen ein Gewehr, viele sind mit Lanzen, Piken, Äxten und Degen ausgerüstet. Aus den Fenstern des dahinterliegenden Hauses wird das Militär unter Beschuß genommen.

Das 23. Bild: »*Die Pariser Barrikadenschlacht vom 23.–26. Juni 1848. 2ter Tag.*«

Das Bild über den 2. Tag des Juni-Aufstandes zeigt die Ankunft des Erzbischofs von Paris an der Barrikade am Bastilleplatz am 24. Juni. Kühn läßt auf seinem Bild den Erzbischof, der sich der Barrikade von hinten nähert, von Soldaten der Infanterie begleiten, während die Barrikade von vorn von der Kavallerie angegriffen wird. Die Barrikade wird von den Aufständischen entschlossen verteidigt. Zur Abschreckung sind zwei abgeschlagene Köpfe von Soldaten auf Lanzen gesteckt. Der Arbeiter hinten auf der Barrikade blickt auf die den Erzbischof begleitenden Soldaten und hat die Hand erhoben, als ob er dem Kampfgeschehen Einhalt gebieten wolle, damit der Erzbischof sprechen könne. Dieser Vorgang wird von einem Augenzeugen wie folgt geschildert: »*Am Sonntag begab sich der Erzbischof zum General Cavaignac und fragte, ob es ihm erlaubt sein werde, Worte des Friedens mitten unter die Insurgenten zu bringen. Der General empfing diese Mittheilung mit tiefer Bewegung, und erwiderte, er könne die Verantwortlichkeit nicht auf sich nehmen, ihm unter diesen Umständen einen Rath zu ertheilen. Jedenfalls sei der Schritt ein sehr gefährlicher. Der Erzbischof entgegnete, daß sein Entschluß gefaßt sei. Er eilte zurück in den erzbischöflichen Palast, traf einige persönliche Anordnungen, und gegen 8 Uhr war er an der Säule der Bastille. Es hatten sich mehrere Deputirte erboten, ihn zu begleiten, doch er hatte es abgelehnt. Auf dem Wege bis zum Bastilleplatz unterhielt er sich mit Heiterkeit über den Text: ›Pastor bonus dat animam suam pro ovibus suis. (Ein guter Hirt läßt das Leben für seine Herde.)‹ Seine beiden Großvicare begleiteten ihn. Die Militairbehörde stellte das Feuer ein. Es wurde ein Zweig von einem der Bäume des Boulevards gepflückt, den der Bischof in die Hand nahm. Mit diesem Friedenszeichen ging er vorwärts, und stieg mit den beiden Geistlichen, die ihn begleiteten, auf die Barrikade, wo die Insurgenten einige Augenblicke zuvor einen Parlamentair empfangen hatten, der ihnen die Nachricht von dem Kommen des Erzbischofs brachte. Kaum hatte der ehrwürdige Prälat einige Worte gesprochen, als ein Schuß fiel, man weiß nicht woher, muthmaßlich aus einem Fenster. Darüber geriethen die Insurgenten in die höchste Aufregung. Es wurde auch von ihrer Seite geschossen, und die Truppen erwiderten. Wie dem auch sei, so war der Erzbischof in die Weiche getroffen, und wurde von den Insurgenten aufgehoben. Sie brachten ihn in ihren Bezirk zu dem Pfarrer des Blinden-Instituts, und am andern Morgen in den erzbischöflichen Palast zurück. Der Zug dahin war von tiefstem Eindruck auf alle. Der Bischof hatte schon die letzten Sakramente verlangt, als er noch in der Vorstadt St. Antoine lag. – Am Montag Abend verschied er.*« (Vossische Zeitung vom 1. Juli 1848)

Der Text des 23. Bildes beschäftigt sich nur zu einem geringen Teil mit dem Tod des Erzbischofs. Der erste unvollständige Teil des Textes ist in leicht geänderter Form dem folgenden Artikel der Spenerschen Zeitung vom 30. Juni 1848 entnommen: »*Ein Mann, welcher die ganze Nacht vor den Barrikaden der Vorstadt St. Antoine stand, berichtet u. A. Folgendes. Es war noch einmal eine schreckliche Nacht: die Truppen unter den Waffen, die Mineure thätig um die Barrikaden und die Häuser der Insurgenten zu untergraben, welche zu Festungen gemacht worden waren. Die Vorstadt St. Antoine, der Brennpunkt des Aufstandes, ist von allen Seiten umgeben und wird bombardirt werden. Schon hat das Kanonenfeuer in der Nähe der Bastille begonnen, und die Insurgenten gehen zurück auf die zweite Barrikade, während für die nachrückende Artillerie überall Platz gemacht wird. Es sind aber alle einzelne Häuser befestigt, überall sind Schießscharten, man kann keinen Schritt vorwärts, ohne die schrecklichsten Verluste. – 10 1/2 Uhr. Die zweite Barrikade ist von der Mobilgarde genommen worden; 50 gefangene Dragoner, welche mit ihren Pferden in einen Hof gebracht worden waren, sind dadurch wieder frei geworden, aber die meisten sind verwundet; ohne die Vermittlung einiger Einwohner würden sie sämmtlich umgebracht worden seyn. Etwa 5- bis 6000 (?) Gewehre und viele Munition wurden bei der ersten Barrikade genommen. Der General Lamoricière durchschreitet unsere Reihen und erklärt, daß er die Capitulation nicht annehme. Die Insurgenten verlangen, mit dem Kreuz voraus, abzuziehen und in die Nationalgarde aufgenommen zu werden. Von den 30 000 Mann der Nationalgarde der Vorstadt St. Antoine schlagen sich 12 000 für den Aufstand.*«

Der Text auf der rechten Seite ist aus vielen Zeitungsnotizen zusammengesetzt und schildert den furchtbaren und erbarmungslosen Kampf auf beiden Seiten, der durch die bedingungslose Kapitulation der Vorstadt St. Antoine am 26. Juni 1848 beendet wurde, bevor Cavaignac seine Drohung, die Vorstadt in Grund zu schießen, wahrmachen konnte.

Die Pariser Barrikadenschlacht vom 23.–26. Juni 1848. 2ter Tag.
Der Erzbischof von Paris wird, wie er zwischen die Kämpfenden tritt, an der Barrikade erschossen.

Das 24. Bild: »*Die Pariser Barrikadenschlacht vom 23.–26. Juni 1848. 3ter Tag.*«

Der bildlichen Darstellung des 24. Bildes läßt sich kein bestimmtes Ereignis zuordnen. Mit diesem Bild wollte Kühn wohl die zahlen- und auch ausrüstungsmäßige Überlegenheit des französischen Militärs deutlich machen. Die Kavallerie jagt über einen Platz, Wagen, in denen ausgeruhte Infanteristen sitzen, werden im Galopp zum Kampfgeschehen befördert, Soldaten ziehen auf die im Hintergrund befindliche Barrikade zu, die im Pulverdampf nur zu ahnen ist. Der Platz ist von mehrgeschossigen Wohnhäusern umgeben, Platz und Gebäude sind jedoch frei erfunden und dienen nur dazu, die Kampfesweise zu verdeutlichen. Da es den 3. Tag des Aufstandes zeigt, könnte es sich um die Vorbereitung der Bombardierung der Vorstadt St. Antoine handeln.
Der Text stammt zu großen Teilen aus der Spenerschen Zeitung vom 1. Juli 1848, und befaßt sich mit den letzten Kämpfen. Mit der endgültigen Niederschlagung des Aufstandes endet auch Kühns Berichterstattung. So wie er mit keinem Wort die Hintergründe für die Erhebung der Arbeiter aufzeigt, so sind weder die folgenden Massenhinrichtungen der Gefangenen oder die Deportation ohne Urteil von nahezu 10 000 Gefangenen nach Cayenne ein Thema für ihn. In dem Schlußsatz seines 24. Bildes heißt es: »*So waren die Insurgenten nach allen Seiten hin geschlagen und wenn gleich Franzose gegen Franzose mit Wuth gekämpft hatte, so hatte doch die Herrschaft des Gesetzes den Sieg errungen.*« Und damit konnte er wieder zur Tagesordnung zurückkehren.

Quellen für das 22.–24. Bild:
Illustrirte Geschichte der dt. Rev. 1848/49, 1975, S. 173 ff. – Illustrirte Zeitung, No. 257, vom 3. 6. 1848, No. 263, vom 15. 7. 1848, No. 264, vom 22. 7. 1848 – Spenersche Zeitung, vom 21. 5. – 1. 7. 1848 – Vossische Zeitung, vom 21. 5. – 1. 7. 1848 – Hagthornthwaite, Philipp: Uniformen und Schlachten 1815–1850, 1976, S. 177.

Das 25. Bild: *»Prinz Friedrich von Augustenburg. General der Schleswig-Holsteinschen Truppen.«*

Bei Ausbruch der offenen Feindseligkeiten mit Dänemark nahmen Herzog Christian August von Schleswig-Holstein-Sonderburg-Augustenburg und sein jüngerer Bruder Prinz Friedrich (›Prinz von Noer‹) eine führende Rolle in der schleswig-holsteinischen Bewegung ein. Zum einen konnte die Einverleibung der Herzogtümer Schleswig-Holstein in den dänischen Staat nicht in ihrem Interesse sein, zum anderen gab ihre Mitwirkung auf der schleswig-holsteinischen Seite der Bewegung die nötige Legitimität.

Prinz Friedrich, der der 1836 einberufenen schleswigschen Ständeversammlung als Deputierter für Eckernförde angehörte, zeigte sich schon bald als Verfechter der schleswig-holsteinischen Sache, indem er Bestrebungen zur Einführung der dänischen Sprache in Nordschleswig entschieden entgegentrat. Andererseits diente er aber auch dem dänischen König, der ihn 1842 zum Statthalter und kommandierenden General in den Herzogtümern ernannt hatte. Nach Bekanntwerden des ›Offenen Briefes‹ von Christian VIII. 1846 erklärte er jedoch seinen Rücktritt und zog sich auf sein Gut Noer bei Eckernförde zurück.

Als sich im März 1848 abzeichnete, daß es zu einem Waffengang mit Dänemark kommen würde, hofften die Augustenburger, mit Hilfe Preußens und des Deutschen Bundes ihre Rechte als Herzöge in Schleswig-Holstein festigen zu können. Herzog Christian August wurde in Berlin bei Friedrich Wilhelm IV. vorstellig, um Preußens Unterstützung zu erlangen. Diese wurde ihm vom preußischen König mit einem Brief vom 21. März 1848 auch zugesagt. Obwohl zwischen den Brüdern abgemacht war, daß Prinz Friedrich auf seinem Gut das Ergebnis der Berlin-Reise abwarten sollte, ging er am 23. März nach Bekanntwerden der Bildung eines eiderdänischen Ministeriums in Kopenhagen nach Kiel, wo er am gleichen Tage der Provisorischen Regierung beitrat und das Kommando über die schleswig-holsteinischen Truppen übernahm. Die geglückte Überrumpelung der Landesfestung Rendsburg am 24. März (siehe auch 6. Bild) begeisterte zwar seine Landsleute, stellte ihn aber zugleich vor die schwierige Aufgabe, mit einem enthusiastischen, doch schlecht ausgebildeten und unzureichend bewaffneten Heer ohne genügend Führungskräfte die in ihn gesetzten hohen Erwartungen zu erfüllen. Schon die nächsten Gefechte bei Bau und Krusau am 9. April 1848 wurden aufgrund dieser Unzulänglichkeiten blutige Niederlagen, die dem Prinzen angelastet wurden. Es wurde ihm vorgeworfen, er hätte die Truppen allzu eilig und ohne vorher für die Herstellung einer Verbindungslinie gesorgt zu haben, in den Norden Schleswigs vorgeschoben. Mit dem Eintreffen der preußischen Truppen und des 10. Bundesarmeekorps unter dem Oberbefehl Friedrich von Wrangels verlor der Prinz zusehends an Einfluß. Als am 4. September 1848 bekannt wurde, daß dem preußischen Oberst Eduard von Bonin das Kommando über die schleswig-holsteinische Armee übertragen werden solle, trat der Prinz verbittert von seinem Kommando zurück und am folgenden Tag aus der Provisorischen Regierung aus.

Anscheinend war der Erinnerungsbogen an den Prinzen Friedrich von Augustenburg in der Offizin Kühn schon zu einer Zeit vorbereitet gewesen, in der die Beliebtheit des Prinzen noch ungebrochen war. Anders läßt sich nicht erklären, warum dieser Bogen erst Ende Juni/Anfang Juli 1848, als der Stern des Prinzen bereits gesunken war, in den Vertrieb gebracht wurde. Auch stellt die abgebildete Person nicht Prinz Friedrich dar, der 1848 bereits 48 Jahre alt war und nach einem Porträt in der Illustrirten Zeitung vom 2. September 1848 einen Vollbart trug. Es könnte sich vielleicht um den Neffen des Prinzen, Friedrich, handeln, der neunzehnjährig im März 1848 als Leutnant in die von seinem Onkel geleitete schleswig-holsteinische Armee eintrat.

Der ›Prinz‹ trägt eine dänische Uniform, da das Heer bis zur Erhebung unter dem Oberbefehl des dänischen Königs stand und dementsprechend auch dänische Uniformen trug. Erst allmählich wurden die dänischen Uniformen in preußische umgetauscht. Im Gefolge des Prinzen reiten einige Offiziere, deren Uniformen nicht eindeutig geklärt werden konnten.

Die unter dem Bild gedruckten Strophen lehnen sich an das Schleswig-Holstein-Lied an, von dem jeweils der Refrain übernommen wurde. Es ist ein Lobgesang auf die tapferen, preußischen Soldaten, die dem unterdrückten Schleswig-Holstein zu Hilfe eilten.

Interessant an diesem Bild ist, daß Kühn diesen Druckstein für sein 84. Bild ›Der commandirende General der Schleswig-Holsteinischen Armee von Willisen‹ zwei Jahre später erneut benutzte und nur die Köpfe, Kopfbedeckungen und Uniformfarben änderte.

Quellen:
Liliencron: Up ewig ungedeelt, S. 32 ff. – Lohmeier: Biographisches Lexikon für Schleswig-Holstein und Lübeck, Bd. 8, 1987, S. 59 ff. – Neue Deutsche Biographie, 5. Band, 1971, S. 586 – Illustrirte Zeitung, No. 270, vom 2. 9. 1848.

»Der commandirende General der Schleswig-Holsteinschen Armee von Willisen.« Gustav Kühn, No. 2287

Das 26. Bild: *»Erzherzog Johann von Oesterreich. Reichsverweser von Deutschland. Feierlicher Einzug des Reichsverwesers in Frankfurt a/M. am 6. Juli.«*

Am 18. Mai 1848 trat das erste deutsche Parlament in der Paulskirche in Frankfurt am Main zusammen. Schon bald befaßte sich die Versammlung mit der Frage der Zentralgewalt. Nach langen Diskussionen einigte man sich schließlich darauf, die provisorische Zentralgewalt einer einzigen Person zu übertragen, die der Nationalversammlung jedoch nicht verantwortlich sein sollte. Es wurde der Erzherzog Johann von Österreich vorgeschlagen, der als Befürworter der deutschen Freiheitsbewegung bekannt war und der seit der Grundsteinlegung des Anbaus des Kölner Doms 1842 große Sympathien bei den Deutschen besaß. Sein bei dieser Gelegenheit ausgesprochener Toast wurde in vereinfachter und verfälschender Weise als *»Kein Preußen und kein Österreich, ein einiges, freies Deutschland, fest wie seine Berge«* bekannt und steigerte die Popularität des Erzherzogs ungemein. Am 29. Juni 1848 wurde Erzherzog Johann mit 436 Stimmen bei 85 Gegenstimmen und 25 Enthaltungen (Vossische Zeitung vom 2. Juli 1848)

»Feierlicher Einzug des Reichsverwesers Erzherzog Johann in Frankfurt a./M.« Oehmigke & Riemschneider No. 1363

zum Reichsverweser gewählt. Der bereits 66jährige Erzherzog nahm die Wahl an, und seine Fahrt durch Deutschland nach Frankfurt gestaltete sich zu einer Triumphfahrt, die im feierlichen Einzug in Frankfurt gipfelte.

Dieses Ereignis wurde in allen Presseerzeugnissen ausführlich kommentiert und ist auch Gustav Kühn einen neuen Bilderbogen seiner Serie wert. Im oberen Drittel des Bildes bringt er ein Porträt des Erzherzogs, das von einer Krone (sehr ähnlich der Kaiserkrone Rudolfs II.) und von Reichsapfel und Zepter flankiert wird, die symbolisch auf sein Amt als Reichsverweser hinweisen. Zu beiden Seiten hält je ein Engel die deutsche Fahne in der Hand. Bei dem Porträt handelt es sich um ein Bild des Erzherzogs aus jüngeren Jahren – wahrscheinlich um 1835/36 –, es zeigt keinesfalls einen 66jährigen Mann. Es ist anzunehmen, daß zu der Zeit, da die Wahl des Erzherzogs Johann zum Reichsverweser bekannt wurde, kein neueres Bild zur Verfügung stand. Auch die Illustrirte Zeitung bringt am 8. Juli 1848 ein Porträt des Erzherzogs, das aus etwa der gleichen Zeit wie das von Kühn verwendete stammen dürfte. Der Erzherzog trägt auf dem Kühnschen Bilderbogen einen weißen Waffenrock, auf dem sich der Maria-Theresia-Orden, der Königlich-Ungarische St. Stephans-Orden und das Goldene Vließ erkennen lassen. Die schwarz-rot-goldene Schärpe, die der Erzherzog auf diesem Bild trägt, ist ein weiterer Hinweis auf sein Amt als Reichsverweser. Ein Vergleich des Porträts auf dem 26. Bild mit dem Familienbild auf dem 41. Bild macht den Altersunterschied des Erzherzogs auf beiden Bildern deutlich, wobei anzunehmen ist, daß das 41. Bild ein aktuelles aus dem Jahr 1848 ist.

Der mittlere Teil des Bilderbogens zeigt den Erzherzog in einer offenen, sechsspännigen Kutsche während seines Einzugs in Frankfurt bei der Vorbeifahrt an der Paulskirche. Die Kutsche ist von einer dichtgedrängten, freudig erregten und jubelnden Menschenmenge umgeben. Nach Zeitungsberichten fuhr der Erzherzog jedoch nur vom Allerheiligentor durch die Allerheiligenstraße und die Zeil hinauf bis zum Hotel Russischer Hof. Er kam also an der Paulskirche bei seinem Einzug am 11. Juli gar

nicht vorbei. Daß Kühn die Paulskirche als Hintergrund für sein Bild wählte, dürfte seinen Grund darin haben, daß er zum einen sicherlich eine Vorlage der Kirche besaß, und zum anderen sie der Bevölkerung jener Tage als Ort der Nationalversammlung und damit als Ort aller Hoffnungen eher bekannt war als die Straße *»die Zeil«*. Auch in der Überschrift ist Kühn ein Fehler unterlaufen: der feierliche Einzug des Reichsverwesers in Frankfurt fand – wie im Text richtig vermerkt – am 11. Juli statt, und nicht wie in der Überschrift angegeben am 6. Juli.

Den ersten Absatz des Textes dürfte Kühn selbst verfaßt haben. In ihm berichtet er kurz, daß nach der Revolution in allen deutschen Staaten die unumschränkte Herrschaft der Fürsten gestürzt sei und daß alle Staaten nach einem einigen Deutschland streben. Der gewählte Verweser des Reiches, Erzherzog Johann von Österreich, soll dieses Deutschland nach außen hin vertreten und die Regierung des vereinigten Deutschlands leiten.

Der gesamte restliche Text schildert den feierlichen Einzug des Erzherzogs in Frankfurt und ist fast wortwörtlich dem Bericht *»Der Einzug des Erzherzogs Reichsverwesers in Frankfurt«* der Illustrirten Zeitung vom 29. Juli 1848 entnommen. Die ausführliche Beschreibung und die bildliche Darstellung dieses Ereignisses ergänzen sich in anschaulicher Weise.

Quellen:
Bloß: Die Dt. Rev., 1898, S. 277 ff. – Illustrirte Zeitung, No. 262, vom 8. 7. 1848, No. 265, vom 29. 7. 1848 – Vossische Zeitung vom 2. 7. – 15. 7. 1848 – Neue Deutsche Biographie, 10. Bd., 1974, S. 505 ff.

Abb. in:
Zaepernick: Neuruppiner Bilderbogen, 1972.

Das merkwürdige Jahr 1848. — Eine neue Bilderzeitung. — 26stes Bild.

Johann von Oesterreich, Erzherzog, Reichsverweser von Deutschland.

Feierlicher Einzug des Reichsverwesers in Frankfurt a/M. am 6. Juli.

Durch Revolution ist in allen deutschen Staaten die unumschränkte Herrschaft der Fürsten gestürzt, alle Staaten streben darnach, in brüderlicher Vereinigung einen mächtigen Bund von Staaten zu bilden und als einiges Deutschland jedem Feinde, der es wagen möchte, in seine Grenzen einzudringen, mit gesammter Kraft und rüstigem Arm zurückzuweisen. Darum sandten die verschiedenen deutschen Länder ihre Abgeordneten nach Frankfurt am Main, der alten Krönungsstadt der deutschen Kaiser, um diese Einheit Deutschlands anzuordnen, und diese wählten als Verweser des Reiches den Erzherzog Johann von Oesterreich, welcher das einige Deutschland bei allen auswärtigen Nationen als Oberhaupt vertreten und die gemeinsame Regierung des vereinigten Deutschlands leiten sollte. Mit großem Jubel war seine Wahl angenommen und verkündigt worden, und am 11. Juli hielt er seinen feierlichen Einzug in die alte Kaiserstadt.

Schon am Morgen dieses denkwürdigen Tages boten die Gassen und Straßen Frankfurts, besonders die Hauptstraße, die „Zeil", durch welche der Zug gehen mußte, einen festlichen Anblick dar. Von allen Dächern flatterten große schwarz-roth-goldene Fahnen, grüne Blumengewinde reichten von Fenster zu Fenster, bunte Teppiche in allen Farben hingen an den Außenwänden. In der Hauptstraße waren vom „Russischen Hofe", in dem der Erzherzog-Reichsverweser absteigen wollte, bis zum „Allerheiligsten thor", durch welches er einziehen mußte, ein breites Spalier von sämmtlichen Linientruppen und von der Bürgerwehr, alle in bester Uniform, gebildet. Dann kamen die Gewerbe der Stadt mit ihren Abzeichen und Fahnen, die Feuerwache, die Turner und die Bürgerwehr der zu Frankfurt gehörenden Dorfschaften. Die schön uniformirte berittene Bürgerwehr war an der Grenze des Stadtgebiets gestellt, um von dort aus den Wagen des Reichsverwesers zu geleiten, und die Bürgerartillerie stand bei ihren Kanonen, um durch den Donner derselben seine Ankunft zu ehren und der Stadt anzuzeigen. Das Thor war mit Blumenguirlanden und blühenden Gewächsen auf das Prächtigste geschmückt und in einen Triumphbogen verwandelt. Schön geputzte Damen sahen Kopf an Kopf aus allen Fenstern und Alles erwartete sehnsuchtsvoll die Ankunft des hohen Gastes.

Endlich gegen 6 Uhr erdröhnte die Erde vom Kanonendonner, der Reichsverweser hatte die Grenze des Frankfurter Gebiets erreicht und eiligst bemühte sich nun jeder einen guten Platz zu erlangen, den Festeinzug sehen zu können. Bald verkündigte das volle Geläute der Glocken, daß der Reichsverweser in die Thore der Stadt eingezogen sei, und immer brausender ward das unermeßliche Gejauchze der begeisterten Menge; aus allen Fenstern, bis zum Dachstübchen hinauf, wehten weiße Tücher dem Ankommenden den Willkommen entgegen. Langsam kam der Zug die lange Straße herauf. Zuerst eine Abtheilung der Bürgercavallerie, dann der offene Wagen des Erzherzog-Reichsverwesers mit sechs Pferden und Kutschern und Vorreitern in scharlachrothen Livreen, die ihm die Stadt Frankfurt entgegengesandt hatte. In der einfachen hellgrauen Felduniform eines östreichischen Generals, saß der ehrwürdige Greis darin und erwiederte unaushörlich mit Kopf und Hand die ihm gebrachten Grüße. Hinter dem Wagen des Reichsverwesers folgte wieder eine Abtheilung Bürgercavallerie und dann ein großer Wagen der die zum Empfang abgeordneten Mitglieder der Nationalversammlung enthielt. Eine unabsehbare Menge Volks, mit Fahnen und Tüchern schwenkend und freudiges Willkommen rufend, schloß den Zug. In dem Balkonzimmer des russischen Hofes empfing der Präsident der Frankfurter Nationalversammlung, von Gagern, umgeben von den Reichstagsabgeordneten, mit feierlicher Anrede den Reichsverweser und dieser antwortete ihm darauf in seiner gemüthlichen östreichischen Mundart folgendermaßen: „Ich danke Ihnen, meine Herren, für den herrlichen Empfang. Als ich die Nachricht von der Wahl des deutschen Volkes bekam, war ich erstaunt, daß mein großes Vaterland, das große Deutschland, in meinen einfachen Tagen an mich alten Mann gedacht hatte. Es giebt Anforderungen an den Menschen, bei denen er nicht schwanken darf, in welchen Lagen und in was immer für Verhältnissen er sich befinden mag. Wenn das Vaterland ruft, so ist es Pflicht, seine letzte Kraft, seine letzten Jahre demselben zu weihen. Dies hat mich bewogen, Ihren Ruf anzunehmen, um mit Ihnen das heilige große Werk zu vollenden. — Da habt Ihr mich, ich gehöre zu Euch!"

Jetzt trat nun der Erzherzog-Reichsverweser, den Präsidenten von Gagern an der Hand, auf den Balkon hinaus und wurde mit unermeßlichem Jubel von der versammelten Menschenmenge begrüßt, welche sich erst spät verlief, um am Abende einen glänzenden Fackelzug von mehr als tausend Fackeln, welche die gesammte Bürgerschaft dem Reichsverweser brachte, anzuschauen. Der allgemeine Jubel währte bis tief in die Nacht hinein.

Das 27. Bild: »*Ernst Alfred, Fürst von Windischgrätz, Besieger der Rebellen in Prag. – Louis Cavaignac, Dictator von Frankreich, Besieger der Rebellen in Paris.*«

Das Doppelbild zeigt links Fürst Windischgrätz und rechts General Cavaignac, die beiden Generäle, die rücksichtslos das Militär zur Niederschlagung der Aufstände in Prag und Paris gegen die Bevölkerung eingesetzt hatten. Auch bei diesen Darstellungen ist anzunehmen, daß Kühn auf vorhandene Bildvorlagen zurückgriff und nur die Köpfe veränderte, die eine erkennbare Ähnlichkeit mit Porträts der beiden Generäle aufweisen. Als Hintergrund des Bildes des Fürsten Windischgrätz wählte er einen Ausschnitt der Stadtansicht seines 21. Bildes ›Bombardement von Prag‹, während der Hintergrund des Bildes des Generals Cavaignac neutral gehalten ist, da ihm zu Paris wohl Vorlagen fehlten. Nun mußten nur noch die Uniformen mit den richtigen Farben koloriert werden, und fertig war das Erinnerungsbild an die beiden ›Helden‹ jener Tage.

Mit seinem Text über Windischgrätz greift Kühn auf den Artikel »*Ernst Alfred Fürst von Windischgrätz*« in der Illustrirten Zeitung vom 15. Juli 1848 zurück, den er um die Daten der Familie Windischgrätz kürzt, sonst aber inhaltlich übernimmt. Es wird auf die Redlichkeit und den Mut des Fürsten hingewiesen, der mit großer Geduld versuchte, Prags Bevölkerung vom Aufstand abzuhalten und, als dies nicht gelang, diesen mit Entschlossenheit militärisch niederschlug.

Der kurze Lebenslauf unter dem Bild Cavaignacs stammt aus der Illustrirten Zeitung vom 8. Juli 1848. Der Berichterstatter der Illustrirten Zeitung hat jedoch den Lebenslauf Cavaignacs mit dem seines Bruders Godefroy zu einem vermengt, und dieser völlig falsche Lebenslauf wurde von Kühn unbesehen übernommen.

Louis Eugène Cavaignac wurde am 15. Oktober 1802 als zweiter Sohn des Jean Baptiste Cavaignac und seiner Ehefrau Julie Marie in Paris geboren. Sein Bruder Godefroy war zwei Jahre älter. Beide Eltern waren entschiedene Anhänger der französischen Revolution von 1789, und die Söhne wurden in dieser Tradition erzogen. Godefroy studierte Rechtswissenschaften, Louis wurde für die militärische Laufbahn vorbereitet. Von den beiden Brüdern war Godefroy derjenige, der sich politisch betätigte und der aufgrund seiner Aktivitäten nach England verbannt wurde. Die republikanischen Ansichten Godefroys scheinen dem militärischen Werdegang Louis hinderlich gewesen zu sein, und so entschied er sich 1832, nach Algerien zu gehen, wo Offiziere bessere Aufstiegschancen hatten. Er blieb dort mit einer Unterbrechung von 1839 bis 1841 bis zum Frühjahr 1848 und erwarb sich den Ruf eines mutigen, entschlossenen, umsichtigen, aber auch im Kampf mit den Arabern brutal durchgreifenden Soldaten.

Nach der Februar-Revolution 1848 bot die provisorische Regierung in Paris Cavaignac den Posten des Kriegsministers an, den er ablehnte, weil er annahm, diese Regierung würde nicht von langer Dauer sein. Um aber von dem ungeliebten Posten in Algerien nach Paris zurückkehren zu können, ließ er sich zur Wahl für die Nationalversammlung aufstellen und wurde auch gewählt. Am 17. Mai 1848 traf er in Paris ein, zwei Tage nach den Arbeiterunruhen vom 15. Mai. Erneut wurde ihm das Amt des Kriegsministers angeboten, und diesmal nahm er an. Schon am zweiten Tag des Juni-Aufstandes übertrug ihm die Nationalversammlung die Militärdiktatur. Cavaignac gab sein Amt nach Niederschlagung des Aufstandes am 28. Juni 1848 zurück. Die Nationalversammlung setzte ihn jedoch sofort wieder als Diktator ein und verlieh ihm den Titel ›Präsident des Ministeramtes‹. Dieses Amt hatte er bis Mitte Dezember 1848 inne, als er von Louis Bonaparte bei der Präsidentenwahl vom 10. und 11. Dezember abgelöst wurde. Er betätigte sich noch weiter politisch, doch ohne Fortune, und starb am 28. Oktober 1857.

Quelle:
Illustrirte Zeitung, No. 263 v. 15. 7. 1848, No. 262 v. 8. 7. 1848. – de Luna: The French Republic under Cavaignac, 1969, S. 36 ff.

Das merkwürdige Jahr 1848. — Eine neue Bilderzeitung. — 27stes Bild.

Ernst Alfred,
Fürst von Windischgrätz,
Besieger der Rebellen in Prag.

Dieser durch seine Biedlichkeit, seine Charakterfestigkeit und seinen Muth ausgezeichnete Mann erhielt seinem Kaiser durch diese Tugenden Böhmen und die Hauptstadt desselben, Prag, denn nachdem er nach Beseitigung der Unruhen in Wien sich dort nach Prag zurückgekehrt war, brach hier am 11. Juni die offene Empörung der Czechen gegen die Deutschen aus. Mit nachahmungswerther Geduld redete er, als schon seine Gemahlin von meuchlerischer Kugel getroffen, auf der Bahre lag, und auch sein ältester Sohn ein Opfer dieses Aufstandes geworden war, zur Sühne, und wäre vom müthenden Pöbel fast selbst hingemordet worden. Doch da alle Mühe nichts fruchtete, trat er mit Entschiedenheit auf und führte seine mit begeisterter Liebe an ihm hängenden Soldaten siegreich gegen die Empörer und dann hinaus vor die Stadt, um die Artillerie auf kräftige Weise sprechen zu lassen. Das fruchtete denn auch, und so hat er mit großer Entschlossenheit und zugleich mit großer Menschlichkeit binnen wenigen Tagen den Kampf entschieden. Deßhalb wurden ihm wegen seiner Erfolge über die Czechen, von allen Seiten Glückwünsche dargebracht und das dankbare Prag vertraut seinem Worte, daß die hochbegünstigten Rebellen der böhmischen Parthei, die nur auf die Erneurung ihrer deutschen Brüder ausgingen, der gerechten Strafe nicht entgehen werden.

Louis Cavaignac,
Dictator von Frankreich,
Besieger der Rebellen in Paris.

Cavaignac war im Jahre 1801 zu Paris geboren und kämpfte muthig und entschlossen für die Rechte des französischen Volks in der Julirevolution 1830. Lange war er ein erbitterter Gegner der Familie Orleans und ein Hauptleiter verschiedener Volksvereine und verschiedener aufrührerischer Bewegungen. Deßhalb wurde er 1836 nach England verbannt, und blieb dort so lange bis ihm 1837 die Rückkehr verstattet wurde. Nun trat er in die Dienste Ludwig Philipp's, stieg bald zum Obersten und 1846 zum General und Commandanten der Truppen in Algier. Nach Ludwig Philipp's Vertreibung wurde er zum Kriegsminister ernannt, und als im Juni die rothe Republik furchtbar ihr Haupt erhob und nichts als Mörder, Räuber Galeerensclaven im Verein mit irregeleiteten Arbeitern einen furchtbaren Aufstand erregten und selbst ein Theil der Nationalgarde zu Paris ihnen beitrat, da wurde die höchste Gewalt dem General Cavaignac übertragen, er wurde zum Dictator ernannt und unterdrückte mit den Truppen und Nationalgarden mit Kraft und Feiligkeit, bei ungeheuren Opfern an Eigenthum und Menschenleben, nach viertägigem mörderischem Kampfe in den Straßen von Paris den Aufstand. Größer als Napoleon legte er nun die ihm anvertraute Gewalt, in die Hände der Nationalversammlung nieder, doch wurde er durch diese von freien Stücken wieder mit einer außerordentlichen Gewalt bekleidet und zum Präsidenten der Republik ernannt.

Das 28. Bild: »Der Königlich Preußische General der Kavallerie von Wrangel.«

Bereits am 12. April 1848 hatte der Deutsche Bund den Beschluß gefaßt, die provisorische Regierung Schleswig-Holsteins anzuerkennen und das Recht der Herzogtümer notfalls mit Waffengewalt gegen Dänemark durchzusetzen. Mit der Ausführung des Beschlusses wurden Preußen und die Länder, die dem 10. Bundesarmeekorps angehörten, beauftragt. Preußen stellte 12000 Mann unter dem Kommando des Generals von Bonin, das 10. Armeekorps 10000 Mann (Hannoveraner, Braunschweiger, Oldenburger und Mecklenburger) unter dem Kommando des hannoverschen Generals Halkett zur Verfügung. Das schleswig-holsteinische Korps mit 9000 Mann wurde vom Prinzen von Noer befehligt. Am 19. April 1848 erhielt der preußische General der Kavallerie Friedrich von Wrangel den Oberbefehl über dieses 31000 Mann starke Heer.

Wrangel, 1784 in Stettin geboren, trat schon mit 12 Jahren in das in Ostpreußen stehende Dragonerregiment ein. Ende 1806, nach den Niederlagen von Jena und Auerstedt, kam er das erste Mal mit dem Kampfgeschehen in Berührung und zeichnete sich sofort durch Mut, Kühnheit und Entschlossenheit aus, Eigenschaften, die er auch in den folgenden Feldzügen gegen die Franzosen immer wieder unter Beweis stellte. In den nach Napoleons Vertreibung folgenden Friedensjahren versah er seinen Dienst in mehreren preußischen Städten und stieg während dieser Zeit vom Oberstleutnant zum kommandierenden General auf, zuerst des I. Armeekorps in Königsberg und, nach Mißstimmungen zwischen ihm und dem Königsberger Oberpräsidenten, Minister von Schön, des II. Armeekorps in Stettin. Dort erreichte ihn am 19. April 1848 der Befehl zur Übernahme des Oberbefehls der vom Deutschen Bund zum Kampf gegen Dänemark nach Schleswig-Holstein entsandten Truppen.

Am 21. April traf von Wrangel in Rendsburg ein, am 23. April schlug er die Dänen bei Schleswig, am 24. bei Oversee. Dann besetzte er die Düppeler Schanzen und zog mit seinen Truppen in Jütland ein. Dieses schnelle Vorgehen verbunden mit den entsprechenden Siegen sowie sein derbes Auftreten brachten ihm bald den Spitznamen ›General Drauf‹ ein.

General von Wrangel war sicher ein Mann nach dem Geschmack Gustav Kühns, verkörperte er doch die Eigenschaften, denen auch Kühn huldigte: Mut, Tapferkeit, von seinen Untergebenen absoluten Gehorsam verlangend und seinem König treu ergeben. So nimmt es nicht wunder, daß Kühn ihm einen Gedenkbogen widmet.

Kühn kopiert die bildliche Darstellung von einem Bilderbogen aus seinem eigenen Verlag, nämlich den etwa um 1846 erschienenen Bilderbogen »Sr. Maj. der König Friedrich Wilhelm IV. v. Preußen, in Begleitung der Königl. Prinzen u. Generale« und änderte nur die Uniformen und Köpfe der fünf Reiter links dem aktuellen Anlaß entsprechend.

General von Wrangel, 1848 bereits 64jährig, reitet in der preußischen Generalsuniform auf einem Schimmel in der Mitte einer Gruppe von preußischen und dem 10. Armeekorps angehörenden Offizieren. Ganz links auf dem Bild ist der General von Halkett in der hannoverschen Generalsuniform (roter Waffenrock mit blauer Schärpe, hellblaue Hosen mit goldenem Streifen und schwarzer Hut mit weißen Federn) zu erkennen. Halkett, ebenso wie von Wrangel bereits 64jährig, war eine schillernde Persönlichkeit jener Tage: schottischer Abstammung, trat er bereits mit 15 Jahren in die indische Armee ein, kämpfte später gegen die Franzosen und nahm 1815 an der Schlacht bei Waterloo gegen Napoleon teil. Die folgenden Friedensjahre bis 1848 führten ihn in verschiedene Stellungen. Ab 1843 stand er an der Spitze des 10. deutschen Bundesarmeekorps, mit dem er nun nach Schleswig-Holstein gesandt worden war. Seine Physiognomie auf dem Kühnschen Bilderbogen stimmt mit einem Porträt der Illustrirten Zeitung vom 6. Mai 1848 überein.

Rechts von Wrangel reiten ein preußischer Gardekürassier und ein preußischer Husar, bei dem Offizier links von Wrangel könnte es sich um einen Braunschweiger oder um einen preußischen Adjudanten Wrangels handeln. Auch die beiden zwischen diesem Adjudanten und Halkett reitenden Offiziere lassen sich schwer zuordnen. Der Offizier direkt neben Halkett könnte ein mecklenburgischer Jäger, der Offizier mit dem riesigen Tschako ein Braunschweiger sein. Detlev von Liliencron schreibt über deren Kopfbedeckung: *»Auf Bildern bewundert man heute noch die hühnerkorbartigen ›Tschakos‹, ein Überbleibsel aus den Freiheitskriegen. Derartige Deckel, die von der Basis sich drei- bis vierfach zu einem mächtigen Umfang erweitern und dann noch mit allerlei Zierath, mächtigen Schuppenketten und einer faustgroßen Kokarde geschmückt waren, bildeten die Kopfbedeckung der Braunschweiger.«* Im Eckart/Monten lassen sich diese Tschakos bei den Braunschweigern nachweisen, allerdings stimmt die Uniformfarbe auf Kühns Bilderbogen mit den Farben der Braunschweiger nicht überein. Die Vermutung, daß es sich bei diesen beiden Offizieren tatsächlich um einen Mecklenburger und um einen Braunschweiger handelt, läßt sich auch aus der Bildunterschrift schließen, in der Kühn die Staaten der abgebildeten Offiziere aufzählt.

Dieses Bild ist keinem bestimmten Ereignis zugeordnet. Der Bildunterschrift ist jedoch zu entnehmen, daß es als Erinnerungsbogen für den General von Wrangel konzipiert war.

Quellen:
Liliencron: Up ewig ungedeelt, 1980, S. 126ff., S. 176 – Neuruppiner Bilderbogen, Katalog des MVK 1981, S. 63, Abb. 64, Allgemeine Dt. Biographie, 10. Bd., 1968, S. 412ff., Bd. 24, 1971, S. 226ff.

»Sr. Maj. der König Friedrich W. IV. v. Preußen...« Gustav Kühn, No. 1982 (MVK Berlin)

Das merkwürdige Jahr 1848. — Eine neue Bilderzeitung. — 28tes Bild.

Der Königlich Preußische General der Kavallerie von Wrangel, der Besieger der Dänen, von seinen Truppen genannt „General Drauf", umgeben von dem Königl. Hannöv. Generallieutenant „Halkett", und den Preußischen Braunschweigschen Hannöverschen und Mecklenburgschen hohen Offizieren.

Original u. Eigenthum. No 2080.   Neu Ruppin zu haben bei Gustav Kühn.

Das 30. Bild: »*Der blutige Tag in Schweidnitz.*«

In der schlesischen Garnisonsstadt Schweidnitz kam es am 31. Juli und 1. August 1848 zu blutigen Zusammenstößen zwischen dem Militär und der Bevölkerung, in deren Verlauf 14 Tote und mehrere Verwundete zu beklagen waren.

Der Anlaß war das Verbot des Kommandanten des Militärs, die Schweidnitzer Bürgerwehr durch Trommelschlag zum Exerzieren zusammenrufen zu lassen. Dies sahen die Bürger als einen unerlaubten Eingriff in ihre Angelegenheiten an und, da der Kommandant bei der Bevölkerung ohnehin sehr unbeliebt war, zogen sie am Abend vor das Kommandantenhaus, um ihm eine Katzenmusik darzubringen. Das war eine damals in Mode gekommene Demonstration, unbeliebten Politikern oder Militärs durch Schreien, Pfeifen und Lärmen mit allerlei Hausrat ihre Unzufriedenheit und Empörung zu zeigen. Der Kommandant ließ daraufhin den Marktplatz vor seinem Haus durch Militär räumen. Nachdem der Platz so gut wie geräumt war, erschien auf der einen Seite die inzwischen alarmierte Bürgerwehr, während von der anderen Seite eine zweite Abteilung Soldaten aufmarschierte und ohne Warnung sofort auf die Bürgerwehr schoß. Es wurden 102 Schüsse gezählt, sechs Tote waren sofort zu beklagen, und von den Verwundeten starben in den folgenden Tagen weitere acht, darunter zwei Frauen. Auch am folgenden Tag kam es noch zu gewaltsamen Auseinandersetzungen zwischen Militär und Bevölkerung.

Dieser überzogene und völlig sinnlose Befehl durch den Kommandanten rief in ganz Deutschland eine Welle der Empörung hervor. Alle Zeitungen berichteten ausführlich über die blutigen Ereignisse und die Beerdigungsfeierlichkeiten, und so ist es verständlich, daß auch Gustav Kühn sich dieses Themas annimmt.

Die bildliche Darstellung nimmt einen relativ kleinen Platz seines Bilderbogens ein. In einem von Eichenlaub umkränzten Bild zeigt er, wie das angetretene Militär auf die flüchtenden Bürgerwehrmänner schießt, von denen einige bereits tödlich getroffen am Boden liegen. Rechts und links dieser Szene sind je drei Särge mit den Namen der am 31. Juli 1848 gefallenen Bürgerwehrmänner angeordnet. Bei den Toten handelt es sich um den

Gastwirt Siegmund,
Tischlermeister Wagner,
Schuhmachermeister Mollenhauer,
Instrumentenmacher Brandeis,
Drechslermeister Porsch,
Schlossermeister Berthold.

Die ersten fünf Namen mit Berufsangabe sind in der Spenerschen Zeitung am 4. 8. 1848 genannt, während Schlossermeister Berthold in einem Artikel »*Begräbnißfeier in Schweidnitz*« in der Beilage zur Breslauer Zeitung vom 5. 8. 1848 zusammen mit den ersten vier Namen aufgeführt ist. Die Namen sind also authentisch, wie auch der Kühnsche Bericht mit den vielen Schilderungen in den Zeitungen sehr genau übereinstimmt. Die Spenersche und die Vossische Zeitung vom 4. 8. 1848 bringen fast gleichlautende Artikel heraus, aus denen Kühn ganze Passagen übernommen hat.

Einzig die Überschrift »*Der blutige Tag in Schweidnitz, veranlaßt durch den Commandanten Rosas du Rosey, jetzt in Stift-Heiligengrabe bei Wittstock in der Priegnitz; – Gottlob kein Deutscher, sondern ein Pole!*« fällt aus der allgemeinen Berichterstattung heraus. Diese Überschrift dürfte von Kühn selbst stammen und steht wohl für seine Überzeugung, daß so eine Greueltat einem Deutschen nicht zuzutrauen wäre, wohl aber einem Polen, nach all den vorangegangenen blutigen Auseinandersetzungen in Posen.

Kühn entzieht sich der Auseinandersetzung oder erkennt nicht die Wurzel des Übels: das reaktionäre Militär ist gar nicht gewillt beziehungsweise gar nicht in der Lage, die revolutionären Errungenschaften anzuerkennen. Varnhagen von Ense schreibt am 8. August 1848 unter anderem verbittert in sein Tagebuch: »›*Untersuchung wegen des mörderischen Angriffes der Truppen in Schweidnitz gegen die Bürger, – sie wird mit größter Strenge geführt.*‹ – *O ja, recht streng und langwierig, dann bekommen wir gewiß noch das Ergebniß, daß die Bürger dem Militair Abbitte thun sollen!*«

Quellen:
Spenersche Zeitung v. 4. 8. 1848 u. 5. 8. 1848 – Vossische Zeitung v. 4. 8. – 10. 8. 1848 – Breslauer Zeitung, Beilage zu No. 179 v. 3. 8. 1848, No. 180 v. 4. 8. 1848, No. 181 v. 5. 8. 1848 – Varnhagen v. Ense: Journal einer Rev., 1986, S. 182.

Das merkwürdige Jahr 1848. — Eine neue Bilderzeitung. — 3tes Bild.

Der blutige Tag in Schweidnitz,
veranlaßt durch den Commandanten Rosas du Rosey, jetzt in Stift-Heiligengrabe bei Wittstock in der Priegnitz; — Gottlob kein Deutscher, sondern ein Pole!

Eine fürchterliche That ist in Schweidnitz geschehen, eine That, von der wir im Interesse Aller wünschen müssen, daß ihre Urheber zur Rechenschaft, zur strengsten Strafe gezogen werden! Ein Schrei der Entrüstung durchhallt die ganze trauernde Stadt, und Jeder, auch der politisch Gemäßigste, ist empört über das Vergangene. Der größte Theil der Schuld wird dem Commandanten Rosas du Rosey zugeschrieben, aber man muß seine Werkzeuge eben so anklagen, wie den Urheber. Der Oberst v. d. Hardt, nämlich, Commandant der Schweidnitzer Bürgerwehr, ordnete an, daß diese zum Exerciren alarmirt werden sollte; doch der Commandant, hiervon in Kenntniß gesetzt, versagte, sei es aus Laune, sei es aus Nothwendigkeit, seine Genehmigung. Ein Theil der Bürgerwehr, darüber gereizt, soll sich deshalb über den Commandanten an verschiedenen Orten mißliebig ausgesprochen haben, und diese Aeußerungen wurden leider für eine Menge müßiger Leute Veranlassung, dem Commandanten eine Katzenmusik zu bringen. Darüber war der Commandant natürlich sehr aufgebracht und der Bürgermeister von Schweidnitz, Berlin, der sich schon am ganzen Nachmittage bei ihm aufgehalten haben sollte, trat, als das Geschrei und das Lärmen vor der Commandanturgebäude gar nicht aufhören wollte, plötzlich aus einem Nebenhause mit brennender Fackel unter das Publikum, wahrscheinlich, um einige der Tumultanten zu erkennen. Die Fackel wurde ihm aber entrissen und man begann das Fenstereinwerfen. Jetzt wurde auf Befehl des Commandanten Alarm geschlagen und der Markt von der ganzen Garnison besetzt. Augenblicklich trieb nun das Militär mit gefälltem Bajonett die Tumultuanten, größtentheils Lehrlinge, aus einander und nachdem diese sich bis auf Wenige entfernt hatten, marschirt eine Abtheilung des 22. Regiments von der Hochstraße auf den Ring, macht vor dem Rathhause eine schnelle Wendung, und ohne Aufforderung zum Auseinandergehen, ohne vorherigen lauten Befehl: „chargirt!" — schießt sie auf die zur Wiederherstellung der Ordnung versammelten Bürgerschützen und Bürgerwehrmänner. Die tödtende Salve wurde dreimal wiederholt, es fielen über 100 Schüsse und an dreißig Personen wurden getroffen, von denen bis jetzt neun gestorben sind, und wohl noch mehrere sterben werden, da ihre Wunden tödtlich sind. Es hat von Seiten der Bürger auch Alle zu beeidigen bereit) Niemand zuerst auf das Militär geschossen, und wenn ein Soldat wirklich — wie die gestrigen Zeitungen behaupten — verwundet worden ist, so ist diese Wunde kein Schuß, sondern ein Stichwunde, die von einem Bajonett herrührt und ihm in Dunkel der Nacht, wahrscheinlich von einem seiner Cameraden beim Umwenden beigebracht wurde. Die Bürger waren durchaus nicht mit Munition versehen, ja noch nicht einmal auf dem Platze, sondern eben erst im Ansammeln begriffen, und einer von ihnen wurde auf dem Wege zu seiner Compagnie schon von der Kugel erreicht, während ein Anderer getödtet wurde, als er seiner Salve nach Hause eilte und eben um eine Ecke biegen wollte. Das Militär hat nicht im Angesichte der Bürger geladen, sondern kam mit bereits geladenen Gewehren angemarschirt. Unter der Zahl der Getroffenen werden auch zwei Frauen betrauert. Die Eine wurde in den Unterleib geschossen, und ist so hoffe ungeborenes Kind getödtet, sie wird kaum mit dem Leben davon kommen, und daß dies schriftlich erklärt, behält sich aber die gesetzliche Pension vor. Der Major von Thilo übernahm interimistisch das Commando und begab sich mit dem Major von durchschossen, daß es sofort amputirt werden mußte. Die Arme soll bald darauf gestorben sein. Zu dem stattgehabten feierlichen Leichenbegängniß hatten sich im Laufe des Tages Deputationen und Abtheilungen der Bürgerwehr aus Breslau, Brieg, Ohlau, Kanth, Zobten, Waldenburg, Freiburg, Striegau, Landshut, Frankenstein, Reichenbach, Salzbrunn, Liegnitz und vielen anderen Ortschaften eingefunden. Sechs Leichen waren es, die man bestattete, und für die übrigen Gefallenen, die später gestorben sind, hat man in dem gemeinsamen Grabe der Opfer Raum gelassen. Die Namen der heute Beerdigten sind: Gastwirth Siegmund, Tischlermeister Wagner, Schuhmachermeister Mollenhauer, Instrumentenmacher Brandeis, Drechslermeister Prosch und Schlossermeister Berthold. Es war ein großer, feierlicher Zug, der diese Unglücklichen zu ihrer letzten Ruhestätte geleitete. Voran zog ein Musik-Chor, gefolgt von der Bürgerwehr, dem Kriegerverein und Anderen. Diesen folgte ein zweites Musik-Chor, die Fahnen der Stadt, der Magistrat und andere Behörden, die Geistlichkeit aller Confessionen und die sechs blumenbehangenen Särge, umgeben von Trauermarschällen, blumentragenden Mädchen und den Mitgliedern des Freicorps, welche zu beiden Seiten ein Spalier bildeten. Die Wittwen der Gefallenen und der übrigen Leidtragenden kamen in langer Reihe nach. Ihnen folgten die Bürger der Stadt, der demokratische Verein, die fremden Schützengilden, Freicorps, Deputationen, und noch viele Hunderte, die von nah und fern zu dem erschütternden Schauspiele herbeigeeilt waren. Im Ganzen mögen sich wohl an 10,000 Personen an dem Zuge betheiligt haben. Die Straßen, welche der Zug passirte, waren zum Theil mit Blumen und Laubgewinden behängt und mit Eichenlaub bestreut. Am Grabe hielten die Geistlichen beider Confessionen, und nach diesen Herr Dr. Lasker ergreifende Reden, dann — als die Erde auf die Opfer niedergefallen war, ging ein großer Theil des Zuges in derselben Ordnung, wieder an das Rathhaus zurück, wo der Commandant der Bürgerwehr und mehrere Herren den aus der Ferne Herbeigeeilten ihren Dank abstatteten. — Unter anderen bekannten Persönlichkeiten, die nach Schweidnitz gezogen waren, erblickten wir auch einen unserer Abgeordneten aus Berlin, und einen solchen aus Frankfurt a. M. Es waren die Herren Dr. Stein und G. R. Grubert. Die persönliche Anwesenheit dieser Herren in Schweidnitz müssen wir als eine erfreuliche betrachten, da sie zur Beschleunigung, resp. Verschärfung der nöthigen Untersuchung nur ersprießlich sein kann. — Das Militär, insbesondere die Compagnie, welche am 31. Juli geschossen hat, war wohlweislich in der Caserne consignirt, doch soll gerade die zureichende Abtheilung des 22. Regiments morgen wieder die Wachtposten beziehen, und diese, jedenfalls ungütige Maßregel dürfte, wenn sie nicht zurückgenommen wird, leicht zu neuen Reibungen führen. Wir wollen daher hoffen, daß sie keineswegs zur Ausführung gebracht wird.

Am 1. August um 10 Uhr begab sich das Collegium der Stadtverordneten und verlangte die Entfernung des Commandanten und des Majors von Gersdorf, welcher zu schießen befohlen hatte, verlangte die Entlassung des Bürgermeisters und daß die betreffende Militair baldigst aus der Stadt gezogen und eine Deputation nach Berlin an die Nationalversammlung gesendet werde, um sie um Hülfe gegen die Willkür des Militärs anzurufen. — Der Bürgermeister hat sich auch dazu verstanden, von seinem Amte zurückzutreten, an daß dies schriftlich erklärt, behält sich aber die gesetzliche Pension vor. Der Major von Thilo übernahm interimistisch das Commando und begab sich mit dem Major von Gersdorf auf das Rathhaus, um mit den Gemeindebehörden zu berathschlagen. Viel Volk strömte nach den Sälen, man hielt sich bedroht, da die Volksmenge, besonders Weiber, Kinder und Arbeiter, das Militär verhöhnten, es wurde wieder Generalmarsch geschlagen und Sturm geläutet. Man winkte den auf dem Markt stehenden Füsilieren, hervorzutreten. Von einem Hause fiel ein Stein herab, worauf Feuer commandirt wurde. Jetzt erhob sich ein neuer Kampf, Steine rollten von den Dächern, einer Frau wurde von einem Militair der Arm zerschossen, auch fielen noch andere Verletzungen vor. Durch den Vertrag zwischen den Militair-Commandanten und den Major der Bürgerwehr wurde noch rechtzeitig weiterem Unglück vorgebeugt. — Nachmittags ist den Commandanten von Schweidnitz durch die zur Instruirung der Festung angelangten General Aßer der Degen abgenommen worden. — Die Deputation der Stadtverordneten von Schweidnitz ist mit einem Regierungsbevollmächtigten, welcher die Sache untersuchen soll, von Breslau nach Schweidnitz zurückgekehrt. — Am 2. traf der Breslauer Schützenabtheilung mit der Eisenbahn ein und begab sogleich die Wachen, welche die dahin bis Bürgerwehr barfuß Arbeiten hatten, indem die Garnison nach Schweidnitz abgezogen war. — Am 3. Morgens ging von Breslau neben dem gewöhnlichen Zuge um 6 Uhr ein Extrazug nach Schweidnitz ab, welcher 300 bis 500 Breslauer Veteranen im Waffenschmuck zur feierlichen Beerdigung der gefallenen Bürger brachte. Um 1 Uhr folgten 50 hier angelangte Bürger aus Brieg.

Das 31. Bild: »*Der kleine Krieg in Schleswig-Holstein.*«

Viele Bewohner Nordschleswigs sympathisierten im Jahr 1848 mit Dänemark. Die Lasten der Einquartierung der preußischen Truppen ertrugen sie nur mit Widerwillen und großem Mißmut. Je weiter die preußischen Truppen in den Norden Schleswigs vordrangen, um so größere Abneigung schlug ihnen entgegen. Für die preußischen Soldaten, die für die Freiheit dieser Menschen kämpften, war dieses Verhalten nicht nur unverständlich, sondern auch häufig genug ein ganz reales Ärgernis, bekamen sie doch oft nicht ausreichend Nahrung und/oder schlechte Unterkunft. Der Unwillen über dieses Verhalten drückte sich in Leserbriefen an heimatliche Zeitungen aus.

Solch einen Zeitungsartikel nimmt Kühn zum Anlaß, dieses in seinen Augen skandalöse Verhalten der Schleswiger gegenüber den preußischen Soldaten auf satirische Art publik zu machen. Er gibt sogar – entgegen seiner sonstigen Gewohnheit – die genaue Quelle für seinen Bericht, die Spenersche Zeitung vom 13. September 1848, No. 214 Beilage, an. Hierbei handelt es sich um einen Leserbrief eines preußischen Soldaten, der den Geiz, die Habgier und die Feigheit der Schleswiger anprangert. Der erste Teil des Textes stammt sicher von Kühn selbst. Er glorifiziert die Taten der preußischen Soldaten, während er das Verhalten der Schleswiger verurteilt.

Zu diesem Text hat Kühn ein Bild gestellt, dem die Vorlage, das Gemälde ›Bouillon coupé‹ des Malers Henri-Frédéric Schopin, noch deutlich anzusehen ist. Die Genrebilder Schopins waren zu jener Zeit bekannt und beliebt und wurden häufig von anderen Verlagen kopiert. Auch Kühn bediente sich dieser Vorlage, veränderte sie allerdings drastisch, so daß sein Bild eine deutliche und unmißverständliche Sprache spricht.

Christa Pieske hat Vorlage und Kühnschen Bilderbogen untersucht und ist zu folgendem Ergebnis gekommen: »*Die Vorlage ist seitenverkehrt wiedergegeben worden. Der entscheidende Unterschied liegt in der Auseinanderziehung der Gruppe Soldat-Küchenmädchen und eintretender Hausherr. An dem so verbreiteten Stück Wand zeichnete Kühn noch Löffelbrett, Fleischklopfer und Milcheimer, ließ aber das bei Schopin gemalte Wassergefäß aus. Dafür brachte er einen nicht zu definierenden länglichen Gegenstand an. Auch die leeren Wandflächen an der Herdseite wurden mit häuslichen Utensilien bekleidet. Der bei Schopin eher trottelhaft schüchtern eintretende – Ehemann oder Hausherr – ist bei Kühn zu einem wohlbeleibten, energievoll schreitenden geworden, der mit Zylinder und Regenschirm vom Spaziergang heimkehrend die Situation überblickt und in Bezug auf die Konsequenzen in Miene und Haltung keine Frage offenläßt. Selbstverständlich ist die Uniform und der auf dem Stuhl liegende Helm in entsprechender Weise umgezeichnet. Das sich nunmehr auf einer breiteren, dafür flacheren und einsehbareren Bühne abspielende Geschehen ist bei Kühn deutlich auf eine politische Angelegenheit akzentuiert, die nicht ohne den begleitenden Text verstanden werden kann.*«

Quellen:
Liliencron: Up ewig ungedeelt, 1980, S. 178 ff. – Pieske: Genremotive auf Neuruppiner Bilder, 1978, S. 362 ff.

Abb. in:
Pieske: a. a. O.; Brückner: Populäre Druckgraphik, S. 165, Abb. 161 o. Text.

»Verdünnte Fleischbrühe.« Kolorierte Lithographie, Ed. G. May, Frankfurt (MVK Berlin)

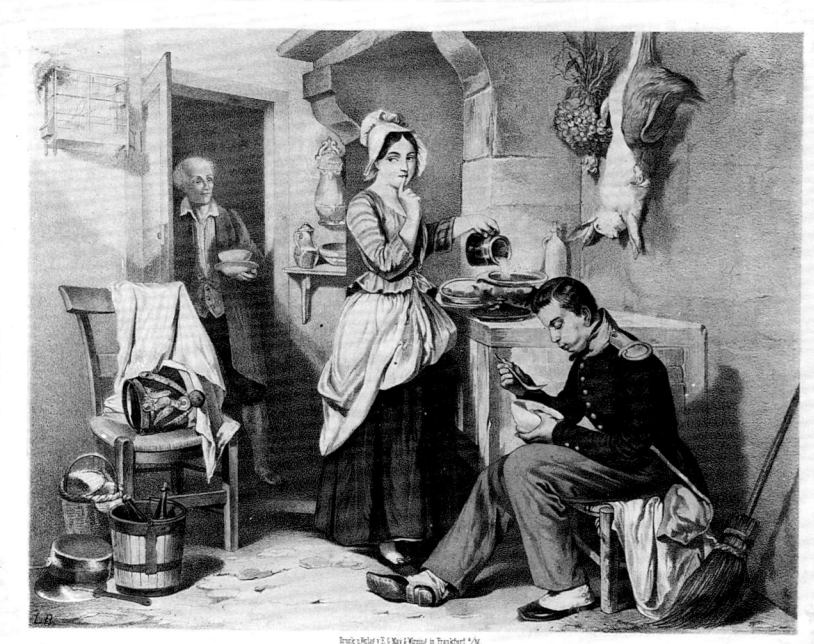

Verdünnte Fleischbrühe. / Caldo Cortado BOUILLON COUPÉ. / Caldo Cortado

Der kleine Krieg in Schleswig-Holstein.

Das 32. Bild: »*Neger-Revolution auf Martinique.*«

Durch die in der französischen Revolution von 1789 proklamierten Grundrechte ›Freiheit, Gleichheit, Brüderlichkeit‹ gerieten auch die französischen Kolonien in der Karibik in Aufruhr. Das von Paris gewährte eigene Gesetzgebungsrecht der Kolonien, das den freien Mulatten und den Sklaven mehr Rechte einräumte, stand im Widerspruch zu den Erwartungen der dort ansässigen Weißen, die um ihre Privilegien fürchteten. Es kam zu den blutigsten Ausschreitungen, zu Plünderungen und Verwüstungen. Im Jahr 1798 bewilligte der Nationalkonvent in Paris den Negern in den französischen Kolonien völlige Freiheit und gleiche Rechte wie den Weißen. In der nun folgenden wechselvollen Geschichte der Karibikinseln bekämpften sich nicht nur Weiße und Schwarze, sondern besonders hart waren die Kämpfe zwischen Mulatten und Schwarzen.

Auf den zu Frankreich gehörenden Kleinen Antillen scheinen sich die weißen Farmer gegen die Schwarzen behauptet zu haben. Als im Lauf des Frühsommers 1848 die Nachrichten der Februar-Revolution bis in die französischen Kolonien in Westindien gelangten, lebten die alten Forderungen nach ›Freiheit, Gleichheit, Brüderlichkeit‹ wieder auf.

Gustav Kühn scheint durch einen Artikel in der Spenerschen Zeitung vom 27. Juni 1848 zu seinem 32. Bild angeregt worden zu sein. In diesem Artikel heißt es: »*Auf Martinique ist die Haltung der Neger so drohend geworden, daß der Gen.-Gouv. Rostollon die allgemeine Freilassung der Neger schon für den 23. Mai angeordnet hatte; allein dadurch ward Blutvergießen nicht verhindert. Der Pöbel von St. Pierre verwüstete die Besitzungen eines entflohenen Pflanzers und griff dann das Haus in der Stadt an, wo dessen Familie sich befand. Einer der Hausbewohner, ein sehr achtbarer Mann, tödtete bei der Verteidigung einen der Angreifer. Er mußte dies sogleich mit dem Leben bezahlen. Das Haus ward in Brand gesteckt und alle Bewohner wurden in die Flammen zurückgetrieben, wo Mann, Weib und Kind einen schrecklichen Todt fanden. Der Gouverneur erließ – eine Amnestie! Die Weißen beginnen, von Martinique zu flüchten.*«

Außer diesem Artikel und einem kurzen Auszug aus der Sitzung der preußischen Nationalversammlung vom 22. Juni 1848 in der Spenerschen und Vossischen Zeitung (beide vom 27. Juni 1848) werden die Vorfälle auf Martinique nur noch in der Illustrated London News in zwei kurzen Artikeln aufgegriffen. Weder die Illustrirte Zeitung noch die L'Illustration befaßten sich mit diesem Thema. Daraus läßt sich schließen, daß das Bild des 32. Bilderbogens von Kühn selbst stammt und für den Text der zitierte Artikel als Grundlage gedient hat.

Das Bild zeigt den Kampf zwischen den weißen Pflanzern und den Schwarzen. Während die Weißen mit Gewehren bewaffnet sind, haben die Schwarzen nur Äste, Keulen und Fackeln. Letztere sind jedoch in der Überzahl und haben bereits die Häuser der Pflanzer in Brand gesteckt. Es ist nur noch eine Frage der Zeit, wann sie die Weißen übermannt haben werden. Die auf beiden Seiten des Bildes gezeigten Palmen, exotischen Pflanzen und eine Bananenstaude sollen auf den Ort des Geschehens hinweisen.

Der Text beschreibt in allen Einzelheiten das Ende der Pflanzerfamilie des Herrn Etienne und seiner Freunde. Die Art der Beschreibung erinnert sehr an Bänkelgesänge. Im letzten Absatz ergreift Kühn Partei für die ›armen, oft hart gedrückten und geplagten Negersclaven‹ und sagt voraus, daß für die armen Neger ›der Tag der Rache‹ eintreten werde, sofern den Sklaven nicht ihre Freiheit gegeben wird. Diese Art der Betrachtung des Sklavenproblems war damals innerhalb der europäischen Bevölkerung durchaus normal. Selbst die Länder, die Kolonien besaßen, unterstützten die Forderungen der Sklaven, sehr zum Ärger und Unwillen ihrer Landsleute, die in den Kolonien als Pflanzer ansässig waren.

Quellen:
Spenersche Zeitung v. 27. 6. 1848 – Vossische Zeitung v. 27. 6. 1848 – Illustrated London News, v. 17. 6. 1848.

Das merkwürdige Jahr 1848. — Eine neue Bilderzeitung. — 32tes Bild.

Neger-Revolution auf Martinique.

Der Ruf: „Freiheit, Gleichheit, Brüderschaft!" war aus dem Stammlande Frankreich weit über das Meer auch nach Martinique, einer französischen Insel, erschallt und hatte dort wie hier die meisten Herzen entflammt und die wetterwendischen Franzosen ihrem König Louis Philipp entfremdet. Sie jauchzten auch hier laut auf im Gefühle der hohen Freiheit und feierten Verbrüderungsfeste. Ein solches hatte auch Herr Etienne, der Besitzer der schönen Pflanzung Beaufort veranstaltet und viele Besitzer der umliegenden Gegend mit ihren Frauen und Töchtern bei sich versammelt, um bei den leckeren Speisen und dem feurigen Weine der Heimath die neu errungene Freiheit zu feiern. Die Tafel bog sich unter der Last des Ueberflusses und als nun der perlende Wein den aufgeregten Gästen immer mehr in die Köpfe stieg, und Toast auf Toast unter lautem Jubelgeschrei der Freiheit, Gleichheit und Brüderschaft ausgerufen wurde, als man nun zuletzt auch den Festgeber Herrn Etienne, seine schöne Tochter Louisen und den neben ihr sitzenden Bräutigam Lafarge unter tobendem Lärm hoch leben ließ, da schreckten plötzlich Flintenschüsse die frohe Schaar der Männer von ihren Sitzen auf und die Frauen sanken erblaßt in die Stühle zurück; dann schnell stürzten die beiden alten treuen Neger, Marius und Sukla in den Speisesaal und riefen mit Angstgeschrei die gebrochenen Worte: „Massa, Massa sich retten! — Neger schießen — Neger umstellen ganze Haus — Neger nicht mehr gehorchen weißen Massa's — Neger rufen mit Wuth: Tod, Tod den weißen Unterdrückern!" Und so war es wirklich. Hunderte von Negern, mit Schießgewehren, die sie geraubt, mit Keulen, Aexten und anderen Werkzeugen bewaffnet und Feuerbrände in den Händen, hatten auf den Ruf der rothen Republik, der zugleich mit jenem der weißen durch einige nichtswürdige Buben über das Meer getragen war, sich im Geheim verbündet auf Tod und Leben wehe den Bedrängern Rache und Vernichtung geschworen. Blut und Tod war ihr Wahlspruch und ihr Wuthgeschrei an jenem Tage und mit gräßlichem Geheul die Luft erfüllend, rückten sie auf die Pflanzung los, indem sie die blutrothe Fahne voranwehen ließen. Da blieb nun nichts übrig, als muthiger Widerstand und Kampf auf Leben und Tod. Herr Etienne und seine Freunde kämpften muthig außer

im Hause und ihre Schüsse streckten manchen Neger zu Boden. Doch so viele auch mit ihrem Blute den Boden rötheten, die Menge war zu groß. Sie drangen endlich in das Haus ein und mordeten mit Wuthgeheul Alles, was ihnen in den Weg kam, Mann und Weib, die dienenden Neger und die herrschenden Europäer und ein riesenhafter Schwarzer drang auch mit seinen Genossen in das Zimmer, in welches sich der junge Lafarge, seine ohnmächtige Braut im schützenden Arme haltend, zurückgezogen hatte. Die in der Eile verschobenen Tische und Stühle wehrten dem Andrange zuerst, doch wurde dieser Widerstand leicht bewältigt und ein Schwerthieb streckte den jungen Mann neben der seinem Arme entsunkenen Braut, so daß er für todt gehalten wurde und die Neger aus dem Zimmer stürmten, weil von allen Seiten die Flammen emporschlugen und das rückwärtige Gebäude zu verzehren drohten. Das geschah denn auch, und in wenigen Stunden lag die ganze schöne Pflanzung als ein Bild der Zerstörung da. Dann stürmten die Neger nach anderen Pflanzungen und bereiteten ihnen und ihren Bewohnern ein ähnliches Schicksal, bis gelandete Kriegsschiffe mit ihren Kanonen und Seetruppen anrückten und nach einem fürchterlichen Blutbade, nach grauenvollem Verluste sie noch übrigen Neger zur Unterwerfung zwangen. — So war denn also auch in der Brust der armen, oft hart gedrückten und geplagten Negersklaven die Liebe zur Freiheit erwacht, sie strebten tausende von Thalern zu diesem Behufe jährlich für die Missionen gesammelt und ausgegeben werden, wenn die armen Neger unter dem aufgelegten schweren Joche bleiben müssen. Freilich haben die Engländer und Franzosen den empörenden Negerhandel auf alle Weise zu unterdrücken gesucht, doch was hilft es, wenn dennoch immer die armen Neger auf den europäischen Pflanzungen unter hartem Druck unter schwerer Knechtschaft seufzen und ihren weißen Brüdern fluchen, wenn sie nun auf so gedemüthigende und noch so empörendere Weise aus ihrem Heimathlande weggeschleppt und auf portugiesischen und spanischen Schiffen nach Amerika transportirt werden. Ja, ihr armen Neger, auch für Euch wird der Tag der Befreiung vom Sclavenjoche, und für Euch, Ihr weißen Unterdrücker, der Tag der Rache, harte Rache eintreten, wenn Ihr nicht bei Zeiten Euer Heil und Eure Wohlfahrt bedenkt und die armen Neger freilasset.

Original u. Eigenthum No 4103

Neue Auflagen zu haben bei Gustav Kühn

Das 33. Bild: »Mißhandlung der Demokraten in Charlottenburg am 20. August 1848.«

Im Lauf des Frühsommers 1848 wurde die Angst des Besitzbürgertums vor der Anarchie immer größer, und mit dem Wachsen der Angst wuchs auch die Reaktion. Der Ruf nach ›Gesetz und Ordnung‹ wurde immer lauter. Überall in Preußen entstanden im Sommer 1848 konservativ-militärische Vereine, in denen sich Adlige, Offiziere, Gutsbesitzer, aber auch Beamte, Bürger und Handwerksmeister sammelten. Diese Vereine vertraten extrem reaktionäre Ziele, die ihren Ausdruck in ihrem Presseorgan ›Neue Preußische Zeitung‹, besser bekannt unter der Bezeichnung ›Kreuz-Zeitung‹ (nach dem Eisernen Kreuz im Titel) fanden. Diese Zeitung erschien erstmals am 1. Juli 1848. Ihr Motto war »*Mit Gott für König und Vaterland*« (um das Kreuz geschrieben), was nichts anderes bedeutete als ›Gegen Demokraten helfen nur Soldaten‹.

Die Stärkung und das immer dreistere Auftreten der Reaktion hatte aber auch ein mächtiges Anwachsen der demokratischen Bewegung – besonders in Berlin – zur Folge. Eine wirksame Zusammenarbeit zwischen den demokratischen Klubs wurde jedoch durch Uneinigkeit untereinander verhindert.

Die demokratischen Klubs waren der Reaktion natürlich ein Dorn im Auge. Sie suchte mit drastischen Mitteln, den Klubs so viel Schaden als möglich zuzufügen. Zu diesen Mitteln gehörte auch, für ein paar Taler und einige Flaschen Schnaps Schläger anzuwerben, die für diese ›Bezahlung‹ bereit waren, mißliebige Bürger zu verprügeln. Mit so einem inszenierten Auflauf haben wir es am 20. August 1848 in Charlottenburg zu tun.

Die Stadt Charlottenburg war als reaktionär bekannt, lebte doch ein großer Teil der Bevölkerung direkt oder indirekt vom Hofe, sei es als Bedienstete im Schloß, als Beamte oder als Hoflieferanten. Es gab aber auch dort eine kleine demokratische Bewegung unter der Führung der Brüder Bruno und Egbert Bauer, die in Charlottenburg eine Buchhandlung betrieben. Trotz Drohungen und Warnungen sollte am 20. August eine Versammlung in einem Lokal stattfinden, um einen demokratischen Verein zu gründen. Der Wirt des Lokals zog aber nach massiver Bedrohung sein Einverständnis für die Versammlung zurück. Einige im Hause Bauer anwesende Mitglieder faßten daraufhin den Beschluß, die Versammlung zu vertagen und einen neuen Versammlungsort zu suchen. Doch die Reaktionäre waren in der Zwischenzeit nicht untätig geblieben. Sie hatten etliche zwielichtige Gestalten angeworben, die die ihnen genannten Bürger auf das Übelste mißhandelten. Obwohl die Mißhandlung vor den Augen des zum Appell angetretenen Militärs stattfand, griff dieses nicht ein. Bürgerwehr und Polizei ließen sich erst gar nicht blicken, alles Indizien dafür, daß diese Aktion bekannt und mit Einverständnis der Obrigkeit und der Mehrheit der Bürger stattfand.

Das unerhörte Verhalten des Militärs sowie der Bürgerwehr und der Polizei erregte nicht nur in Berlin die größte Empörung, auch in den Provinzen, wo viele Bürger die demokratische Bewegung ablehnten, regte sich großer Unmut gegen die Art und Weise, wie die Reaktion mit ihren Gegnern umging.

Die Presse in Deutschland nahm sich selbstverständlich dieses Ereignisses an. In der Illustrirten Zeitung vom 16. September 1848 findet sich unter der Überschrift ›Die demokratischen Unruhen in Charlottenburg und Berlin‹ ein ausführlicher Bericht über die Vorgänge vom 20. August in Charlottenburg sowie vom 21. August in Berlin. Beide Ereignisse sind mit Bildern dokumentiert.

Kühn hat Text und Bilder aus der Illustrirten Zeitung als Vorlage für sein 33. und 34. Bild genommen. Dem sachlich gehaltenen Bericht der Zeitung setzt Kühn jedoch seine Auffassung über diese Angelegenheit voran. Er fordert zwar die Bestrafung der Demokraten, die durch ihre Wühlereien das Volk aufregen, »*doch steht eine solche Bestrafung nur der rechtmäßigen Obrigkeit zu.*« In dem folgenden Gedicht trauert Kühn den Tagen vor der Revolution nach, in denen Ruhe und Eintracht zwischen Volk und Thron herrschten. Er möchte zwar die Errungenschaften der Revolution nicht missen, wünscht sich aber deren Verwirklichung in ruhigen und geordneten Bahnen: »*Kehrte mit der Freiheit Segen, doch die alte Ruh' zurück.*«

Quellen:
Illustrierte Geschichte der deutschen Revolution, 1975, S. 195f. – Kaeber: Berlin 1848, 1948, S. 184 – Blos: Die Rev., 1898, S. 368 – Bernstein: Revolutions- und Reaktions-Geschichte, 1882, S. 181. – Illustrierte Zeitung, No. 272, vom 16. 9. 1848.

»Mißhandlung der Demokraten in Charlottenburg am 20. August.« Holzstich, Illustrirte Zeitung No. 272 vom 16. Sept. 1848

Das 34. Bild: »Berliner Straßen-Kravall.«

Die Ereignisse vom 21. August 1848 in Berlin sind eine direkte Folge der Charlottenburger Ereignisse vom Vortag. Unter Berlins Bevölkerung herrschte schon seit Wochen Unruhe und Empörung über die sich häufenden Prozesse gegen Presseorgane, die zunehmenden politischen Denunziationen und vor allem über das dreiste Auftreten der neu geschaffenen Polizeimannschaft, Konstabler genannt. Mit dieser 2000 Mann starken Schutzmannschaft verfügte die Obrigkeit über eine Polizeitruppe, die ihr direkt unterstand im Gegensatz zur Bürgerwehr. Mit Rücksicht auf die Empfindlichkeit der Bürger allem Militärischen gegenüber, erhielten die Konstabler ein Mittelding zwischen Zivil und Uniform: dunkelblauer Rock mit ebensolchem Stehkragen und zwei Reihen sogenannter Knebelknöpfe, dunkelgraue Beinkleider und ein Zylinderhut aus schwarzem Filz mit einer schwarz-rot-goldenen Kokarde und dem Buchstaben des jeweiligen Polizeireviers (A–D) sowie der Dienstnummer. Bewaffnet wurden die Konstabler mit dem neupreußischen Infanteriesäbel.

Diese neue Schutzmannschaft erschien am 24. Juli 1848 das erste Mal auf Berlins Straßen, und schon am 29. Juli 1848 widmet Varnhagen von Ense ein ganzes Kapitel in seinem Tagebuch den Konstablern: »*Berlin hat unvermuthet eine neue Physiognomie bekommen, ein ganz neues Fratzengesicht, ein vorher ungekanntes, noch nie dagewesenes! Früher eine Stadt, wo das Militair eine Haupterscheinung war, die Federbuschoffiziere, die Gardelieutenants, die großen schönen Soldaten, die Gendarmen, dann nach der Revolution eine Stadt des Bürgerthums, der Bürgerwehr, der Gewerbsleute und Arbeiter, ist Berlin seit kurzem eine Stadt der Konstabler geworden, denn Konstabler sind jetzt die Haupterscheinung, die ganze Stadt ist eine Konstabler-Stadt.* *… sie spähen in ihrem Schlendern und Herumstehen mit gierigen Blicken nach irgend einer Ungebühr, bei der sie einschreiten können, und da sich dergleichen leider gar wenig, oder nicht in Verhältniß der ungeheuern Zahl der Konstabler genug vorfindet, so erfinden sie den Anlaß, schreiten ein und greifen zu, wo keine Ursache dazu ist, mustern die Vorübergehenden mit unverschämten Blicken, fragen belästigend nach Pässen, horchen auf die Gespräche, heißen die Leute, die stille stehen und etwas betrachten, ihren Weg fortsetzen, verhaften Abends die Leute, die durch große Bärte Verdacht erregen, schleppen die Magd, die ihre Herrschaft abholt oder in die Apotheke geht, als liederliche Dirne auf die Wache u. s. w. …*«

Diese Konstabler sollten auch am 21. August der Anlaß zu den Ausschreitungen in der Wilhelmstraße werden.

Als im Laufe des 21. Augusts die Charlottenburger Vorfälle bekannt wurden, fand sich gegen Abend eine große Menschenmenge vor dem Opernhaus ein. Die an sich schon aufgeregte Stimmung wurde durch verschiedene Redner noch aufgepeitscht. Man beschloß spontan, zum Haus des Innenministers Kühlwetter, Unter den Linden 74, zu ziehen, um ihn zur Abdankung aufzufordern. Dort angelangt, begehrte eine Deputation Einlaß. Da dieser Forderung nicht entsprochen wurde, begann die Menge zu randalieren und die Fenster einzuwerfen. Der Aussage eines Hausbewohners, daß der Minister nicht zu Hause sei, wurde nicht geglaubt und einige Demonstranten drangen in das Haus ein, um es zu durchsuchen. Nachdem sie festgestellt hatten, daß der Minister tatsächlich nicht zu Hause war, wurde beschlossen, zum Hotel (Hotel: damals gleichbedeutend mit Wohnsitz, hier: Amtswohnung) des Minister-Präsidenten Auerswald in der Wilhelmstraße weiterzuziehen. Eine Deputation wurde in das Hotel des Minister-Präsidenten eingelassen und die Menschenmenge wartete ruhig und geduldig auf einen Bescheid. Die nun folgenden Geschehnisse beschreibt die Vossische Zeitung vom 23. August 1848 so: »*Da erschienen plötzlich (während sich bis dahin schon seit einer Stunde keine obrigkeitliche Person hatte blicken lassen) etwa 15 bis 20 Constablers auf der*

Das merkwürdige Jahr 1848. — Eine neue Bilderzeitung. — 34stes Bild.

Berliner Straßen-Krawall.
Angriff der Berliner Demokraten auf das Hotel des Minister-Präsidenten von Auerswald
in der Wilhelmsstraße zu Berlin am 21. August 1848.

Die bedauerlichen Vorfälle in Charlottenburg am 20. August, wo man den Anführern der demokratischen oder republikanischen Partei arg mitgespielt und strafwürdige, die Gesetze der persönlichen Freiheit verhöhnende Handlungen begangen hatte, hatten die Demokraten in Berlin so aufgeregt, daß sie zuerst beschlossen, bewaffnet gegen Charlottenburg zu ziehen. Doch glücklicherweise fiel in der Nacht ein starker Regen und kühlte diese Hitze ab. Am folgenden Morgen aber wurden durch Maueranschläge die Vorfälle in Charlottenburg mit den grellsten Farben dargestellt; man behauptete Beamte hätten diese angestiftet und forderte zur bewaffneten Erhebung in Masse auf, um gegen die Frevler an der Freiheit einzuschreiten, da die zuständigen Behörden, die doch die Lage der Sache erst erkunden mußten, nicht einschritten. Am Vormittag des 21. August zogen daher große Massen Arbeiter vor das Hotel des Ministers Milde und verübten dort eine Menge aufrührerischer Handlungen, so daß die herbeigeeilten Constabler die Ruhe nicht wieder herstellen konnten und die Bürgerwehr einschreiten mußte, welche auch einige Tumultuanten verhaftete. Nachmittags nahm die Menschenmenge an der Ecke der Friedrichsstraße und den Linden so zu, daß am Abende wohl mehrere Tausende dort versammelt waren. Von hier zog man nun zuerst zu dem Minister des Innern und wählte eine Deputation, welche stürmisch Einlaß verlangte. Dieser wurde nicht verstattet, und nun wollte man mit Gewalt eindringen, bis endlich aus den oberen Fenstern des Hotels die Versicherung gegeben wurde, daß der Minister nicht anwesend, sondern in einer Gesellschaft beim Ministerpräsidenten sei. Die Menge begnügte sich nun mit dem Einwerfen der sämmtlichen Fenster und zog dann in Masse nach der Wohnung des Ministerpräsidenten von Auerswald in der Wilhelmsstraße, bei welchem eine zahlreiche Gesellschaft, in der sich die übrigen Minister, fremde Gesandten und Mitglieder der Nat.-Versammlung befanden, versammelt war. Hier angelangt, erwählte sie eine Deputation, an deren Spitze der anwesende deutschkatholische Prediger Dowiat stand, und diese verlangte von den betreffenden Ministern die sofortige Entlassung aller politischen Gefangenen und verdiente Bestrafung der charlottenburger Uebelthäter oder sofortige Abdankung des Ministeriums. Eine unterdeß angekommene größere Abtheilung Schutzmänner versuchte nun die Rampe vor dem Hotel, die von einer dichtgedrängten Aufruhrermasse besetzt war, frei zu machen, doch gab dieser Versuch nun Anlaß zu einem ziemlich hitzigen Kampfe, bei welchem das Volk mit Pflastersteinen warf und zwei Schutzmänner durch Schüsse aus der Menge verwundet wurden. Nun ging es auch an einen Angriff des Hotels selbst. Man brach die Eisenstangen der Rampe aus, warf sämmtliche Scheiben ein und trieb die versammelte Gesellschaft in die Flucht, bis zahlreich herbeigeeilte Bürgerwehr dem Unfuge an dieser Stelle ein Ende machte. Auch bei dem Kriegsminister von Schreckenstein stürmte man gegen die Thüren und warf die Fenster ein. Es rückten jetzt aber von allen Seiten größere Massen Bürgerwehr an, denen es gelang nach Mitternacht die Massen, nicht ohne Verwundungen, auseinander zu treiben. Die Massen der Empörer zogen nun nach den Linden, wurden aber auch hier durch die anrückende Bürgerwehr und durch einen tüchtigen Regen vollends zerstreut. Für den folgenden Tag besorgte man neue Unruhen, doch blieb es ruhig. Es wurden zahlreiche Verhaftungen von Unruhstiftern und ihrer Anführer vorgenommen und diese werden ihrer Strafe nicht entgehen, da sie durch ihre Handlungen bewiesen, daß es ihnen nicht um das Recht, sondern nur um Gesetzlosigkeit zu thun ist. Nur wo das Gesetz kräftig aufrecht erhalten wird, kann Ruhe und Ordnung und mit dieser der Staat bestehen und in ihm jeder des Glücks genießen, was ihm von der Vorsehung zugetheilt worden ist.

Original u. Eigenthum. No. 2105.   Neu Ruppin zu haben bei Gustav Kühn.

Auffahrt des Hotel, welche sich vom Wilhelmplatz aus an solches herangeschlichen hatten. Diese erregten schon durch ihr Erscheinen eine sehr widerwärtige Stimmung, dieselben erlaubten sich aber sogar nach den Berichten glaubhafter Zeugen, während die Deputation noch mit den Ministern unterhandelte, ohne irgend eine vorhergegangene Warnung, ohne irgend ein Signal, mit ihren Säbeln scharf auf die gedrängte Volksmenge einzuhauen. Die Menge stob nun zwar auseinander, aber sie schnaubte wild nach Rache. Man fing an, das Palais des Minister-Präsidenten zu demoliren, in einem Augenblick waren die Thüren und Fenster desselben eingeschlagen. ... Die Rampen in der Wilhelmstraße wurden ebenfalls demolirt, die hohen eisernen Laternenpfähle wurden in einem Augenblick wie Strohhalme umgeknickt und der Gasstrom, der aus den abgebrochenen Gasröhren hervorquoll, wurde an mehreren Stellen angezündet, so daß die Flammen hoch emporloderten. Das Hotel des Minister-Präsidenten schwebte in diesem Augenblick wirklich in einer bedeutenden Gefahr. Es fand in solchem gerade eine Abend-Gesellschaft statt, bei welcher die Minister und fast alle hohe Staatsbeamte gegenwärtig waren. Nur mit Mühe gelang es den verstärkten Constabler-Massen und einer Abtheilung Bürgerwehr, welche endlich hinzukam, das Gebäude vor einem förmlichen Angriff zu schützen.«

Bild und Text des 34. Bilderbogens stammen aus der Illustrirten Zeitung vom 16. September 1848. Der Text ist nur geringfügig verändert, er entsprach wohl ganz der Meinung Gustav Kühns. Dieser Bericht ist im Gegensatz zu denen in den Berliner Presseorganen sehr moderat gehalten und endet mit der Verurteilung der Unruhestifter und der Ermahnung, daß nur dort, wo das Gesetz kräftig aufrecht erhalten werde, ein Staat bestehen kann – Worte, die Kühn sicher aus dem Herzen gesprochen waren.

Quellen:
Varnhagen von Ense: Journal einer Revolution, 1986, S. 179f. – Der bunte Rock, 1981, S. 284 – Vossische Zeitung, No. 195 vom 23. 8. 1848 – Illustrirte Zeitung, No. 272, vom 16. 9. 1848.

»Tumult der Demokraten vor dem Hotel des Ministerpräsidenten v. Auerswald in der Wilhelmstraße zu Berlin am 21. August.« Holzstich, Illustrirte Zeitung No. 272 vom 16. Sept. 1848

Tumult der Demokraten vor dem Hôtel des Ministerpräsidenten v. Auerswald, in der Wilhelmsstrasse zu Berlin am 21. August.

»Tumult der Demokraten vor dem Hôtel des Ministerpräsidenten v. Auerswald.« Lithographie C. G. Lohse, Dresden (MVK Berlin)

Das 35. Bild: »*Einzug und Empfang der siegreichen aus Schleswig-Holstein zurückkehrenden Truppen in Potsdam, den 16. September 1848.*«

Die militärischen Erfolge der Bundestruppen unter dem Oberbefehl des Generals von Wrangel in Schleswig-Holstein brachten Preußen die außenpolitische Isolation ein. Besonders nachdem die Bundestruppen die Nordgrenze Schleswigs überschritten und Kolding und Fridericia besetzt hatten, gaben Schweden und Rußland unmißverständlich zu verstehen, daß sie diese Wendung des Krieges nicht hinnehmen würden. Beide Staaten drohten, Dänemark mit Truppen zu Hilfe zu eilen. Der preußische König konnte sich jedoch einen Bruch mit Rußland nicht leisten, hätte dieser doch den Einmarsch russischer Truppen in Ostpreußen zur Folge haben können. Aber auch England und Frankreich setzten sich für Dänemarks Interessen ein, so daß Preußen, völlig auf sich gestellt, dem Druck nachgab und in Verhandlungen mit Dänemark eintrat. Der Abschluß eines Friedensvertrages schien von vornherein aussichtslos, da beide Kriegsparteien nach wie vor auf ihren Maximalforderungen bestanden, so daß es am 26. August 1848 in Malmö nach langwierigen Verhandlungen nur zum Abschluß eines Waffenstillstandsvertrages kam. Preußen hatte sich während der Verhandlungen so ungeschickt verhalten, daß es in allen entscheidenden Punkten nachgeben mußte.

Da die Verhandlungen mit Dänemark geheim geführt waren, ging bei Bekanntwerdung des Waffenstillstandsvertrages eine Welle der Empörung durch Deutschland. Die deutsche Bevölkerung, die vom außenpolitischen Druck auf Preußen nichts wußte, die aber die schleswig-holsteinische Sache als die ihre betrachtete, fühlte sich von Preußen verraten und es kam in Frankfurt zu furchtbaren Exzessen.

Sichtbarer Ausdruck des Waffenstillstandsvertrages war die Rückführung der preußischen Truppen aus Schleswig in ihre preußischen Standorte. Die siegreichen Truppen hatten der Politik weichen müssen, ihr noch vor wenigen Monaten bejubelter Einsatz fand für sie ein unrühmliches Ende. Dieses Ende empfanden nicht nur die Truppen als schmählich und unverdient, und so versuchte Gustav Kühn mit der Herausgabe gleich zweier Bilderbogen zu beweisen, daß das Verhältnis zwischen Truppe und Bevölkerung beziehungsweise Truppe und König in keiner Weise getrübt war.

Auf seinem 35. Bild zeigt er den Einzug der aus Schleswig-Holstein zurückkehrenden preußischen Truppen in Potsdam am 16. September 1848, die von der Potsdamer Bevölkerung mit Blumen und Hüteschwenken vor einem blumenbekränzten Triumphbogen herzlich begrüßt werden. Kühn beginnt seinen Bericht mit einem Loblied auf ›unsere braven Truppen‹, die den Dänen bewiesen haben, ›daß noch der alte Muth in den Seelen der Preußen lebt‹ und fährt dann mit der Beschreibung der Empfangsfeierlichkeiten in Potsdam fort. Diese Beschreibung setzt sich in leicht veränderter Form aus Berichten der Spenerschen Zeitung vom 17. September 1848 und 19. September 1848 zusammen. Bei der Ansprache des Generals von Wrangel bezieht sich Kühn auf einen Artikel der Vossischen Zeitung vom 22.9.1848, in dem auf die öffentliche Rede des Generals von Wrangel vom 20. September, die er nach Beendigung einer Parade Unter den Linden an das Volk richtete, eingegangen wird. Der Berichterstatter der Vossischen Zeitung gibt die Rede aus dem Gedächtnis wieder, jedoch mit der Einschränkung, sich nicht für jedes Wort oder auch nur den ununterbrochenen Zusammenhang der Gedanken verbürgen zu können. Kühn hingegen setzt diesen Bericht in direkte Rede um und erweckt durch Einfügung von spontanen Äußerungen aus dem Volk den Eindruck, daß diese Rede so und nicht anders gehalten worden sei.

In Kühns Text findet sich kein einziges Wort über den Grund der Zurückführung der Truppen nach Preußen, keines darüber, wie die heimkehrenden preußischen Truppen in Hamburg gedemütigt, ja teilweise sogar tätlich angegriffen wurden. Auch wählt er nicht den in den Zeitungen abgedruckten und moderateren Armee-Befehl des Generals vom 17. September, sondern den im Ausdruck schärferen Bericht (›die Schwerdter haarscharf geschliffen, die Kugeln im Gewehr‹) aus der Vossischen Zeitung.

Quellen:
Schieder: Gebhardt Bd. 15. 1983, S. 90 – Liliencron: Up ewig ungedeelt, 1980, S. 235 ff. – Blos: Die Dt. Rev., 1898, S. 213 – Bernstein: Revolutions- u. Reaktionsgeschichte, Bd. 1, 1882, S. 186 – Valentin: Geschichte der Dt. Rev., Bd. 2, 1930, S. 139 ff. – Spenersche Zeitung, No. 218, vom 17. 9. 1848, No. 219, vom 19. 9. 1848 – Vossische Zeitung, No. 221, vom 22. 9. 1848.

Das merkwürdige Jahr 1848. — Eine neue Bilderzeitung. — 35stes Bild.

Original u. Eigenthum N° 2106 Neu Ruppin zu haben bei Gustav Kühn

Einzug und Empfang der siegreichen, aus Schleswig-Holstein zurückkehrenden Truppen in Potsdam, den 16. September 1848.

Für Deutschlands Sache waren unsere braven Truppen in den blutigen Kampf gezogen und hatten in den Schlachten bei Schleswig und Rendsburg den Dänen bewiesen, daß noch der alte Muth in den Seelen der Preußen lebt. Viele waren in dem blutigen Kampfe gefallen, viele liegen noch verwundet in den Lazarethen; den Zurückkehrenden aber wurde von Seiten der Einwohnerschaft Potsdams ein herzerhebender Empfang. Schon am frühen Morgen war der Zurüstung des Empfanges wegen reges Leben und Treiben überall in der Stadt. Bürgerwehr und Schützengilde mit Blumen geschmückt, zogen mit Fahnen und Musik vor das Thor und empfingen die zurückkehrenden Truppen mit Hurraruf, Fahnenschwenken und Präsentiren des Gewehrs. Der Weg, den die Krieger passiren mußten, war mit Blumen bestreut und aus schönen Händen fiel ein Regen von Blumen und Kränzen auf die tapfern Soldaten, welche einen wahren Triumphzug hielten. Tornister, Helme, Flügelhörner, Gewehrläufe und Bajonette, waren voller Bouquets und Kränze; die Fahne wurde überall mit Hutabnehmen und Jubelgeschrei begrüßt und die Musikchöre der Bürgerwehr spielten fortwährend: „Ich bin ein Preuße!" rc. Im Lustgarten angekommen, und von einer unabsehbaren Menge bedrängt, wurden die Truppen in Parade aufgestellt und von Sr. Majestät dem Könige begrüßt und lobend angeredet. Die äußere Erscheinung der Truppen war vortrefflich und alle Gesichter trugen Bärte und jene ächte Soldatenfarbe, die der Krieger aus blutigen Schlachten zurückbringt. Nachdem Se. Majestät mit seiner Suite sich entfernt hatte, wurde der kommandirende General jener Truppen, der General von Wrangel der Gegenstand der freudigsten Ehrenbezeigungen und lauter Jubelruf erscholl von allen Seiten, wofür er selbst seinen tiefgefühlten Dank aussprach. Am 17. September begrüßte er die aufgestellte Potsdamer Bürgerwehr und redete sie mit herzgewinnender Freundlichkeit an. Die Begeisterung für ihn war so groß, daß fortwährend Jubel- und Hurraruf erschallte, wo der berühmte Feldherr mit seinem schlichten, einfachen und dabei ernsten und würdevollen Wesen sich sehen ließ. — Derselbe Enthusiasmus begrüßte den siegreichen, zum General en chef der Truppen in den Marken von Sr. Majestät ernannten Feldherrn, als er am 21. September zur Parade der in Berlin stehenden Truppen abnahm. Er war mit einem glänzenden Gefolge aus seinem Hauptquartier Charlottenburg hereingekommen, von der berittenen Berliner Bürgerwehr empfangen worden und ritt unter Hurraruf der Truppen und der zahlreich versammelten Menge die Front der Truppen entlang bis zum Palais des hochseligen Königs Majestät, wo er die Truppen vorbeimarschiren ließ. Nach dem Vorbeimarsch ritt der General nach dem Platz am Lustgarten, hielt hier still, und redete die ihn umgebenden Offiziere, die Bürgerwehr-Abgeordneten und die Bürger folgendermaßen an:

„Meine Herren! Es ist heute ein sehr glücklicher Tag meines Lebens. Ich bin schon vor den Thoren so freundlich von der berittenen Berliner Bürgerwehr begrüßt worden, und in der Stadt war es wie ein Triumphzug. Ich weiß, das konnte ich nicht auf mich beziehen, sondern auf die Truppen, die ich die Ehre gehabt habe, in Schleswig zum Siege zu führen. Ich werde diese Truppen auch hierher führen, wann es die Zeit ist. Jetzt noch nicht, aber sie werden kommen. Meine Herren! der König hat mir den größten Beweis der Gnade und des Vertrauens gegeben, indem er mir das Commando über die in den Marken stehenden Truppen übergab. Ich soll die Ordnung, wo sie gestört, das Gesetz, wo es übertreten wird, wiederherstellen. Aber nicht zuerst, sondern nur dann, wenn es der Bürgerwehr nicht gelingen sollte. Dann erst werden wir einschreiten, und es wird uns gelingen. Die Truppen sind gut, die Schwerdter haarscharf geschliffen, die Kugeln im Gewehr. Aber nicht gegen Euch, Berliner, sondern zu Euerm Schutz, zum Schutz der Freiheit, die der König gegeben, und zur Aufrechthaltung des Gesetzes (Allgemeiner jubelnder Zuruf). Gefällt Euch das, Berliner? das freut mich. Für Euch und mit Euch werden wir auftreten und handeln. Keine Reaction (Bravo!), aber Schutz der Ordnung, Schutz dem Gesetze, Schutz der Freiheit. (Bravo!) Wie traurig sehe ich Berlin wieder. In den Straßen wächst Gras, die Häuser sind verödet, die Läden sind voll Waare, aber ohne Käufer. Der fleißige Bürger ohne Arbeit, ohne Verdienst, der Handwerker verarmt. Das muß anders werden, und es wird anders werden, ich bringe Euch das Gute mit der Ordnung. Die Anarchie muß aufhören und sie wird aufhören. Ich verspreche es Euch, und ein Wrangel hat noch nie sein Wort gebrochen (Stürmischer Jubel). Meine Herren! es macht mich sehr glücklich, die Truppen in diesem guten Zustande zu sehen. Sie werden sie darin erhalten, Verträglichkeit mit dem Bürger muß stattfinden (Bravo!). Sie sind mit Euch verwandt, sie haben denselben Zweck, Preußens Größe und Ruhm aufrecht zu erhalten, und Deutschlands Einigkeit zu begründen. Sie sind Eure Brüder, (zu den Bürgern gewendet) und Sie werden nicht vergessen, daß in der Armee Ihre Brüder, Freunde, Ihre Väter sind. Meine Herren! Es thut mir nur leid, daß ich an dem heutigen glücklichen Tage die Truppen nicht Sr. Majestät vorführen konnte. Er erkennt die Beschwerden, die der Dienst ihnen macht, er hat den Soldaten daher eine Zulage bestimmt. Es macht mich sehr glücklich, dies Ihnen bekannt machen zu können. Es lebe Se. Majestät der König!

Das 36. Bild: *»Parade des siegreich aus dem Kampfe gegen die Dänen zurückgekehrten 1. Bat. ›des Kaiser Alexander-Gren.-Regts.‹ vor Sr. Majestät dem Könige.«*

Das 1. Bataillon des Kaiser-Alexander-Grenadier-Regiments war das erste, das nach der Verkündung des Waffenstillstandes am 16. September 1848 in Potsdam eintraf. Bei seinem Durchmarsch durch die Stadt war es von der Bevölkerung jubelnd begrüßt worden. Im Lustgarten wurde abschließend eine große Parade abgehalten, auf der die offizielle Begrüßung der Soldaten durch den König stattfand.

Auf seinem 36. Bild zeigt Gustav Kühn Friedrich Wilhelm IV. umgeben von hohen Militärs vor der aufgestellten Truppe. Das im Hintergrund gezeigte Gebäude hat allerdings keinerlei Ähnlichkeit mit dem Potsdamer Stadtschloß noch mit sonst einem anderen Gebäude in Potsdam.

Im Text geht Kühn zuerst wieder auf die tapferen Krieger ein, die aus dem Kampfe gegen die Dänen siegreich zurückgekehrt sind, um dann auf die Beschreibung der Parade im Lustgarten vor dem König überzuleiten. Diese Beschreibung findet sich in sehr ähnlicher Form in der Spenerschen Zeitung vom 17. September 1848.

In dem anschließenden Gedicht, das sicherlich aus Kühns eigener Feder stammt, versucht er den Eindruck zu verwischen, daß die Preußen die Schleswig-Holsteiner schmählich im Stich gelassen hatten. Allerdings kann auch die Wiederholung der Endzeile einer jeden Strophe »*Schleswig-Holsteins heilig beschworenes Recht*« über die Banalität des Inhalts nicht hinwegtäuschen.

Der 35. und 36. Bilderbogen befassen sich beide mit einem einzigen Thema, nämlich der Begrüßung der zurückkehrenden Truppen in Potsdam am 16. September 1848, zum einen durch die Bevölkerung, zum anderen durch den König. Selbstverständlich wählte Kühn Potsdam, denn die Garnisonstadt Potsdam hatte ein ganz anderes Verhältnis zu den Truppen als Berlin. Die Begrüßung der Truppen durch die Berliner fiel merklich kühler aus, wie Varnhagen von Ense uns wissen läßt: »*Die Zuschauer bewiesen sich sehr kalt, ein dünnes Hurrah von Jungen machte sich kaum hörbar.*« Auch war den Berlinern bewußt, was die Berufung von Wrangels zum Oberbefehlshaber der Truppen in den Marken bedeutete: ein voller Sieg der Reaktion. Varnhagen von Ense vermerkt in seinem Tagebuch unter dem 20. September 1848: »*Üble Eindrücke von Wrangel's Anstellung und Proklamation; die Linke der Nationalversammlung will dagegen auftreten, nöthigenfalls die Versammlung verlassen und ein Manifest an die Nation richten. – Man erwartet von der Regierung das Allerschlimmste, man macht sich zum Kampfe bereit, der Anblick der Truppen und Wrangel's hat nur erbittert. Ich sah eine Mutter weinen, weil ihr Sohn nach Hause gegangen war, weil er Kugeln gießen wolle! Vergebens sagt man dem Volk, es solle sich ruhig halten, es könne jetzt nichts ausrichten gegen die Übermacht, es werde zerschmettert werden, in 24 Stunden können gegen 40000 Mann beisammen sein, ein stiller Widerstand werde die Regierung zum Nachgeben zwingen; der Muth und die Kampflust sind sehr groß, die ›Reform‹ und die ›Zeitungshalle‹ zeigen die unerschrockenste Kühnheit.*«

Mit diesen beiden Bilderbogen erweist sich Kühn erneut als treuer Monarchist. In keinem der beiden Bogen geht er auf den Waffenstillstand und die daraus entstandene allgemeine Empörung in Deutschland ein, sondern er versucht, mit seinen Berichten den Anschein des absolut Normalen zu erwecken.

Quellen:
Varnhagen von Ense: Journal einer Rev., 1986, S. 197 f. – Spenersche Zeitung, No. 218, vom 17. 9. 1848.

Das merkwürdige Jahr 1848. — Eine neue Bilderzeitung. — 36stes Bild.

**Parade des siegreich aus dem Kampfe gegen die Dänen zurückgekehrten 1. Bat. „des Kaiser Alexander-Gren.-Regts."
vor Sr. Majestät dem Könige,
im Lustgarten zu Potsdam am 16. September 1848.**

Aus dem Kampfe gegen die Dänen in Schleswig-Holstein siegreich zurückgekehrt, waren diese tapferen Krieger, von denen Mancher auf dem blutigen Felde der Ehre sein Leben ausgehaucht hatte, mit lautem, nicht endenwollendem Jubel von den Einwohnern Potsdams empfangen und im Triumph, mit Blumen und Kränzen geschmückt, nach dem Lustgarten begleitet worden, wo sie sich, von einer unabsehbaren Menge umdrängt, in Colonne nach der Mitte aufgestellt hatten. Jetzt erschien nun Se. Majestät der König, umgeben von den Prinzen und einem glänzenden Gefolge, vor der Front und redete die Truppen an, indem er ihre bewiesene Tapferkeit, ihren Muth anerkannte und ihnen sagte, daß sie sich um das Vaterland und um ganz Deutschland, für das sie in den Kampf gezogen waren, höchst verdient gemacht hätten. Nun erfolgte der Parademarsch, und die von den Strapazen des Krieges und vom Pulverdampf gebräunten ernsten Gesichter boten ein ungewöhnliches Schauspiel dar. Die äußere Erscheinung des Bataillons war vortrefflich und die Uniformirung hatte in dem fünfmonatlichen Feldzuge wenig gelitten. Se. Majestät bezeugte noch seine Allerhöchste Zufriedenheit mit der Haltung der Truppen und begab sich dann nach Sanssouci zurück.

Die Sonne geht auf und der Geist erwacht
Aus langen, aus ängstlichen Träumen,
Erhellt ist der Lande geistige Nacht,
Es brechen die Nebel der finsteren Macht,
Der Becher der Freiheit soll schäumen.
Was willst du, was mächtig das Herz bewegt?
Schleswig-Holsteins heilig beschworenes Recht!

Das soll man nicht kräuseln mit losem Wort,
Mit Lug und Trug nicht verrathen;
Das ist deine Beste, das ist dein Hort,
Das ist dein Felsen, drauf baue du fort,
Frei wie deine Väter es thaten.
Das ist's, was Jeder im Busen trägt,
Schleswig-Holsteins heilig beschworenes Recht?

Steht fest bei einander im männlichen Streit
Und laßt vor dem „Jetzt" dir nicht bangen.
Gerecht ist die Sache, der du dich geweiht,
Drum wirst du, und bräche man Siegel und Eid,
Die Palme des Sieges erlangen.
Fest steh', was die Zukunft auch bringen möcht',
Schleswig-Holsteins heilig beschworenes Recht.

Du liebst den Fürsten, das Vaterland,
Du reichst dem Bundesgenossen
Mit Schleswig-Holsteintreue die Hand —
Ich heilig ihnen das Bruderband,
Einst heilig mit ihnen beschlossen.
Du sollst es bewahren, nicht Herr, nicht Knecht,
Schleswig-Holsteins heilig beschworenes Recht.

Die Sonne geht auf und der Geist erwacht
Aus langen, aus ängstlichen Träumen.
Erhellt ist der Lande dumpfige Nacht,
Es brechen die Nebel der finsteren Macht,
Der Becher der Freiheit soll schäumen.
Hoch lebe, so lange ein Herz noch schlägt,
Schleswig-Holsteins heilig beschworenes Recht!

Original u. Eigenthum No 2107.   Neu Ruppin zu haben bei Gustav Kühn.

Das 37. Bild: »Wüthender Angriff der Republikaner auf das in der Paulskirche zu Frankfurt versammelte deutsche National-Parlament, am 18. September 1848.«

Die Frankfurter Nationalversammlung erhielt die Nachricht über die Bedingungen des Malmöer Waffenstillstandsvertrages vom 26. August nicht früher als die gesamte Öffentlichkeit, nämlich am 2. September 1848. Am 4. September kam es in der Paulskirche zu einem erregten Rednerkampf zwischen Befürwortern und Gegnern des Waffenstillstands. Es fiel selbst den Konservativen schwer, diesen Vertrag gutzuheißen, dafür waren die Bedingungen zu schlecht. Preußen hatte sich dem Ausland gegenüber unnötig nachgiebig gezeigt. Der vom schleswig-holsteinischen Abgeordneten Dahlmann am 5. September eingebrachte Antrag, den Waffenstillstand abzulehnen, wurde mit 238 gegen 221 Stimmen angenommen. Diese Entscheidung wurde von der deutschen Bevölkerung mit großer Zustimmung begrüßt. Um die Vollziehung des Beschlusses der Nationalversammlung zu verhindern, trat das gesamte Reichsministerium zurück. Dahlmann erhielt den Auftrag, ein neues Ministerium zu bilden, gab aber am 8. September seine Vollmacht zurück, nachdem ihm die Neubildung eines Ministeriums nicht gelungen war.

Während die Ministerlosigkeit andauerte, wurde immer wieder die Frage gestellt, ob die Annahme des Dahlmannschen Antrages aufrechterhalten werden könne. Die Debatte darüber begann am 14. September und dauerte drei Tage. Lange war das Ergebnis ungewiß. Den Ausschlag gaben schließlich vier schleswig-holsteinische Abgeordnete, die den Antrag stellten, die Vollziehung des Waffenstillstands nicht weiter zu hindern. Wenn aber gerade schleswig-holsteinische Abgeordnete für die Annahme des Vertrages votierten, warum sollte dann das gesamte Deutschland die Folgen der Ablehnung auf sich nehmen. Der Antrag der Schleswig-Holsteiner wurde mit 257 gegen 236 Stimmen angenommen.

Mit dieser Abstimmung vom 16. September 1848 hatte die Nationalversammlung die Sympathie der Demokraten mit einem Schlage verspielt. Der Glaube an das Parlament, das innerhalb weniger Tage erst den Waffenstillstand abgelehnt, dann ihm zugestimmt hatte, war gebrochen.

Am 17. September schlug die äußerste Linke den geschlossenen Austritt der gesamten Linken aus der Nationalversammlung als Protest gegen die Annahme des Waffenstillstandsvertrages vor. Dieser Antrag fand keine Mehrheit. Vielmehr wurde beschlossen, Neuwahlen zu verlangen. Der Antrag wurde am 18. September im Plenum eingebracht, erhielt dort jedoch nicht die erforderliche Unterstützung für die Dringlichkeit, also für die Behandlung des Antrages in der gleichen Sitzung ohne Einhaltung der Eingabefrist, und kam somit erst gar nicht zur Abstimmung. Die Nichtbehandlung des Antrages auf Neuwahlen wird als Signal der gewaltsamen Ausschreitungen in Frankfurt angesehen.

Während dieser erregten Tage in der Nationalversammlung kam es auch außerhalb der Paulskirche, in Frankfurt und in anderen großen deutschen Städten, zu großen Volksversammlungen, auf denen gegen die Annahme des Waffenstillstandsvertrages agitiert wurde und die 257 Ja-Sager als Verräter abgestempelt wurden. Besonders in Frankfurt spitzte sich die Situation durch den Zuzug großer Menschenmassen aus der Umgebung zu, so daß für die Sicherheit der Abgeordneten nicht mehr gebürgt werden konnte. So wurden preußische und österreichische Truppen von Mainz nach Frankfurt beordert, die am Morgen des 18. September den Paulsplatz besetzten.

Dies heizte die Stimmung der aufgebrachten Bevölkerung noch mehr an, und ein »Volkshaufe« versuchte, in die Paulskirche einzudringen. Da die preußischen Soldaten am nächsten standen, fiel ihnen die Aufgabe zu, den Platz zu räumen. Einige Anführer wurden verhaftet, es gab einige Verwundete, das reichte, um die ganze Erbitterung und den ganzen Haß auf die Preußen zu lenken. Wie im März in Berlin, so schallte nun in Frankfurt der Ruf ›Verrat‹ durch die Straßen und innerhalb kürzester Frist entstanden mehr als 40 Barrikaden in der Stadt. Es war ein

»Zug des deutschen Parlaments nach der Paulskirche in Frankfurt a.M., am 18. Mai.« Holzstich, Illustrirte Zeitung No. 257 vom 3. Juni 1848

Das merkwürdige Jahr 1848. — Eine neue Bilderzeitung. — 37stes Bild.

Wüthender Angriff der Republikaner auf das in der Paulskirche zu Frankfurt versammelte deutsche National-Parlament, am 18. September 1848.

Was woget und brauset so dumpf heran,
Erfüllt mit Gebrülle die Straßen?
Es ist der Pöbel im tollen Wahn,
Er wüthet über die Maßen.

Warum wogt und braus't er so dumpf heran,
Erfüllt mit Morden die Straßen?
Er will sie morden Mann für Mann,
Die vom Recht sich nicht abbringen lassen.

Wer hat sie getrieben so toll heran,
Zu erfüllen mit Morden die Straßen?
Die Republikaner im irren Wahn,
Sie können die Ruhe nur hassen.

Die Abgeordneten Preußens für die deutsche National-Versammlung hatten sich ermannt, hatten für den Waffenstillstand mit Dänemark, für Ruhe und Frieden in ihrem Lande und in ganz Deutschland, für Gesetz und Ordnung gesprochen und der Fürst Lichnowsky und General v. Auerswald sich besonders ausgezeichnet; und der größte Theil der Versammlung war auf ihre Seite getreten. Das haßte nun die Republikaner, deren Dichten und Trachten nur darauf geht, durch eine allgemeine Revolution alles von Unterst zu Oberst zu kehren, alles Bestehende zu vernichten und sich selbst zur Herrschaft zu bringen, aufs Höchste erbittert. Sie hetzten das Volk in großen Volksversammlungen auf, machten Verschwörungen und beschlossen endlich durch ihre angeworbenen Haufen die National-Versammlung in der Paulskirche auseinander zu jagen und die, welche für die gute Sache gestimmt hatten, umzubringen. Sie setzten dies am 18. September in's Werk. Tobende Haufen umlagerten die Paulskirche und wollten hineindringen, wurden aber durch das Militair vertrieben. Nun vertheilten sie sich in die Straßen, bauen Barrikaden und schießen aus den Fenstern der Häuser. Das Militair wird nun kommandirt, die Barrikaden zu nehmen, die Anführer zu vertreiben. Und sie rücken vor, die Oesterreicher treu, die Hessendarmstädter muthig und gewandt und die Preußen sicher, rasch und ohne Besinnen. Die Barrikaden werden überwältigt, das Feuer aus den Häusern gedämpft. Es war eine Freude, Offiziere und Mannschaft so vieler Stämme wie eine lebendige, muthvolle Mauer für die National-Versammlung des deutschen Reichs in den Tod gehen zu sehen. Das Gefecht entschied sich unaufhörlich zu Gunsten der Truppen. Aus der Umgegend waren schnell 6—7000 Mann versammelt. 12 Geschütze mit Kartätschen und Kavallerieangriffe bereiteten dem frevelhaften Aufruhr raschen Untergang. Abends 8 Uhr war der Sieg entschieden.

Original u. Eigenthum No. 2108.

Neu-Ruppin, zu haben bei Gustav Kühn.

Kampf gegen das Militär, gegen das verhaßte Preußen und gegen die Nationalversammlung, die sich der gleichen Mittel bediente wie die absolutistischen Herrscher.

Gegen 14 Uhr begann der Angriff des Militärs auf die Barrikaden, die sie jedoch erst nach Einsatz von Artillerie einnehmen konnten. Am 19. September wurde in Frankfurt der Belagerungszustand erklärt und das Kriegsrecht verkündet.

Bei der rasanten Entwicklung der Dinge konnte wohl auch Gustav Kühn das heikle Thema »Waffenstillstand« nicht stillschweigend übergehen. Auf dem Bild zeigt er den Paulsplatz vor der Paulskirche, auf dem Militär und Volk sich dichtgedrängt, zum Kampf bereit, gegenüberstehen. In der Mitte des Bildes haben einige Männer, sicherlich linke Abgeordnete, einen ihrer Parteigenossen auf die Schultern gehoben, damit er besser zu den Aufständischen sprechen kann; um sie zu beruhigen oder aufzuhetzen, läßt sich nicht erkennen. Vorne in der Mitte und rechts werden bereits Pflastersteine für den Kampf herausgebrochen. Die Paulskirche selbst ist sehr detailgetreu wiedergegeben, und zwar diente wahrscheinlich als Vorlage ein Bild in der Illustrirten Zeitung vom 3. Juni 1848, das den feierlichen Einzug der Abgeordneten in die Paulskirche zeigt.

Das Bild für sich allein vermittelt einen recht objektiven Eindruck der Geschehnisse vor der Paulskirche am 18. September, dafür bezieht der Text um so deutlicher Stellung. Es scheint ziemlich sicher, daß dieses Mal nicht nur das Gedicht, sondern auch der anschließende Text von Kühn selbst verfaßt wurde, zu sehr läßt sich seine Grundhaltung an der Wortwahl erkennen.

In dem Gedicht geht er mit keinem Wort auf die Gründe des Aufstandes ein, sondern stellt die Republikaner als Mörder hin, die in ihrem »irren Wahn... die Ruhe nur hassen!«.

Kühn, der Ruhe und Ordnung an die erste Stelle der deutschen Tugenden setzte, mußte der Aufstand der ›Republikaner‹ mit deren ›angeworbenen Haufen‹ ein Greuel sein. Wenn so Demokratie aussah, konnte er darauf verzichten. So fällt sein Bericht auch sehr einseitig aus, indem er die Annahme des Waffenstillstands mit Ruhe und Frieden, mit Gesetz und Ordnung gleichsetzt. Das eigentliche Problem, warum fast ebenso viele Abgeordnete gegen wie für den Vertrag abgestimmt hatten, übergeht er völlig und setzt alle ›Nein-Sager‹ mit ›Republikanern‹ gleich, die nichts anderes als das völlige Chaos wollen. Es schließt sich die übliche Lobhudelei auf die tapferen, mutigen Truppen an. Fast pervers mutet aber der Satz an: »*Es war eine Freude, Offiziere und Mannschaft ... in den Tod gehen zu sehen.*«

Quellen:
Valentin: Geschichte der Dt. Rev., Bd. 2, 1930, S. 153 ff. – Lüders: Die demokratische Bewegung in Berlin im Okt. 1848, 1902, S. 31 ff. – Illustrirte Zeitung, No. 257, vom 3. 6. 1848.

Abb. in:
– 1848 – Das merkwürdige Jahr, Bildmappe Rev. '48 (Umschlag),
– Brückner: Populäre Druckgraphik, S. 151, Abb. 156,
– Fragen an die deutsche Geschichte, Abb. XI,
– Seubert: Ein Neuruppiner Bilderbogen aus dem Jahre 1848,
– Die Frankfurter Nationalversammlung 1848/49 (Umschlag innen),
– Lahnstein: Die unvollendete Revolution 1848–1849, S. 87.

»Erstürmung der Barrikade in der Döngesgasse zu Frankfurt/Main durch die Österreicher am 18. Sept. 1848.« Holzstich nach einer Originalzeichnung von W. Völker. Illustrirte Zeitung No. 276 vom 14. Oktober 1848

»Erstürmung der Barrikade zu Frankfurt a./M. durch die Oestreicher.« Oehmigke & Riemschneider No. 1388

Das 38. und 39. Bild: *»Feierliches Leichenbegängniß der gemordeten Deputirten der Frankfurter National-Versammlung.« – »Schreckliche Mordthat!«*

Ein Mord, von einigen wenigen verübt, brachte die gesamte linke Bewegung bei der Mehrheit der deutschen Bevölkerung in Verruf. Zwei preußische Abgeordnete, Fürst Felix von Lichnowsky und General von Auerswald, wurden von einem fanatisierten Volkshaufen umgebracht.

Fürst Lichnowsky, ein kampferfahrener Offizier, stellte sich der Truppe, die unter dem Oberkommando des österreichischen Generals Graf Nobili stand, am 18. September zur Verfügung. Er stand im Begriff, nach Berlin abzureisen, um bei der Beilegung der dortigen Ministerkrise zu helfen. Nun rechnete er sich wohl aus, daß man ihm in Berlin einen Ministerposten anbieten würde, wenn er sich im Kampf gegen die Aufständischen in Frankfurt hervortun könnte.

Gemeinsam mit dem preußischen Abgeordneten General von Auerswald ritt er am 18. September gegen 15 Uhr vor die Stadttore, um die Lage zu erkunden. Die beiden Reiter wurden bereits am Friedberger Tor erkannt und vereinzelt mit Steinen beworfen. Da ihnen der Rückweg in die Stadt durch ihnen feindlich gesinntes Volk versperrt blieb, suchten sie Schutz in engen Gartenwegen einer Anlage. Doch sie wurden bald wieder aufgespürt und der offene Haß, der ihnen entgegenschlug, veranlaßte sie, nachdem sie ihren Angreifern noch einmal entkommen waren, Schutz im Haus eines Gärtners zu suchen. Doch alsbald waren ihre Verfolger auch dort angelangt und bedrohten das Gärtnerehepaar mit dem Tod, falls sie ihnen nicht das Haus öffneten. Sie durchstöberten das ganze Haus und fanden schließlich die beiden Abgeordneten. Während sie von Auerswald mit einigen Schüssen sofort töteten, wurde von Lichnowsky auf schrecklichste Weise gefoltert. Erst das Herannahen von Truppen machte diesem Treiben ein Ende. Lichnowsky verstarb noch in der gleichen Nacht.

Die Urheberschaft dieser Greueltat lastete man der linken Bewegung an. Der ›normale‹ Bürger brachte die Einzeltat mit allem Revolutionären in Zusammenhang. Das Ergebnis dieser Tat war ein deutlicher Rechtsruck, während sich die Linke plötzlich isoliert und geschwächt wiederfand.

Am 21. September 1848 fand in Frankfurt ein feierliches Leichenbegängnis für von Lichnowsky und von Auerswald und die anderen am 18. September gefallenen Soldaten unter großer Anteilnahme der Bevölkerung statt.

Die Presse in Deutschland nahm sich dieses Mordes und des anschließenden Leichenbegängnisses in ausführlichen Berichten an. Für Gustav Kühn stand es außer Frage, seine Leser über diese Untat zu unterrichten, hatte er doch wiederholt auf seinen Bilderbogen vor den Folgen bei Nichteinhaltung von Ruhe und Ordnung gewarnt. Dies war nun der Beweis! Auch er brachte beide Ereignisse – Mord und Leichenbegängnis – heraus, hat aber in der Eile die Bildnummern vertauscht, so daß das 38. Bild das Leichenbegängnis, das 39. Bild den Mord zeigt.

Um seinen Lesern den Ablauf der Tat recht anschaulich zeigen zu können, gliedert er das Mordgeschehen in fünf Einzelszenen: den Ausritt, die Flucht, die Suche und die beiden Morde. Das 4. Bild taucht nicht nur in der Illustrirten Zeitung am 14. Oktober 1848 auf, sondern auch in leicht abgewandelter Art in vielen Verlagen, so z.B. bei C. W. Medau & Co. in Prag, bei der Lith. Anstalt von L. Oeser in Neusalza, bei Gustav May in Frankfurt a.M. wie auch als Bilderbogen bei seinem Konkurrenten Oehmigke & Riemschneider (No. 1387). Da

»Die Ermordung des Fürsten Lichnowsky und des Generals v. Auerswald zu Frankfurt a. M. am 18. Sept. Nach einer Originalzeichnung von W. Völker.« Holzstich, Illustrirte Zeitung No. 276 vom 14. Okt. 1848

»Scenen aus den Ereignissen des 18. September in Frankfurt a.M. No. 3, Ermordung der Abgeordneten von Auerswald u. von Lichnowsky.« Ed. Gust. May zu Frankfurt (Staatsbibliothek Berlin)

»Schrecklicher Martertod der Abgeordneten der Frankfurter National Versammlung Fürsten Lichnowsky u. Generals von Auerswald in Frankfurt a.M.« Oehmigke & Riemschneider No. 1387

ein Teil des Textes, und zwar der auf der rechten Seite, auch der Illustrirten Zeitung vom 14. Oktober entnommen ist, ist zu vermuten, daß Kühn auch gleich das Bild mit übernahm. Die anderen vier Bilder sind wohl Eigenprodukte des Kühnschen Verlages.

Da in allen Zeitungen dieser Mord in allen seinen Einzelheiten beschrieben und überall tief verabscheut wurde, setzt sich dieses Mal die Kühnsche Schreibweise nicht allzu sehr von den übrigen Presseberichten ab. Er fängt seinen Bericht in der ihm eigenen pathetischen Weise an: »*Eine schwarze That, schwärzer als die Mitternacht…*«, um dann auf einen den Gegebenheiten entsprechenden Bericht überzuleiten. Sein 38. Bild zeigt das feierliche Leichenbegängnis am 21. September 1848. Bild und Text ergänzen sich anschaulich, wobei die Beschreibung des Trauerzuges der Spenerschen Zeitung vom 24. September 1848 entnommen ist. Gedicht und erster Teil des Textes entsprechen wieder ganz Kühns Schreibweise.

Quellen:
Valentin: Geschichte der Dt. Rev., 1930, Bd. 2, S. 162 ff. – Illustrirte Zeitung, No. 276, vom 14. 10. 1848 – Spenersche Zeitung, No. 224, vom 24. 9. 1848.

Das 40. Bild: »*Das Bombardement der Kaiserstadt Wien durch den Fürsten Windischgrätz, den 28. und 29. October.*«

Am 6. Oktober 1848 sollte ein Grenadierbataillon an den ungarischen Kriegsschauplatz abgehen, um den Banus Jellačić, der von den Ungarn schwer bedrängt wurde, zu unterstützen. Die ungarische Freiheitsbewegung war in Wien – wie überhaupt in Österreich und Deutschland – sehr populär, und daß nun ausgerechnet ein österreichisches Grenadierbataillon unter dem Slaven Jellačić gegen die ungarischen Freiheitskämpfer ziehen sollte, vertrug sich nicht mit der Ehre vieler Soldaten. Es kam zur Meuterei, die von Teilen der Wiener Nationalgarde und der Akademischen Legion unterstützt wurde. Der Versuch, diese Meuterei militärisch zu unterdrücken, hatte einen Straßenkampf zur Folge. In der Wiener Innenstadt kam es zu bürgerkriegsähnlichen Unruhen, in deren Verlauf der Kriegsminister Latour von einer aufgebrachten Menge gelyncht und danach an einer Gaslaterne aufgehängt wurde. Die Lage spitzte sich weiter zu, als große Teile der Bevölkerung, überwiegend Arbeiter, bei dem Zeughaussturm in den Besitz von Waffen gelangten. Diese Ereignisse veranlaßten den kaiserlichen Hof, am 7. Oktober aus Wien nach Olmütz zu fliehen.

Nun begann die militärische Einkreisung Wiens. Jellačić verließ den ungarischen Kriegsschauplatz und rückte auf Wien vor, wo er sich mit dem aus der Stadt geflohenen Militär vereinigte. Von Böhmen zog der zum Feldmarschall und Oberbefehlshaber aller außerhalb Italiens stehenden österreichischen Truppen ernannte Fürst Windischgrätz mit der böhmischen Armee heran. Am 23. Oktober 1848 war der Ring um Wien geschlossen. Den ungefähr 20 000 Verteidigern von Wien stand eine gut ausgerüstete und ausgebildete Armee von etwa 80 000 Mann gegenüber. Am 26. Oktober begann der Kampf um Wien. Der 28. Oktober war von Windischgrätz als Tag des Generalangriffs festgesetzt. Der Ring zog sich um die Vorstädte zusammen und das Militär rückte unter pausenlosem Geschützfeuer vor. In der Stadt brachen überall Brände aus. Die Verteidiger leisteten zum Teil heftigen Widerstand, andere ergaben sich kampflos der militärischen Übermacht. Am Abend des 28. Oktober sahen die Verteidiger Wiens schließlich die Aussichtslosigkeit des Kampfes ein und boten die Unterwerfung an. Noch einmal kam Hoffnung auf. Das ungarische Entsatzheer traf ein, wurde jedoch geschlagen und wich über die Leitha zurück.

Am Nachmittag des 31. Oktober ließ Windischgrätz die Innenstadt beschießen. Nach drei Stunden war der Kampf endgültig vorbei, die Wiener besiegt. Die Reaktion hatte mit der Unterwerfung Wiens erneut einen großen Sieg errungen.

Dieser Sieg kam nicht von ungefähr. Windischgrätz hatte seit dem Prager Pfingstaufstand sorgfältig die Niederwerfung eines Volksaufstandes in Wien vorbereitet. Seiner Meinung nach hatte sich die revolutionäre Bewegung immer mehr radikalisiert, so daß schließlich ein Eingreifen des Militärs unabdingbar geworden war, um die Monarchie vor dem Untergang zu retten.

Die Rache der Sieger war grausam: Auflösung aller demokratischen und Arbeitervereine und Vollstreckung exemplarischer Hinrichtungen, unter anderem von Robert Blum.

Noch hatten sich die Wogen über die Ermordung Lichnowskys und Auerswalds nicht gelegt, da wurde die Öffentlichkeit mit einem neuerlichen Mord, an dem österreichischen Kriegsminister Latour, konfrontiert. Die Empörung darüber nutzte die Reaktion, um die ganze Volksbewegung zu verdammen. Auch Gustav Kühn entspricht mit seinem 40. Bilderbogen ganz der Auffassung der Reaktion. Erneut fällt auf, daß Kühn sich nicht auf die politischen Ursachen, die zum Oktober-Kampf führten, einläßt. Er beschränkt sich auf das für ihn wesentliche, daß nämlich wieder einmal Aufruhr und Empörung über Ruhe und Ordnung gesiegt hatten.

Sein Bericht ist in der Aufzählung der Ereignisse zwar korrekt, doch gibt er durch Beschreibung der Gegenparteien: hier Böse und Wühler, dort mutige Soldaten und brave Krieger, sowie durch Weglassung der Hintergründe eindeutig seine Ansicht über den Kampf zu erkennen. Auch wenn Teile des Textes aus der Spenerschen Zeitung vom 1. November 1848 stammen so weisen die pathetischen Sätze am Anfang und die Leitworte im Schlußsatz – »*Mögen nun alle in Gesetz und Ordnung das fernere Wohl des großen Kaiserstaates begründen!*« – eindeutig auf Kühn als Verfasser des Berichtes hin.

Die Stadtansicht im oberen Bild, die das Bombardement Wiens darstellen soll, stimmt nicht mit der wirklichen Ansicht Wiens überein. Das könnte ein Hinweis darauf sein, daß Kühn diesen Bogen relativ schnell herausbrachte, und nicht erst Bilddarstellungen in der Illustrirten Zeitung oder von Wiener Bildverlagen abwartete. Von den unteren drei Szenen geben zwei das Kampfgeschehen und eine die Abordnung der Wiener Verteidiger an Windischgrätz wieder. Auch diese Bilder sind sicher in der Kühnschen Offizin entstanden.

»Die Ermordung des Oesterr. Kriegs-Ministers Grafen von Latour in Wien.« Oehmigke & Riemschneider No. 1389

Quellen:
Valentin: Geschichte der Dt. Rev., Bd. 2, 1930, S. 197 ff. – Größing: Der Kampf um Wien im Oktober 1848, 1973 – Flugschrift: Wien im Belagerungszustand – Spenersche Zeitung, No. 256, vom 1. 11. 1848.

Das merkwürdige Jahr 1848. — Eine neue Bilderzeitung. — 40stes Bild.

Das Bombardement der Kaiserstadt Wien
durch den Fürsten Windischgrätz, den 28. und 29. October.

Thaten geschehen, so wunderbar und gräßlich, daß der Weltuntergang nahe bevorzustehen scheint; denn die Völker empören sich gegen die Fürsten und ein Volk führt brudermörderischen Krieg gegen das andere; der Soldat mordet Vater und Bruder in den Reihen der Bürger und der Arme will dem Reichen das Eigenthum mit Gewalt entreißen. — Die Grundfesten des östreichischen Kaiserstaats, früher so blühend und mächtig und ausgezeichnet durch die Liebe der Völker zu ihren Fürsten, und des Fürsten zu seinen Völkern, wanken mächtig; der Slave bekriegt den Ungar, der Deutsche führt Krieg gegen den Italiäner. Der Kaiser, gezwungen durch die wühlerische Partei in seiner Residenz, ist nach Olmütz in Mähren geflüchtet, das Militair hat die Stadt verlassen müssen, denn Bürger, Studenten und Arbeiter haben sie, bewaffnet, ausgetrieben und den ehrwürdigen Kriegsminister Latour auf schmähliche Weise hingemordet. Alle Zucht und Ordnung ist aufgehoben. Da sendet der Kaiser seine Feldherrn, den Fürsten Windischgrätz und Jellachich, den Ban von Croatien, die Stadt einzuschließen, und wenn sie die gestellten Bedingungen nicht annähme, zu bombardiren. Alle Rücksicht ist vergeblich, die Bösen haben die Guten in Schrecken gejagt, die Soldaten rücken gegen die Vorstädte, das Bombardement beginnt, nachdem bei einzelnen Ausfällen von den Belagerten viele Soldaten getödtet waren, am 28. October. Die Mühsler hatten das Volk zur äußersten Wuth angeregt und überall waren zahlreiche und sogar gemauerte, doppelte und dreifache Barrikaden erbaut. Muthig rückten die Soldaten gegen die Vorstädte und in dieselben hinein. Es empfängt sie ein mörderisches Feuer von den Barrikaden und mancher brave Krieger, der einen rühmlicheren Tod verdient hätte, sank von der Kugel getroffen. Ueberall verstümmelte Leichname, laut aufschreiende Schwerverwundete und Todte; Niemand achtet darauf. Man schreitet über Leichen vorwärts und stürmt gegen die Barrikaden. Ein Jägerbataillon, 1500 Mann stark, rückt vor gegen die gemauerte Barrikade in der Jägerzeil und wird fast ganz aufgerieben, es bleiben nur ungefähr 150 übrig, doch werden die Barrikaden, indem noch andere frische Truppen heranrücken, genommen und fortwährend erdröhnt der Donner der Kanonen, daß die Erde erbebt; zwei andere Vorstädte, Luisenstraße und Franzensallee stehen in Flammen, denn Raketen, Granaten und Bomben wurden geworfen und verbreiten überall bin Tod und Verderben. Aus vielen Häusern warf man den Soldaten Blumen zu und Jellachich redete die Bürger auf der Landstraße an, sie mit Vertrauen zu erfüllen. Ein großer Theil der Nationalgarde hatte die Waffen weggeworfen, welche nun in Massen den Fluß hinuntertrieben. Am Abende des 28. hatte Windischgrätz mit seinen braven Truppen die Vorstädte Erdberg und Landstraße inne und war bis zur Franzensbrücke vorgerückt und seine Batterien bestrichen nun maustdörlich die ganze Jägerzeil. Um 8 Uhr hielt Jellachich seinen Einzug und in der Nacht besetzte Windischgrätz einen großen Theil der Vorstädte. Die Arbeiter kämpften wüthend und bis Mitternacht währte die Kanonade. Fürst Windischgrätz bewilligte langmüthig eine neue Bedenkzeit. Doch man ließ auch sie verstreichen, ohne sich zu regen. Hier- und dorthin flogen Polen, Franzosen, Studenten, um die Arbeiter zu neuem Kampfe anzuspornen und reiche Beute zu versprechen. Die Truppen mußten also, wenn auch von Hunger und Kampfesarbeit ermattet, zu kämpfen fortfahren und bewiesen einen Heldenmuth, der in Erstaunen setzt. Jellachich's Croaten erstürmten in 3 Stunden 30 Barrikaden und 30 bis 40 Häuser gehen in den Vorstädten Wieden und Landstraße in Flammen auf. Ueberall werden die Wiener zurückgeschlagen, die Soldaten rücken siegreich vor. Am Morgen des 29. begann der Angriff auf die zum Widerstande entschlossensten Vorstädte Wieden, Mariahilf und Schottenfeld; aus dem Innern der Stadt steigt eine hohe Rauchsäule zum Himmel empor, ein Signal, um die anrückenden Ungarn zu Hülfe zu rufen. Doch diese erschienen nicht, da sie durch die kaiserlichen Truppen geschlagen und in die Donau gejagt worden waren. Zugleich mit Windischgrätz waren auch die tapfern Soldaten Jellachich's in die Leopoldstadt vorgedrungen und hatten sich nach mörderischem Kampfe derselben bemächtigt. Gegen 20 Häuser dieser Vorstadt standen in Flammen und der Pulverdampf und der Rauch der brennenden Gebäude ließen kaum athmen. Leichen thürmten sich auf Leichen, das Blut floß in den Straßen, wie aus einem Schlachthause; denn auf beiden Seiten wurde das Leben theuer verkauft und ungeheuer war die Zahl der Schlachtopfer. Der Pole Bem an der Spitze der Studenten hatte sich in das Innere der Stadt zurückgezogen und schien zum weiteren Kampfe entschlossen; doch wurde er und viele seiner Streiter verwundet und getödtet und die Unterwerfung schien nicht mehr fern zu sein. Es kamen zahlreiche Parlamentäre, um wegen Einstellung der Feindseligkeiten zu unterhandeln; doch forderte der Fürst Entwaffnung der Arbeiter und Studenten und unbedingte Unterwerfung, die man noch immer hartnäckig verweigerte. Endlich am 30. October erschien eine Deputation des Gemeinderaths von Wien vor dem Fürsten Windischgrätz, welcher sie in der Mitte eines Grenadierbataillons, welches präsentirte, empfängt und mit ihnen unterhandelt. Jetzt waren sie geneigter zur Unterwerfung, denn die Noth der Stadt war immer unerträglicher geworden; an Lebensmitteln war immer geringer, es wurde zügellos geplündert und die Zahl der Freiheitshelden war immer geringer geworden. So gingen sie denn auf die Bedingungen des Fürsten ein und dem Blutbade, welches schon so viele Menschen hingerafft hatte, war ein Ende gemacht, die Einäscherung und Zerstörung der prächtigen Kaiserstadt verhütet. Mögen nun alle in Gesetz und Ordnung das fernere Wohl des großen Kaiserstaates begründen!

Original u. Eigenthum No. 2115.　　　　　Neu-Ruppin, zu haben bei Gustav Kühn.

Das 41. Bild: »*Erzherzog Johann, Reichsverweser von Deutschland, und seine Gemahlin, Baronin Anna von Brandhof, nebst ihrem Sohne, dem Grafen von Meran.*«

Das 41. Bild ist wiederum ein Erinnerungsbild. Es zeigt den Erzherzog Johann mit seiner Frau und seinem Sohn. Der Erzherzog war zu Beginn seiner Tätigkeit als Reichsverweser überaus populär. Viele Zeitungen und Flugblätter beschäftigten sich mit seinem bisherigen Lebensweg. Diesem Trend folgte auch Gustav Kühn.

Johann Baptist Erzherzog von Österreich kam am 20. Januar 1782 in Florenz als neunter Sohn des Großherzogs Peter Leopold von Toskana zur Welt. Der frühe Tod seines Onkels, Kaiser Josephs II., 1790 veränderte entscheidend sein Leben, da sein Vater auf den Thron der Habsburger als Leopold II. nachfolgte. Weiter wurde Johann entscheidend durch die Tatsache geprägt, daß er eine Anzahl älterer Brüder besaß, die ihm im Range vorangingen und bei der Vergabe von Ämtern vorgezogen wurden. In allen Lebensbeschreibungen wird immer wieder darauf hingewiesen, daß es Johann durch Anlage und eigenen Eifer trotz durchschnittlicher Lehrer zu einer umfassenden Bildung brachte. Da er in der Thronfolge nicht in vorderster Linie stand, gestattete ihm der Wiener Hof, die Postmeisterstochter Anna aus Aussee zu heiraten. Diese Heirat (1827), seine bürgerliche Lebensführung, sein Eintreten für den liberalen Nationalgedanken und seine Förderung von Kunst und Wissenschaft machten ihn zu einer der populärsten Persönlichkeiten des Hauses Habsburg. An seine Wahl zum Reichsverweser im Juni 1848 durch die Frankfurter Nationalversammlung wurden große Hoffnungen geknüpft, die er nicht in der Lage war zu erfüllen. Am 10. Dezember 1849 trat er auf Wunsch Kaiser Franz Josephs I. zurück. Am 10. Mai 1859 verstarb er in Graz.

Kühns 41. Bild wurde sicherlich schon in den ruhigeren Zeiten des Sommers 1848 geplant, dann jedoch von den aktuellen Ereignissen überrollt und erst einmal zurückgestellt. Wenn man davon ausgeht, daß die Bogen chronologisch auf den Markt kamen, dann steht dieses Bild zwischen dem »*Bombardement Wiens*« (31. Oktober 1848) und der »*Entwaffnung der Bürgerwehr*« (14. November 1848) völlig beziehungslos da. Zudem hatte der Erzherzog bereits im Herbst viel von seiner Popularität eingebüßt, da es sich während der Debatten über den Waffenstillstandsvertrag in der Frankfurter Nationalversammlung gezeigt hatte, daß er dem Amt nicht so gerecht wurde, wie es von ihm bei seinem Amtsantritt am 11. Juli (siehe 26. Bild) allgemein erhofft worden war. Als Vorlage diente das Bild aus der Illustrirten Zeitung vom 9. September 1848. Auch Teile des Textes sind der gleichen Nummer der Zeitung entnommen. Die Tatsache, daß Kühn zu seinem 41. Bild durch die Illustrirte Zeitung vom 9. September 1848 angeregt wurde, ist ein weiteres Indiz dafür, daß dieses Bild zu einer Zeit geplant wurde, in der die Beliebtheit des Erzherzogs noch ungebrochen war und sich die Öffentlichkeit nicht nur für ihn als Reichsverweser, sondern auch für ihn als Privatperson interessierte. Besonders um die Person seiner Frau rankten sich allerlei romantische Geschichtchen, die nur allzu gern geglaubt wurden.

Der Text des 41. Bildes unterstreicht, daß es sich hier um einen Erinnerungsbogen handelt. Kühn berichtet eingangs noch einmal, daß sich in Frankfurt gewählte, kundige Männer aus allen deutschen Ländern eingefunden haben, um Deutschlands Einigkeit herbeizuführen, und daß der Erzherzog Johann zum Reichsverweser gewählt wurde. Er geht auf die Beliebtheit des Erzherzogs ein, die ihm und seiner Familie bei der Rückkehr nach Frankfurt am 3. August 1848 entgegenschlug. Es schließt sich in wörtlicher Rede eine Ansprache des Erzherzogs an das deutsche Volk an. Dann berichtet er, daß der Erzherzog seine zukünftige Frau als Postillion verkleidet kennen- und lieben lernte, obwohl die Illustrirte Zeitung – der er ja Bild und Textstellen entnommen hat – diese Tatsache in das Reich der Sage verweist. Im abschließenden Gedicht hofft Kühn zwar auf ›ein einig Deutschland‹ und vertraut dabei auf »*Gott, den Reichsverweser, die Reichsversammlung und die Reichsverwes'rin,*« aber es darf auch nicht seine Maxime fehlen: »*Halt auf Gesetz und Ordnung du, Bewahr' uns heilig Fried' und Ruh'.*«

»Erzherzog Johann, Reichsverweser über Deutschland. Graf v. Meran. Baronin Anna v. Brandhof.« Holzstich, Illustrirte Zeitung No. 271 vom 9. Sept. 1848

Quellen:
Erzherzog Johann von Österreich, Festschrift, 1982 – Flugblatt: Die Österr. Biene – Flugblatt: Erzherzog Johann von Österreich, Deutscher Reichsverweser als Fürst, Mensch und Krieger – Das große Conversations-Lexicon, Bd. 17, 1850, S. 24 ff. – Meyers Großes Taschenlexikon, Bd. 13, 1980, S. 155 – Illustrirte Zeitung, No. 271, vom 9. 9. 1848.

Das merkwürdige Jahr 1848. — Eine neue Bilderzeitung. 41stes Bild.

Erzherzog Johann,
Reichsverweser von Deutschland, und seine Gemahlin,
Baronin Anna von Brandhof,
nebst ihrem Sohne, dem Grafen von Meran.

Den erhabenen herrlichen Bau von Deutschlands Einigkeit zu gründen, einen Bau, der das deutsche Vaterland stark im Innern und voll Kraft gegen jeden äußeren Feind machen soll, sind aus allen deutschen Landen kundige Männer gewählt worden, die in Frankfurt a. M., der alten Krönungsstadt der deutschen Kaiser tagen sollen für des Reiches Wohlfahrt und Dauer, und diese haben einstimmig zum unverantwortlichen Oberhaupte, zum Verweser des Reiches gewählt den biederen, volksfreundlichen Erzherzog Johann von Oestreich, dessen Herz stets warm für des deutschen Volkes Wohl und Wehe schlug und dem auch in Liebe alle Herzen entgegenschlugen, als er am 3. August mit seiner Gemahlin und seinem Sohne seinen feierlichen Einzug in die alte Krönungsstadt hielt, nachdem er vorher schon folgenden Aufruf an das deutsche Volk erlassen hatte. — „Unter dem Zuruf des Vertrauens, unter den Grüßen voll Herzlichkeit, die mich überall empfingen und die mich rührten, übernahm ich die Leitung der für unser Vaterland eingesetzten Gewalt. Deutsche! Nach Jahren des Druckes wird euch die Freiheit voll und unverkürzt; doch vergeht auch nicht, daß Freiheit nur unter dem Schirm der Ordnung und Gesetzlichkeit wurzelt, und helft mir, sie zu bewahren gegen verbrecherisches Treiben und Zügellosigkeit. Laßt mich hoffen, daß Deutschland sich eines beständigen Friedens erfreuen werde. Sollte aber die deutsche Ehre, das deutsche Recht gefährdet werden, dann wird das tapfere deutsche Heer zu kämpfen und zu siegen wissen!" — So sprach der Mann des Volkes, der schon früh seine holde Gemahlin, eine Posthalterstochter von Aussee in Steiermark, aus dem Volke gewählt hatte, die sich durch hohe Schönheit, Liebenswürdigkeit und kecken Muth auszeichnete. Denn als unser Erzherzog einst das Steierland durchreis'te und nach Aussee kam, alle Knechte des Vaters abwesend waren, kleidete sich die 16jährige Anna, so geht die Sage, in die Tracht des Postillons und fuhr dreist mit dem erlauchten Reisenden über Stock und Stein. Der junge kecke, hübsche Bursche gefiel dem Erzherzog, doch noch mehr das blühende Mädchen, als er im Gespräch ihr zartes Geschlecht erfuhr und ihr dabei tief in das braune Auge schaute. Trotz aller Gegenreden und Fürstentöchter verschmähend führte er sie als seine Gattin heim, und der Kaiser erhob sie zur Gräfin von Brandhof und sie beschenkte ihren Gemahl mit einem zarten Sprößling, Graf von Meran genannt. So lebt sie nun schon Jahre lang als treue Gattin, als echte Deutsche an der Seite des echt deutschen Mannes, hoch geachtet von allen und froh begrüßt von Frankfurts Jungfrauen in einem herzlichen Gedichte, als sie mit dem Gemahl den feierlichen Einzug an der Seite ihres Sohnes theilte. Möge ihr deutsches Herz stets für Deutschlands Wohl schlagen, möge sie ihrem erhabenen Gemahl die Einheit bewirken helfen, die Deutschland zum Heil und zum Segen gereicht!

Ein einig Deutschland soll es sein,
O Gott im Himmel schau darein,
Und gieb uns echten deutschen Muth,
Bewahr' uns vor Franzosen-Blut!

Und soll mein Deutschland einig sein,
Du Reichsverweser schau darein;
Und wie du treu dem holden Weib,
Sei Deutschland auch ein Seel' und Leib.

Und soll nun Deutschland einig ein,
Schau auch du, Reichsversammlung, drein,
Halt auf Gesetz und Ordnung du,
Bewahr' uns heilig Fried' und Ruh'!

Soll endlich Deutschland einig sein,
Du Reichsverwes'rin schau darein,
Mit deinem braunen Auge klar,
Daß Wahrheit bei uns werde wahr!

Original u. Eigenthum No. 2120.

Neu-Ruppin, zu haben bei Gustav Kühn.

Das 42. Bild: »Berlin in Belagerungs-Zustand erklärt! Entwaffnung der Bürgerwehr.«

Die Nachrichten aus Wien im Oktober 1848 gaben der Reaktion in Preußen ungeheuren Auftrieb. Wie im März, als die Wiener Revolution und der Sturz Metternichs die Berliner Revolution erst richtig in Schwung gebracht hatte, hoffte man nun, daß der Sieg der Reaktion in Wien einen ebensolchen in Berlin nach sich ziehen würde. Diese Gefahr erkannte die preußische Nationalversammlung deutlich. Während die Abgeordneten am 31. Oktober 1848 über den Antrag Waldecks, die preußische Regierung möge mit allen Mitteln zum Schutz der in Wien bedrohten Freiheit einschreiten, heftig debattierten, kam es zu tumultartigen Szenen vor dem Berliner Schauspielhaus. Dem Kommandanten der Bürgerwehr Rimpler, der sich im Schauspielhaus befand, gelang es erst nach einiger Zeit, Entsatz von draußen anzufordern und den Platz vor dem Schauspielhaus räumen zu lassen. Während dieser Zeit befand sich die Nationalversammlung tatsächlich in einer Art Belagerungszustand. Mit dem Eintreffen der Nachricht von der blutigen Einnahme Wiens forderte Friedrich Wilhelm IV. das Ministerium Pfuel auf, den sofortigen Einmarsch der Truppen in Berlin anzuordnen, um die Freiheit der Beratungen der Nationalversammlung zu garantieren. Pfuel weigerte sich und wurde sofort entlassen. An seine Stelle wurde der Graf Brandenburg, ein Onkel des Königs und Reaktionär durch und durch, mit der Neubildung des Ministeriums am 2. November 1848 beauftragt. Mit ihm an der Spitze hoffte die Reaktion zweierlei zu erreichen: einmal die Auflösung der Nationalversammlung und zum anderen die Abschaffung der Bürgerwehr. Alle folgenden Maßnahmen des Ministeriums Brandenburg und des Königs sind diesen Zielen untergeordnet.

Am 9. November 1848 verlas Graf Brandenburg im Schauspielhaus die königliche Vertagungs- und Verlegungsorder für den 27. November nach Brandenburg, um die »*Freiheit der Beratungen*«, die in Berlin durch Tumulte nicht gegeben sei, zu gewährleisten. Gleichzeitig forderte Brandenburg die Nationalversammlung auf, ihre Verhandlungen sofort abzubrechen. Doch die Mehrheit der Abgeordneten bestritt der Krone das Recht der Verlegung und beschloß, weiter in Berlin zu tagen. Diese Entscheidung der Nationalversammlung war durchaus im Sinne der Reaktion, denn damit war endlich der gewünschte Konflikt herbeigeführt.

In der Nacht zum 10. November wurde der Kommandant der Bürgerwehr Rimpler aufgefordert, am folgenden Tag das Lokal der Nationalversammlung abzusperren und keinem Abgeordneten Zutritt zu demselben zu gewähren. Dies wurde von Rimpler unter dem Hinweis abgelehnt, daß die verordnete Vertagung gegen den Willen der Nationalversammlung eine Gefährdung der Freiheit sei, die die Bürgerwehr zu schützen habe. Diese Antwort wurde der Bürgerwehr als Versagung des Gehorsams ausgelegt, aus der der König das Recht zum militärischen Eingreifen ableitete.

Am 10. November marschierte General von Wrangel mit 13 000 Soldaten und 60 Geschützen in Berlin ein. Er umstellte mit seinen Truppen den ganzen Platz vor dem Schauspielhaus, auf dem sich die Bürgerwehr fast vollständig versammelt hatte. Eine Rücksprache der Nationalversammlung mit dem Kommandanten der Bürgerwehr ergab, daß dieser aus folgenden Gründen den bewaffneten Widerstand ablehnte:
– nicht genügend Munition,
– keine Artillerie,
– die meisten Bürgerwehroffiziere seien reaktionär.

Auch von seiten der Kluborganisationen war ein bewaffneter Widerstand nicht vorbereitet und erschien deshalb aussichtslos. Darauf entschloß sich die Nationalversammlung zum passiven Widerstand.

Am 11. November erging die königliche Verfügung zur Auflösung der Bürgerwehr. Gleichzeitig wurde die Entwaffnung der Bürgerwehrmänner verfügt. Nur wenige Bürgerwehrmänner kamen dieser Aufforderung freiwillig nach, so daß das Militär mit dem Einsammeln der Waffen beauftragt werden mußte. Wie das vor sich ging, schildert anschaulich Varnhagen von Ense in seinem Tagebuch unter dem Datum 15.

»Gewaltsame Entfernung der Nationalversammlung aus dem Schauspielhause zu Berlin.« Oehmigke & Riemschneider No. 1400

November: »*Das Einsammeln der Bürgerwehr-Gewehre durch militairische Gewalt giebt einen eignen Anblick. Starke Truppenschaaren sperren die Straße oben und unten ab, eine andre Schaar begleitet die Wagen, die innerhalb der Absperrung die Gewehre aufnehmen sollen, von dieser Schaar gehen drei, vier oder mehr Mann in jedes Haus und holen die Gewehre, die der Hauswirth schon auf den Flur bereit gestellt haben soll; doch die Ablieferung geschieht sehr unvollkommen, die Wagen fahren ziemlich leer wieder ab.*«

Am 12. November abends wurde der Belagerungszustand über Berlin verhängt. Am 15. November fand die letzte Sitzung der Nationalversammlung in Berlin statt. Doch der von der Reaktion erwartete Aufstand, der ein Einschreiten des Militärs ermöglicht hätte, blieb aus. Die Berliner Bevölkerung setzte den Gewaltmaßnahmen der Regierung zu deren Verwunderung ›nur‹ passiven Widerstand entgegen. Gerade dieser passive Widerstand ängstigte die Reaktion ungemein, wie wir Varnhagen von Enses Eintragung in sein Tagebuch am 22. November entnehmen können: »*...die Generale, die Minister, die Hofleute, alle fürchten einen neuen Schlag von Seiten der Demokratie, sie können sich nicht darein finden, daß kein Kampf stattgefunden, die Ruhe verwirrt sie, der Graf von Brandenburg fühlt Schrecken und Angst, auch Wrangel verhehlt seine Sorgen nicht;...*«

Von den Ereignissen in jenen Novembertagen wählt Gustav Kühn für seinen 42. Bilderbogen die ›Entwaffnung der Bürgerwehr‹ zum Thema. Er zeigt den Werderschen Markt mit der 1831 von Schinkel erbauten Friedrich-Werderschen Kirche. Die im neugotischen Stil errichtete Kirche ist sehr genau wiedergegeben, während die Randbebauung des Marktes frei nachempfunden ist, wenn man eine Originalansicht des Werderschen Marktes z.B. aus dem Buch ›Berlin und seine nächste Umgebung in malerischen Originalansichten‹ zum Vergleich heranzieht.

Auf dem Marktplatz spielt sich das eigentliche Geschehen, die Entwaffnung der Bürgerwehr, ab. Noch handelt es sich um die freiwillige Abgabe der Waffen, da die Bürger ihre Waffen zu einem Sammelplatz bringen. Allerdings gehörte der Werdersche Markt nicht zu den offiziell bekannt gemachten Annahmestellen (siehe Bekanntmachung in der Spenerschen Zeitung vom 14. November 1848). Auf dem Bild sind einige wenige Bürger zu sehen, die dem Appell zur freiwilligen Abgabe der Waffen Folge leisten. Anhand der Kleidung lassen sich neben dem Dienstmädchen Bürger, Handwerker und Arbeiter ausmachen, die Gewehre und Säbel den Soldaten übergeben. Das zum Empfang der Waffen aufgebotene Militär überwiegt zahlenmäßig deutlich. In der Mitte steht der Transportwagen, der die eingesammelten Waffen abtransportieren soll, doch noch sind nur sehr wenige Waffen abgeliefert worden. Diese dürftige Ausbeute entspricht den Tatsachen, denn viele Bürger widersetzten sich der Anordnung, und anderen, die ihre Waffen freiwillig abliefern wollten, wurden diese auf dem Wege zu den Sammelstellen gewaltsam von aufgebrachten Bürgern abgenommen. Nach 14 Tagen fehlten noch immer über 4000 Gewehre und Büchsen von etwas mehr als 20 000 ausgegebenen. Von den etwa 4000 ausgegebenen Säbeln war nur etwa die Hälfte abgeliefert worden. Haltung und Gesichtsausdruck der abgebildeten Bürger drücken Gleichgültigkeit, Demut, aber auch Zorn aus, während die Soldaten mit Gleichmut ihren Dienst versehen.

Die bildliche Darstellung gibt den Akt der Entwaffnung recht detailgetreu und auch wertfrei wider, nicht so der Text. Hier legt Kühn seiner Genugtuung über die Wiederherstellung von Ruhe und Ordnung keine Zügel an. Im ersten Teil seines Berichtes gibt er die Begründung für das Eingreifen des Militärs, daß nämlich die Bürgerwehr der ›durch republikanische Wühler aufgeregten Volksmasse‹ nicht mehr gewachsen war und daß ›der König dem tollen Treiben, was unser geliebtes Vaterland in den Abgrund gestürzt hätte, nicht länger zusehen‹ konnte – der König also als Retter in höchster Not! In weiteren drei Sätzen berichtet er kurz und bündig von Wrangels Einrücken in Berlin, der Besetzung des Schauspielhauses, der Vertagung und Verlegung der Nationalversammlung, der Erklärung des Belagerungszustandes und dem Befehl zur Auslieferung der Waffen. Der nüchternen Aufzählung dieser so bedeutsamen Ereignisse folgt eine ausschweifende und ausschmückende Schilderung des letzten Aktes, der Entwaffnung der Bürgerwehr. Dieses aus Kühns Sicht wohl erfreulichste Ereignis leitet er mit den Worten ein: ›Viele freuten sich da, der fortwährenden Alarmierung, des beschwerlichen Wachtdienstes überhoben zu sein und brachten gutwillig ihre Waffen.‹ Er beschreibt dann in deftiger Weise, wie der Fleischer Blut voller Freude sein Gewehr abliefert, um wieder den ›tapferen Soldaten für schönes Geld sein Fleisch abliefern zu können‹ und wie das ›Kammerkätzchen Riekchen ihren Geliebten zum passiven Widerstand‹ überredet hat. Er fährt fort, daß viele andere ihre Waffen jedoch nicht gutwillig hergäben, worauf der Befehl des Militärs zur bestimmten Ablieferung erging. Dann folgt eine kurze Schilderung der Einsammlung der Waffen durch das Militär, um in dem Satz zu gipfeln: »*Alles ging ohne Blutvergießen ab!*« Dieser Satz und die folgenden zeigen Kühns Grundeinstellung zum Staat, zu seinem König, zum Militär und zu den demokratischen Bemühungen der Nationalversammlung und der daran ungestüm Anteil nehmenden Bevölkerung Berlins deutlich. Da gibt es kein Hinterfragen oder Reflektieren, kein Verstellen oder Kokettieren, auch kein Paktieren mit der siegreichen Reaktion, diese Sätze sind aus echter Überzeugung niedergeschrieben. Und wie er haben sicher viele damals gedacht, die der Unruhen überdrüssig waren und um ihren Besitz bei Übergriffen der Massen fürchteten, so daß sie sich – wenn schon nicht laut, so doch im geheimen – dem Wunsche anschlossen, daß ein ›solcher Belagerungszustand noch von langer Dauer sei‹.

Quellen:
Bernstein: Revolutions- u. Reaktionsgeschichte, Bd. 1, 1882, S. 201 ff. – Kaeber: Berlin 1848, 1948, S. 197 ff. – Valentin: Geschichte der dt. Rev., Bd. 2, 1930, S. 264 ff. – Rellstab: Berlin und seine nächsten Umgebungen, 1855, S. 94 f. – Spenersche Zeitung, November 1848 – Varnhagen von Ense: Journal einer Revolution, 1986, S. 211 ff.

Das 44. Bild: »Die silberne Hochzeit unseres hochgeliebten Königspaares, Friedrich Wilhelm's IV. und Elisabeth, am 29. November 1848.«

Das 44. Bild ist ein Erinnerungsbogen an die Silberhochzeit Friedrich Wilhelms IV. und seiner Gemahlin Elisabeth.
Friedrich Wilhelm hatte die am 12. November 1801 geborene bayerische Prinzessin Elisabeth Ludovika, Tochter des Königs Maximilian I., am 29. November 1823 geheiratet. Die Ehe blieb kinderlos.
Das Königspaar feierte dieses Fest — wie auch schon seine Hochzeit — in Potsdam. Die Presse nahm sich nach den unruhigen und aufregenden Novembertagen ausführlich dieses ›freudigen Ereignisses‹ an. In der Vossischen Zeitung vom 28. November 1848 lesen wir:
»Am 27. November 1823 zog das jetzige hohe Königspaar mit einem glänzenden Gefolge als durch Procuration in München Neuvermählte in Potsdam ein, und wurde hier auf das Festlichste empfangen. Unter der damaligen Ehrenpforte waren 30 in die baierischen Farben gekleidete Jungfrauen der Stadt aufgestellt, welche der Fürstin eine Vase von Porzellan gefüllt mit seltenen schönen Blumen überreichten. Seit jenem Festtage sind heute 25 Jahre vergangen, und diese Zeit ist für Preußen, vorzüglich aber für Potsdam eine hochgesegnete gewesen. Die Freude und den Dank der allverehrten Königin für die vielen Gnadenbeweise gegen die Stadt Potsdam dazubringen hatten die noch in Potsdam lebenden Frauen, welche am 27. November 1823 die Königl. Herrin an der Ehrenpforte begrüßt und willkommen geheißen, die Absicht und den Wunsch ausgesprochen, auch an dem heutigen Ehrentage zur festlichen Erinnerung an den Einzug vor 25 Jahren der Königin ihre Huldigung darzubringen. Eine von der Frau Hauptmann v. Rheinhardt (im Cadetten-Hause) entworfene Huldigungs-Adresse an die Königin ist nicht allein von diesen vorgedachten Frauen, sondern von fast tausend anderen Frauen Potsdams aus allen Ständen vollzogen und heute der Königlichen Frau und Herrin von einer Frauen-Deputation übergeben worden. Aber auch die Jungfrauen Potsdams hatten den Wunsch geäußert, sich der allverehrten Königin nahen und ihre Huldigung aussprechen zu dürfen, um den heutigen Tag gleich den Frauen mit feiern zu helfen. Diesem Wunsche entsprach das sich zur Begehung der silbernen Hochzeitsfeier des Königlichen Paares zusammengetretene Comite, um nach altem Brauch zur Vorfeier der silbernen Hochzeit Sr. Majestät dem Könige und der Königin einen silbernen Strauß und Kranz dazubringen. Durch dieses Comite wurden von den heranblühenden Jungfrauen Potsdams dreißig bestimmt, um das Festgeschenk zu überreichen. Heute Mittag um 12 1/2 Uhr versammelten sich alle diese Frauen und Jungfrauen unter Vorantritt des Comites und der städtischen Behörden im Königlichen Schlosse in der Stadt, und wurden alsbald von dem K. Fürstenpaare angenommen. Der König und die Königin haben sich hocherfreut über diese Beweise der Liebe und Treue gegen die Mitglieder der Deputation geäußert, und die Weihe-Geschenke mit ganz besonderem Danke in Empfang genommen, und mit den Frauen und Jungfrauen recht herzgewinnend gesprochen. Der König hat besonders gegen den mit anwesenden Kommandeur der Bürgerwehr, Oberst Krimm, geäußert: Wie Er in diesen Tagen recht viele Beweise der Liebe und Treue empfangen habe, und es recht sehr bedaure, daß durch irrthümliche Zeitungs-Nachrichten mehrere auswärtige Deputationen zur Beglückwünschung Seiner silbernen Hochzeit von hier zurückgegangen und zurückgeblieben wären, in der Meinung, daß Er diese Deputationen nicht annehme....«
In diesem Artikel, der die Vorfeiern zum eigentlichen Jubiläumstage schildert, finden wir etliche Details, die Kühn in seine Beschreibung der Silberhochzeitsfeierlichkeiten übernommen hat. Der Satz über die herrschende Ungewißheit, ob der König alle Deputationen zur Beglückwünschung vorlassen würde, fehlt in Kühns Bericht, kein Makel soll diesen Ehrentag des Königs trüben.
Die einleitenden Sätze des Berichtes dürften Kühn ein Herzensbedürfnis gewesen sein, gab ihm die Silberhochzeit des Königs doch Gelegenheit zu beweisen, ›wie tief die Liebe zu unserem erlauchten Königshause in den Herzen des Volkes wurzelt‹, und zwar trotz Unruhen und Revolutionen. Die von Kühn erwähnten Glückwünsche und Deputationen aus dem ganzen Land werden auch sehr ausführlich in mehreren Artikeln in der Vossischen Zeitung beschrieben, wobei der Satz: »Unter den verschiedenen Deputationen, die heute zur Beglückwünschung vorgelassen wurden, bemerkten wir eine von Bürgern aus Berlin, die eine mit zahlreichen Unterschriften bedeckte Ergebenheits- und Beglückwünschungs-Adresse überbrachten« bemerkenswert ist. Der Berichterstatter war wohl erstaunt, daß die gedemütigten Berliner überhaupt eine Deputation nach Potsdam geschickt hatten.
Der zweite Teil des Textes ist eine Bekanntmachung des Königs, die dieser am 12. Dezember 1848 in allen Zeitungen veröffentlichen ließ. Sie ist von Kühn wortwörtlich und in ganzer Länge übernommen worden. In dieser Danksagung fand der König recht versöhnliche Worte, die dazu angetan waren, ihn als liebevollen und verzeihenden Landesvater erscheinen zu lassen. Was aber zur Verbesserung des Verhältnisses König — Bevölkerung beitragen konnte, wurde von Kühn aufgegriffen und verarbeitet.
Die bildliche Darstellung zeigt das Königspaar in einem großen, girlandengeschmückten Saal beim Empfang zweier Deputationen zur Beglückwünschung. Elisabeth empfängt Potsdams festlich gekleidete Jungfrauen, deren erste ihr ein auf hellgrüner Seide gedrucktes Gedicht auf einem Samtkissen überreicht. Diese sogenannten Vivatbänder waren im 19. Jahrhundert sehr

in Mode. Sie wurden bei vielen festlichen Ereignissen, mit entsprechenden Gedichten bedruckt, überreicht.

Friedrich Wilhelm empfängt gleichzeitig eine Abordnung des Bürgertums. Da der Anführer dieser Deputation eine Amtskette trägt und Kühn im Text den Bürgermeister Naunyn namentlich erwähnt, der an der Spitze einer Abordnung des Magistrats und der Stadtverordneten von Berlin stand, liegt die Vermutung nahe, daß diese Deputation gemeint sei.

Die Wahl der gezeigten Deputationen ist sicher kein Zufall: die Abordnung des Berliner Magistrats unter Leitung des Bürgermeisters Naunyn sollte beim Betrachter den Eindruck vermitteln, daß das Band ›treuer Liebe und Anhänglichkeit‹ zwischen König und Berlins Bevölkerung trotz des Revolutionsjahres 1848 noch intakt sei; die Abordnung der Jungfrauen ist ein Tribut an seine weibliche Leserschaft, deren moralischen Einfluß auf die Männer er sicher nicht unterschätzte.

Quellen:
Vossische Zeitung, No. 278 – No. 289, vom 28. 11. 1848 – 12. 12. 1848 – Der Bär von Berlin, 25. Folge, 1976, S. 13 f. – Vanja: Vivat-Vivat-Vivat, 1985, S. 15 f. – Wetzel: Taub für die Stimme der Zeit, 1985, S. 52 ff.

Abb. in:
Neuruppiner Bilderbogen, Katalog des MVK, 1981, S. 33, Abb. 12.

Das 45. Bild: *»Der passive Widerstand der Berliner während des Belagerungszustandes.«*

Kühns 45. Bild – wieder ein Genrebogen – beschäftigt sich mit dem passiven Widerstand der Berliner in zwei Szenen. Obwohl die Berliner Bevölkerung dem Militär nicht den geringsten Widerstand entgegengesetzt hatte, wurden nach der Verkündung des Belagerungszustandes folgende Maßnahmen am 12. November in Kraft gesetzt:
- Aufhebung aller Klubs und Vereine,
- Verbot jeglicher Versammlungen von mehr als 20 Personen am Tage und 10 Personen bei Nacht auf den Straßen und öffentlichen Plätzen,
- Schließung der Wirtshäuser um 10 Uhr abends,
- Verbreitung aller Zeitungen und Druckschriften erst nach spezieller Erlaubnis der Polizei.

Alle diese Maßnahmen lassen erkennen, daß sie unter der Voraussetzung des gewaltsamen Widerstandes geplant worden waren. Doch die Berliner ließen sich nicht provozieren, dem aufgeregten Treiben der vergangenen Tage waren Niedergeschlagenheit und Beklemmung gefolgt. Es gab also absolut keinen einsichtigen Grund, warum der Belagerungszustand nicht wieder aufgehoben wurde.

In der 1. Szene des Bilderbogens geht es um die Maßnahme der Schließung der Wirtshäuser um 10 Uhr abends, in der 2. um die Tändelei eines Volksredners ›Krabe‹ mit einer Sängerin in einer Polka-Bier-Halle. Kühn wählt in diesem Fall den Dialog zur Verdeutlichung seiner bildlichen Darstellungen. Der Dialog als Mittel zur Verbreitung und Diskussion von Neuigkeiten wurde besonders von der Straßenliteratur benutzt. Wahre Meister dieser Literaturform waren Adolf Glasbrenner und Albert Hopf. Mit ihnen konnte sich ein Gustav Kühn nicht messen. In beiden Dialogen macht er sich über den passiven Widerstand der Berliner lustig. Während in der 1. Szene ein Volksredner ›Rothbart‹ prahlerisch angibt, ›nur über seine Leiche soll man hier (ins Lokal) eindringen‹, um dann beim Erscheinen des Militärs Mut und Fassung zu verlieren und kleinlaut hinauszuschleichen, gibt die 2. Szene eine Plänkelei zwischen dem Volksredner Krabe und der Sängerin Riekchen über einen aktiv zu gebenden und einen passiv zu empfangenden Kuß wider. Die bildlichen Darstellungen unterstützen anschaulich die beiden Begebenheiten.

Die in beiden Szenen auftretenden Volksredner waren den Berlinern wohlbekannt. Hinter ›Rothbart‹ verbirgt sich Friedrich Wilhelm Held, der wegen seines flammend roten Vollbartes auch ›Rothbart‹ genannt wurde. Held war eine schillernde, sehr umstrittene Persönlichkeit im Berlin des Jahres 1848. Als Herausgeber der Zeitung ›Lokomotive‹ und vieler Flugblätter sowie als Volksredner fesselte er seine Leser und Zuhörer durch Naturwüchsigkeit, Kraft, Bestimmtheit, Gedankenschärfe und Verständlichkeit, stieß sie aber mit seiner Blasiertheit, Anmaßung und Überheblichkeit häufig vor den Kopf. Im September 1848 war sein Stern schon im Sinken.

Bei dem Volksredner ›Krabe‹ handelt es sich um den Konditormeister Karbe, von vielen auch ›Vater Karbe‹ genannt, der nach Schaßlers Rücktritt Präsident des ›Volksvereins‹ wurde. Er hatte ein verschwommenes Sendungsbewußtsein und verkündete »das Christentum als Evangelium der Freiheit«. Sein kindlich reiner Glaube, den er begeistert seinen Zuhörern vermitteln konnte, schuf ihm eine ansehnliche Anhängerschaft während des Frühjahrs und Sommers 1848, schützte ihn aber nicht vor Verfolgungen und zweijähriger Festungshaft nach dem Sieg der Reaktion.

›Klubmüller‹ ist ›Lindenmüller‹, der kleine Eisenhändler Müller, der sich während des Revolutionsjahres dank seines großen Talentes als witziger und umgangssprachlicher Stegreifredner zu einer der volkstümlichsten Erscheinungen in Berlin aufschwang. Da er seine Reden an der Kranzlerecke Unter den Linden hielt, hieß diese Ecke bei den Berlinern bald ›Lindenklub‹, er selber aber ›Lindenmüller‹. Auch er mußte der Reaktion weichen und wanderte nach New York aus.

Kühn verfolgte mit der Wahl seiner Akteure in den beiden Szenen eine klare Absicht: seinen Lesern zu zeigen, daß es mit dem Mut und der Redlichkeit der von den Berlinern bis dahin gehuldigten Volksredner nicht weit her war, daß sie also in den vorangegangenen Monaten Scharlatanen aufgesessen waren. Wenn aber schon so bekannte und geachtete Volksredner vor dem Militär in die Knie gingen, dann konnte es um die Ernsthaftigkeit und die Durchführung des passiven Widerstandes durch die Bevölkerung nicht gut bestellt sein. Kühn mag sein Ziel bei seinen Lesern auf dem Lande erreicht haben, bei den Berlinern sicher nicht. Zu unbeliebt und unverständlich war die Aufrechterhaltung des Belagerungszustandes. Die Illustrirte Zeitung schrieb unter der Überschrift: »*Die preußische Nationalversammlung und die Krone:* ›*Der Belagerungszustand, willkürlich über Berlin verhängt, dauert noch immer ohne allen vernünftigen Grund fort.*‹« Und genauso sahen es viele besonnene Bürger. Daß auch Kühn über das allzu rigide Vorgehen Wrangels ins Nachdenken geraten war, zeigt das abschließende Gedicht, daß er dem ›Herrn General von Wrangel Excellenz‹ widmet, und in dem er ihn bittet nachzudenken, ob nicht Milde, Klugheit und Bedacht den Waffen vorzuziehen seien.

Quelle:
Bernstein: Revolutions- u. Reaktionsgeschichte, Bd. 1, 1882, S. 216 ff. – Berliner Revolutions-Kalender, 1967, Juni und Oktober 1848 – Springer: Berlins Straßen, Kneipen und Clubs im Jahre 1848, 1985, S. 112 ff. – Illustrirte Zeitung Nr. 283, vom 2. 12. 1848, S. 365.

Das 46. Bild: *»Der Königl. Glückwunsch zum neuen Jahr 1849.«*

Der Armee-Befehl, den Friedrich Wilhelm IV. zum Jahresbeginn 1849 in Zeitungen und Gedenkblättern veröffentlichen ließ, wurde auch von Gustav Kühn wortwörtlich und ohne weiteren Kommentar übernommen. Er änderte allein die Überschrift und wählte anstelle des ›Armee-Befehls‹ ›Der Königl. Glückwunsch zum neuen Jahr 1849‹. Dieser ›Glückwunsch‹ beginnt mit den Worten: *»Ich wünsche Meinem herrlichen Kriegsheere, Linie und Landwehr, Glück zum neuen Jahr. Am Schlusse des verhängnißvollen Jahres 1848 aber sage Ich dem Heere aus wahrstem Herzens-Bedürfniß anerkennende Worte für sein unvergleichliches Verhalten während desselben. In dem verflossenen Jahre, wo Preußen der Verführung und dem Hochverrathe ohne Gottes Hülfe erlegen wäre, hat Meine Armee ihren alten Ruhm bewährt und neuen geerndtet. König und Volk blicken mit Stolz auf die Söhne des Vaterlandes. ...«* Diese deutlichen Worte lassen erkennen, daß Friedrich Wilhelm IV. seine Niederlage und die seiner Armee in den Märztagen des Jahres 1848 endgültig verarbeitet hat. Mit der Verhängung des Belagerungszustandes in Berlin vom 11. November 1848 und der Oktroyierung der Verfassung vom 5. Dezember 1848 war die Zeit der Demütigungen und Unsicherheiten abgeschlossen. Und mit dem wiedergewonnenen Selbstvertrauen zählt er die Ereignisse auf, bei denen überall seine ›Armee ihre Pflicht gethan‹ hat: militärische Hilfe für Schleswig, Bekämpfung der ›Insurrection‹ im Großherzogtum Posen, Erhaltung der Ordnung in Süddeutschland und schließlich die militärische Besetzung Berlins. Daß es aber mit der Pflicht und der Treue der Soldaten, zumindest der in Berlin stationierten, nicht weit her war, bezeugt Varnhagen von Ense mit einem Eintrag in sein Tagebuch unter dem 5. Januar 1849: *»Die Soldaten, durch Volksversammlungen nicht mehr angezogen, durch Volksredner nicht mehr bearbeitet, sind in den Augen der Regierung doch gar nicht mehr so willig und sicher, als sie es zu glauben sich anstellt. Ein vornehmer Mann, der mit dem Minister von Manteuffel verkehrt, wiederholt dessen bedenkliche Äußerung, die Soldaten würden in Berlin fürchterlich verwöhnt, die Gemeinen sähen wohl, daß man sie um jeden Preis gewinnen wolle, und meinten nun schon, sie könnten noch höhere Ansprüche machen, die Unteroffiziere hätten ihre große Noth mit ihnen, die Generale merkten es noch nicht; aber weit schlimmer sei, daß auch Gesinnung und Denkart in den Leuten allmählich anders würden, die große Stadt sei ansteckend, ein Theil der Truppen müßte baldigst wieder aus Berlin, überhaupt sei der Wechsel gut.—«*

Wie aber mußte erst dieser Armee-Befehl auf Berlins Bevölkerung wirken, die sich seit dem 11. November 1848 im passiven Widerstand übte? Auch hierzu gibt uns Varnhagen von Ense Auskunft (4. Januar 1849): *»Große Stille in der Stadt, Verbrechen, Noth und Bettelei nehmen überhand, der Verkehr stockt mehr als im Sommer, das Zutrauen schwindet. Der Belagerungsstand, der den Wohlstand und die Ruhe sichern sollte, fängt doch den Leuten an, bedenklich zu werden.«*

Sicherlich herrschte auch in der Provinz nicht überall Hochstimmung über das militärische Auftrumpfen in Berlin, so daß Kühn sich veranlaßt sah, dem ungeänderten Text ein Bild gegenüberzustellen, das Friedrich Wilhelm in schlichter Uniform, nur mit dem preußischen Adlerorden geschmückt, in seinem Arbeitszimmer stehend mit einem Blatt Papier in der Hand zeigt. Das Bild soll den Eindruck des treusorgenden und für sein Volk arbeitenden Landesvaters vermitteln und dadurch dem Text etwas von der Schärfe nehmen, denn sonst hätte Kühn seine Bildvorlage – eine Lithographie von Valentin Schertle nach einem Gemälde von Franz Krüger – unverändert übernehmen können, die den König in Galauniform mit Helm und Säbel im Freien zeigt.

Quellen:
Varnhagen von Ense: Journal einer Revolution, 1986, S. 241 f. – Vossische Zeitung, No. 2, vom 3. 1. 1849

»Friedrich Wilhelm IV.« Lithographie von Valentin Schertle nach einem Gemälde von Franz Krüger im Schloß Charlottenburg, Berlin

Armee-Befehl vom 1. Januar 1849. Lithographiertes Schmuckblatt (Staatsbibliothek Berlin)

Das merkwürdige Jahr 1849. — Eine neue Bilderzeitung. 46stes Bild.
Der Königl. Glückwunsch zum neuen Jahr 1849.

Potsdam, den 1. Januar 1849.

meinem herrlichen Kriegsheere, Linie und Landwehr, Glück zum Macht und das Zusammenziehen der Landwehr erheischte, verließen die wackeren Land-
luß des verhängnißvollen Jahres 1848 aber sage Ich dem Heere wehrmänner freudig Haus und Hof, Weib und Kind und alle, Linie und Landwehr,
ürniß anerkennende Worte, für sein unvergleichliches Verhalten rechtfertigten Mein in sie gesetztes Vertrauen und die bewundrungswürdige Organisation,
m verflossenen Jahre, wo Preußen der Verführung und dem welche der hochselige König Unserem Heere gegeben hat. — Ueberall hat die Armee
lfe erlegen wäre, hat Meine Armee ihren alten Ruhm be- ihre Pflicht gethan. Höher noch als diese Thaten schlage Ich aber die Haltung an, welche
nig und Volk blicken mit Stolz auf die Söhne des Va- die Armee Monate hindurch bewährt hat, als sie abscheulichen Schmähungen, Verleum-
e, als Empörung die friedliche Entwickelung der freisinn- dungen und Verführungen, ihren vortrefflichen Geist und edle Mannszucht rein und un-
Ich mein Volk besonnen entgegenführen wollte. Sie getrübt entgegenstellte. Ich kannte Meine Arme wo Ich rief, stand sie bereit in voller
orbeern, als Deutschland unserer Waffen in Schles- Treue, in voller Disziplin. Mehr hätten die Truppen in Preußens glorreichster Epoche
Mühseligkeiten und Gefahren, als im Großherzog- nicht leisten können. Ich danke den Generalen, Offizieren und Soldaten des stehenden
sen war — ihre Mitwirkung zur Erhaltung der Heeres und der Landwehr in Meinem Namen und in Namen des Vaterlandes.
reußischen Namen neue Anerkennung. — Als
des Gesetzes das Einschreiten der bewaffneten 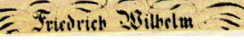 Friedrich Wilhelm

Das 47. Bild: »*Louis Napoleon Bonaparte, Präsident der französischen Republik, hält in Paris große Heerschau über die Truppen.*«

Am 10. Dezember 1848 gewann Louis Napoleon die ersten (und letzten) Präsidentschaftswahlen der 2. Republik mit der überwältigenden Mehrheit von 5,4 Millionen Stimmen zu rund 2 Millionen Stimmen seiner Gegner (Cavaignac, der Sieger des Juni-Aufstandes, erhielt nur knapp 1,5 Millionen Stimmen).

Louis Napoleon, ein Sohn von Napoleon I. Stieftochter Hortense und dessen Bruder Louis, fühlte sich nach dem Tode Napoleons II., Herzog von Reichsstadt, als nächster Thronanwärter. Er unternahm zwei abenteuerliche Versuche – 1835 in Straßburg und 1840 in Boulogne –, die Macht in Frankreich an sich zu reißen. Beide Versuche scheiterten kläglich und brachten ihm Verbannung im ersten Fall und Festungshaft im zweiten (aus der er 1846 nach England entkam) ein. Daß dieser Abenteurer, der im Jahr 1848 während der Revolutionsereignisse in Frankreich gar nicht in Erscheinung getreten war, fünf Sechstel aller Stimmen auf sich vereinigen konnte, setzte ganz Europa in Erstaunen.

Die Illustrirte Zeitung schrieb in einem Artikel mit der Überschrift »Die französische Präsidentenwahl« am 6. Januar 1849: »*Zum Erstaunen vielleicht selbst seiner wärmsten Verehrer und Anhänger ist Louis Napoleon zum ersten Präsidenten der Republik Frankreich erwählt worden, wiederum steht an der Spitze dieses mächtigen Reiches ein Buonaparte und zwar das gegenwärtige Haupt des Hauses, so daß selbst der eifrigste Legitimist, welcher nicht leugnet, daß das Volk eine Stimme bei der Wahl seines Herrschers hat, keinen begründetern Anspruch auf Nachfolge würde verlangen können. Fünf Sechstel der wahlfähigen männlichen Bevölkerung von Frankreich haben ihm ihre Stimmen gegeben; das letzte Sechstel war nicht einmal einstimmig zu gunsten seines Mitbewerbers, wiewol dies ein Mann war, der seine hohe Stellung sich durch ausgezeichnete Leistungen erworben, der die Nation vor der Herrschaft des Schreckens gerettet, der noch vor wenigen Monaten von dem Beifall der großen Mehrzahl der Franzosen begrüßt wurde, der nicht nur nach der Macht strebte, sondern sie bereits besaß, der in einer Zeit voll unendlicher Schwierigkeit, mit unverkennbarer Redlichkeit und mit dem besten Erfolg gehandelt, der aufrichtige Ueberzeugungen, hohe Rechtschaffenheit, großes Talent bewiesen hatte; während Buonaparte nur durch seinen Namen und durch weiter nichts hervorragte, indem er ohne hervorstechende Talente oder Beredsamkeit ist, wodurch er für sich hätte einnehmen können, keine Dienste denselben empfahlen, die er seinem Vaterlande geleistet, ja sein Charakter selbst nur eine zweifelhafte Stütze seines Anspruchs war.*«

Die Gründe für den unerwarteten Erfolg Louis Napoleons sowie für die vernichtende Niederlage des von vielen favorisierten Cavaignac sah der Verfasser des vorgenannten Artikels folgendermaßen: »*Wir sehen daher in Ludwig Napoleons Wahl sowohl die entschiedene Erklärung des Volkes, daß es seine Geschicke nicht an eine zufällige Republik, sondern vielmehr an eine große Vergangenheit knüpfen, und noch vielmehr die wenn auch unbewußte Sühne des Unrechts, welches in Napoleon dem Grundsatz zugefügt worden ist, daß alle Gewalt vom Volke ausgeht; ein Grundsatz, der nur durch ein klägliches Misverständniß der apostolischen Lehre in sein unnatürliches Gegentheil verkehrt werden konnte.*«

Doch ist ein anderer Grund wohl der ausschlaggebendere: nach der am 4. November 1848 vollendeten Verfassung sollte Frankreichs Präsident von der gesamten männlichen Bevölkerung direkt gewählt werden. Die Bevölkerung bestand aber vorwiegend aus dem 3. Stand, also Bauern, Handwerkern, Beamten, Arbeitern, die die blutige Niederschlagung des Juni-Aufstandes dem Führer des Militärs, Cavaignac, weder vergessen noch vergeben hatte. Dies in Verbindung mit dem Mythos des Namens ›Napoleon‹ hat wohl den Ausschlag zum Erfolg Louis Napoleons gegeben.

Am 24. Dezember 1848 feierte Louis Napoleon seinen Sieg mit einer großartigen Heerschau, an der nach Zeitungsberichten Truppen in einer Stärke von rund 200 000 Mann teilnahmen. Es war ein imposantes Schauspiel, an dem auch die Pariser Bevölkerung großen Anteil nahm. Besonders hervorgehoben wurde in der Presse, »*daß Louis Bonaparte es gewagt habe, frei zu Pferde zu erscheinen, während Louis Philipp niemals eine Heerschau abzunehmen wagte. Man war aber auch nicht ohne Besorgniß, daß die Namenliste der Fieschi, Alibaud (die Attentate auf Louis Philipp verübt hatten) u.s.w. sich um einen vermehren könne. Louis Napoleon hat dieser Gefahr Trotz geboten, das hat ihm die Herzen gewonnen*« (Vossische Zeitung vom 29. Dezember 1848).

Es ist diese Heerschau, die Gustav Kühn zum Thema seines 47. Bildes wählt. Als Text bringt er einen wortgetreuen Auszug eines längeren Artikels aus der Spenerschen Zeitung vom 28. 12. 1848, geht aber mit keinem Wort auf die Wahl oder auf die Person Louis Napoleons ein. Der Text wird durch eine eindrucksvolle und detailgetreue bildliche Wiedergabe ergänzt. Louis Napoleons Gesichtszüge gleichen denen der auf vielen Porträts wiedergegebenen in den Zeitungen, und er trägt die im Text beschriebene Uniform eines General-Lieutenants der Bürgerwehr mit dem großen Band der Ehrenlegion und einem Diamantstern derselben auf der Brust.

Obwohl das Ereignis an sich durch Text und Bild tendenzlos wiedergegeben ist, zeigt die Wahl des Themas, daß Kühns Sympathien mit Louis Napoleon waren, in dem er wohl nicht nur den Erben des großen Namen ›Napoleon‹ sah, sondern auch den der starken Hand, der wieder Ordnung in Frankreich schaffen konnte. Und wie war das besser zu bewerkstelligen, als mit einer großen, gut ausgerüsteten Armee?

Quelle:
Blos: Die Dt. Rev., 1898, S. 476 ff. – Neue Dt. Biographie, Bd. 10, 1971, S. 753. – Illustrirte Zeitung, No. 288, vom 6. 1. 1849 – Vossische Zeitung, No. 305, vom 29. 12. 1848.

Abb. in:
Zaepernick: Neuruppiner Bilderbogen.

Das 48. Bild: *»Kriegs-Panorama von Schleswig-Holstein.«*

Ab dem 48. Bild wendet sich Kühns Interesse wieder verstärkt Schleswig-Holstein zu, wurde doch allgemein erwartet, daß es nach Ablauf des Waffenstillstandsvertrages zu kriegerischen Verwicklungen kommen mußte. Der am 26. August 1848 zwischen Dänemark und Preußen in Malmö geschlossene Waffenstillstandsvertrag war von Anfang an nicht als Ausgangspunkt für einen Friedensvertrag angesehen worden. Doch war Dänemark daran gelegen, die Feindseligkeiten über die Wintermonate auszusetzen, da die Marine der Seemacht Dänemark einen besonders wichtigen Teil der Kriegshandlung zu übernehmen hatte, die sie aber nur auf einer eisfreien Ostsee ausführen konnte.

Zwar gab es in den folgenden Monaten zwischen England und der Frankfurter provisorischen Reichsregierung Verhandlungen über einen Friedensvertrag – auch Preußen wäre diese leidige Angelegenheit gerne los gewesen und war bereit, einem Status quo ante zuzustimmen –, doch alle Bemühungen scheiterten an den überzogenen Forderungen, die Dänemark im Wissen russischer Unterstützung stellte. So verlangte es über den Status quo ante hinaus die Besetzung der Stadt Rendsburg, die bereits zum Herzogtum Holstein gehörte, durch dänische Truppen, um nicht nur in den Besitz der Landesfestung zu kommen, sondern vornehmlich, um sich für die unrühmliche Überrumpelung durch den Prinzen Noer mit seiner kleinen Schar Freiwilliger vom Jahr zuvor zu rächen. Zudem sollte Preußen die Schleswig-Holsteiner zu einem Frieden unter diesen Voraussetzungen zwingen. Dieses Ansinnen konnte weder von Preußen noch von der provisorischen Reichsregierung hingenommen werden. Daraufhin kündigte Dänemark den Waffenstillstandsvertrag am 26. Februar 1849 zum 26. März 1849.

Wie schon im April 1848 schickte auch dieses Mal die Frankfurter Nationalversammlung Truppen zur Unterstützung der Herzogtümer. Außer Österreich stellten alle deutschen Staaten Kontingente. Der preußische Generalleutnant von Prittwitz erhielt den Oberbefehl über die 40 000 Mann starke Bundesarmee.

Seit Kündigung des Waffenstillstandsvertrages durch Dänemark am 26. Februar 1849 und der damit verbundenen Gewißheit des Wiederbeginns des Krieges zwischen Dänen und Schleswig-Holsteinern beschäftigte sich die Presse wieder verstärkt mit diesem Thema. Der unrühmliche Abschluß des Waffenstillstandsvertrages vom August 1848 war noch frisch in Erinnerung, eine Schmach, die nun getilgt werden konnte.

Die Menschen in Deutschland schauten mit Interesse nach Norden, verteidigte hier doch ein Land seine im März 1848 errungene Freiheit mit Waffen, während alle anderen deutschen Länder die meisten der erst vor einem Jahr erkämpften Freiheiten bereits wieder verloren hatten, und die reaktionären Kräfte fast überall wieder fest im Sattel saßen. Der Kampf der Schleswig-Holsteiner wurde zur Hoffnung auf einen *»zweiten März 1848«*.

Gustav Kühn nutzte die rund fünf Wochen zwischen der Aufkündigung des Waffenstillstandes und dem Wiederaufflammen der kriegerischen Handlungen auf seine Weise. Zuerst einmal brachte er einen Bogen heraus, der in sechs Einzelszenen Ereignisse des Krieges vom Jahr 1848 in Erinnerung bringen sollte. Die erste Szene zeigt den Einzug des dänischen Königs Frederik VII. in Flensburg, ohne ein Datum zu nennen. Ein Besuch Frederiks läßt sich jedoch in dem infrage kommenden Zeitraum zwischen dem 20. Januar 1848 (Thronbesteigung Frederiks) und Mitte März 1848 nirgends belegen. Es ist also zweifelhaft, ob dieser Einzug in Flensburg überhaupt stattgefunden hat. In der zweiten Szene spielt Kühn auf die Flucht der Dänen aus Flensburg am 24. April 1848 an. Der 16. Bilderbogen hatte unter anderem bereits über dieses Ereignis berichtet. Die dritte Szene befaßt sich mit dem ›Gefecht bei Fridericia‹ Anfang 1848, das hier erstmalig in dieser Serie auftaucht. Nachdem General Wrangel die Grenze nach Jütland am 2. Mai 1848 überschritten hatte, wurde noch am gleichen Abend die Festung Fridericia kampflos besetzt, da sich die Dänen zuvor unter Mitnahme des gesamten Kriegsmaterials nach Fünen eingeschifft hatten. In den folgenden Tagen kam es zu mehreren gegenseitigen Bombardements, doch bevor aus der Besetzung Fridericias für die schleswig-holsteinische Sache Kapital geschlagen werden konnte, traf der Befehl Preußens ein, Jütland zu räumen. Am 25. Mai 1848 wurde der Rückmarsch angetreten. Ein Gefecht, wie es Kühn mit Bild und Text beschreibt, hat es also gar nicht gegeben. In der vierten Szene bezieht er sich auf das Gefecht bei Bau, wiederum ohne Datumsangabe. Während des gesamten Kriegsverlaufs läßt sich nur ein Gefecht bei Bau nachweisen, und zwar das für die Schleswig-Holsteiner unter Führung des Prinzen von Noer mit einer totalen Niederlage endende am 9. April 1848. In dieser Szene wird also die Niederlage nicht nur in ihr Gegenteil verkehrt, sondern auch der Hinweis auf den ›deutschen Soldaten‹ ist falsch, weil die Bundesarmee unter General von Wrangel erstmalig am 23. April 1848 bei der Schlacht um Schleswig ins Gefecht kam. Die fünfte und sechste Szene lassen sich keinem bestimmten Ereignis zuordnen, runden aber die Geschichte des Krieges des Jahres 1848 mit der Vertreibung der Dänen aus Schleswig-Holstein ab.

Der 48. Bilderbogen ist in mehrfacher Hinsicht einmalig in dieser Serie. Zuerst einmal fällt auf, daß es sich hier um einen echten Bänkelgesang – Prosa und Lied im Wechsel – handelt, wobei das Lied sich wieder an ›Schleswig-Holstein meerumschlungen‹ anlehnt. Als nächstes erstaunt, wie unbekümmert, ja verfälschend Kühn mit den tatsächlichen Begebenheiten des Krieges umgeht.

Zwar hat Kühn auch früher schon durch Weglassung bestimmter Fakten der ›Wahrheit‹ die für ihn richtige Wendung gegeben, aber nie Ereignisse derart wahrheitswidrig dargestellt. Weiterhin fällt die Diktion dieses Bogens völlig aus der üblichen Norm. Alle vorangegangenen und auch alle nachfolgenden Bogen sind in einer teils sachlich-nüchternen, teils väterlich-gutmütigen, manchmal auch spöttisch-bissigen Sprache verfaßt. Dagegen bedient sich der 48. Bogen einer derben, ja teilweise vulgären Ausdrucksweise: »Ein deutscher Soldat ist nicht so dämlich…«, »Nachdem die Dänen die Keile weg hatten…«. Die Bilder, von denen das erste, zweite und vierte verschiedenen Ausgaben der Illustrirten Zeitung entnommen sind, unterstützen zwar den Bänkelgesang, zeigen aber nicht die Tendenz, die der Text erreichen will: die dänische Armee der Lächerlichkeit und Verächtlichmachung preiszugeben und die Glorifizierung der preußischen und deutschen Soldaten. Es ist anzunehmen, daß der Bogen den Geschmack der Kundschaft, an die er sich wandte, voll getroffen hat.

Quellen:
Valentin: Geschichte der Dt. Rev., Bd. 2, 1930, S. 341 ff. – Blos: Die Dt. Rev., 1898, S. 513 f. – Liliencron: Up ewig ungedeelt, 1980, S. 252 – Baudissin: Geschichte des Schleswig-Holsteinischen Kriegs, 1862, S. 210 ff. – Illustrirte Zeitung, No. 251, vom 22. 4. 1848, S. 266, No. 256, vom 27. 5. 1848, S. 346, No. 257, vom 3. 6. 1848, S. 370.

Das 49. Bild: »*Schleswig-Holsteinische Infanterie rüstet sich zum Kampf mit den Dänen. – Schleswig-Holsteinische Kavallerie verfolgt den fliehenden Feind.*«

Nach der Einstimmung auf den kommenden deutsch-dänischen Waffengang durch die Rückschau auf vergangene Ruhmestaten mit dem 48. Bilderbogen, macht sich Kühn nun daran, seiner Klientel die teilnehmenden Truppen in Szenen der Aufmarschzeit vorzustellen. Doch wurde er während der Herausgabe von vier thematisch zusammenhängenden Bilderbogen von dem überragenden Sieg der Schleswig-Holsteiner über eine dänische Flottille im Hafen von Eckernförde am 5. April 1849 überholt, so daß er teils durch Beschriftung (49. unteres Bild: »*Schleswig-Holsteinische Kavallerie verfolgt den fliehenden Feind*«), teils durch Hinzufügung eines Datums (50. Bild, oben und unten: »*Der Einmarsch in Jütland, am 20sten April*«) oder durch aktualisierten Text (56. Bild) die Bogen auf den neuesten Stand brachte.

Das 49. Bild ist der schleswig-holsteinischen Armee gewidmet, die im März 1849 20000 Mann unter Waffen hatte. Den Oberbefehl führte der preußische General von Bonin. Litt die schleswig-holsteinische Armee im April 1848 Mangel an Führungskräften (die meisten Offiziere waren Dänen gewesen und entweder nach Dänemark geflohen oder in den Herzogtümern in Gefängnissen festgesetzt), an Uniformen (sofern vorhanden, waren sie den dänischen gleich und einfach umgefärbt worden – mit nur mäßigem Erfolg) und an ausreichend ausgebildeten Soldaten, so war es in den Monaten des Waffenstillstandes General von Bonin gelungen, ein Heer in Organisation, Uniformierung und Bewaffnung nach preußischem Muster aufzubauen.

Das obere Bild zeigt schleswig-holsteinische Infanteristen in einem Lager bei verschiedenen Tätigkeiten. Die neue, einheitliche Uniformierung wird in dem Artikel »*Die schleswig-holsteinische Armee*« in der Illustrirten Zeitung vom 16. Juni 1849 wie folgt beschrieben: »*Die Uniform besteht aus hellblauen Pantalons, … einem dunkelblauen Waffenrock mit niedrigem runden rothen Kragen, und weißen Achselklappen mit der rothen Bataillonsnummer auf denselben, grauen Tuchmänteln, und einer Pickelhaube nach preußischem Muster, vorn mit dem großen vergoldeten doppelten deutschen Reichsadler, in dessen Brustschild das schleswig-holsteinische Wappen angebracht ist.*« Und weiter führt der Artikel aus: »*Die Bewaffnung des schleswig-holsteinischen Fußsoldaten besteht in einem Percussionsgewehre mit Bajonnet, einem Seitengewehr an einer weißen Kuppel um den Leib, an welcher zugleich auch die Patronentasche getragen wird. Alles ist nach preußischem Muster gemacht, ja zum Theil darlehnsweise aus preußischen Zeughäusern entnommen worden.*«

Die untere Szene zeigt schleswig-holsteinische Dragoner bei einer Verfolgungsjagd. Dragoner gehören zur leichten Reiterei und sind an den rechtsseitig an der Satteldecke angebrachten Karabinern zu erkennen.

Die schleswig-holsteinische Division besaß eine Kavalleriebrigade von zwei Dragonerregimentern. Die Uniformen der Dragoner bestanden aus »*hellblauen Pantalons mit Leder besetzt, hellblauen Waffenröcken mit dunkelrothen Kragen und Aufschlägen, und weißen Achselklappen, Pickelhauben ganz von glänzendem Stahl, vorn mit dem goldenen Reichsadler als Schild, und weiten blauen Reitermänteln… Bewaffnung und Sattelzeug sind ganz die der preußischen Dragoner, wie auch die preußische Exerciervorschrift bei der schleswig-holsteinischen Reiterei eingeführt ist*« (Illustrirte Zeitung vom 16. Juni 1849).

Da die schleswig-holsteinischen Uniformen in Schnitt und Farbe den preußischen gleich waren – nur die Pickelhaube zeigte den Doppeladler mit dem Landeswappen –, waren sie Kühn selbstverständlich geläufig und so stimmen die bildlichen Darstellungen mit der Beschreibung in der Illustrirten Zeitung ziemlich genau überein, abgesehen von Feinheiten wie Farbgebung bei Kragen, Aufschlägen und Achselklappen. Nur in dem unteren Bild sind die in der Zeitung für Dragoner angegebenen hellblauen Röcke dunkelblau. Im oberen Bild läßt sich vorn rechts ein Trommler an den »Schwalbennestern« und dem geschulterten Lederriemen, in dem die Trommelstöcke stecken, gut erkennen. In beiden Bildern wird die deutsche Fahne gezeigt. Unter jedem Bild steht ein typisch Kühnscher Vierzeiler. Im oberen wird die Entschlossenheit, deutsch zu bleiben und den Dänen die Zähne zu zeigen, angesprochen, im unteren die Verfolgung der fliehenden Dänen.

Quelle:
Illustrirte Zeitung, No. 311, vom 16. Juni 1849, S. 371.

Das merkwürdige Jahr 1849. — Eine neue Bilderzeitung. 49tes Bild.

Schleswig-Holsteinsche Infanterie rüstet sich zum Kampf mit den Dänen.

Deutsch sind wir und wollen es bleiben,
Und dem Dänen uns nimmer verschreiben.

Wir haben tüchtige Zähne,
Komm' nur, Du trotziger Däne!

Original u. Eigenthum No 2177. Neu-Ruppin, zu haben bei Gustav Kühn.

Schleswig-Holsteinsche Kavallerie verfolgt den fliehenden Feind.

Der Däne flieht, die Jagd beginnt.
Frisch, Schleswig-Holstein, hinterdrein.

Die Fahnen flattern im Morgenwind:
Jetzt muß die Freiheit gewonnen sein.

Das 50. Bild: »*Die Königl. Hannoversche Infanterie und Artillerie ziehen zur Befreiung der Schleswig-Holsteiner, ihren deutschen Brüdern, in den Befreiungskampf gegen die Dänen.«* – *»Die Königl. Hannoversche Kavallerie zieht zur Befreiung der Schleswig-Holsteiner, ihren deutschen Brüdern, in den Befreiungskampf gegen die Dänen.«*

Der 50. Bilderbogen zeigt in beiden Bildern den Marsch der hannoverschen Truppen nach Schleswig-Holstein.

Das Königreich Hannover war seit dem Wiener Kongreß bis 1837 in Personalunion mit England verbunden. Bis zu diesem Zeitpunkt war England auch das Vorbild für die Organisation der Armee sowie für Schnitt und Farbe der Uniformen. Mit der Auflösung der Personalunion im Jahre 1837 wurde gleichzeitig die Armee neu geordnet, der rote Rock verschwand und die Uniformierung wurde nach preußischem Muster geändert. Die Uniformröcke waren nun dunkelblau, die Beinkleider grau, und die Pickelhauben der Garden trugen den Georgs-Stern, die der anderen Regimenter das springende weiße Roß.

Die auf den Bildern des 50. Bilderbogens gezeigte Uniformierung der verschiedenen Truppenteile ist von Kühn also recht genau wiedergegeben. Die Unterschriften: »*Die Königl. Hannoversche Infanterie und Artillerie*« und »*Die Königl. Hannoversche Kavallerie*« ziehen »*zur Befreiung der Schleswig-Holsteiner, ihren deutschen Brüdern, in den Befreiungskampf gegen die Dänen*« beweisen, daß dieser Bilderbogen bereits vor Beginn der Wiederaufnahme der Kriegshandlungen in Druck gegangen war. Der kleingedruckte Zusatz auf beiden Bildern: »*Der Einmarsch in Jütland, am 20sten April*« läßt vermuten, daß die Auslieferung dieses und wahrscheinlich auch des nachfolgenden Bogens zurückgestellt wurde, um den aktuellen Nachrichten vom Kriegsschauplatz den Vorrang zu geben. Um den Bogen aber nicht völlig aus dem Vertrieb zu ziehen, wurde er nach Beruhigung der ersten Aufregung und Freude über die unerwarteten Erfolge der Schleswig-Holsteiner in Eckernförde durch den Zusatz »*Einmarsch in Jütland*« umgewidmet und damit wieder auf den neuesten Stand gebracht.

Auch diese beiden Bilder werden durch kurze Gedichte ergänzt, die den Kampf ›wo die Ehre blüht‹ verherrlichen, und die dem Dänen danken, daß er zu ›Kampfeslust‹ ruft.

Quelle:
Knötel/Sieg: Handbuch der Uniformkunde, 1971, S. 115f. – Eckert/Monten: Das deutsche Bundesheer, 1981, Bd. IV, S. 10f.

Das merkwürdige Jahr 1849. — Eine neue Bilderzeitung. 50tes Bild.

Der Einmarsch in Jütland, am 20ten April.

Die Königl. Hannoversche Infanterie und Artillerie ziehen zur Befreiung der Schleswig-Holsteiner, ihren deutschen Brüdern, in den Befreiungskampf gegen die Dänen.

Die Fahnen weh'n, Kanonen donnern, Das Herz schwillt auf, Hinaus in's Feld,
Die Trommel tönt, Die Erde dröhnt: Die Wange glüht: Wo die Ehre blüht!

Der Einmarsch in Jütland am 20ten April.

Die Königl. Hannoversche Kavallerie zieht zur Befreiung der Schleswig-Holsteiner, ihren deutschen Brüdern, in den Befreiungskampf gegen die Dänen.

Vom alten Sassenstamme, Hab' Dank, Du trotz'ger Däne.
Sind wir ein ächtes Reis, Du ruf'st uns zu Kampfeslust;
Und unsere Sassenehre Wohlauf denn, Sassenherzen
Wir hüten mit allem Fleiß. Schlagen in unserer Brust.

Original u. Eigenthum No 2178. Neu Ruppin, zu haben bei Gustav K.

Das 51. Bild: »*Königl. Preuß. Infanterie und Artillerie im Lager zu Schleswig-Holstein. – Königl. Preuß. Cavallerie im Lager zu Schleswig-Holstein.*«

Das 51. Bild zeigt in zwei Darstellungen das Leben der preußischen Armee im Lager.

Im oberen Bild sehen wir links vorn eine Abteilung Infanteristen beim Vorbeimarsch, dahinter einen Offizier, der sich etwas vortragen läßt, einen weiteren bei der Befehlsausgabe sowie einen zu Pferde. Rechts im Hintergrund haben Infanteristen Paradeaufstellung mit der Bataillonsfahne genommen und vorn rechts steht ein Kanonier der Artillerie vor seinem Geschütz. Die Uniformierung der Fußartillerie glich der der Infanterie in Schnitt und Ausrüstung, nur hat die Pickelhaube statt der Spitze eine Kugel. Die Zelte sind mit schwarz-rot-goldenen Fahnen geschmückt.

Im unteren Bild wird links eine Abteilung Ulanen gezeigt, die dunkelblaue Uniformröcke mit roten Abzeichen und Vorstößen an Ärmel- und Rücknähten tragen. »*Statt der Schulterklappen besaßen die Ulanen Epauletten. Ihre Kopfbedeckung war eine Tschapka mit viereckigem Deckel ohne Beschlag, oben dunkelblau ausgeschlagen. Bei der Garde saß daran der Gardestern. ...Als Waffen führten sie die Lanze mit weiß-schwarzer Lanzenflagge, dazu Säbel und Pistole*« (Eckert/Monten). Im Hintergrund sind links zwei Kürassiere und rechts zwei Husaren, von denen der vordere zu einem der beiden Leibhusaren-Regimenter gehört, zu erkennen.

Alle Kürassiere trugen unter dem eisernen Küraß weiße Kolletts. Kragen und Aufschläge hatten die Farben der jeweiligen Regimenter. Sie waren mit dem schweren Kürassierdegen und einer Pistole bewaffnet.

Die Farben der Uniformen bei den Husaren wechselten stark von Regiment zu Regiment. Sie trugen den Dolman, eine kurze verschnürte Jacke, und am Tschako saß eine wollene Rose als Dekoration. Gardehusaren trugen am Tschako den Gardestern, die beiden Leibhusaren-Regimenter den Totenkopf.

Wieder ist eine verhältnismäßig große Übereinstimmung bei der Wiedergabe der Uniformen und der Bewaffnung auf Kühns Bildern mit den tatsächlichen Gegebenheiten festzustellen. So läßt sich bei dem der Abteilung voranreitenden Ulanen nicht nur der Gardestern an seiner Tschapka, sondern auch auf seiner Satteldecke erkennen. Die Farbgebung der Uniformen ist zum Teil ungenau, was aber auch mit der Schablonenkolorierung zusammenhängt. Die Bilder mußten schnell auf den Markt kommen und auf Feinheiten konnte keine Rücksicht genommen werden.

Daß Gustav Kühn Szenen des preußischen Lagerlebens herausbringt, ist ein weiteres Indiz dafür, daß auch dieser Bilderbogen bereits vor Beginn der Kampfhandlungen gedruckt worden war, denn sonst hätte er sicher die preußische Armee bei ruhmreichen Kriegstaten gezeigt.

Die erste Strophe des zum unteren Bild gehörenden Gedichtes ist die erste Strophe des Reiterliedes aus »*Wallensteins Lager*«, 11. Aufzug, von Friedrich von Schiller. In der zweiten Strophe sowie auch in den Versen des zum oberen Bild gehörenden Gedichtes versucht Kühn, die stilistischen Mittel von Schiller zu übernehmen – mit sehr geringem Erfolg.

Quellen:
Eckert/Monten: Das deutsche Bundesheer, 1981, Bd. I, S. 26 ff.

Das merkwürdige Jahr 1849. — Eine neue Bilderzeitung. 51tes Bild.

Königl. Preuß. Infanterie und Artillerie im Lager zu Schleswig-Holstein.

Auf, auf, für's deutsche Vaterland! / Wir ihn und uns ist Gott. / Ihm weihet euch mit Herz und Hand / Und hasset jeden fremden Tand / :,: Denn der bringt uns nur Spott :,:

Ja, Brüder, laßt uns Deutsche sein! / Und unsrer Väter werth! / Laßt wie den Tod den Trug und scheu'n, / Und fechten in den ersten Reih'n, / :,: Für Vaterland und Heerd! :,:

Wir ziehen muthig in das Feld, / Als freie Männer aus! / Es zieht mit uns die ganze Welt, / Und wer es mit der Tugend hält, / :,: Der zieht das Schwert heraus. :,:

Der zieht das Schwert, der färbt den Stahl / In seiner Feinde Blut, / Der mehret seiner Brüder Zahl, / Der tilget lange Schand' und Qual, / :,: Und waffnet sich mit Muth. :,:

Drum auf ihr Deutschen, Jung und Alt! / Wir zieh'n in heil'gen Krieg. / Ha, seht ihr, wie die Fahne wallt! / Ha, hört ihr, wie des Hüfthorn schallt! / :,: Und Gott giebt uns den Sieg. :,:

Königl. Preuß. Cavallerie im Lager zu Schleswig-Holstein.

Wohlauf, Kameraden, auf's Pferd, auf's Pferd! / In's Feld, in die Freiheit gezogen, / Da ist der Mann noch was werth, / Da wird das Herz noch gewogen; / Da tritt kein And'rer für ihn ein, / Auf sich selber steht er da ganz allein!

Drum frisch, Kameraden, den Rappen gezäumt, / Die Brust im Gefechte gelüftet! / Die Jugend brauset, das Leben schäumt, / Frisch auf! eh' der Geist uns verdüstet! / Und setzet ihr nicht das Leben ein, / Nie wird euch das Leben gewonnen sein!

Das 52. Bild: »Die Schlacht von Eckernförde, am 5. April 1849.«

Bei Wiederaufnahme der Feindseligkeiten versuchten die Dänen durch Entsendung ihrer Flotte vor die Küste Schleswig-Holsteins, größere deutsche Truppeneinheiten dort zu binden, um dann von Alsen und Jütland aus ihre gesamte Landmacht zum Angriff vorgehen zu lassen. Um zu verhindern, daß die schleswig-holsteinische Armee nach Norden zieht, sollte ein Teil der dänischen Flotte Eckernförde angreifen, Truppen dort landen und die Stadt besetzen. Den Auftrag zu diesem Unternehmen erhielt der Kommandeur Paludan, der am frühen Morgen des 5. April 1849 mit dem Linienschiff ›Christian VIII.‹, den Fregatten ›Gefion‹ und ›Galathea‹ und den Dampfschiffen ›Hekla‹ und ›Geiser‹ vor dem Hafen von Eckernförde erschien.

Die Bewohner Eckernfördes sahen dem bevorstehendem Kampf mit Sorge entgegen, war doch der Eingang zum engeren Hafen nur durch zwei Batterien mit insgesamt 10 Geschützen gesichert. Demgegenüber verfügten die dänischen Schiffe über insgesamt 180 Geschütze. Trotz dieses Ungleichgewichtes war das Glück – wie sich noch im Laufe des Tages zeigen sollte – auf Seiten der Schleswig-Holsteiner.

Der Kommandant gab schon zum Einsegeln in den Hafen nur zögernd Befehl, da der Wind auf die Bucht stand und ein eventueller Rückzug schwierig, wenn nicht gar unmöglich zu bewerkstelligen wäre. Nachdem ›Christian VIII.‹ und die ›Gefion‹ in den Hafen gesegelt waren, entspann sich alsbald ein heftiges Bombardement. Dabei wurden die beiden Dampfschiffe derart beschädigt, daß sie sich auf See in Sicherheit bringen mußten. Der aufböende Ostwind trieb die Segelschiffe weiter in die Bucht hinein und brachte die ›Gefion‹ in eine so unglückliche Stellung, daß sie von der Südbatterie aus voll unter Beschuß genommen werden konnte, selbst aber nicht mehr in der Lage war, ihre Geschütze einzusetzen. Das herbeigerufene Dampfschiff ›Geiser‹ sollte die ›Gefion‹ aus der Gefahrenzone ziehen, doch gelang es den Schleswig-Holsteinern, die bereits gespannte Trosse zu zerschießen. Die ›Geiser‹ zog sich wieder auf die offene See zurück und überließ die ›Gefion‹ ihrem Schicksal. Es war der ›Gefion‹ durch ihre Lage und vor allem durch die hohen Verluste bei der Mannschaft nicht mehr möglich, groß in den Kampf einzugreifen.

Der zweite und vernichtende Schlag für die Dänen war, daß ›Christian VIII.‹ durch den immer stärker werdenden Ostwind auf Grund geriet und damit manövrierunfähig war. Auch auf ›Christian VIII.‹ hatten die deutschen Geschütze große Schäden und hohe Verluste unter der Mannschaft verursacht, so daß der Kommandant Paludan gegen 13 Uhr die Parlamentärflagge aufziehen ließ. Obwohl er sich in einer aussichtslosen Position befand, verlangte er von den Schleswig-Holsteinern die Feuereinstellung. Sollten sie nicht zustimmen, würde er mit der Beschießung der Stadt beginnen. Er erhielt einen abschlägigen Bescheid, und nach einer Unterbrechung von rund vier Stunden begannen gegen 17 Uhr erneut die Feindseligkeiten.

Während der Feuerpause wurden die beiden Batterien der Schleswig-Holsteiner, die auch unter dem Beschuß stark gelitten hatten, wieder in Stand gesetzt. Außerdem wurden noch zwei Nassauer Geschütze aufgefahren, die die beiden Batterien beim Kampf unterstützen sollten. An der verzweifelten Lage der ›Gefion‹ hatte sich zwischenzeitlich nichts geändert, und auch ›Christian VIII.‹ gelang es nicht, aus eigener Kraft den Hafen zu verlassen. Der Kampf entbrannte wieder mit voller Kraft, doch mußte Paludan schließlich die Aussichtslosigkeit seiner Lage einsehen. Gegen 18 Uhr ergab er sich dem Gegner bedingungslos.

Dieser unerhörte Erfolg der Schleswig-Holsteiner, die mit nur 12 Geschützen eine Flotte von fünf stolzen Schiffen mit 180 Geschützen und 1154 Mann Besatzung besiegt hatten, verbreitete sich wie ein Lauffeuer in ganz Deutschland. Die Zeitungen beschäftigten sich tagelang mit diesem außergewöhnlichen Ereignis und die Deutschen erlebten so etwas wie Vaterlandsgefühl, eine Art Ersatzbefriedigung für bereits verlorengegangene Ideen aus dem Jahr 1848.

Den Militärs kam der von der Presse so sehr bejubelte Erfolg der Schleswig-Holsteiner allerdings weder überraschend noch unerwartet, mußte der innerste Trichter der Eckerförder Bucht bei den herrschenden Windverhältnissen den schwerfälligen Segelschiffen doch zur Falle und schließlich zum Verhängnis werden. Ihre Überlegenheit an Kanonen nützte ihnen gar nichts, denn ihre Kanonenkugeln konnten gegen die hinter Erdwällen stehenden Batterien kaum etwas ausrichten, während die Kugeln der Schleswig-Holsteiner aufgrund der geringen Gefechtsentfernung leicht ihr Ziel fanden.

Gustav Kühn ließ sich von der allgemeinen Begeisterungswelle mitreißen und brachte sofort nach Erscheinen der ersten Zeitungsberichte zwei Bilderbogen auf den Markt. Mehrere Tatsachen weisen auf eine tatsächlich umgehende Herausgabe dieser Bogen hin: 1. er verwendet für beide Bogen einen Artikel aus der Spenerschen Zeitung vom 8. April 1849, den er in ungeänderter Form

»Angriff der Preußen auf die Düppeler Schanzen am 5. Juni.« Holzstich, Illustrirte Zeitung No. 266 vom 5. Aug. 1848

»Angriff der Preußen auf die Düppeler Schanzen am 5. Juni 1848.« Oehmigke & Riemschneider No. 1366

übernimmt; 2. er greift für das 52. Bild auf eine Veröffentlichung in der Illustrirten Zeitung vom 5. August 1848 mit der Unterschrift ›Angriff der Preußen auf die Düppeler Schanzen am 5. Juni‹ zurück, eventuell auch auf einen Bilderbogen von Oehmigke & Riemschneider zum gleichen Thema. Dabei verändert er nur leicht die Reitergruppe im Vordergrund und deren Uniformen; 3. er bringt einen weiteren Bilderbogen (57. Bild) über den Untergang der ›Christian VIII.‹ Wochen später heraus und übernimmt dabei die bildliche Darstellung aus der Illustrirten Zeitung vom 21. April 1849.

Die zentrale Figur der Reitergruppe soll der im Text angesprochene Herzog von Sachsen-Coburg-Gotha sein, der in einer preußischen Kürassieruniform mit rotem Ordensband einem Ulanenoffizier einen Befehl erteilt. Herzog Ernst war ein populärer Mann, dessen deutsche Gesinnung allgemein bekannt war. Er hatte der Frankfurter Reichsregierung seine Dienste für den Krieg gegen Dänemark angeboten, erhielt aber von dieser, die ihm wegen seiner freiheitlichen Einstellung nicht recht traute, nur ein untergeordnetes Kommando in der Hoffnung, daß er dieses ablehnen würde. Der Herzog nahm aber an und befehligte die Reservebrigade, die Kiel und Eckernförde vor Angriffen der dänischen Marine schützen sollte. Allerdings läßt sich die Anwesenheit des Herzogs während des Kampfes nicht nachweisen. Das von Paludan um 12.30 Uhr an die ›Oberste Civil- und Militärbehörde‹ gerichtete Schreiben wurde, da der Herzog nicht auffindbar war, dem Hauptmann Jungmann übergeben, der in der Nordbatterie das Kommando führte.

Dem ab jetzt häufig als ›Zeitungs-Nachricht‹ gekennzeichneten Text setzt Kühn einen Kurzbericht in einfachen, belehrenden Worten voran, der wiederum sehr an die Art der Bänkelgesänge erinnert.

Quellen:
Liliencron: Up ewig ungedeelt, 1980, S. 252 ff. – Illustrirte Zeitung, No. 266, vom 5. 8. 1848, S. 206, No. 304, vom 28. 4. 1849, S. 259 ff. – Valentin: Geschichte der Dt. Rev., Bd. 2, 1930, S. 343 f., – Spenersche Zeitung, No. 83, vom 8. 4. 1849.

Abb. in:
Festschrift Heinz Spielmann, 1990.

Das 53. Bild: *»Die Schlacht von Eckernförde, am 5. April 1849.«*

Gegen 13 Uhr hatte der dänische Kommandeur Paludan den Verteidigern Eckernfördes die Einstellung der Feindseligkeiten unter der Bedingung vorgeschlagen, daß die dänischen Schiffe den Hafen frei verlassen könnten. Sollte dieser Vorschlag nicht angenommen werden, würde die Stadt Eckernförde in Brand geschossen. Der anmaßende Ton dieses Schreibens, mehr noch die verzweifelte Lage der dänischen Schiffe veranlaßten die verantwortlichen Militärs auf deutscher Seite zu einer ablehnenden Antwort.

Gegen 17 Uhr wurden die Feindseligkeiten wieder aufgenommen. Nach kurzem Bombardement mußte die ›Gefion‹ aufgegeben werden, und Paludan versuchte, wenigstens ›Christian VIII.‹ zu retten und auf die offene See zu entkommen. Schon waren die Segel gesetzt und das große Schiff bekam Fahrt, da griffen zum ersten Mal die Nassauer Geschütze ein und zerschossen Segel und Steuer, so daß das große Schiff manövrierunfähig wurde. Da das Schiff auch noch in Brand geriet, mußte Paludan die dänische Niederlage einsehen, und er ergab sich bedingungslos seinen Gegnern. Um 19 Uhr verließ er sein Schiff.

Sobald sich die Nachricht von diesem großartigen Sieg in der Umgebung verbreitet hatte, fand sich eine große, jubelnde Menschenmenge an der Bucht ein, um die Ausschiffung der Mannschaft von der brennenden ›Christian VIII.‹ zu beobachten.

Auf der ›Christian VIII.‹ wütete inzwischen das Feuer mit solcher Macht, daß ein Übergreifen auf die Pulverkammer und damit die Explosion des Schiffes nicht mehr ausgeschlossen werden konnte. Eine fieberhafte Rettungsaktion setzte ein, um die an Bord befindlichen Soldaten an Land zu holen. Gerade noch Feinde, setzten die Deutschen alles daran, die Dänen aus ihrer verzweifelten Lage zu retten. Es gelang, den Großteil der Mannschaft (insgesamt 1025 Mann) vom Schiff zu holen, als sich plötzlich zwei Geschütze entluden und damit die Pulverkammer zur Explosion brachten. Die Explosion war so verheerend, daß sie vom ›Christian VIII.‹ nur den kahlen Rumpf übrigließ, und etwa zweihundert Dänen, die sich noch auf dem Schiff befanden, in den Tod gerissen wurden.

Also nicht nur den großartigen Sieg über die dänische Flotte, sondern auch die Vernichtung des stolzesten dänischen Linienschiffes bejubelte ganz Deutschland. Gustav Kühn zeigt auf seinem 53. Bild den Moment der Explosion der ›Christian VIII.‹ Zweifelsohne stammt die Vorlage zu diesem Bild von einer Briefkopf-Lithographie aus der Lithographischen Anstalt von D. M. Kanning in Hamburg. Allerdings verlegt Kühn das Geschehen aus der Abenddämmerung zurück ins Tageslicht und zeigt die in der Kanningschen Lithographie nur angedeuteten, durch die Explosion in die Luft geschleuderten Soldaten in schauriger Genauigkeit. Im Text erklärt Kühn seinen Kunden in einfachen Worten den Fortgang des Kampfes nach Wiederaufnahme der Feindseligkeiten, den Sieg und die darauffolgende Explosion der ›Christian VIII.‹ Seiner Beschreibung folgt die Zeitungs-Nachricht gleichen Inhalts, der zweite Teil des Artikels der Spenerschen Zeitung vom 8. April 1849.

Quellen:
Liliencron: Up ewig ungedeelt, 1980, S. 266 ff. – Spenersche Zeitung, No. 83, vom 8. 4. 1849 – Zubek: Das merkwürdige Jahr 1849, 1990.

Abb. in:
Bilderbogen, Katalog Badisches Landesmuseum, Kat. Nr. 202, S. 33. – Festschrift Heinz Spielmann, 1990.

»Vernichtung des Linienschiffes Christian VIII und Gefangennahme der Fregatte Gefion im Hafen zu Eckernförde am 5ten April 1849.« D.M. Kanning, Hamburg (Schleswig-Holsteinisches Landesmuseum, Schleswig)

Das merkwürdige Jahr 1849. — Eine neue Bilderzeitung. 53stes Bild.

Die Schlacht von Eckernförde, am 5. April 1849.
Fisch oder Dogge, wer siegt?

Die beiden Schiffe da oben sind dänische Schiffe. Das eine, das eben mit Mann und Maus in die Luft fliegt, ist Christian VIII., ein Linienschiff von 84 Kanonen, und das daneben, die schmucke Fregatte Gefion, von 64 Kanonen, hatten die Dänen geglaubt, der Hund könne dem Fisch nichts anhaben, und gar dreist den Waffenstillstand aufgesagt, und kamen nun mit den beiden großen Schiffen und noch ein Paar Dampfschiffen, die aber schon Reißaus genommen haben, in die Bucht von Eckernförde hinein; hatten's auf die brave Stadt Eckernförde abgesehen. Die aber hatten ein Paar gute Batterien am Eingang zur Bucht stehen, und da geschah es denn, daß die Dampfschiffe, wie sie ein Paar Kugeln gekostet, das Weite suchten, der Gefion aber ihr Steuerruder weggeschossen wurde, der Christian VIII endlich auf den Sand gerieth, und nicht wieder aus der Falle heraus konnte. Da ging's nun an ein Feuern, daß die Erde bebie, bis endlich das stolze Linienschiff in Brand geschossen wurde, und sich sammt der schmucken Fregatte ergeben mußte. Da seht ihr auf dem Bilde, wie noch die Boote hin und her fahren, die Dänen an's Land zu bringen; es waren aber noch an 200 Mann oben, und der brave Oberfeuerwerker Preußer, der den Meisterschuß gethan, auch mit, da ergriff das Feuer die Pulverkammer, und das Schiff ging in die Luft. — Auf der Gefion weht jetzt schon die deutsche Flagge, und wird's allen guten Deutschen ein glückliches Zeichen sein, daß unsere erste Fregatte eine eroberte ist. Das ist die Geschichte, wie Hund und Fisch Krieg mit einander führen.

(Zeitungs-Nachricht.) Gegen Mitternacht. Der Sieg ist unser! Ich schreibe Ihnen mitten in der Nacht. So eben kommen Reitende und Fahrende zurück von dem Strande der Eckernförder Bucht. Um acht Uhr Abends haben das Linienschiff Christian VIII. und die Fregatte Gefion, mit 148 Kanonen, die Flagge vor zwei Strandbatterien von 4 Kanonen gestrichen! Der Jubel ist ungeheuer. Die ganze Besatzung beider Schiffe ist kriegsgefangen! Der Commodore Paludan ist bereits auf dem Wege nach Rendsburg, mit ihm ungefähr tausend Mann Matrosen. Aber leider haben wir wenigstens das Linienschiff nicht. In dem Augenblick, wo die Besatzung es verließ, brach Feuer an Bord aus und eine Viertelstunde nachher flog das ganze Schiff in die Luft! O hätten wir es lebendig gefangen! Die ganze Einwohnerschaft sieht am Strande und betrachtet das Schauspiel; sie nehmen Stücke des gesprengten Schiffes mit. Auch auf der Gefion soll Feuer sein; doch weiß man es nicht bestimmt. Der Herzog hat wahrlich seine Sporen herrlich verdient! Die schleswig-holsteinischen Batterien waren nur von zwei Feuerwerkern bedient. Alles jubelt! Welch ein Sieg über den Feind, den wir zu Lande noch immer nicht besiegt haben! Die Deputation unsrer Landesversammlung, die Sr. Majestät den Gruß und Glückwunsch unsers Landes zu Seiner Kaiserwahl überbringt, ist bereits in Ihren Mauern; eine schöne Brigade zu ihrer Sendung! Und dazu kommt, daß wir nur Einen Todten, drei oder vier Verwundete, und kein einziges Gesicht verloren haben! Welche Präliminarien zum ewigen Frieden zwischen uns und Dänemark! Der moralische Eindruck wird ganz ungeheuer sein. Erwarten Sie einen Frieden auf den Spitzen unserer Bajonette; jetzt muß die Armee zu Lande das übrige thun, und sie wird es thun. Es wird ein reiches Osterfest! — Auf dem „Christian", als er in die Luft flog, haben sich noch 200 Dänen befunden, und einer der beiden tapfern Unteroffiziere, welche die Strand-Batterien commandirt hatten, ein Preuße, der an Bord des Schiffs gegangen war, um die Debarkirung zu beschleunigen.

Original u. Eigenthum. No. 2181.

Neu-Ruppin, zu haben bei Gustav Kühn.

Das 54. Bild: »Die Schlacht von Düppel, am 13. April 1849.«

Daß besonders während der Apriltage des Jahres 1849 für Gustav Kühn – und mit ihm für viele Deutsche – der Eifer und die Begeisterung für den schleswig-holsteinischen Freiheitskampf wieder auflebten, beweist die Fülle der sich mit diesen Ereignissen befassenden Bogen (allein neun Bogen mit Schlachten und Siegen aus dem Monat April) sowie die Nichteinhaltung der chronologischen Reihenfolge aufgrund der sich überstürzenden Nachrichten.

Während der Zeit des Waffenstillstandes hatten die Dänen Befestigungen auf den Düppeler Höhen angelegt. Diese lagen der Insel Alsen gegenüber und waren daher für beide Seiten von außergewöhnlich hohem strategischen Wert: wer im Besitz der Schanzen war, hatte den ungehinderten Übergang zur Insel Alsen. Es konnte somit nicht ausbleiben, daß es zum Kampf um die Düppeler Schanzen kam.

Am frühen Morgen des 13. April 1849 griff das bayerische Kontingent der Bundestruppen unter dem Befehl des Majors von der Tann die Düppeler Schanzen an. Der Angriff kam für die Dänen so unerwartet und mit einer solchen Heftigkeit, daß ihnen nur der schleunige Rückzug blieb. Die in Brand geschossene Mühle beleuchtete die nächtliche Aktion. Gegen Morgengrauen schienen die Dänen aus den Schanzen gänzlich vertrieben und die Bayern im vollständigen Besitz derselben. Doch war diese Stellung den Dänen zu wichtig, um nicht sofort die Rückeroberung zu versuchen. Gegen 10 Uhr griffen sie nun ihrerseits die Schanzen an. Doch die Bayern und die zu Hilfe geeilten Sachsen drängten die Dänen ungestüm bis zum Ufer des Alsensunds zurück. Erst die Geschütze von Sonderburg und von den dänischen Kriegsschiffen im Sund machten den Deutschen ein weiteres Vordringen unmöglich.

Es war ein glänzender Erfolg der Bayern und Sachsen, der aber nicht in einen wirklichen Sieg über die Dänen umgemünzt wurde. In dieser Situation wäre es dem preußischen General von Prittwitz ein leichtes gewesen, den Dänen einen vernichtenden Schlag zu versetzen. Doch von Prittwitz ließ den Kampf völlig unerwartet gegen Mittag abbrechen.

Es ist viel über diese Entscheidung des Generals gerätselt worden. Aber von Prittwitz war in keiner beneidenswerten Position: als Befehlshaber der Bundestruppen sollte er den Feind im Kampf stellen und möglichst besiegen, als preußischer General aber mußte er Rücksicht auf die Politik Preußens nehmen, und die wollte keine glänzenden Siege über die Dänen, die eine Konfrontation mit den Russen nach sich gezogen hätten. So blieb der Erstürmung der Düppeler Schanzen, die die Wende im schleswig-holsteinischen Krieg hätte werden können, nur ein kurzer Erfolg beschieden.

Diese Problematik sah Gustav Kühn nicht. Für ihn zählte nur der augenblickliche Erfolg, und der wurde umgehend publiziert. Er schildert die Ausgangslage und den Verlauf des 13. April zutreffend und setzt einen Zeitungsartikel dazu, der so in der Spenerschen Zeitung und in der Vossischen Zeitung vom 18. April 1849 erschienen war. Die Uniformierung auf der bildlichen Darstellung ist allerdings nicht ganz korrekt: die an dem Kampf beteiligte bayerische Artillerie trug zwar auch dunkelblaue Uniformen, jedoch als Kopfbedeckung die für Bayern typischen Raupenhelme. Auch die sächsische Artillerie trug nach bayerischem Muster Raupenhelme sowie grüne Röcke mit roten Abzeichen. Kühn hingegen weist die Reiter rechts als schleswig-holsteinische berittene Artillerie aus, erkennbar an dem Doppeladler sowie der kleinen Kugel auf der Pickelhaube und an den preußisch-blauen Uniformröcken. Auch die Uniformierung der Fußartillerie mit ihren Tschakos links im Bild geht auf preußisches Vorbild zurück. Im Hintergrund stehen sich Dänen in rot-weißen Uniformen und preußisch-blau Uniformierte im Kampf gegenüber.

Aufgrund der klaren Anweisungen, die General von Prittwitz von Preußen erhalten hatte, griffen aber preußische Truppen in die Kämpfe mit den Dänen während der gesamten Auseinandersetzungen nicht ein einziges Mal ein. Gustav Kühn nennt zwar meist auf seinen Bilderbögen die beteiligten Bundestruppen, aber in der bildlichen Darstellung nimmt er es nicht mehr so genau. So kann bei der Betrachtung des 54. Bildes der Eindruck entstehen, als ob auch preußische Truppen am Kampfe teilgenommen hätten.

Quellen:
Liliencron: Up ewig ungedeelt, 1980, S. 280 ff. –
Vossische Zeitung, No. 90, vom 18. 4. 1849 –
Spenersche Zeitung Nr. 90, vom 18. 4. 1849 –
Eckert/Monten, Das deutsche Bundesheer, 1981, Bd. II, S. 12, Bd. VI, S. 11.

Gefechte bei Hadersleben und Düppel, kolorierte Lithographie, Chr. Steen & Söhne, Kopenhagen, Nr. XXXV (Druck von Gustav Kühn, Neuruppin)

Das merkwürdige Jahr 1849. — Eine neue Bilderzeitung. 54tes Bild.

Die Schlacht von Düppel, am 13. April 1849.

Die Windmühle da links auf dem Berge ist die Mühle von Düppel. Da ist am 13. April eine heiße Schlacht geschehen. Denn da hatten die Dänen von der Insel Alsen aus starke Verschanzungen gemacht, und plagten und plackten nun die armen Schleswiger, die auf der Halbinsel Sundewitt wohnen, daß sie keinen Augenblick ihres Lebens sicher waren. Da beschlossen nun die Deutschen, den Dänen in ihrem Fuchsbau einen Besuch zu machen, und hier sehen wir nun, wie Baiern und Sachsen dem Feind auf den Leib rücken. Der Kampf hat lange gedauert, und hat beiden Theilen viel Blut gekostet; endlich aber sind die Schanzen im Sturm erobert, und die Dänen über ihre Schiffbrücke nach Alsen hinübergejagt. Dabei ist denn auch die Mühle dort oben von welcher der Müller den Dänen über die Bewegung der Deutschen Zeichen gab, eine Beute der Flammen geworden.

(Auszug aus den Berichten des General-Majors Wyneken in der Hann. Ztg.) Morgens 9 Uhr. Der Oberbefehlshaber der Armee hatte auf heute Morgen früh eine Recognoscirung gegen die stark verschanzten Düppeler Höhen befohlen. Es sollte damit der Versuch verbunden werden, diese Stellung durch Ueberraschung des Feindes zu nehmen. Zu dem Ende sollte die königl. bayerische Brigade auf der südlichen auf Sonderburg führenden Straße vor Tagesanbruch gegen die Höhen vorgehen. Die königl. sächsische Brigade sollte den Angriff auf der nördlichen Straße unterstützen und die königl. hannoverschen Truppen sollten als Reserve in Bereitschaft sein. Der Befehl ward pünktlich ausgeführt, und das Unternehmen gelang vollkommen. Die Bayern waren halb 2 Uhr Morgens von Düppel angebrochen. Sie überraschten die dänischen Schildwachen, rannten sie mit dem Bajonett nieder und setzten sich, ohne nambaften Widerstand zu finden, in den Besitz der südlichen Verschanzungen. Erst jenseits der Höhen stießen sie auf größere Infanterie-Abtheilungen, welche wieder aus dem Brückenkopf debouchirt war, angriffen, eröffneten sich gemäß, etwas später vor. Als sie feindliche Infanterie, welche wieder aus dem Brückenkopf debouchirt war, angriffen, eröffneten etwa um halb 5 Uhr — die alsener Strandbatterien ein sehr heftiges Kanonenfeuer, an welchem später auch einige Kanonenboote Theil nahmen. Die bayerische und sächsische Artillerie fuhr dagegen auf. Ungeachtet des heftigen Geschützfeuers rückte die sächsische Infanterie muthig vor und trieb die Dänen, welche verschiedentlich wieder vorzudringen versuchten, fortwährend zurück. Um 6 Uhr waren die verschanzten Höhen vollständig in dem Besitze der deutschen Truppen und die Dänen lediglich auf den Brückenkopf beschränkt. Auf diese Weise haben die Dänen eine durch ihre Lage und Stärke ungemein wichtige Stellung verloren, welche sie mit großer Anstrengung und vielem Zeitaufwand verschanzt hatten. Von der hannoverschen Brigade waren nur die ersten Bataillone des 2. und 3. Regiments und die 3. Fuß-Batterie, ohne an dem Gefechte Theil zu nehmen, als Reserve bei Oster-Snakel um 11 Uhr derup ausgerückt.

Die Dänen versuchten sich wieder in den Besitz der am Morgen durch Ueberfall verlorenen Höhen von Düppel zu setzen. Sie debouchirten mit bedeutenden Truppenmassen aus dem Brückenkopfe vor Sonderburg, etwa um 10 Uhr Morgens. Es entspann sich nun ein lebhaftes Gefecht, an welchem unserer Seits die Bayern und Sachsen Theil nahmen. Das Gefecht dauerte mit abwechselndem Erfolge bis nach 1 Uhr, und endete mit dem vollständigen Rückzuge der Dänen und mit der Behauptung der Düppeler Höhen durch die deutschen Truppen. Auf den Düppeler Höhen steht jetzt eine starke Avantgarde, wozu auch zwei hannoversche Bataillone commandirt sind. Die Stellung wird auf unserer Seite befestigt. Am 14. war bis Abends 7 Uhr nichts weiter vorgefallen.

Neu-Ruppin, zu haben bei Gust.

Das 55. Bild: »*Gefecht der Schleswig-Holsteinischen Truppen mit den Dänen, zwischen Atzbüll und Gravenstein, am 3. April 1849.*«

Bei Aller, jenseits Hadersleben, und bei Atzbüll im Sundewittschen trafen das dänische und das deutsche Heer zum ersten Mal nach der Aufhebung des Waffenstillstandes vom 26. März 1849 wieder aufeinander. Der dänische Plan sah vor, daß sich die von Alsen her vordringenden Truppen mit den von Jütland kommenden bei Apenrade vereinigen sollten. Um die schleswig-holsteinischen Truppen zu binden, sollte Eckernförde von See her angegriffen werden.

In der Nacht vom 2. auf den 3. April besetzten schleswig-holsteinische Truppen die Batterie bei Eckernsund. Am Morgen des 3. April mußten sie aber der Übermacht der Dänen weichen, die mit 6000 Mann von Alsen übergesetzt waren und die außerdem von See her durch eine Fregatte unterstützt wurden. Bei Apenrade kamen die Schleswig-Holsteiner zum Stehen und formierten sich zum Angriff. Doch die Dänen nahmen den Kampf nicht an, sondern zogen sich unter beträchtlichen Verlusten durch die sie verfolgenden schleswig-holsteinischen Truppen wieder nach Alsen zurück.

Dieses erste Aufeinandertreffen der dänischen und deutschen Truppen ist das Thema von Kühns 55. Bilderbogen, der sicherlich vor den Eckernförder Ereignissen geplant war, aber durch den großartigen Sieg dort erst später in Druck ging. Um die Aktualität wieder herzustellen, fügte Kühn seiner Beschreibung der Vorgänge am 3. April im Sundewitt dem Schlußsatz, daß die Dänen bis zu den Düppeler Schanzen zurückgejagt wurden, die Bemerkung hinzu, daß diese »*ihnen nunmehr auch schon abgenommen sind*«. Es folgt die üblich gewordene Zeitungsnachricht, die wiederum der Spenerschen Zeitung vom 6. April 1849 entnommen ist.

Kühn ergänzt seine kurze Beschreibung dieser ersten Kampfberührung zwischen Dänen und Schleswig-Holsteinern durch ein bis in alle Details genaues Bild. Da sieht man vorne links eine Abteilung schleswig-holsteinischer Infanterie auf den Ort der Kampfeshandlung zu marschieren, während rechts einige berittene Offiziere Befehle erteilen und empfangen. Im Hintergrund bekämpfen Schleswig-Holsteiner die am Ufer des Sunds stehenden Dänen. Draußen auf See liegt die im Text erwähnte dänische Fregatte. Text und Bild ergeben somit ein anschauliches Ganzes.

Das Bild ist eine ziemlich genaue Kopie einer Lithographie mit gleichem Titel des Lithographischen Institutes von D. M. Kanning in Hamburg. Die Reitergruppe rechts im Vordergrund weist eine auffällige Ähnlichkeit zu der auf dem 52. Bild dargestellten auf.

Quellen:
Liliencron: Up ewig ungedeelt, 1980, S. 252 ff. – Illustrirte Zeitung, No. 304, vom 28.4.1849, S. 259 f. – Spenersche Zeitung, No 82, vom 6.4.1849.

Abb. in:
Festschrift Heinz Spielmann, 1990.

»Gefecht der Schleswig-Holst. Truppen mit den Dänen zwischen Atzbüll u. Grafenstein am 3ten April 1849.« D. M. Kanning, Hamburg (Altonaer Museum)

Das merkwürdige Jahr 1849. — Eine neue Bilderzeitung. 55stes Bild.

Gefecht der Schleswig-Holsteinschen Truppen mit den Dänen zwischen Atzbüll und Gravenstein, am 3. April 1849.

Dort auf dem Bilde ist zu sehen, wie die Dänen zum ersten Male mit den Schleswig-Holsteinern handgemein werden. Von Alsen her waren die Dänen herübergekommen, und warfen sich mit aller Macht, es sollen an 6000 Mann gewesen sein, auf die Paar deutschen Bataillone. Zu gleicher Zeit kam die Fregatte dort oben, und noch ein Paar Kriegsschiffe, und beschossen die schleswigschen Batterieen vom Meer aus. Da mußten freilich die Batterieen bei Eggensund geräumt werden, und die braven Schleswiger zurückgehen; aber bald wurden diese verstärkt, drangen muthig wieder vor, und jagten die Dänen bis in die Düppeler Schanzen zurück, die ihnen nunmehr auch schon abgenommen sind.

(Zeitungs-Nachricht.) Die Feindseligkeiten sind heute Vormittag von den Dänen eröffnet, nachdem in der verflossenen Nacht um 12 Uhr die Batterie bei Eggensund durch die halbe Zwölfpfünder-Batterie Belitz und die Vorpostenstellung zwischen Kübel und Atzbüll von dem 3. Jägercorps (Stückrath) und dem 2. Linien-Bataillon (Willmann) besetzt war, drangen Vormittags um bald 11 Uhr die Dänen in starken Massen gegen die deutschen Vorposten vor und wurden zu dieser Zeit die ersten Schüsse gewechselt. Nach einem anderthalbstündigen Tirailleurfeuer, welches zu Zeiten sehr lebhaft wurde, eröffnete eine schleswig-holsteinische Sechspfünder-Batterie ihr Feuer gegen die jenseits Atzbüll stark vordringenden Dänen — ihre Stärke, soweit sie im Gefecht gewesen, wird auf über 6000 Mann angegeben — und wurde dies von der dänischen Artillerie erwiedert. Gleichzeitig beschoß die halbe Batterie Belitz die bei Eggensund hervorkommenden Dänen; sie mußte jedoch vor dem Feuer einer dänischen Fregatte, die sich dem südlichen Ende des langgedehnten Dorfes Rinkenis gegenüber legte, die Verschanzung bei Eggensund räumen, setzte indeß bis 2 Uhr ihr Feuer von einer höher gelegenen Koppel gegen 4 Kanonenböte fort. Mittlerweile hatte die durch 1. Bataillon (Basmer) verstärkte Avantgarde sich langsam fechtend der im voraus getroffenen Disposition gemäß durch Gravenstein nach Hockerup auf Colonnenwegen zurückgezogen, woselbst sie sich mit dem 5. Infanterie-Bataillon vereinigte, und verließ hierauf, nachdem das 8. Bataillon Stellung bei Rinkenis genommen, auch die halbe Batterie Belitz ihre obige Stellung, da sie ihr Aufgabe, die Bewegung der Avantgarde gegen die Wasserseite zu decken, vollständig erfüllt hatte. Die Truppen bivouakiren bei Hockerup. — Der Theil unserer jungen Armee, welcher heute dem Landestheile gegenüber gestanden, hat den größten Erwartungen entsprochen, hat für den Fall eines überlegenen feindlichen Angriffs getroffenen Dispositionen sind in bester Ordnung und Ruhe zur Ausführung gebracht, unser Referent verließ die Unsrigen „Schleswig-Holstein" singend und voll freudigen Muths im Bivouac bei Hockerup. Das präcise und ruhige Schießen der Batterie Belitz wird namentlich gerühmt. Ein Musketier wird vermißt, verwundet sollen 5 bis 7 sein. Vor 2 Uhr wurde das Gefecht abgebrochen, und wird es heute Nachmittag wohl nicht wieder zu einem ernsten Zusammentreffen gekommen sein.

Original u. Eigenthum No. 2184.

Neu-Ruppin, zu haben bei Gustav Kühn.

Das 56. Bild: »*Die tapfern Schleswig-Holsteinschen Jäger. – Schleswig-Holst. Artillerie auf den Höhen bei Kolding.*«

Die aus Schleswig-Holstein eintreffenden Nachrichten müssen Gustav Kühn so unter Druck gesetzt haben, daß er den vierten Bilderbogen mit Darstellungen einzelner Truppenteile, der thematisch zu den Bilderbogen Nr. 49, 50 und 51 gehört, erst auf den Markt brachte, nachdem er durch Zwischenschiebung anderer Bogen wieder den aktuellen Tagesstand erreicht hatte. Aber auch dieser Bogen, der eigentlich als Anschauungsbogen gedacht war, wurde durch Zufügung von Titeln und kurzen Gedichten aktualisiert.

Kühn hatte wohl kaum mit einem so schnellen Wiederaufflammen der Kriegshandlungen nach Beendigung des Waffenstillstandes gerechnet, und für die Zeit bis zu den ersten Kämpfen eine Reihe von Anschauungsbogen geplant, auf denen er die einzelnen Truppenkontingente der Bundesarmee seiner Kundschaft vorstellen wollte. Besonderes Augenmerk dürfte er dabei auf die schleswig-holsteinische Truppe gerichtet haben, die ihre Uniformierung während des Waffenstillstandes nach preußischem Muster geändert hatte. Stellte er auf seinem 49. Bogen die schleswig-holsteinische Infanterie und Kavallerie vor, so zeigt er auf seinem 56. Bild schleswig-holsteinische Jäger und Soldaten der Artillerie. Daß Kühn noch weitere Bögen einzelner Truppengattungen der beteiligten Bundesländer plante, ist anzunehmen, doch nicht nachweisbar.

Die Illustrierte Zeitung vom 16. Juni 1849 beschreibt die Uniformierung der schleswig-holsteinischen Jäger wie folgt: »*Die Jäger führen eine gezogene Kugelbüchse, einen geraden Hirschfänger, der auch als Bajonnet aufgesteckt werden kann, an einer schwarzen Kuppel um den Leib, und tragen einen großen Waffenrock mit rothen Kragen, ganz wie die preußischen Jäger. Auf dem Kopf haben sie ein Käppi, vorn und im Nacken mit tief heruntergehendem Schirme, oben mit einem herunterhängenden schwarzen Roßschweif verziert, und einem glänzenden Doppeladler vorn als Schild.*« Da die Uniformierung ganz mit der preußischen – bis auf den Doppeladler auf dem Tschako – übereinstimmte, dürfte Kühn die auf dem Bild festzustellende detailgetreue Wiedergabe der schleswig-holsteinischen Jäger nicht schwergefallen sein. Die Soldaten der schleswig-holsteinischen Artillerie waren wie die Infanteristen nach preußischem Vorbild uniformiert: hellblaue Hosen, dunkelblaue Röcke, graue Tuchmäntel und Pickelhaube mit Doppeladler, jedoch anstelle der Spitze eine kleine Kanonenkugel. Gewehre und Patronentasche wurden von ihnen nicht getragen. Auch auf dem unteren Bild ist eine akkurate Wiedergabe des gezeigten Truppenteils zu bemerken.

Dieser Bogen war sicherlich ebenso wie die drei thematisch zugehörigen Bilderbogen bereits vor Ausbruch des Kampfes gedruckt, sonst hätte Kühn wohl kaum ein so statisches Bild zur ›Erstürmung der Festung Kolding‹ herausgebracht. Die augenscheinlich später zugesetzten Titel: »*Die tapfern Schleswig-Holsteinschen Jäger, die im Sturm am 23. April die Festung Kolding nahmen*« und »*Schleswig-Holst. Artillerie auf den Höhen bei Kolding*« haben mit den bildlichen Darstellungen wenig zu tun, bringen aber dadurch den Bogen auf den aktuellen Stand. Sicher ist aber auch Gustav Kühn der Nachrichtenwert seiner Gedichte etwas sehr dürftig vorgekommen und so schiebt er einen weiteren Bogen, den 59., mit einer ausführlichen Schilderung der Ereignisse vom 23. und 24. April in Kolding nach.

Quellen:
Illustrirte Zeitung, No. 311, vom 16. 6. 1849, S. 371 f. – Eckert/Monten, Das deutsche Bundesheer, 1981, Bd. I., S. 27.

Das merkwürdige Jahr 1849. — Eine neue Bilderzeitung. 56stes Bild.

Die tapfern Schleswig-Holsteinschen Jäger,
die im Sturm am 23. April die Festung Kolding nahmen.

Bei Kolding, bei Kolding,
Da giebt es harten Strauß,
Da schau'n die braven Jäger
Wohl nach dem Feinde aus.

Bei Kolding, bei Kolding,
Das war ein heißer Tag,
Wo mancher brave Jäger
In rothem Blute lag.

Bei Kolding, bei Kolding,
Vom Morgen bis zur Nacht,
Da halten unsre
Nun ihre Siegeswacht.

Schleswig-Holst. Artillerie auf den Höhen bei Kolding.

Da droben von Kolding's Höhen,
Da geht es Schuß auf Schuß,
Da bringen sie eben dem Dänen
Den wohlverdienten Gruß.

Ihr habt gemordet die Unsern,
Den Kranken die Rast verwehrt,
Von unsern deutschen Kanonen
Sei euch der Dank bescheert.

Da droben von Kolding's Höhen,
Da geht es Schuß auf Schuß,
Da bringen sie dem Dänen
Den wohlverdienten Gruß.

Original u. Eigenthum No. 2185.

Neu-Ruppin, zu haben bei Gustav Kühn.

Das 57. Bild: »*Untergang des Schiffes Christian VIII., am 5. April 1849.*«

Beim Durchblättern der Zeitungen des Monats April 1849 fällt die Fülle der Artikel, Kriegsberichte und Privatmitteilungen über die Schlacht im Eckernförder Hafen und den Untergang des Schiffes »Christian VIII.« auf. Das beweist, welchen Stellenwert dieses Ereignis damals gehabt haben muß. Während das militärische Vorgehen der Bundestruppen in Schleswig-Holstein im Vorjahr durch den Abschluß des Waffenstillstandes ein ziemlich unrühmliches Ende gefunden hatte, begann der erneute Waffengang mit einem Paukenschlag, der ganz Deutschland mit Begeisterung erfüllte. Man gewinnt beim Lesen der Berichte über diesen denkwürdigen 5. April den Eindruck, als ob die Berichterstatter und Augenzeugen von dem Ausgang dieses Kampftages nicht nur überrascht wurden, sondern auch ziemlich erstaunt über den Erfolg waren. Es hatte wohl niemand mit einem so überwältigenden Sieg über die Seemacht Dänemark gerechnet, zumal die Schleswig-Holsteiner an Mannschaft und Geschützen den Dänen bei weitem unterlegen waren.

Ein weiterer Grund für das Erscheinen immer neuer Berichte über diesen Tag dürfte sein, daß es wieder – wie im Vorjahr – trotz etlicher militärischer Erfolge mit dem Krieg nicht recht vorwärtsgehen wollte. Die Kampfhandlungen wurden immer noch auf schleswigschem Boden ausgetragen, das von allen Seiten geforderte Besetzen von Jütland durch die Bundestruppen unterblieb. Die Kriegsführung durch General von Prittwitz stellte sich für die Öffentlichkeit unentschlossen und halbherzig dar. Da kam der Sieg in Eckernförde gerade recht, hier hatten persönlicher Einsatz und Mut weniger entschiedener Männer zum Erfolg geführt, hier fand man seinen Glauben an die deutschen Truppen bestätigt, hier konnte man mit Recht auf seine Soldaten stolz sein.

Obwohl Kühn bereits einen Bogen über die Schlacht im Eckernförder Hafen und einen weiteren über den Untergang des Schiffes ›Christian VIII.‹ herausgegeben hatte, folgte auch er dem Trend der Nachrichtenschwemme und brachte noch einen Bogen über die Explosion des ›Christian VIII‹ heraus. Vielleicht wurde er durch die Veröffentlichung eines Bildes in der Illustrirten Zeitung vom 21. April 1849 zu diesem neuen Bogen angeregt, da er das Bild ziemlich genau kopiert. Dem Bild ist ein sehr ausführlicher schleswig-holsteinischer Kriegs-Bericht beigefügt, der noch einmal den Ablauf des gesamten Kampfes und die anschließende Explosion von ›Christian VIII.‹ schildert. Diese Beschreibung stimmt im großen und ganzen mit anderen Berichten über diesen Tag überein, mit Ausnahme der Erwähnung, daß der Herzog von Sachsen-Coburg-Gotha die Entscheidung zur Ablehnung des Angebotes Paludans zur Feuereinstellung und zur Wiederaufnahme des Kampfes selbst getroffen habe. Anderen Quellen zufolge erschien der Herzog erst gegen Abend auf dem Kriegsschauplatz.

»Das Auffliegen des dänischen Linienschiffes Christian VIII. im Eckernförder Hafen am 5. April.« Holzstich, Illustrirte Zeitung No. 303 vom 21. April 1849

Dem Kriegsbericht fügt Kühn eines seiner Gedichte an. In fünf kurzen Strophen faßt er den Erfolg der Deutschen und die Niederlage der Dänen in recht simplen Reimen zusammen.

Quelle:
Illustrierte Zeitung, No. 303, vom 21. 4. 1849.

Abb. in:
Festschrift Heinz Spielmann, 1990.

»Das dänische Linienschiff Christian VIII. u. die Fregatte Gefion ergeben sich den Bundestruppen bei Eckernförde, am 5. April 1849.« Oehmigke & Riemschneider No. 1450

Das merkwürdige Jahr 1849. Eine neue Bilderzeitung. 57stes Bild.

Untergang des Schiffes Christian VIII., am 5. April 1849; in Brand geschossen durch deutsche Kanonen im Eckernförder Hafen.

(Schleswig-Holsteinscher Kriegs-Bericht.) Am 4. Abends wurde von der Laboër Schanze aus nach Kiel gemeldet, daß ein Linienschiff, eine Fregatte, mehrere Corvetten, zwei große Dampfschiffe und allem Anschein nach Segeln nach Eckernförde aussteuerten. Sämmtliche Schiffe — neun an der Zahl — mit Ausnahme der entfernter liegenden Transportschiffe, gingen am selben Abend im Eckernförder Hafen vor Anker. Am Morgen des 5. machten sie allerdings scheinbar Miene, fortzusegeln, aber bald kam das Linienschiff Christian VIII., ein neu erbautes schönes Schiff, die Freude und der Stolz der Dänen, die Fregatte Gefion, so genannt nach der Schutzgöttin Seelands, und die beiden Dampfschiffe Hekla und Geyser zurück und eröffneten einen lebhaften Kampf mit den Strandbatterien. Ein mörderisches Feuer begann und hielt volle sechs Stunden, bis Mittags 1 Uhr, an. Im Anfang schon waren zwei Kanonen der Norderbatterie demontirt, da die Fregatte dieselbe im Aufsegeln sanftiren konnte; die Batterie liegt nämlich auf einem Vorsprung, ohne in der Flanke die gehörige Deckung zu haben. Mit dieser einzigen Kanone und dem Geschütz der Süderbatterie aber wurde unausstörlich das Gefecht fortgesetzt, und die beiden Dampfschiffe, auf deren einem sich der Commandeur der Escadre, Namens Garde, befand, mußten, schwer verletzt durch unser Geschütz, sich zurückziehen. Christian VIII. aber war gegen 1 Uhr auf den Grund gerathen, und schon um 10 Uhr Morgens hatte er durch die glühenden Kugeln unserer Batterien Feuer gefangen, das aber gelöscht worden war. Dann begann das Parlamentiren. Der Capitän Paludan-Müller von Christian VIII. verlangte: die Batterien sollten das Feuer einstellen, dann wollte auch er von den Schiffen zu feuern aufhören; sonst aber werde er sofort die Stadt — die wehrlose! — in Brand schießen; die Stadt solle sich ihm übergeben. Der Herzog von Sachsen-Coburg-Gotha, der bei Eckernförde mit einer Division Truppen liegt, gab natürlich abschlägigen Bescheid, und die Behörden der Stadt erklärten einmüthig sammt der Bürgerschaft: das Schicksal Eckernfördes legen wir in Gottes allmächtige Hand, und das Urtheil über ein etwaiges Bombardement derselben überantworten wir der Geschichte! Ein neues Parlamentiren gab dem Linienschiffe Gelegenheit, vom Grunde abzukommen und wieder flott zu werden. Inzwischen aber wurde auch die Norderbatterie remontirt, und an dem äußersten Hafenende in gleicher Linie mit der Stadt eine nassauische Batterie aufgefahren, zwei Haubitzen und sechs Zwölfpfünder. Um 3 Uhr begann nach resultatlosem Unterhandeln das Gefecht aufs neue, und schon bei den ersten Schüssen unserer Strandbatterien, die mittlerweile mit neuem Schießmaterial versehen worden waren, gerieth Christian VIII. aufs neue in den Sand und der Gefion wurde die Steuerruder zerschossen. Der Spiegel des letzteren Schiffes konnte jetzt von der nassauer Batterie bestrichen werden. Dreimal wurde die Spiegelbatterie der Gefion mit neuer Mannschaft besetzt, und dreimal nahmen die wohlgezielten Schüsse der Nassauer die neu Erschienenen fort, bis die Kanonen so daß darnach die Mannschaft sich weigerte, sie zum vierten Mal zu besetzen. Als das letzte Mal die neu commandirte Mannschaft an die Kanonen

treten sollte, da mußte sie — o des grausigen Gesangens! — erst ihre gefallenen, zum Theil schwer verwundeten, röchelnden Kameraden bei den Füßen fortschleppen, um Platz zum Stehen zu gewinnen. Wie denn der Untergang der Schiffe bestimmt gewesen wäre, fing auch kaum eine Viertelstunde später das Linienschiff aufs neue Feuer; ein dem mittlerweile wieder aufgesegelten Dampfschiffe — das andere war ganz unbrauchbar und dampfunfähig geworden — zugesandtes Signal verkündete dem Commandeur das schreckensvolle Ereigniß — das schreckliche, bei einem Schiffe in See begegnen kann. Aber an Rettung war nicht mehr zu denken. Der steife Ostwind blies gerade in den Hafen hinein und hinderte das Hinaussegeln der Schiffe. Das Linienschiff auf dem Grund, und eine Dampfschiff zerschossen, das zweite durch wohlgezielte Schüsse am Vordringen behindert; woher sollte da Rettung kommen? Die beiden Schiffe voll von Verwundeten und Leichen; die Mannschaft widerspänstig, zum Theil ungewohnt des Kampfes und seiner Arbeit; die Schüsse so wirkungslos, daß von 68 glatten Lagen aus den 42 Feuerschlünden der einen Seite des Christian (die andere konnte er nicht gebrauchen, weil er sich nicht drehen und wenden konnte, da er auf dem Sande fest saß) nicht Ein Mann der Süderbatterie getödtet wurde; Alles ermattet und muthlos; das Feuer im Schiffe; die blutigen Resultate der feindlichen Kaltblütigkeit; Alles mußte den Sieg für unsere gute Sache sichern. Um 6 Uhr Abends strichen beide Schiffe die stolze Dannebrogsflagge, Parlamentärböte verkündeten die Uebergabe der Schiffe, die Capitäne Paludan und Meyer überreichten sammt ihren Offizieren dem Herzog von Gotha ihre Degen. Victoria! Victoria! Der Sieg war unser! Als die Flagge gestrichen wurde, da sprangen die Mannschaften der Norderbatterie unter den Unteroffizieren Preußer und Stiude, beide aus Schleswig-Holstein, auf die Brüstung und begrüßten mit lautem, jubelndem Hoch den großen, ruhmvollen Sieg, den Lohn ihrer großen Mühen, ihres hochherzigen Muthes und ihrer ausgezeichneten Tapferkeit. Und vom Strande scholl aus tausend und abertausend Kehlen ein nicht aufhörendes Hurrah! denn von fern und nah waren Neugierige herangekommen, um dem ungewohnten Schauspiele in der Nähe zuzusehen. Der Stolz der Dänen war vernichtet! Ein größerer Sieg über unsere Feinde konnte nicht leicht errungen werden. Der Herzog von Gotha ernannte sofort den Capit. Jungmann zum Major, die Unteroffiz. Stiude und Preußer zu Lieutenants, und pries sie laut ob ihrer großen, heldenmüthigen Tapferkeit. — Das Nächste war die Sorge um die Rettung der Verwundeten und sonstigen Mannschaft des Christian, und die Besetzung beider Schiffe. Während man noch mit dem Einschiffen der Mannschaft beschäftigt war, gegen 8 Uhr Abends, da flog mit Einem Male das stolze, schlanke Schiff in die Luft. Ein angstvolles Krachen, auf 6 Meilen im Umkreise zu verspüren. Der Himmel glühte. Tausend, was sag' ich? Millionen Funken sprühten, glühende Kugeln, brennendes Zauwerk, glimmende Segel, flammende Holzstücke durchflogen die Luft; und dazwischen schwarze Leichen. An 200 Menschen fanden ihren Tod auf diese schreckliche Weise. Unter ihnen der Held Preußer, der noch an das Schiff gegangen war, um Menschen zu retten. Ein trauerig-schönes Ende! Friede seiner Asche!

Zu Eckernförde im Hafen,	Zu Eckernförde im Hafen,	Zu Eckernförde im Hafen,	Und Fahnen, Balken, Menschen,	Zu Eckernförde im Hafen,
Da geht es Schuß auf Schuß,	Da liegen zwei Schiffe fein,	Das Land erbebt und die See,	Kann man da schwimmen seh'n;	Begann der Dänenkrieg,
Da donnern die deutschen Kanonen	Da sind die klugen Dänen	Da fliegt der stolze Däne	Nie hatten die Eckernförder	Nun singen Kinder und Enkel
Den Dänen Gruß um Gruß.	In die Fall' gegangen hinein.	Hinan zu des Himmels Höh'.	So reichen Fischfang gesehen.	Vom Eckernförder Sieg.

Original u. Eigenthum No. 2188. Neu-Ruppin, zu haben bei Gustav Kühn.

Das 58. Bild: *»Die Erstürmung der Düppeler Schanzen, am 13. April 1849.«*

Mit dem 58. Bild greift Kühn noch einmal die Erstürmung der Düppeler Schanzen auf. Es ist nicht ersichtlich, warum er einen zweiten Bogen zum gleichen Ereignis herausgibt, der keinerlei neue Erkenntnisse über den Ablauf der Schlacht enthält. Während er für seinen 54. Bogen eine Zeitungs-Nachricht aus der Spenerschen Zeitung vom 18. April 1849 heranzieht, die ausführlich den gesamten Kampfverlauf schildert, beschäftigt sich die Zeitungs-Nachricht auf seinem 58. Bogen – ein Artikel, der in der Spenerschen und Vossischen Zeitung bereits am 17. April 1849 erschienen war – zwar auch mit dem Ablauf der Schlacht, legt aber den Schwerpunkt auf die ausführliche Berichterstattung über Tote und Verwundete auf beiden Seiten. Der Aussagewert der von Kühn selbst verfaßten Texte unter beiden Bildern ist so gut wie identisch.

Die bildliche Darstellung des 58. Bogens gibt allerdings dem Betrachter eine bessere Vorstellung von den topographischen Gegebenheiten als die des 54. Bogens. Im Hintergrund sind die Befestigungsanlagen der Dänen auf den Düppeler Höhen gut erkennbar, auch die Nähe zum Meer und zur der Halbinsel gegenüberliegenden Insel Alsen ist anschaulich wiedergegeben. An der von den Bayern in Brand geschossenen Mühle des verräterischen Müllers, der gemeinsame Sache mit den Dänen machte, ziehen vorn die bayerische berittene Artillerie – dieses Mal zutreffend mit Raupenhelmen dargestellt – und dahinter schleswig-holsteinische Infanterie vorbei.

Die bessere Anschaulichkeit der bildlichen Darstellung allein rechtfertigt wohl nicht die Herausgabe des 58. Bogens. Es kann sein, daß Kühn den Erfolg in Düppel als Auftakt für einen vollständigen Sieg über die Dänen ansah, und daß er daher der Erstürmung der Düppeler Schanzen ein viel größeres Gewicht beimaß als ihr die Geschichte später zuwies.

Quellen:
Spenersche Zeitung, No. 89, vom 17. 4. 1849, No. 90, vom 18. 4. 1849 – Vossische Zeitung, No. 89, vom 17. 4. 1849.

Das merkwürdige Jahr 1849. — Eine neue Bilderzeitung. 58stes Bild.

Die Erstürmung der Düppeler Schanzen, am 13. April 1849.

Da drüben jenseits des Meeres liegt die Insel Alsen. Da hatten sich die Dänen eingenistet, ob die Insel gleich deutsch sein und bleiben sollte. Und von da aus suchten sie die Küste gegenüber, das ist die Halbinsel Sundewitt, heim, so oft ihnen die Lust dazu kam. Um aber ganz sicher zu sein, hatten sie diesseits des Wassers bei dem Dorfe Düppel großmächtige Schanzen gebaut, und die gehörig mit Kanonen gespickt, und da glaubten sie sich nun geborgen. Dazu kam noch, daß der Müller von der Düppeler Mühle da oben rechts ihnen immer die schönsten Nachrichten gab, wenn die Deutschen sich nur aus der Ferne sehen ließen. Das Nest mußte ausgenommen werden, und da seht ihr nun, wie die Mühle oben schon in hellen lichten Flammen steht, und auf der andern Seite die Deutschen Zug auf Zug heranrücken, um die dänischen Schanzen zu stürmen. Das ist ihnen denn auch gelungen, und hat der Oberstlieutenant von Tann, gehört in Baiern zu Hause, die Leute beim Sturm kommandirt, und den Preis davon getragen.

(Zeitungs-Nachricht.) Flensburg, 13. April. Der heutige Tag ist ein sehr blutiger gewesen. Die deutschen Truppen haben die Düppeler Schanzen gestürmt und sind bis den Alsener Sund vorgedrungen; die Dänen haben sich nicht behaupten können und sind in eiliger Flucht nach Alsen hinübergegangen. Gestern Abend um 7 Uhr sind die Deutschen von Gravenstein ausgerückt und haben heute früh um 5 Uhr den Angriff auf die dänischen Schanzen begonnen. Die baierischen Truppen haben den Kampf eröffnet, die Preußen (Sachsen) haben sie später bei eingetretener Ermüdung abgelöst. Lange haben sich noch die Dänen in der Düppeler Mühle gehalten, bis die Baiern diese in Brand gesteckt; man hat die Flammen drüben hier auf der Nähe sehen können. Der Kampf ist sehr erbittert gewesen und hat auf beiden Seiten viel Blut gekostet, wenn auch die angebliche Schätzung von 1000 Opfern im Ganzen übertrieben sein mag. In den ersten Frühstunden des Tages haben die Baiern 50 bis 60 Todte und bedeutend viel Verwundete gehabt. Die Todten hat man in ein benachbartes Kirchdorf gebracht. So eben sind hier 30 Verwundete, zum Theil mit sehr schweren Kopf- und Brustwunden, angelangt; diese Nacht werden gewiß noch viel mehr kommen. Zwei pagnieen Dänen sind, da sie nicht so schnell mit den Uebrigen über die Brücke hinüberkommen konnten, in's Wasser gesprengt worden und ertrunken. Ihr Verlust ist überhaupt in jeder Beziehung viel größer gewesen.

Nachschrift. Das Gefecht erstreckte sich nordwärts von den Düppeler Schanzen nach Hardesbøy und zwei Compagnieen drangen bis an die Fährstelle bei Sonderburg vor, wo sie ein Detaschement Dänen niedermachten. — Die Colonnen, welche die Schanzen stürmten, wurden von von der Tann geführt. Auch haben nicht die Preußen, sondern die Sachsen die Baiern abgelöst. — Die Dänen haben an der Westküste Schleswigs eine Menge kleiner Fahrzeuge erbeutet, dieselben mit gepreßten Seeleuten besetzt, sich vor Husum gezeigt und die Insel Föhr besetzt. Hier flüchten viele Einwohner nach Husum. 16 Personen, die einem eben dahin abfahrenden Schiffe noch in die See nacheilen wollten, wurden von der Fluth überrascht und ertranken sämmtlich. — Die Dänen haben die nach Alsen führende Brücke in die Luft gesprengt. — Der Verlust der deutschen Truppen soll nach allen Angaben sehr groß sein. Der Einmarsch in Jütland ist wieder — unterblieben.

Das 59. Bild: »*Der Sieg bei Kolding.*«

Auch mit diesem Bogen hält Gustav Kühn die chronologische Reihenfolge der Ereignisse nicht ein. Seinem 59. Bogen »*Der Sieg bei Kolding*« vom 23. April 1849 folgt erst mit dem 66. Bogen »*Die Erstürmung von Kolding*« vom 20. April 1849. Da Kühn für seinen 59. Bogen ein Bild aus der Illustrirten Zeitung vom 9. Juni 1849 verwendet, kann es durchaus sein, daß der 66. Bogen eher auf dem Markt war als der 59.

Die schleswig-holsteinische Armee unter Bonin hatte am 20. April 1849 die Grenze nach Jütland überschritten und die im Königreich Dänemark liegende Stadt Kolding erstürmt (siehe 66. Bild). Die Dänen beschlossen fast umgehend nach ihrer Verdrängung aus der Stadt, diese zurückzuerobern und damit ihren angeschlagenen Ruf als See- und Landmacht nach den Niederlagen von Eckernförde und Kolding wieder herzustellen. Sie waren ihres Erfolges so sicher, daß König Frederik VII. persönlich auf dem Schlachtfeld erschien, um den Sieg mitzuerleben.

Auch General von Bonin war klar, daß es zu einem erneuten Waffengang um Kolding kommen würde. Er ließ die Stadt erneut durch Palisaden befestigen und auf den Anhöhen, die quer zu den Straßen in Richtung Norden verliefen, Schanzen aufwerfen. Außerdem ließ er weitere Truppen der schleswig-holsteinischen Armee als Verstärkung kommen, so daß am 23. April 1849 ungefähr 10 500 Schleswig-Holsteiner 16–17 000 Dänen gegenüberstanden.

Den Dänen gelang es, die Schanzen nördlich der Stadt zu nehmen, und die Schleswig-Holsteiner zogen sich nach Kolding zurück. In der Stadt kam es zu furchtbaren Straßenkämpfen, nicht nur weil die Einwohner von Kolding, die ja Dänen waren, heimlich die Soldaten ihrer Armee in die Stadt und in ihre Häuser geholt hatten, sondern auch weil sie selbst aktiv in den Kampf eingriffen, indem sie siedendes Wasser aus den Fenstern gossen und Steine und glühende Kohle auf die Schleswig-Holsteiner warfen. So mußten sich diese aus Kolding zurückziehen.

Während des Gefechtes erhielt von Bonin eine Depesche von General von Prittwitz. Er steckte sie ungelesen in die Tasche – konnte er sich doch den Inhalt ohne allzu große Phantasie denken – und befahl den erneuten Angriff auf Kolding. Die Schleswig-Holsteiner drangen dieses Mal so ungestüm vor, daß die Dänen die Stadt räumten und einen ziemlich ungeordneten Rückzug antraten.

Und wieder hatten die Schleswig-Holsteiner einen glänzenden Sieg ohne fremde Hilfe erfochten, der von den Menschen in ganz Deutschland bejubelt wurde, der aber nicht im Interesse Preußens lag. Bonin hatte ganz richtig vermutet, daß die ihm während des Gefechtes übergebene Depesche von Prittwitz den Befehl enthielt, sich nicht dem Kampfe zu stellen. Prittwitz stellte in einem Glückwunschschreiben an Bonin dann auch klar: »*...Ich bedaure aber, daß die zu frühe Besetzung Koldings und infolge derselben das gestrige Gefecht eine Episode bilden, die keineswegs in meinen Plänen lag.*« (Up ewig ungedeelt, S. 316)

Der gesamte 59. Bogen ist wieder zusammengesetzt aus Vorlagen: das Bild stammt aus der Illustrirten Zeitung vom 9. Juni 1849, der Bericht Bonins vom 23. April aus der Vossischen Zeitung vom 27. April 1849, die Zeitungs-Nachricht erschien sowohl in der Vossischen wie in der Spenerschen Zeitung am 26. April und das Gedicht wurde bereits auf dem 56. Bilderbogen abgedruckt, vielleicht ein Beweis dafür, daß dieser Bogen tatsächlich erst nach dem 66. Bogen, auf alle Fälle jedoch frühestens Mitte Juni 1849 auf den Markt kam, als sich die politische Lage durch die Aufstände in Dresden und Baden drastisch verschlechtert hatte. Da konnte ein Bogen zur Erinnerung an glorreiche Taten dem angeschlagenen Selbstvertrauen der Deutschen und dem eigenen Geschäftsinteresse nicht schaden.

Quellen:
Liliencron: Up ewig ungedeelt, 1980, S. 308 ff. – Illustrirte Zeitung, No. 310, vom 9. Juni 1849 – Vossische Zeitung, No. 97 u. 98, vom 26./27. April 1849 – Spenersche Zeitung, No. 97 vom 26. April 1849.

»Schlacht bei Kolding am 23. April.« Holzstich, Illustrirte Zeitung No. 310 vom 9. Juni 1849

»Das Gefecht bei Kolding.« Oehmigke & Riemschneider No. 1469

Das merkwürdige Jahr 1849. — Eine neue Bilderzeitung. 59tes Bild.

Der Sieg bei Kolding.

Hamburg, 25. April. Der General v. Bonin hat den Kampf von Kolding für die deutschen Waffen ruhmvoll beendet. Folgender, von ihm nach Schleswig gelandter, officieller Bericht theilt das Nähere mit: „Kolding, 23. April. (Nachmittags 4 Uhr.) Einer hohen Statthalterschaft verfehle ich nicht die ganz ergebenste Anzeige zu machen, daß mich heute früh 5 Uhr die dänische Armee in einer Stärke von 18 Bataillonen, 3 Regimentern Cavallerie, einer zahlreichen Artillerie, unterstützt von einer Corvette und 2 Kanonenböten im Fjord von Kolding, in meiner Stellung bei Kolding angegriffen hat. Nach einem langen und blutigen Gefechte von sechs Stunden ist der Feind auf allen Punkten zurückgeschlagen worden. Kolding, das zuerst als Brückenkopf besetzt, von der Avantgarde nach rühmlichem Widerstande auf meinen Befehl geräumt, wurde später, als ich um 2 Uhr mit dem linken Flügel von Gielbölle mit der 2. Brigade die Offensive ergriff, von der 1. Brigade mit Sturm wiedergenommen. Ich verfolge den Feind in der Richtung auf Veile. Die Stadt Kolding ist fast niedergebrannt. Die Obersten Graf Baudissin und v. Sachau sind verwundet, glücklicherweise nicht bedeutend. Der heutige beiderseitige Verlust beträgt wohl 1000 Mann an Todten und Verwundeten. (gez.) v. Bonin."

(Zeitungs-Nachricht.) Altona, 24. April, Abends. Als am gestrigen Tage unsere braven Krieger dem Feinde entgegenrückten, und sich nach langem, heftigen Kampfe mit großem Verlust an Todten und Verwundeten vor der großen Uebermacht des Feindes in das Innere der Stadt kämpfend zurückziehen mußten, da stürzten ihnen die Einwohner dieser Stadt aus den Fenstern glühende Kohlen, siedendes Wasser und sonstige Flüssigkeiten auf die Köpfe, und von den Dächern wurden schwere Steine auf die Reihen der Unsrigen gewälzt. Schrecklich sollen die Verstümmelungen einzelner Soldaten sein. Wenn auch Wenige eines plötzlichen Todes starben, so sind so Viele unter ihnen, an deren Genesung man sehr zweifeln muß. Einzelne sind bereits unter den größten Schmerzen verschieden. Die Kranken und Verwundeten erfuhren von Seiten der Koldinger eine unglaublich rohe Behandlung. Man versagt ihnen Alles, auch selbst das Nothwendigste. In Folge aller dieser Schandthaten, welche bald zur Kunde des Ober-Generals v. Bonin gelangten, sandte derselbe sofort die nöthige Artillerie nach Kolding, mit dem Befehle, die Stadt in Grund und Boden zu schießen. Die Beschießung begann gestern Nachmittag um 3 Uhr, nachdem unsere Truppen sich aus dem südlichen Theile der Stadt nach Bonsilz zurückgezogen und sämmtliche Kranke und Verwundete in Sicherheit gebracht hatten. Es währte nicht lange und die ganze Stadt stand in hellen Flammen, welche noch auf derselben emporstiegen, als die letzte Feldpost von Bonsilz, dem Hauptquartiere v. Bonin's gestern Abend 11 Uhr, abging. Unser Verlust soll, wie sich denken läßt, sehr bedeutend sein, doch nicht minder der der Dänen. Nach einigen Berichten soll das 13. dänische Bataillon, aus lauter Schleswigern bestehend, nachdem es eine Salve auf fünfzig Schritte gegeben, trotz aller Bestrebungen seiner Offiziere, die Waffen gestreckt haben und 17 der Letzteren gefangen sein. Auch heißt es, eine Schwadron blauer Husaren sei gänzlich aufgerieben.

Da droben von Kolding's Höhen,
Da geht es Schuß auf Schuß,
Da bringen sie eben dem Dänen
Den wohlverdienten Gruß.

Ihr habt gemordet die Unsern,
Den Kranken die Rast verwehrt,
Von unsern deutschen Kanonen
Sei euch der Dank bescheert.

Bei Kolding, bei Kolding,
Da giebt es harten Strauß,
Da schau'n die braven Jäger
Wohl nach dem Feinde aus.

Bei Kolding, bei Kolding,
Das war ein heißer Tag,
Wo mancher brave Jäger
In rothem Blute lag.

Bei Kolding, bei Kolding,
Vom Morgen bis zur Nacht,
Da halten unsere Jäger
Nun ihre Siegeswacht.

Neu-Ruppin, zu haben bei Gustav Kühn.

Original u. Eigenthum No. 2190.

Das 60. Bild: *»Siegreicher Kampf der Hannoveraner mit den Dänen bei Ulderup.«*

Der Kampf der Hannoveraner mit den Dänen bei dem Dorf Ulderup fand bereits am 6. April 1849 statt. Während die Hauptmacht der schleswig-holsteinischen Armee im Norden stand, hatte General von Prittwitz das Bundesheer im Sundewitt aufmarschieren lassen, galt es doch, die strategisch wichtigen Düppeler Schanzen den Dänen zu nehmen.

Auf ihrem Vormarsch trafen die Hannoveraner bei dem Dorf Ulderup auf dänische Vorposten, die sie von dort und aus dem südwestlich gelegenen Dörfchen Auenbüll ohne große Anstrengung vertreiben konnten. Doch die Dänen kehrten mit Verstärkung zurück und brachten die Hannoveraner in große Bedrängnis. General von Prittwitz, der um Unterstützung gebeten wurde, verweigerte jede Hilfestellung. Daraufhin wollten die Hannoveraner den Kampf abbrechen, doch die Lage war inzwischen so bedrohlich – die Dänen hatten die Linie durchbrochen und standen den Hannoveranern im Rücken –, daß es nur Kampf heißen konnte. Die Hannoveraner fochten gegen die Übermacht der Dänen so bravourös an, daß diese die in der Zwischenzeit von ihnen wieder besetzten Dörfer Ulderup und Auenbüll räumen mußten. Der Preis jedoch, den die Hannoveraner und die sie später unterstützenden Württemberger und Badener für diesen Sieg zu zahlen hatten, war hoch, sie verloren 186 Mann, die Dänen 153. Und der Bundesgeneral von Prittwitz saß nicht weit von dem Schauplatz des Gefechtes entfernt, ohne je Anstalten gemacht zu haben, einem Teil des ihm unterstellten Bundesheeres zu Hilfe zu kommen. Hier bereits zeigt sich, daß er gedachte, möglichst jeglichem Kampf aus dem Wege zu gehen. Er stellte also die Interessen Preußens über die der Reichsregierung.

An sich ist dieses Gefecht bei Ulderup nicht von besonderer Wichtigkeit. Das zeigt sich auch an der einfachen Ausführung dieses Bilderbogens. Text und Bild sind leicht verständlich gehalten und ohne großen Nachrichtenwert. Es gibt also eigentlich keinen Grund, warum Kühn gerade auf dieses Ereignis nach so glänzenden Erfolgen wie bei Düppel und Kolding und mit so großer zeitlicher Verschiebung zurückgriff, es sei denn, daß die Numerierung der Bogen seit Beginn des Feldzuges in Schleswig-Holstein keine große Rolle mehr spielte. Für diese Theorie spricht, daß seit Wiederaufnahme der Kämpfe Anfang April die bis dahin überwiegend beachtete Chronologie völlig außer acht gelassen wird. Kühn suchte wohl die zur Veröffentlichung vorgesehenen Ereignisse aus und ließ sie drucken, reagierte aber bei außergewöhnlich spektakulären Ereignissen schnell, schob also Bilder mit neuesten Nachrichten dazwischen und brachte die bereits vorgesehenen Bogen später, also mit einer höheren Bildnummer auf den Markt.

Quelle:
Liliencron: Up ewig ungedeelt, 1980, S. 280 f.

Abb. in:
Bauer: Der Neuruppiner Bilderbogen, 1903/04, S. 647.

Das merkwürdige Jahr 1849. — Eine neue Bilderzeitung. **60stes Bild.**

Siegreicher Kampf der Hannoveraner mit den Dänen bei Ulderup.

Dort oben ist zu sehen, wie die braven Hannoveraner den Dänen auf den Leib rücken. Da gehen sie fröhlichen Herzens und heitern Muthes über die schmale Brücke in's Dorf, Ulderup heißt es mit Namen, hinein, der Major an ihrer Spitze voran, und ahnen nicht, daß mancher unter ihnen nicht wieder drüber zurückkehren wird. Denn dort hinter dem Dorfe liegen die Dänen, und sind den Hannoveranern doppelt und dreifach überlegen. Da heißt es denn, sich ein Herz fassen, und die Menge nicht fürchten, und das thun denn auch die braven Hannoveraner, und ist das ein Beweis von der Hitze des Gefechts, daß der Major da geblieben ist, und zehn Offiziere verwundet sind.

Original u. Eigenthum No. 2191.

Neu-Ruppin, zu haben bei Gustav Kühn.

Das 61. Bild: »*Kriegspanorama von Ungarn, oder: wie die Oestreicher geschlagen werden.*«

Unter dem Eindruck der Ereignisse in Paris und Wien erhoben sich auch die Ungarn unter Kossuth am 15. März 1848. Ihnen wurde neben der Gewährung der üblichen Volksforderungen – Pressefreiheit, Volksbewaffnung – auch ein eigenes, verantwortliches Ministerium zugestanden. Mit dem Sieg der Reaktion in Wien Ende Oktober 1848 ging Österreich daran, auch den freiheitlichen Bestrebungen der Ungarn ein Ende zu setzen.

Am 15. Dezember 1848 begann der Einmarsch der österreichischen Truppen in Ungarn unter dem Oberbefehl des Fürsten Windischgrätz, dem Besieger Prags und Wiens. Am 5. Januar 1849 zog er in Pest und Ofen ein, das er in gewohnter Manier mit eiserner Hand regierte. Die Beschlagnahme von Vermögen aller derjenigen, die sich zu Kossuth bekannten, zahlreiche Verhaftungen, Verurteilungen und Vollstreckung von Todesurteilen konnten aber den Stolz der freiheitsliebenden Magyaren nicht brechen.

Die ungarischen Truppen sammelten sich im Innern und im Süden Ungarns, doch mußten sie in der Anfangsphase der Kämpfe im Januar/Februar 1849 überall Niederlagen hinnehmen.

Am 7. März 1849 wurde der österreichische Reichstag durch eine Verordnung des jungen Kaisers Franz Joseph aufgelöst und dem Land eine Verfassung oktroyiert, die die Kronländer zu einem Einheitsstaat zusammenfaßte. Damit war den Ungarn ihre selbständige Verfassung genommen, der alles entscheidende Kampf zwischen Österreich und Ungarn unausweichlich geworden.

In Siebenbürgen, das von österreichischen Truppen unter General Puchner besetzt war, kam der Umschwung zu Gunsten der Ungarn zuerst. Dem polnischen General Bem, der gerade erst aus Wien entkommen war, gelang es, mit verblüffender Schnelligkeit die Österreicher aus dem größten Teil Siebenbürgens hinauszudrängen, so daß sich Puchner an die Russen mit der Bitte um Hilfe wandte. Diese marschierten auch tatsächlich in Kronstadt und Hermannstadt ein, konnten sich aber ebensowenig wie die Österreicher lange halten. Bem hatte die Bevölkerung bewaffnet, und überall brach der Aufstand aus, so daß es Bem schließlich gelang, die Russen und Österreicher aus Siebenbürgen zu vertreiben. Schon Ende März 1849 befand sich Siebenbürgen mit Ausnahme der kleinen Festung Karlsburg fest in den Händen der Ungarn.

Nun wandten sich die Ungarn der Festung Komorn zu, die von den Österreichern sehr bedrängt wurde. Die Festung, auf halbem Weg zwischen Wien und Budapest an der Donau gelegen, war für beide Seiten von hohem strategischen Wert, konnte man doch von dort aus den gesamten Schiffsverkehr auf der Donau kontrollieren. Am 30. März 1849 forderte der österreichische General Welden die Besatzung von Komorn auf, sich zu ergeben. Als die Ungarn darauf nicht reagierten, ließ er am anderen Tag die Festung beschießen, doch ohne greifbaren Erfolg.

Inzwischen bekam auch Windischgrätz die Wucht der anstürmenden Ungarn zu spüren. Er wurde mit seinen Truppen am 6. April in der Nähe von Pest angegriffen. Um einer Niederlage zu entgehen, blieb ihm nur der Rückzug in die Stadt. Nun unternahmen die Ungarn einen Scheinangriff auf Pest, um den Großteil ihrer Truppen unbemerkt nach Komorn zu bringen. Windischgrätz fiel auf dieses Manöver herein und ließ die Belagerungstruppe von Komorn nach Pest holen. Diese Fehlentscheidung, die den Österreichern zwei vernichtende Niederlagen bei Waitzen und Nagy Sarlo einbrachte, kostete ihn den Oberbefehl über die österreichischen Truppen.

Am 15. April 1849 übernahm General Welden den Oberfehl. Aber auch er war glücklos. Da er nicht glaubte, Pest halten zu können, begann der große Rückzug der kaiserlichen Truppen. Am 25. April hob er die Belagerung von Komorn auf, am 26. April unternahmen die Ungarn einen Ausfall und errangen einen überwältigenden Sieg. Um diesen Erfolg auch politisch nutzen zu können, hätte die Besetzung der Kaiserstadt Wien, die ungeschützt vor ihnen lag, erfolgen müssen, doch sie unterblieb.

Der tragische weitere Weg Ungarns liegt in dem Zwiespalt zwischen Kossuth und Görgey begründet. Görgey war ein ehrgeiziger General, der als Oberbefehlshaber der ungarischen Truppen keine Befehle von einem Zivilisten annahm, sondern selbstherrlich die weiteren Schritte bestimmte. So wurde die Chance vertan, Ungarn eine gute Ausgangsposition für Verhandlungen zu schaffen.

In Deutschland wurden die Kämpfe und vor allem die Siege der Ungarn mit viel Sympathie beobachtet. Überall, wo noch für die Freiheit gekämpft wurde, war man mit dem Herzen dabei. Gustav Kühn macht da nur einen kleinen Unterschied: er berichtete mit Anteilnahme und Bewunderung über Freiheitskämpfe, bei denen die Bevölkerung von ausländischen Mächten bedrängt wurde, Aufstände innerhalb des Reiches, die sich gegen die angestammte Macht richtete, wurden von ihm hingegen verdammt.

Auf seinem 61. Bild zeigt er in fünf kleinen Einzelszenen verschiedene Ereignisse, die er durch ein sehr allgemein gehaltenes Gedicht ohne Daten und teilweise auch ohne Ortsangaben erklärt. Nicht alle angesprochenen Kämpfe und Ereignisse lassen sich daher nachweisen, so der in der 1. Strophe erwähnte Kampf bei Acs unter Windischgrätz. Die Illustrirte Zeitung erwähnt zwei Gefechte bei Acs: einmal ist in der Ausgabe vom 30. Juni 1849 in der ›Chronik des ungarischen Krieges‹ unter dem 28. April vermerkt: »*Bei Acs findet ein Gefecht statt, nach solchem die Kaiserlichen sechs Stunden lang flie-*

»Erstürmung der Festung Ofen durch die Ungarn am 21ten May 1849.« Kolorierte Lithographie, Nr. 145 (MVK Berlin)

hen müssen«, zum anderen wird in der Ausgabe vom 14. Juli 1849 in dem Artikel ›Der ungarische Krieg‹ eine Schlacht bei Acs am 2. Juli gemeldet, die wiederum von den Österreichern verloren wurde. Eine Teilnahme Windischgrätz an den Gefechten wird in beiden Artikeln nicht erwähnt.

Die in der 2. Strophe angesprochene Einnahme ›Pesths‹ durch die Ungarn bezieht sich wohl auf die Erstürmung Ofens am 21. Mai 1849. Die Österreicher hatten nach ihrem Rückzug aus Pest die Festung Ofen besetzt und beherrschten somit die unter ihnen liegende Stadt Pest. Am 21. Mai gelang es den Ungarn – zwar unter schweren Verlusten –, die Festung zu erobern.

Die Belagerung von Komorn sowie der Ausfall und Sieg der Ungarn über die Österreicher in der 3. Strophe, wie die Aktion des Generals Bem in Siebenbürgen in der 4. Strophe und der Rückzug des Generals Welden in der 5. Strophe, sind – wenn auch arg vereinfacht und verkürzt – korrekt dargestellt, während das in der 6. Strophe erwähnte Gefecht keinem bestimmten Kampf zugeordnet werden kann.

Auch wenn Kühn in allen Versen von ›wir Österreicher‹ spricht, macht er sich doch gerade über ihre Niederlagen lustig. Wieder verwendet er zur Deutlichmachung seines Standpunktes als Stilmittel den Bänkelgesang.

Eine weitere Merkwürdigkeit weist dieser Bogen auf: er ist nicht mit *»Das merkwürdige Jahr 1849«* überschrieben, sondern trägt als Überschrift nur: *»Neue Bilder-Zeitung 61. Bild«*. Diese Art von Beschriftung wird erst nach dem 73. Bild üblich.

Quellen:
Blos: Die Dt. Rev., 1898, S. 498 ff. – Illustrirte Zeitung No. 289, v. 13. 1. 1849, S. 23 f., No. 292, v. 3. 2. 1849, S. 71 f., No. 302, v. 14. 4. 1849, S. 233 f., No. 303, v. 21. 4. 1849, S. 247 ff., No. 304, v. 28. 4. 1849, S. 263 ff., No. 305, v. 5. 5. 1849, S. 283 f., No. 311, v. 16. 6. 1849, S. 373 f., No. 312,
v. 23. 6. 1849, S. 388 ff., No. 313, v. 30. 6. 1849, S. 408 ff., No. 315, v. 14. 7. 1849, S. 24.

Abb. in:
Zaepernick: Neuruppiner Bilderbogen, 1972, S. 31.

Das 62. Bild: *»Die Preußen und die Sachsen machen Kameradschaft mit einander im Kampf wider die Dresdener Aufrührer, den 7. Mai 1849.«*

Das Königreich Sachsen und das Großherzogtum Baden, zu kleineren Teilen auch die Königreiche Württemberg und Bayern, wurden zu Schauplätzen der ›Zweiten Revolution‹, die sich an dem Streit um die Annahme der Frankfurter Reichsverfassung entzündete.

Am 28. März 1849 hatte das Paulskirchenparlament eine Verfassung für einen einheitlichen deutschen Staat vorgelegt. Doch seit den Herbstereignissen des Jahres 1848 in Wien und Berlin hatte sich das politische Klima so verändert, daß mit einer Annahme der Verfassung durch die wiedererstarkten deutschen Fürsten so ohne weiteres nicht mehr zu rechnen war.

Am 2. April 1849 entschied der preußische König, daß die ihm vom Frankfurter Parlament angebotene Kaiserkrone weder anzunehmen noch abzulehnen sei, da das Parlament keine Befugnis für ein solches Angebot habe, das nur den deutschen Fürsten zukäme. Mit dieser faktischen Ablehnung stellte Friedrich Wilhelm IV. das gesamte Verfassungswerk in Frage. Die Souveräne der Königreiche Bayern, Hannover, Württemberg und Sachsen schlossen sich dieser Auffassung an, um nicht den preußischen König als Kaiser vorgesetzt zu bekommen. Ihre Länderparlamente hingegen stimmten der Annahme der Reichsverfassung mehrheitlich zu.

Die allgemeine Empörung, die der Ablehnung der Verfassung durch die deutschen Fürsten folgte, ließ die deutsche Linke auf den Zusammenschluß aller freiheitlichen Kräfte zu einer gemeinsamen Front und einer daraus folgenden ›Zweiten Revolution‹ hoffen. In den letzten April- und ersten Maitagen 1849 setzte eine rege Reisetätigkeit von Kurieren aus Frankfurt zu den einzelnen Länderparlamenten ein, um diesen Aufstand zu koordinieren.

Daß der Gedanke einer neuerlichen Revolution besonders in Sachsen auf fruchtbaren Boden fiel, war auf die allgemein früh und weit verbreitete republikanische Gesinnung der Bevölkerung zurückzuführen. Sachsen, als das industriell am weitesten fortgeschrittene Land Deutschlands, verfügte über eine große Arbeiterschaft, die sich bald nach der März-Revolution 1848 in ›Vaterlandsvereinen‹ zusammenfand. Dort wurde nicht nur politisiert, sondern den Arbeitern auch Weiterbildung angeboten. Aufgrund ihrer hohen Mitgliederzahlen erlangten diese Vereine erheblichen politischen Einfluß. Auch das Bürgertum, konservativ oder fortschrittlich, und sogar die Hofgesellschaft hatten ihre eigenen Vereine.

Die beiden sächsischen Kammern des Landtages, die die Annahme der Reichsverfassung forderten, wurden vom König aufgelöst. Das sächsische Ministerium zerbrach an der unterschiedlichen Auffassung, die Befürworter der Verfassung traten von ihrem Amt zurück, unter ihnen der Ministerpräsident. Der verunsicherte König wurde von allen Seiten hart bedrängt, seine ablehnende Haltung noch einmal zu überdenken. In dieser für ihn bedrohlichen Lage wandte sich Friedrich August II. an den preußischen König mit der Bitte um militärische Hilfe, stand doch die sächsische Armee bis auf ein geringes Kontingent in Schleswig-Holstein. Dieser Bitte kam Preußen nur allzu willig nach und setzte schon am 3. Mai 1849 die ersten Bataillone in Richtung Dresden in Marsch. Aufgrund dieser Tatsache faßte der sächsische König wieder Mut und lehnte eine Entscheidung über Annahme oder Ablehnung der Verfassung so lange ab, bis Preußen sich zu dieser Frage eindeutig geäußert hätte.

Diese Hinhaltetaktik sowie die Herbeirufung des preußischen Militärs, die der Bevölkerung Dresdens natürlich nicht verborgen geblieben war, heizte die explosive Stimmung erst richtig an. Am 3. Mai wurden die ersten Barrikaden in der Altstadt errichtet und einzelne Gefechte flammten auf. Das sächsische Militär beschränkte sich auf die Verteidigung wichtiger Objekte, wartete aber im übrigen das Eintreffen der preußischen Truppen ab. Diese ›augenscheinliche Schwäche‹ des Militärs ließ bei den Dresdenern die Hoffnung auf einen Sieg aufkommen. Am 4. Mai floh Friedrich August II. mit seiner Familie und dem Rumpfkabinett auf die Festung Königstein, während sich in Dresden eine provisorische Regierung bildete. Am 6. Mai traf ein erstes preußisches Bataillon des Kaiser-Alexander-Regiments in Dresden ein, das sofort in die Kämpfe eingriff. In den nächsten zwei Tagen folgten weitere preußische Bataillone, mit deren Hilfe der Aufstand bereits am 9. Mai beendet wurde.

Das Scheitern dieser ›Zweiten Revolution‹ lag nicht nur am fehlenden Schwung und der Unterstützung durch die Mehrheit der Bevölkerung, sondern vor allem an der Rivalität und der unkoordinierten Vorgehensweise der einzelnen beteiligten Gruppen. So ist es nicht verwunderlich, daß das Militär, besonders durch den Einsatz der preußischen Truppen, schnell und siegreich die Revolution beenden konnte.

Eines der heftigsten Gefechte, das Gustav Kühn als Thema seines 62. Bildes diente, fand auf dem Dresdener Neumarkt statt. Über dieses Gefecht berichtet die Vossische Zeitung vom 9. Mai 1849 wie folgt: *»Gestern Nachmittag ist das ›Hotel de Saxe‹, sowie ›Stadt Rom‹, vom preußischen und sächsischen Militär, nachdem die Thore mit Kanonen eingeschossen worden waren, mit Sturm genommen worden; ebenso die dazwischen gebaute Barrikade; somit haben die Truppen den Neumarkt, freilich aber unter großem Verlust von Menschenleben.«*

Der Kampf hat zwar am 6. Mai und nicht, wie im Titel angegeben, am 7. Mai stattgefunden, aber im übrigen läßt sich eine recht genaue Wiedergabe des Geschehens auf dem Bilderbogen feststellen. Der Neumarkt mit der Frauen-

kirche im Hintergrund entspricht ziemlich genau einem von Robert Wehle 1847 gemalten Ölbild und damit der damals aktuellen Bebauung des Neumarktes. In diese Ansicht brauchte Kühn nur noch das Kampfgeschehen einfügen.

Zu seinem Titel und seinem kurzen eigenen Text dürfte ihn ein Abschnitt des Artikels aus der Vossischen Zeitung vom 9. Mai 1849 veranlaßt haben, aus dem auch der Auszug zum Kampf auf dem Neumarkt stammt und in dem es schließlich heißt: »*Preußen und Sachsen haben in brüderlicher Eintracht und mit größter Hingebung und Bravour den Kampf durchgeführt und werden überall als ersehnte Befreier von dem scheußlichsten Terrorismus empfangen.*« Die folgende Zeitungs-Nachricht auf dem Bilderbogen stammt aus einzelnen Abschnitten eines längeren Artikels der Illustrirten Zeitung vom 26. Mai 1849, mit der Überschrift ›Die dresdener Ereignisse. I. Vom 3.–6. Mai‹. Die letzten fünf Zeilen ab ›9. Mai‹ sind allerdings der Vossischen Zeitung vom 11. Mai 1849 entnommen.

Quellen:
Vollmer: Der Traum von Freiheit, 1983, S. 267 ff. – Valentin: Geschichte der Dt. Rev., Bd. 2, 1930, S. 380 ff., S. 410 ff., S. 479 ff. – Illustrirte Zeitung, No. 308, vom 26. 5. 1849, S. 327 ff. – Vossische Zeitung, No. 106 vom 8. 5. 1849, No. 107 vom 9. 5. 1849, No. 109 vom 11. 5. 1849.

Das 63. Bild: *»Glänzender Sieg der Schleswig-Holsteinschen Truppen bei Biert und Gudsoe, am 7. Mai 1849.«*

Der Erfolg Bonins in Kolding und das unablässige Drängen der Nationalversammlung veranlaßten endlich auch General von Prittwitz, mit der Bundesarmee die Grenze nach Jütland am 7. Mai 1849 zu überschreiten. Während er mit der Bundesarmee in Richtung Norden auf das Städtchen Veile marschierte, rückten gleichzeitig die schleswig-holsteinischen Truppen in Richtung Nordosten auf die Stadt Fridericia vor, die letzte und zugleich größte Festung, die die Dänen auf Jütland noch besaßen.

Die Gegend um Fridericia ist sehr hügelig, und die Dänen hatten viele Anhöhen durch Schanzen befestigt und mit Geschützen bestückt. Sie konnten den Angriff im Bewußtsein ihres Vorteils ruhig abwarten, schienen dann aber doch überrascht, als schleswig-holsteinische Truppen auf der Straße zwischen den Dörfern Biert und Gudsoe auftauchten. Es entspann sich sogleich ein lebhaftes Gefecht, in dem die Dänen aus ihrer Deckung heraus den Schleswig-Holsteinern beträchtliche Verluste zufügten. Doch diese gingen erneut mit einer solchen Vehemenz vor, daß die Dänen zurückwichen. Außerdem spielte der Zufall für den Erfolg der Schleswig-Holsteiner in dieser Auseinandersetzung eine Rolle. Dänische Vorposten waren auf die preußische Division, die sich auf dem Vormarsch nach Veile befand, gestoßen, so daß der dänische Befehlshaber General von Bülow annahm, ein größerer Kampf sei geplant. Daraufhin gab er den Befehl zum Rückzug, der jedoch in eine regelrechte Flucht ausartete. Einem Teil der dänischen Truppen gelang es, sich vom Dorf Snoghoi zur Insel Fünen einzuschiffen. Die Schleswig-Holsteiner drängten so schnell nach, daß an ein weiteres Einschiffen nicht mehr zu denken war und nur noch die Flucht in die Festung Fridericia übrig blieb.

Das Gefecht von Gudsoe ist zwar nicht so bedeutend wie das von Kolding, aber es war der dritte Sieg, den die Schleswig-Holsteiner allein ohne fremde Hilfe innerhalb von vier Wochen erfochten hatten.

Auf alle Fälle war dieser Sieg für Gustav Kühn so wichtig, daß er ihm einen Bogen widmete. Sicherlich stimmte er mit dem Schreiber einer Privatmitteilung in der Vossischen Zeitung vom 12. Mai 1849 überein, der seinen Bericht über die Ereignisse vom 7. Mai mit dem Satz einleitete: *»Endlich nach langem Harren, mitten in all den unglücklichen Wirrsalen, eine erfreuliche Botschaft.«* Und diese galt es also zu verbreiten.

Er zeigt auf seinem Bild das hügelige Gelände vor der Festung Fridericia, die vorrückenden Schleswig-Holsteiner, die im Kleinen Belt liegenden dänischen Schiffe und das in Brand geschossene Dorf Gudsoe, und er erklärt in wenigen knappen Sätzen seinen Lesern das auf dem Bild Dargestellte. Ausführlicher informiert der nachfolgende Zeitungsbericht.

Ungewöhnlich ist, daß Kühn im letzten Satz seines Berichtes das Thema eines neuen Bilderbogens, die Beschießung der Festung Fridericia mit Bomben und Kanonen, ankündigt. Er könnte mit diesem Hinweis die Bombardierung Fridericias gemeint haben, die sich ab 16. Juni über mehrere Tage hinzog und die Einwohner durch Brand und Zerstörung zur Flucht nach Fünen veranlaßte. Allerdings muß diese Annahme Spekulation bleiben, da das 64. und 65. Bild, die dafür in Frage kommen würden, nicht vorliegen.

Die Kühns Text folgende Zeitungs-Nachricht ist der Spenerschen Zeitung vom 11. Mai 1849 entnommen, wobei der zweite Abschnitt ganz geringe Änderungen zum Originaltext aufweist.

Quellen:
Liliencron: Up ewig ungedeelt, 1980, S. 321 ff. – Illustrirte Zeitung, No. 310, vom 9. 6. 1849, S. 358 – Vossische Zeitung, No. 110, vom 12. 5. 1849 – Spenersche Zeitung, No. 109, vom 11. 5. 1849.

Das 66. Bild: *»Die Erstürmung von Kolding durch die tapferen Schleswig-Holsteinischen Truppen.«*

Dieser Bogen liefert die Vorgeschichte zum 59. Bogen mit dem Sieg bei Kolding, denn er schildert die Kampfhandlungen vom 20. April 1849, die in der Erstürmung Koldings gipfelten.
Nach dem Sieg in Düppel wurden die schleswig-holsteinischen Truppen mit ihrem General Bonin auf Befehl des Generals von Prittwitz an die Grenze zu Jütland verlegt. Seit dem 15. April 1849 standen sich die Schleswig-Holsteiner und die Dänen an der Grenze gegenüber. Am 18. April erhielt von Prittwitz vom Reichsminister von Peucker den Befehl, den Krieg energischer zu betreiben, um ihn möglichst rasch beenden zu können. Von Prittwitz hielt diesen Befehl Bonin gegenüber geheim, da er den Interessen Preußens zuwiderlief, doch Bonin erhielt von anderer Seite Kenntnis über den Inhalt des Befehls und beschloß, auf eigene Verantwortung zu handeln.
Aber auch den Dänen war die zwiespältige Haltung des Generals von Prittwitz nicht verborgen geblieben. Sie glaubten, leichtes Spiel mit den Schleswig-Holsteinern zu haben, da die bei Apenrade liegenden Preußen nicht in den Kampf eingreifen würden und die noch weiter südlich stehenden Bundeskontingente zu weit entfernt waren, um rechtzeitig den Schleswig-Holsteinern zu Hilfe zu eilen. Also galt es, die Gunst der Stunde zu nutzen. Eilig wurde mit der Befestigung der Stadt Kolding – der südlichsten Grenzstadt Dänemarks – begonnen.
Die Stadt wurde durch Palisaden, die in die Stadt führenden Straßen mit mächtigen Toren geschützt, und in den Straßen wurden Barrikaden errichtet.
Am 20. April erhielt die schleswig-holsteinische Avantgarde den Befehl, die auf den Höhen vor Kolding stehenden Dänen anzugreifen und sie in die Stadt zurückzudrängen. Doch die Schleswig-Holsteiner, beflügelt durch ihren Erfolg in Eckernförde, machten nicht an der Stadtgrenze halt, sondern sie überwanden Palisaden und Tore und drangen von allen Seiten in die Stadt ein. Obwohl die Dänen versuchten, Kolding zu halten, mußten sie schließlich doch dem ungestümen Vordringen der Schleswig-Holsteiner weichen. Gegen 11 Uhr war der Kampf vorbei und die Stadt in schleswig-holsteinischer Hand. Und wieder wurde eine günstige Gelegenheit vertan, den Dänen den vielleicht entscheidenden Schlag zu versetzen. Von Prittwitz beglückwünschte zwar Bonin zu seinem Erfolg, teilte ihm aber gleichzeitig mit, daß er auf keine Unterstützung von seiten der Preußen rechnen könne. Daraufhin begnügte sich General Bonin damit, Kolding für den zu erwartenden Gegenangriff der Dänen wieder zu befestigen.
Kühns 66. Bild zeigt den Moment, in dem die Schleswig-Holsteiner im Begriff sind, die wichtige Brücke über das Flüßchen Königsaue zu erkämpfen, die ihnen den Weg in die Stadt öffnet. Auf der Brücke stehen sich schleswig-holsteinische Jäger und Dänen im Kampf gegenüber, während schleswig-holsteinische Infanterie nachdrängt sowie von den schützenden Palisaden aus unterstützend in den Kampf eingreift.
Kühn verzichtet bei diesem Bogen auf einen Zeitungsbericht, sondern schildert kurz, sachlich und präzise das abgebildete Ereignis. Obwohl er nur die ›deutschen Truppen‹ als Angreifer nennt, zeigt er auf dem Bild Teile der schleswig-holsteinischen Avantgarde – nämlich Jäger und Infanteristen –, die an der Erstürmung tatsächlich beteiligt waren. Als Bildvorlage diente ihm eine Lithographie mit fast gleichem Titel – Kühn fügte nur das Adjektiv ›tapfer‹ hinzu – des Lithographischen Instituts von D. M. Kanning in Hamburg.
Im zweiten Teil informiert er seine Leser, daß es nun weiter nach Norden bis zum Meer geht und die ganze Halbinsel von den Dänen befreit wird. Er gibt damit einer Meinung Ausdruck, die allgemein in Deutschland vorherrschte.

Quellen:
Liliencron: Up ewig ungedeelt, 1980, S. 296 ff. –
Illustrirte Zeitung, No. 310, vom 9. 6. 1849, S. 356 ff.

»Die Erstürmung von Kolding durch die Schleswig Holsteinischen Truppen am 20ten April 1849.«
D. M. Kanning, Hamburg (Altonaer Museum)

Die Erstürmung von Kolding durch die Schleswig Holsteinischen Truppen
am 20 ten April 1849
Lith u Verlag des Lithograph Instituts von D M Kanning in Hamburg

Das merkwürdige Jahr 1849. — Eine neue Bilderzeitung. 66stes Bild.

Die Erstürmung von Kolding durch die tapferen Schleswig-Holsteinschen Truppen.

Die Stadt da oben, die in Pulverdampf gehüllt ist, ist Kolding. Das ist die erste Stadt, wenn man aus Schleswig nach Jütland hinein kommt. Da drinnen hatten sich nun die Dänen verschanzt, und da oben kann jeder sehen, wie sie aus den Fenstern heraus schießen, und die Brücke mit aller Macht vertheidigen. Aber von der andern Seite her dringen auch schon die deutschen Truppen vor, und da ist nun am 20. April 1849 die alte Stadt Kolding an der Königsaue in unsere Hände gefallen. Von da aus geht's nun weiter nach Norden hinauf, nach Fridericia und Aarhuus und Randers bis da, wo das wilde Meer, das zwischen Dänemark und Norwegen fluthet, dem Vordringen unserer Truppen ein Ziel setzt. Hätten sie Flügel oder Schiffe, würden sie den Dänen auf Fünen oder in ihrer Hauptstadt, in Kopenhagen, einen Besuch machen.

Original u. Eigenthum No. 2207.

Neu-Ruppin, zu haben bei Gustav Kühn.

Das 67. Bild: »*Das heitere Bivouac.*«

Seit ihrem Sieg bei Biert und Gudsoe vom 7. Mai 1849 belagerten die Schleswig-Holsteiner die Festung Fridericia. Doch von einem heiteren Lagerleben, wie es uns Kühn mit seinem 67. Bild weismachen will, konnte wohl keine Rede sein. Während die Dänen auf dem Seeweg ihre Truppen mit allem Lebensnotwendigen bestens versorgten und in der Stadt auch genügend Quartiere für die Soldaten zur Verfügung standen, mußten die Schleswig-Holsteiner bei sehr ungünstiger Witterung im Freien kampieren. Da die einheimische Bevölkerung der gesamten Bundesarmee haßerfüllt gegenüberstand – ganz besonders aber den Schleswig-Holsteinern – und freiwillig keine Nahrungsmittel herausrückte, andererseits ein Befehl aus Berlin besagte, durch Requisitionen keine Veranlassung zu Beschwerden zu geben, sah es auch um die Verpflegung der Schleswig-Holsteiner sehr schlecht aus. Allerdings entwickelte sich während der langen Wochen der Belagerung zwischen den feindlichen Vorposten eine Art von Kameradschaft, die es den Schleswig-Holsteinern ermöglichte, ihre mageren Rationen etwas aufzubessern. In Fridericia gab es fast alles zu kaufen, und die Schleswig-Holsteiner besaßen genügend Geld. Bald entwickelte sich ein reger Auftragsdienst, wobei die dänischen Soldaten getreulich das Bestellte ablieferten. Die Aufbesserung ihrer Verpflegung dürfte die Schleswig-Holsteiner aber kaum über ihre sehr schwierige Lage hinweggetäuscht haben. Sie wußten, daß die Dänen ihre Truppen täglich verstärkten und daß die Chancen auf Erfolg dieser Belagerung, je länger sie sich hinzog, immer geringer wurden. Es war ihnen auch klar, daß sie keine Hilfe vom Bundesgeneral von Prittwitz erwarten konnten, der Kampf also allein auf ihren Schultern lag. Der psychische Druck auf die schleswig-holsteinischen Soldaten muß enorm gewesen sein.

Kühn hingegen zeichnet ein recht harmonisches Bild vom Lagerleben: fröhliche Kameraden beim gemeinsamen Trinken, Rauchen, Singen, Späße machen, Debattieren. Die Holzbaracken sollen wohl die Unterkünfte der Soldaten darstellen. Dazu reimt er ein flottes Gedicht, in dem von »*Soldatenlust, Soldatenglück, fröhlichem Waffentanz und lustiger Siegesbahn*« die Rede ist. Die vorletzte Strophe berichtet von den Daheimgebliebenen, die sich mit »*weisem Rath*« beschäftigen. Das könnte eine Anspielung auf die Verhandlungen zu einem Waffenstillstandsvertrag zwischen Dänemark und Preußen sein, der bereits vor Ausbruch des Kampfes um Fridericia am 6. Juli 1849 so gut wie unter Dach und Fach war, wenn auch geheim. In der letzten Strophe läßt Kühn allerdings keinen Zweifel daran, wie das Problem zu lösen ist: »*Wir schaffen's indeß mit frischer That; Bei uns, in freudigem Kampfesglühn, wird das Vaterland frisch fröhlich erblühn.*«

Das gleiche Bild vertrieb Kühn auch als Schulheft-Umschlag.

Quelle:
Liliencron: Up ewig ungedeelt, 1980, S. 327 ff.

Das merkwürdige Jahr 1849. — Eine neue Bilderzeitung. 67stes Bild.

Das heitere Bivouac
der Schleswig-Holsteinschen Truppen im Walde bei Fridericia.

Im Waldesdunkel, auf grünen Höhn
Die alten Banner so fröhlich wehn;
Im Waldesdunkel im tiefen Thal,
Da rasten die Krieger allzumal;
Und beim Becherklang aus voller Brust
Strömt im Lied hervor Soldatenlust.

Die Heimath ließen wir fern zurück,
In der Fremde blüht des Soldaten Glück,
In der Fremde, im fröhlichen Waffentanz,
Muß er gewinnen den Lorbeerkranz;
In der Fremde, auf lustiger Siegesbahn,
Muß er den Siegespreis empfahn.

Wohlauf, mein Bruder, das Glas zur Hand,
Unsre Väter kämpften für's Vaterland,
Für's Vaterland zum lust'gen Strauß
Zogen auch wir in die Welt hinaus.
Wohlauf, mein Bruder, das Glas zur Hand,
Hoch lebe das deutsche Vaterland!

Sie sitzen daheim von früh bis spat,
Und pflegen daheim wohl weisen Rath,
Und streiten mit Worten die Kreuz und Quer,
Als ob's mit Worten zu machen wär',
Sie treiben rechts und links viel Tand,
Und meinen, das sei für's Vaterland.

Laß sie sitzen und rathen von früh bis spat.
Wir schaffen's indeß mit frischer That;
Bei uns, in freudigem Kampfesglühn,
Wird das Vaterland frisch fröhlich erblühn;
Drum, Bruder, das letzte Glas zur Hand,
Dies Glas für König und Vaterland.

Das 68. Bild: »*Prinz Friedrich Carl von Preußen, der junge tapfere Held an der Spitze in dem Gefecht bei Wiesenthal.*«

Obwohl der revolutionäre Funke von Paris zuerst in Süddeutschland gezündet hatte – das Großherzogtum Baden hatte als erster deutscher Staat die Märzforderungen bereits am 2. März 1848 kampflos erfüllt, das Herzogtum Nassau und das Königreich Bayern folgten am 4. März, das Großherzogtum Hessen-Darmstadt am 6. März – findet sich in Kühns ›Neuer Bilderzeitung‹ kein einziger Bilderbogen über das völlig unerwartete Nachgeben der süddeutschen absolutistischen Fürsten. Gerade dieses Verhalten zeigte aber Wirkung auf die Bürger anderer deutscher Staaten, die nunmehr ihre Herrschenden ebenfalls zur Annahme ihrer Forderungen drängten. Wenn sich Kühn bei seiner aktuellen Berichterstattung also dieses in allen Zeitungen heftig kommentierten Themas nicht annahm, kann dies als weiteres Indiz für die These gelten, daß er den Entschluß zur Herausgabe der Serie ›Das merkwürdige Jahr 1848‹ erst beim Ausbrechen der Revolution in Berlin oder kurz danach faßte.

Süddeutschland war aber auch der Schauplatz der letzten revolutionären Aufstände im Mai und Juni 1849. Vordergründig brachen diese Aufstände wegen der ablehnenden Haltung in der Verfassungsfrage durch die reaktionären Fürsten aus, in Wirklichkeit aber hatte die äußerste deutsche Linke diese ›Zweite Revolution‹ schon lange geplant. Forderungen, wie die am 13. Mai 1849 in Offenburg gestellten, – »1. Auflösung der das Vertrauen der Mehrheit des Volkes nicht besitzenden Kammer. 2. Abtreten des Ministeriums. 3. Einberufung einer constituirenden Landesversammlung. 4. Allgemeine Amnestie für die politischen Gefangenen« (Illustrirte Zeitung vom 23. 6. 1849) – zeigen, wie wenig die Verfassungsfrage noch eine Rolle spielte.

Der Herd der ›Zweiten Revolution‹ lag in der bayerischen Pfalz und in Baden, doch hoffte die Linke, die Aufstände in die angrenzenden Staaten und von dort auf ganz Deutschland vortragen zu können. Das badische Militär, mit Ausnahme der reaktionären Offiziere, stellte sich alsbald auf die Seite der Aufständischen. Daraufhin floh der Großherzog aus Karlsruhe nach Germersheim und wandte sich an die Reichsregierung in Frankfurt und an Preußen mit der Bitte um Hilfe. Diese wurde ihm bereitwilligst gewährt. Da die preußischen Truppen unter dem Oberbefehl des Prinzen von Preußen nicht sofort einsatzbereit waren, ergriffen die Aufständischen die Offensive und überschritten am 30. Mai 1849 die hessische Grenze. Doch der Plan eines militärischen Vorstoßes nach Frankfurt kam nicht zur Ausführung. Inzwischen zogen sich um Baden die Truppen der Bundesarmee und der Preußen in überlegener Stärke zusammen. Am 13. und 14. Juni 1849 überschritten die preußischen Truppen die Grenze zur Pfalz. Die Aufständischen setzten ihnen nur geringen Widerstand entgegen, und so war die Pfalz innerhalb weniger Tage vollkommen in preußischer Hand.

Am 18. Juni betraten preußische Truppen badisches Gebiet, am 19. Juni verhängte der Prinz von Preußen den Kriegszustand über das Großherzogtum, am 20. Juni setzten die Preußen von Germersheim her über den Rhein und drangen trotz heftigen Widerstandes weit in badisches Gebiet ein. Am 21. Juni 1849 kam es bei Waghäusel zur Entscheidungsschlacht, die trotz erbitterter Gegenwehr mit dem Verlust von Nordbaden für die Aufständischen endete.

Aber nicht die entscheidende Schlacht bei Waghäusel nimmt Kühn zum Thema seines 68. Bilderbogens, sondern ein eher unbedeutendes Vorgefecht vom 20. Juni 1849 bei Wiesenthal, das wohl nur deshalb für ihn ›merkwürdig‹ ist, weil ein junger Preußenprinz sich bravourös geschlagen hatte. Dieses Gefecht erfährt in der lokalen Berliner Presse einige Aufmerksamkeit, zuerst am 22. Juni 1849 in kurzen gleichlautenden Berichten: »*Germersheim, 20. Juni. 11 Uhr Vormittags. Heute mit Tagesanbruch ist die Avantgarde über den Rhein gegangen; die Insurgenten, über 1000 Mann, hatten über Nacht ihre günstige Stellung aufgegeben, so daß kein Gefecht statt gefunden hat. Auch aus Philipsburg sind dieselben bei Annäherung der Truppen abgezogen. Ein unregelmäßiger Haufen von 400 Mann ist von einer Schwadron des 9. Husaren-Regiments angegriffen und mit Verlust zersprengt worden. Se. königl. Hoh. der Prinz Friedrich Carl hat diese Attake mitgemacht und mit großer Tapferkeit gefochten; er hat zwei leichte Schußwunden, eine in der rechten Schulter, die andere über der rechten Hand erhalten; beide haben Knochen nicht berührt und Gefahr ist durchaus nicht da. Leider wurden drei Offiziere vermißt, so wie auch der Verlust mehrerer Husaren zu bedauern ist. ...*« (Spenersche/Vossische/Kreuz-Zeitung). Es folgten in späteren Ausgaben Angaben zu eigenen und feindlichen Verlusten sowie über die Zahl der Gefangenen. Jedoch hat keine einzige Zeitung die Tat des Prinzen so herausragend gewürdigt wie Gustav Kühn mit seinem 68. Bilderbogen. Ein preußischer Prinz wurde zum Militärdienst erzogen und hatte sich so, wie es von ihm erwartet werden konnte, verhalten. Dieses Verhalten wurde zwar gelobt, aber dennoch als etwas Selbstverständliches angesehen.

Der bildlichen Darstellung, die den Prinzen im Mittelpunkt des Gefechtes mutig aufrecht zu Pferde sitzend zeigt, folgt dieses Mal ein von Kühn selbst verfaßter Text, in dem er die Fakten der Zeitungsberichte zwar wahrheitsgetreu verarbeitet, aber die große Bewunderung für die preußischen Truppen, besonders aber für den jungen Prinzen, unübersehbar zum Ausdruck bringt. Die Textüberschrift ›Prinz Friedrich Carl von Preußen, der junge, tapfere Held an der Spitze in dem Gefecht bei Wiesenthal‹ und die anschließende Beschreibung des Kampfes, die mit den Worten: »*Solche Züge von Heldenmuth, wie bei Wiesenthal, müssen mit goldenen Buchstaben in die Annalen des gesammten Vaterlandes getragen werden*« endet, verstärken diesen Eindruck. Seine Bewunderung gipfelt in einem den Prinzen verherrlichenden – wenn auch sehr holprig gereimten – Gedicht ›Preußenblut, Aechtes Preußenblut‹.

Quellen:
Vollmer: Der Traum von der Freiheit, 1983, S. 265 ff. – Blos: Die Dt. Rev., 1898, S. 548 ff. – Illustrirte Zeitung, No. 312., vom 23. 6. 1849, S. 393 f. – Spenersche Zeitung, No. 143, vom 22. 6. 1849, No. 147, vom 27. 6. 1849 – Vossische Zeitung, No. 143, vom 22. 6. 1849, No. 147, vom 27. 6. 1849 – Kreuz-Zeitung, No. 143, vom 23. 6. 1849, No. 145, vom 26. 6. 1849.

Das 69. Bild: »*Das Seegefecht bei Helgoland.*«

Die am 29. April 1848 von Dänemark erklärte Blockade der deutschen Küsten richtete sich nicht allein auf Schleswig-Holsteins Häfen (siehe 7. Bild), sondern auf alle deutschen Häfen. Schon nach wenigen Tagen waren preußische und hamburgische Schiffe von den Dänen beschlagnahmt worden. Diese Tatsache ließ den Gedanken an eine Bundesflotte wieder aufleben, der bereits während Napoleons Kontinentalsperre erwogen worden war, ohne daß er zur Ausführung gelangte.

Am 8. November 1848 wurde durch Parlamentsbeschluß des Bundestages eine ›Technische Marinekommission‹ unter dem Vorsitz des Prinzen Adalbert von Preußen gebildet, die den Aufbau einer Bundesflotte planen sollte. Von Anfang an kämpfte diese Kommission mit fast unüberwindlichen Schwierigkeiten. Es fehlte an allem. Es gab weder Werften noch Schiffsbauer für Kriegsschiffe in Deutschland. Ebenso fehlten Offiziere, die etwas von der Führung von Kriegsschiffen verstanden, und Ingenieure, die die technische Ausstattung der Schiffe übernehmen konnten. So mußte man sich im Ausland nach geeigneten Schiffen und Offizieren umsehen, und das kostete Zeit und Geld. Das größte Hindernis einer einheitlichen Bundesflotte bildete jedoch der Partikularismus. Jedes Land wollte seine eigenen Ideen und Vorstellungen verwirklicht sehen. Als es daran ging, die Pläne in die Tat umzusetzen, standen die beiden größten Länder – Österreich und Preußen – der ganzen Angelegenheit ablehnend gegenüber. Österreich hatte von Anfang an keine Beiträge für die ›Nord- und Ostseeflotte‹ gezahlt, mit der Begründung, es schütze den deutschen Handel mit seiner Mittelmeerflotte, und Preußen zog seine Beteiligung nach der Gegenrevolution vom 9. November 1848 zurück und baute eigene Kriegsschiffe. Bei dieser Haltung ist es nicht verwunderlich, daß die erste deutsche Bundesflotte Anfang April 1852 sang- und klanglos vom Bundestag in Frankfurt aufgelöst wurde.

Die Flotte kam nur zwei Mal ins Gefecht, und zwar im Juni 1849 unter ihrem Admiral Rudolf Bromme, genannt Brommy. Zu dieser Zeit bestand die Bundesflotte aus der sogenannten Hamburger Flottile, der Segelfregatte ›Deutschland‹ und den drei Radkorvetten ›Hamburg‹, ›Bremen‹, und ›Lübeck‹, der Radkorvette ›Barbarossa‹ (dem ehemaligen Cunard-Postdampfer ›Britannia‹) – dem Flagschiff Brommys – und, als wertvollster Besitz, der ehemaligen dänischen Segelfregatte ›Gefion‹, die den Dänen bei der Schlacht vor Eckernförde am 5. April 1849 abgenommen worden war und nun den Namen ›Eckernförde‹ trug.

Das 69. Bild zeigt eines der beiden Seegefechte, und zwar das erste, das die Flotte unter der Bundesflagge führte. Unter dem Befehl Brommys waren die ›Barbarossa‹, die ›Bremen‹ und die ›Hamburg‹ am 4. Juni 1849 aus Bremerhaven ausgelaufen, um die dänische Blockadeflotte, die vor der Wesermündung kreuzte, zu verjagen. Östlich von Helgoland trafen die deutschen Schiffe auf die dänische Corvette ›Valkyren‹, während sich weitere dänische Schiffe westlich von Helgoland befanden. Es kam zu einem Gefecht, bei dem »*überhaupt von beiden Seiten sehr viel, aber ohne besonderen Erfolg geschossen*« wurde (Spenersche Zeitung vom 7. Juni 1849). Schließlich eilten die anderen dänischen Schiffe der ›Valkyren‹ zu Hilfe, und die deutsche Flotte mußte sich zurückziehen. Bei Cuxhaven traf sie erneut auf einen dänischen Flottenverband. Wieder kam es zu einem Feuerwechsel, aber die deutschen Schiffe konnten, durch unsichtiges Wetter begünstigt, unbeschadet ihren Heimathafen Bremerhaven erreichen.

Natürlich wurde diesem ersten Seegefecht der jungen deutschen Flotte die nötige Aufmerksamkeit in der Presse zuteil, wenn auch die Spenersche Zeitung kritisch anmerkt: »*Die Weser-Zeitung hat eine telegraphische Depesche über dieses Ereigniß erhalten, die dasselbe, wie es scheint, übertrieben, als einen sehr hartnäckigen und siegreichen Kampf darstellt.*«

»Das Seegefecht bei Helgoland zwischen dem dänischen und deutschen Geschwader am 4. Juni.« Holzstich, Illustrirte Zeitung No. 314 vom 7. Juli 1849

»Seegefecht bei Helgoland am 4. Juni 1849.« Oehmigke & Riemschneider No. 1485

Kühn bezog Bild (ebenso wie Oehmigke & Riemschneider), Titel und Text originalgetreu aus der Illustrirten Zeitung vom 7. Juli 1849, fügte aber zum besseren Verständnis für seine Kundschaft der bildlichen Darstellung ein Stück Hafenmauer samt Leuchtturm (von Helgoland) sowie etliche Kanonenkugeln hinzu, die mit einer einzigen Ausnahme alle von den deutschen Schiffen abgefeuert werden. Schließlich setzt er noch ein Gedicht von vier Versen hinzu. In diesem wünscht er der jungen Flotte Ruhmestaten, die an die der alten Hanse anknüpfen sollten, und der Jugend ein neues Betätigungsfeld, so daß das Vaterland vom inneren Krieg ausruhen könne.

Quellen:
Giese: Kleine Geschichte der deutschen Flotte, 1966, S. 9ff. – Valentin: Geschichte der Dt. Rev., Bd. 2, 1930, S. 324f. – Illustrirte Zeitung, No. 314, vom 7. Juli 1849 – Spenersche Zeitung, No. 130, vom 7. Juni 1849 – Vossische Zeitung, No. 130, vom 7. Juni 1849.

Das 70. Bild: *»Die große Schlacht bei Fridericia, den 6. Juli 1849.«*

Fridericia, 1649 vom dänischen König Friedrich III. als Festungsstadt mit Bastionen und Wallanlagen erbaut, liegt auf einer Landspitze der Insel Fünen gegenüber an der schmalsten Stelle des Kleinen Belt. Die Stadt hatte schon immer in Krisenzeiten als Brückenkopf für Nachschub an Truppen und Kriegsmaterial von Fünen her gedient, und den Dänen war klar, daß sie – war erst einmal die Bundesarmee in Jütland – mit einem Angriff auf Fridericia rechnen mußten. So waren sie in den Monaten des Waffenstillstandes nicht untätig gewesen und hatten die Festung bestens für eine Verteidigung hergerichtet. Das Gelände um die Stadt ist hügelig und sumpfig, nur von zwei Straßen durchzogen, über die die Stadt erreichbar war, also denkbar ungeeignet für jeglichen Angriff, zumal die Verteidiger jederzeit freien Zugang zur Stadt vom Meer her hatten. Eine Belagerung mit dem Ziel des Aushungerns kam daher nicht in Frage, nur die Erstürmung der Festung hätte eine Chance auf Erfolg gehabt, wenn sie gleich nach dem Sieg bei Biert und Gudsoe vom 7. Mai erfolgt wäre. Nur dann hätten die Schleswig-Holsteiner vielleicht ihre Vorteile, das Überraschungsmoment, die relativ geringe Besatzung der Festung von nur 6000 Mann sowie die hohe Motivation der eigenen Truppen, zum Sieg nutzen können. Doch General Bonin erhielt den Befehl, die Festung zu belagern.

Wer immer diesen Befehl erteilt hatte, rechnete entweder damit, daß es zu keinem Kampf mehr kommen würde, da bereits Gespräche über einen Waffenstillstand zwischen Preußen und Dänemark geführt wurden, oder kalkulierte ganz bewußt eine Niederlage der schleswig-holsteinischen Armee ein, deren Siegesserie so gar nicht in die Politik Preußens paßte. Für beide Thesen spricht einiges: einerseits führte General von Prittwitz selbst die Gespräche mit dem dänischen General Rye über eine Übereinkunft, andererseits machte während der Belagerungszeit das Wort ›Verrat‹ in den Reihen der schleswig-holsteinischen Truppen die Runde, man sprach ganz offen aus, daß sie als ›Insurgenten‹ den politischen Zielen Preußens geopfert werden sollten.

Wie auch immer, während die Schleswig-Holsteiner Fridericia vom 7. Mai bis 6. Juli belagerten, waren die Dänen in der Lage, die Festung mit Truppen, Munition und Proviant vollzustopfen. General Bonin schrieb am 5. Juli General von Prittwitz, daß die Dänen ihre gesamte Streitmacht in Fridericia konzentrierten, daher ein dänischer Angriff an einer anderen Stelle der Ostküste nicht zu erwarten sei, er, Bonin, jedoch nicht in der Lage sei, einem Ausfall der Dänen aus Fridericia standzuhalten. Doch von Prittwitz traf keine Vorkehrungen, um im Ernstfall Bonin zu Hilfe kommen zu können.

In der Nacht vom 5. auf den 6. Juli 1849 unternahmen die Dänen mit über 20 000 Mann, unterstützt von mehreren Kriegsschiffen und 160 Festungsgeschützen, den lange erwarteten Ausfall. Diesem mehr als zweifach überlegenen Feind boten die Schleswig-Holsteiner erbitterten Widerstand, und bis gegen 10 Uhr vormittags wogte der Kampf unentschieden hin und her, danach aber machte sich die Übermacht der Dänen in Form von immer wieder frischen Truppen bemerkbar, und gegen Mittag mußten sich die Schleswig-Holsteiner zurückziehen. Sie nahmen noch einmal Aufstellung bei Bredstrup, mußten aber auch hier das Schlachtfeld nach etwa zehnstündigem Kampf geschlagen räumen. An die 2500 Mann an Toten, Verletzten und Gefangenen hatten die Schleswig-Holsteiner zu beklagen.

Diese eigentlich vorhersehbare Niederlage der schleswig-holsteinischen Armee, von der man bisher mit so glänzenden Siegen verwöhnt worden war, löste große Bestürzung unter der deutschen Bevölkerung aus, die zwar von den politischen Hintergründen, die zu diesem Debakel geführt hatten, nichts Genaues wußte, doch so manches ahnte. Die Niederlage dieser jungen, mutigen Armee war gleichbedeutend mit dem Abschied von ihren freiheitlichen Träumen.

Das Bild hat wiederum eine Lithographie des Hamburger Verlags D. M. Kanning zum Vorbild. Es gibt eine anschauliche Vorstellung vom Kampfgeschehen: Im Vordergrund verteidigen schleswig-holsteinische Jäger und Infanteristen eine durch Palisaden geschützte Schanze vor den andrängenden Dänen, im Hintergrund fliegt gerade die von Leutnant Christiansen gesprengte ›unverdrossene Schanze‹ in die Luft (siehe auch 71. Bild). Die Festung Fridericia ist links im Hintergrund zu sehen, davor die aufgeworfenen Schanzen und das riesige Truppenaufgebot der Dänen. Auch die in den Berichten erwähnten dänischen Kriegsschiffe fehlen nicht.

Dieser bildlichen Darstellung des Kampfes fügt Kühn den Bericht des Generals Bonin an die Statthalterschaft der Herzogtümer – veröffentlicht in der Spenerschen Zeitung am 11. Juli 1849 – und einen Bericht aus der Illustrirten Zeitung vom 28. Juli 1849 in leicht gekürzter Form bei.

Quellen:
Liliencron: Up ewig ungedeelt, 1980, S. 322ff. – Illustrirte Zeitung, No. 317, vom 28. 7. 1849, S. 64, No. 323, vom 8. 9. 1849, S. 151 – Spenersche Zeitung, No. 158, vom 10. 7. 1849, No. 159, vom 11. 7. 1849, No. 160, vom 12. 7. 1849.

»Schlacht bei Friedericia am 6ten July 1849.« D. M. Kanning, Hamburg (Schleswig-Holsteinisches Landesmuseum, Schleswig)

»Überfall bei Friedericia.« Oehmigke & Riemschneider No. 1540

Die große Schlacht bei Friedericia, den 6. Juli 1849.

Das 71. Bild: »*Fürchterlicher Kampf der dänischen Jäger mit den schleswig-holsteinschen Truppen bei Fridericia. – Kampf der Dänen gegen die schleswig-holsteinsche Batterie Christiansen bei Fridericia.*«

Gustav Kühn benötigte wohl einige Zeit, um die Niederlage der schleswig-holsteinischen Armee zu verarbeiten, ließ dann aber dem 70. Bogen, in dem er sich ausschließlich auf Zeitungsberichte bezogen hatte, einen weiteren zum gleichen Thema folgen, nun aber aus seiner Sicht.

Er wählt aus dem Kampfgeschehen des 6. Juli 1849 zwei Einzelgefechte aus, bei denen sich die Schleswig-Holsteiner besonders mutig gezeigt hatten und den Dänen nicht nur große Verluste zugefügt, sondern sie in einem Falle sogar zum Rückzug – wenn auch nur vorübergehend – gezwungen hatten.

In dem oberen Bild bezieht Kühn sich auf ein Gefecht zwischen dänischen Jägern und Schleswig-Holsteinern. In der damaligen Presse taucht dieses Gefecht zwar nicht gesondert auf, doch ist es durchaus glaubwürdig, daß es während der ersten Phase des Kampfes zu diesem für die Schleswig-Holsteiner für kurze Zeit erfolgreichen Zusammentreffen mit den dänischen Jägern gekommen war. Die dänischen Jäger galten als ganz besonders tapfere und vor allem erfahrene Soldaten, die nicht so leicht zu schlagen waren. Vielleicht war das der Grund, warum Kühn gerade dieses Gefecht für seinen Bilderbogen aussuchte. Allerdings ist seine Berichterstattung in einem Punkt nicht korrekt: an der gesamten Schlacht um Fridericia hatten nur schleswig-holsteinische Truppen teilgenommen, deutsche Truppen – wie Kühn in seinem Text mehrfach berichtet – waren zu keiner Zeit in die Kämpfe miteinbezogen.

Der auf dem unteren Bild beschriebene Kampf um die Batterie Christiansen wurde in fast allen Berichten über die Schlacht um Fridericia besonders hervorgehoben. Leutnant Christiansen sprengte die unter seinem Befehl stehende Schanze in die Luft, als er erkannte, daß er der dänischen Übermacht nicht würde standhalten können. Während sich die Schleswig-Holsteiner vor der Explosion zurückziehen konnten, gab es unter den heranstürmenden Dänen große Verluste. In mehreren Berichten taucht für diese Schanze auch die Bezeichnung ›unverdrossene Schanze‹ auf.

Kühn greift also diese beiden Begebenheiten, die es tatsächlich auch so gegeben hat, aus einer Fülle von Einzelgefechten heraus. Dieser Bilderbogen konnte den Eindruck erwecken – kannte man das Ergebnis der Schlacht nicht –, daß die Schleswig-Holsteiner ihre Siegesserie fortsetzen würden. Da Kühn zur Zeit der Herausgabe dieses Bogens der zwischen Preußen und Dänemark abgeschlossene Waffenstillstandsvertrag vom 10. Juli 1849 bekannt gewesen sein mußte, ist dieser Bogen wohl als ein Abgesang an eine tapfere Armee zu verstehen, die den Interessen Preußens geopfert worden war. Sie hatte es in Kühns Augen sicher nicht verdient, als Geschlagene aus den Augen der Deutschen zu verschwinden, sondern ihre Heldentaten sollten nicht vergessen werden.

Quellen:
Liliencron: Up ewig ungedeelt, 1980, S. 336 ff. –
Spenersche Zeitung, No. 158, vom 10. 7. 1849 –
Illustrirte Zeitung, No. 323, vom 8. 9. 1849,
S. 151 ff.

Das merkwürdige Jahr 1849. — Eine neue Bilderzeitung. 71tes Bild.

Fürchterlicher Kampf der dänischen Jäger mit den schleswig-holsteinschen Truppen bei Fridericia.

Durch große Heeresmacht wurde die Festung Fridericia von allen Seiten von den schleswig-holsteinschen und andern deutschen Truppen eingeschlossen und heftig aus den aufgerichteten Batterien beschossen, wodurch die Stadt selbst und die in ihr hausenden Dänen hart mitgenommen wurden. Doch der Weg zur See war ihnen frei und deshalb wurde ihnen durch ihre Schiffe bedeutende Verstärkung zugeführt, so daß sie es wagen konnten, einen Ausfall zu machen. Sie brachen deshalb kampfesmuthig und in ungeheurer Zahl aus allen Thoren hervor und griffen mit Wuth die aufgeworfenen Verschanzungen und die Batterien an und fügten durch ihren kühnen Ausfall den belagernden deutschen und schleswig-holsteinschen Truppen ungeheuren Verlust zu. Besonders heftig entbrannte und wogte der Kampf an dem Punkte, wo die dänischen Jäger den Angriff machten. Ihre wohlgezielten Schüsse streckten manchen Soldaten zu Boden und schon mußten diese weichen. Da stellt sich ihr tapferer Führer an die Spitze und führt sie mit Todesmuth noch einmal in den Kampf. Eine feindliche Kugel wirft ihn zu Boden; doch nun dringen seine Tapferen, zur Rachbegier entflammt, mit solcher Wuth mit gefälltem Bajonett auf die dänischen Jäger, daß diese mit großem Verluste ihren Rückzug antreten mußten. Dies geschah am 6. Juli 1849.

Kampf der Dänen gegen die schleswig-holsteinsche Batterie Christiansen bei Fridericia.

Wie ein verheerender Heuschreckenschwarm brachen die Dänen, kühn gemacht durch die bedeutende Verstärkung, welche ihnen zur See zugeführt worden war, und erbost durch das heftige Bombardement, wodurch die Schleswig-Holsteiner und andere deutsche Truppen mit ihren Feuerschlünden die Stadt verheerten und sie selbst plagten und ängstigten, aus allen Thoren Fridericia's hervor und griffen die Belagerer von allen Seiten mit rasender Wuth an. Kanonendonner von allen Seiten machte die Erde erbeben und dichter Pulverdampf bedeckte wie Wolken das Schlachtfeld. Von allen Seiten entbrannte der mörderische Kampf; mit Pelotonfeuer beschirte die Infanterie gegen einander und als dennoch die braven Deutschen nicht wankten und wichen, griffen die Dänen mit dem Bajonett an und drangen mit lautem Hurrah vor. Besonders drangen sie mit großer Uebermacht gegen die Batterie Christiansen vor, bis ihnen sehr vielen Schaden zufügte. Mit Todesverachtung vertheidigten die Schleswig-Holsteiner ihre Geschütze, doch mußten sie den mit dem Bajonett in ungeheurer Masse anbringenden Dänen, welche die Vertheidiger und Artilleristen niederstachen, endlich weichen. Zuvor aber sprengten sie noch durch Bomben die Kanonen von den Lafetten, zum sie dadurch unbrauchbar zu machen.

Das 72. Bild: *»Die gewaltsamen Werbungen in Ungarn.«*

Als sich Anfang des Jahres 1849 herausstellte, daß ein Kampf Ungarns gegen Österreich unausweichlich wurde, bestand die ungarische Armee aus einer hervorragenden Kavallerie, meist Husaren, aus einer guten Artillerie, aus einer zahlenmäßig schwachen Infanterie, aus einem eilig zusammengestellten und wenig ausgebildeten Landsturm und den zahlreicher vertretenen Honveds (Vaterlandsverteidiger, eine 1848 geprägte Bezeichnung für ungarische Freiwillige). Die Armeestärke betrug insgesamt 58 000 Mann, doch wuchs sie durch den Zulauf weiterer Honveds rasch an.

Obwohl die österreichische Armee zu Beginn des Kampfes der ungarischen zahlenmäßig um das Doppelte überlegen war, mußte Österreich erleben, wie ein General nach dem anderen Niederlagen erlitt und den Rückzug antrat. In ihrer Not wandte sich die österreichische Regierung an die Russen um Hilfe, die ja bereits in Siebenbürgen für die Österreicher in das Geschehen – wenn auch erfolglos – eingegriffen hatten. Ein Abkommen über militärische Unterstützung durch die Russen wurde bereits am 2. Mai 1849 unterzeichnet, ein militärisches Eingreifen war jedoch vor Juni nicht möglich, da die Russen Zeit zur Vorbereitung benötigten. Es blieb also nur der Monat Mai 1849, in dem die Ungarn ihren Freiheitskampf für sich entscheiden konnten.

Dies sah auch Kossuth so. Neben seiner Regierungs- und Verwaltungsarbeit reiste er durchs Land und brachte durch seine glühenden Reden Tausende Freiwillige zu den Waffen, so daß sich Anfang Juni 1849 Ungarns Streitkräfte auf 141 000 Mann beliefen. Diesen standen 132 000 Österreicher gegenüber, und die Russen rückten mit 140 000 Mann auf Ungarn vor.

In dieser für Ungarn alles entscheidenden Zeit trieb Görgey, der ungarische Oberbefehlshaber, seine persönlichen Differenzen mit Kossuth auf die Spitze. Er entschied selbstherrlich alle militärischen Operationen und verlor Anfang bis Mitte Juni durch etliche krasse Fehler alle Gefechte gegen die Östereicher.

In dieser kritischen Lage, und da die Russen bereits auf ungarischem Boden standen, erließ Kossuth am 27. Juni einen Aufruf an das ungarische Volk, in dem er alle waffenfähigen Männer zwischen 15 und 60 Jahren aufforderte, sich dem bewaffneten Landsturm anzuschließen. Doch zu einer Konzentrierung aller Streitkräfte kam es nicht mehr, und so wurde eine Schlacht nach der anderen verloren, bis mit der Niederlage bei Temesvar am 9. August 1849 das Ende der ungarischen Erhebung kam. Am 13. August ergab Görgey sich den Russen, ihm folgten nacheinander die anderen noch im Kampfe stehenden Truppenteile mit Ausnahme der Besatzung der Festung Komorn. Kossuth und einigen führenden Generälen – darunter Bem – gelang die Flucht in die Türkei.

Aus Kossuths Aufruf macht Gustav Kühn auf seinem 72. Bild ›Die gewaltsamen Werbungen in Ungarn‹. Als Vorlage benutzt er eine der Abbildungen über die ungarischen Ereignisse aus der Illustrirten Zeitung vom 14. Juli 1849, die mit ›Eine Honvedswerbung‹ unterschrieben ist. In dem begleitenden Bericht ›Der ungarische Krieg‹ werden die einzelnen Bilder erklärt, und so führt der Berichterstatter zu dem von Kühn übernommenen aus: »*Die Werbung der Honveds, der ungarischen Landwehr, erklärt sich von selbst; unser Künstler hat sehr gut die Begeisterung und den wilden Muth darzustellen gewußt, womit die Magyaren aller Stände und Bildungsstufen sich der Sache des Vaterlandes hingeben, das sie in seinem Bestande gefährdet halten und daher Alles dafür opfern.*« Andererseits bringt die Vossische Zeitung immer wieder Berichte über das rücksichtslose Vorgehen der Ungarn auch gegenüber ihren eigenen Landsleuten, die dem Freiheitskampf ablehnend gegenüberstehen, schränkt diese Meldungen aber meist mit dem Bemerken ein, daß sie wohl sehr übertrieben seien und daß für den Wahrheitsgehalt nicht gebürgt werden könne. In einem anderen Bericht der Vossischen Zeitung vom 13. Juli 1849 heißt es: »*Die durch die neuliche Kossuthsche Proklamation zur Erhöhung des religiösen Fanatismus angeordnete Kreuzzugsverkündigung ist schon bis nach Comorn gedrungen.*

»Eine Honvedswerbung.« Holzstich, Illustrirte Zeitung No. 315 vom 14. Juli 1849

»Kossuth den Landsturm aufbietend.« Oehmigke & Riemschneider No. 1440

Jammerschade um alle die Verblendeten, die sich daran beteiligen! Männer, Frauen, Kinder Greise, Mädchen, Alles schließt sich dem Zuge an, der so zahlreichen Heeresmassen gegenüber unrettbar unterliegen muß.« Daraus läßt sich nicht auf ›gewaltsame Werbungen der Ungarn‹ schließen. Der überwiegende Teil der zu den Waffen geeilten Ungarn dürfte sich freiwillig gemeldet haben, waren sie sich der Folgen einer endgültigen Niederlage doch bewußt.

Der Titel des 72. Bildes ist jedoch erst im Zusammenspiel mit dem Text und dem Gedicht so recht verständlich. Hatte sich Kühn noch auf seinem 61. Bild, mit dem er zum ersten Mal über die ungarischen Ereignisse berichtete, über die

von Niederlagen heimgesuchten Österreicher lustig gemacht und damit indirekt für die Ungarn Stellung bezogen, so hat er nun – knapp zwei Monate später – seine Meinung total geändert. Dem Stil nach dürfte Text und Gedicht aus Kühns eigener Feder stammen. Er spricht von einer ›bitterbösen Zeit im Ungarland, wo der Kossuth sich auf den alten Königsstuhl setzte, und bei Leib und Leben jedermann bestrafte, der zum alten Königshaus halten wollte‹, er berichtet von Zwangswerbungen und daß, ›um den Ehrgeiz der ungarischen Großen zu befriedigen, viel Tausend elend geworden‹ seien. Die drei anschließenden Verse sollen veranschaulichen, welche Not die ›rothe Republik‹ über das ungarische Volk gebracht hat, und daß nur durch des Russen Hilfe der Sieg errungen wurde.

Auf diesem Bilderbogen zeigt Kühn seine Grundeinstellung zu Gesetz und Ordnung wieder recht deutlich. Solange die Ungarn siegten und die österreichische Regierung durch militärische Niederlagen geschwächt war, solange identifizierte er sich mit dem ungarischen Freiheitskampf. Als sich aber das Blatt wendete, die Österreicher mit Unterstützung der Russen die Oberhand gewannen und schließlich Ungarn endgültig besiegten, da kehrte auch Kühn zu der angestammten Obrigkeit zurück, die wieder für Ruhe und Ordnung sorgte. Daß diese Ruhe und Ordnung durch hartes Durchgreifen der Österreicher mit Verhaftungen, Hinrichtungen, Plünderungen, Verschleppung und Zwangsarbeit erreicht wurde, interessierte Kühn nicht mehr.

Quellen:
Blos: Die Dt. Rev., 1898, S. 500ff., S. 610ff. – Meyers Großes Taschen-Lexikon, Bd. 10, 1981, S. 75 – Illustrirte Zeitung, No. 311, vom 16. 6. 1848, No. 315, vom 14. 7. 1849 – Vossische Zeitung, No. 156, vom 7. 7. 1849, No. 164 vom 16. 7. 1849.

Abb. in:
Neuruppiner Bilderbogen, Katoalog MVK, S. 35, Abb. 15

Das 73. Bild: »*Siegreicher Kampf der Ungarn mit den Russischen Vorposten. – Zurückgeschlagener Angriff der Oestreicher auf die Festung Comorn.*«

Für seinen 73. Bilderbogen wählt Gustav Kühn zwei für die Ungarn erfolgreich verlaufene Gefechte, allerdings ohne Datumsangabe. Da die Russen aber erst ab Juni 1849 an den Kämpfen teilnahmen, muß zumindest das im oberen Bild beschriebene Gefecht gegen die Russen in der Zeit von Juni bis Anfang August 1849 stattgefunden haben. Während dieser Zeit war die Lage in Ungarn bereits so unübersichtlich, daß sich häufig die Berichte in den Zeitungen widersprachen oder sich Meldungen als falsch herausstellten und korrigiert werden mußten. Die Vossische und die Spenersche Zeitung bezogen ihre Nachrichten aus Wien, die dementsprechend gefärbt waren, und besonders die Spenersche Zeitung wies ihre Leser immer wieder darauf hin, daß sie für die Richtigkeit der Meldungen nicht garantieren könne. So schreibt sie z.B. in ihrer Ausgabe vom 10. August 1849: »*Görgey soll nicht die Theiß überschritten haben, sondern zwischen Miskolcz und Erlau stehen, Paskiewitsch über Debreczin nach Großwardein vorrücken. Wir müssen auf das ›soll‹ Gewicht legen, da das größte Dunkel über die Ereignisse auf diesem Theile des Kriegsschauplatzes herrscht und die Berichte der österreich. Blätter sich vielfach widersprechen.*«

Wo immer Kühn die Meldungen über die auf seinem 73. Bogen beschriebenen Gefechte her hat, einem bestimmten Kampf mit genauem Datum lassen sie sich nicht mehr zuordnen. Sowohl in Siebenbürgen wie auch in Komorn fanden viele Gefechte statt, wobei die Ungarn in Siebenbürgen den zahlenmäßig weit überlegenen russischen Truppen weichen mußten, während die Kämpfe vor der Festung Komorn fast immer siegreich für die Ungarn ausgingen.

Diese Festung war einer der bekanntesten Orte während des ungarischen Freiheitskampfes. Auf einer Landzunge zwischen Donau und Waag gelegen, galt die Festung Komorn als ein uneinnehmbares Wunderwerk der Festungsbaukunst. So ist es nicht verwunderlich, daß sich beide Kriegsparteien in den Besitz dieser strategisch so günstig gelegenen Festung bringen wollten. Bei Ausbruch der Feindseligkeiten hatte die Festung eine ungarische Besatzung. Die Österreicher gingen davon aus, diese würde sich loyal zum Kaiser verhalten. Sie mußten bald erkennen, daß diese Annahme falsch war, und so wurde schon im Dezember 1848 mit der Belagerung begonnen. Am 30. Dezember 1848 wurde die Übergabe gefordert, die der Festungskommandant Maytheny – ein ehemaliger österreichischer Offizier – verweigerte. Die Österreicher schlossen im Laufe der nächsten Monate den Belagerungsring immer enger, und als das keinen Eindruck machte, beschossen sie die Festung im April und Mai, doch ohne nennenswerten Erfolg. Immer wieder gelangen der Besatzung Ausfälle, besonders seit der junge Offizier Klapka das Kommando übernommen hatte, der den Österreichern große Verluste zufügte. Auch als der Krieg längst beendet war, trotzten Klapka und seine Männer der sich nun auf die Festung konzentrierenden österreichischen Armee. Erst am 27. September 1849 – also sechs Wochen nach Görgeys Kapitulation – wurde die Unterwerfungsakte von der Besatzung der Festung Komorn unterzeichnet, die Klapka und seiner Mannschaft den freien Abzug gewährte. Mit dem Fall dieses letzten Bollwerkes der Ungarn war der ungarische Freiheitskrieg endgültig beendet.

Der Stil des Begleittextes zu den beiden Bildern weist wiederum Kühn als den Verfasser desselben aus. Daß Kühn auf den 72. Bogen, auf dem er sich gerade erst für die Durchsetzung von Ruhe und Ordnung in Ungarn durch die angestammte Obrigkeit eingesetzt hat, einen weiteren Bogen folgen läßt, der nun wieder Partei für die Ungarn ergreift, erscheint nur auf den ersten Blick merkwürdig. Zuerst einmal ist davon auszugehen, daß der 73. Bogen bereits vor dem 72. gedruckt war. Dies läßt sich durch den letzten Satz des 72. Bogens belegen, in dem es heißt: »*Ihre Anführer: Kossuth, Bem und wie sie alle heißen mögen, sollen nach der Türkei geflohen sein.*« Kühn müssen also erste Meldungen über Kossuths Flucht vorgelegen haben, die nicht vor Mitte August in die Presse gelangten. Andererseits fanden die auf dem 73. Bild beschriebenen Gefechte mit Sicherheit vor August 1849 statt. Zudem ist in dieser Serie schon mehrmals nachgewiesen, daß sich Kühn trotz der Numerierung der Bogen nicht starr an die chronologische Reihenfolge hielt.

So dürfte denn der Text des 73. Bogens noch unter dem Gesichtspunkt der Erfolge der Ungarn zu sehen sein. Wenn Kühn auch versucht, in beiden Texten mehr Sachlichkeit walten zu lassen, so läßt er doch seine Bewunderung für die ›tapferen Ungarn‹ durchblicken, die einen ›so kühnen Angriff‹ machten, die so mutig und gewandt kämpften unter ›ihrem kühnen und heldenmüthigen General Görgey‹. Die Österreicher beschreibt er als sich ›brav verteidigend‹, was nicht gerade als soldatische Glanzleistung zu verstehen ist. Es scheint überhaupt, daß sich Kühn für Mut und Tapferkeit im Kampf für eine gerechte Sache gepaart mit Erfolg begeistern konnte, wohingegen Niederlagen die eben noch Gelobten zu Unruhestiftern und Gesetzesbrechern werden ließ.

Quellen:
Blos: Die Dt. Rev. 1898, S. 601 ff. – Illustrirte Zeitung, No. 289, v. 13. 1. 1849; No. 313, v. 30. 6. 1849, No. 329 v. 20. 10. 1849 – Vossische Zeitung, No. 158, v. 10. 7. 1849 – Spenersche Zeitung, No. 175, vom 31. 7. 1849.

»Görgey ergibt sich den russischen Truppen.« Oehmigke & Riemschneider No. 1528

Das merkwürdige Jahr 1849. — Eine neue Bilderzeitung. 73tes Bild.

Siegreicher Kampf der Ungarn mit den Russischen Vorposten.

Der russische General Lüders war mit einer bedeutenden Heeresmacht in Siebenbürgen eingerückt, um die Ungarn, die sich fast des ganzen Landes bemächtigt und die kaiserlich östreichischen Truppen überall geschlagen hatten, daraus zu vertreiben. Vorsichtig rückte er mit seinem Heere vor und entsandte eine bedeutende Truppenmasse als Vorposten, um die Stellung des Feindes zu recognosciren. Diese Truppen marschirten auf dem Wege nach Klausenburg und drangen immer mehr auf der Landstraße vor, unbesorgt um den Feind, von dem sie nichts erblickten. Da brach dieser plötzlich in großen Kavallerieschwärmen aus den Thoren der Stadt und aus allen Umgebungen derselben hervor und machte einen so kühnen Angriff, kämpfte so muthig und gewandt, daß die russischen Dragoner, so tapfer sie auch einhieben, dem Anfall weichen und ihren Rückzug antreten mußten. Die ungarischen Husaren betrauerten den Tod ihres Anführers, welcher, von einer feindlichen Kugel durchbohrt, leblos vom Pferde sank. Aber dieser Unglücksfall hatte ihren Muth nur noch mehr entflammt und sie zu dem so unwiderstehlichen Angriff vermocht, der die russischen Vorposten zwang, sich so eilig auf das Hauptheer zurückzuziehen.

Zurückgeschlagener Angriff der Oestreicher auf die Festung Comorn.

Schwer ertrugen die Oestreicher den Verlust der starken Festung Comorn, die mit großer Heeresmacht von den tapfern Ungarn unter ihrem kühnen und heldenmüthigen General Görgey nach blutigem Kampfe den sich brav vertheidigenden östreichischen Soldaten genommen worden war. Doch sollten die Ungarn nicht lange im ungestörten Besitz derselben bleiben. Die Oestreicher rückten in Eilmärschen vor, besetzten rings die Festung und eröffneten das Feuer ihres Belagerungsgeschützes. Bomben und glühende Kugeln schlugen von allen Seiten ein und die Flamme ergriff bald hier bald dort ein Haus. Unter dieser Verwirrung rückten die Sturmkolonnen der Oestreicher an, kamen glücklich, wenn auch nach blutigem Kampfe und schwerem Verluste, zu dem ersten Verhau in der Vorstadt und glaubten nun leichtes Spiel zu haben. Doch nun empfing sie das wohlgezielte Feuer und die Bajonette der Ungarn. In den Straßen donnerten die Kanonen und warfen einen Kartätschenhagel auf die Stürmenden, ganze Rotten sanken zu Boden und keinen Fuß breit konnten sie weiter vorrücken. Nun gebot der östreichische Befehlshaber den Rückzug da Hunderte mit ihren Leichnamen die Straßen bedeckten. Comorn wurde nun ringsschlossen um es zur Uebergabe zu zwingen.

Original u. Eigenthum No. 223.

Neu-Ruppin, zu haben bei Gustav Kühn.

Das 77. Bild: »Entwaffnung der Insurgentenbesatzung von Rastatt.«

Nach der Schlacht von Waghäusel am 21. Juni 1849, die mit dem Verlust von Nordbaden für die Aufständischen endete, beschloß Mieroslawski, der polnische Oberbefehlshaber über die badischen Truppen und Freischaren, sich mit seiner Armee auf die Murglinie zurückzuziehen. Er hoffte, den Vormarsch der preußischen Truppen mit Hilfe der Festung Rastatt zum Stehen zu bringen. Rastatt, bis 1771 beschauliche Residenzstadt der Markgrafen von Baden-Baden, war ab 1842 zur Bundesfestung ausgebaut worden. Im Zuge dieser Arbeiten wurde die gesamte Stadt mit Wällen und Gräben umzogen. Auch der Prinz von Preußen richtete sein Augenmerk auf Rastatt, galt es doch, die Bundesfestung nicht länger in den Händen von ›Insurgenten‹ zu belassen. So wandte er sich nach Einnahme und Besetzung von Karlsruhe am 25. Juni der Aufgabe zu, die Festung zu unterwerfen. Den Preußen gelang der Durchbruch der Murglinie bei Gernsbach am 29. Juni und die weiträumige Umfassung der Festung am 30. Juni 1849. Dieses schnelle Vorgehen zeigte bei den Revolutionstruppen Wirkung, es breitete sich Panik aus und ganze Einheiten setzten sich während der Nacht ab. Doch blieb vielen Flüchtenden nur der Weg in die Festung offen, da die Wege nach Süden und Westen bereits von den Preußen abgeschnitten waren.

Nach den hektischen Tagen des Vormarsches und der Kämpfe setzte eine Phase der Ruhe ein. Die preußischen Belagerungstruppen quartierten sich in den Dörfern der Umgebung ein und genossen das Lagerleben. Dem Unterhändler der eingeschlossenen Revolutionstruppen, Otto von Corvin, erklärte der Generalstabschef des Prinzen von Preußen ohne Umschweife, »daß man gar keine große Eile habe, die Festung zu nehmen, daß man Baden doch besetzt halten müsse, und daß es nicht darauf ankomme, ob man Truppen um Rastatt konzentriere oder nicht, wir warten ruhig ab, bis Sie Ihre Vorräte aufgezehrt haben.« (Vollmer, S. 418)

Da sich die Besatzung von Rastatt nicht zu einer Übergabe der Festung entschließen konnte, begannen die Preußen am 7. Juli mit der Beschießung der Stadt. Daraufhin versuchte die Besatzung am 8. Juli einen Ausfall, der jedoch scheiterte. Doch immer noch dachten die Eingeschlossenen nicht an Aufgeben, denn sie glaubten fest, Entsatz wäre bereits im Anmarsch. Um ihnen die Sinnlosigkeit ihres Verhaltens klarzumachen, boten die Preußen an, zwei Offizieren der Aufständischen freies Geleit für eine Reise nach Konstanz zu geben, damit sie sich mit eigenen Augen davon überzeugen könnten, daß ganz Baden fest in preußischer Hand wäre. Am 18. Juli wurde dieses Anerbieten angenommen und die Offiziere von Corvin und Lang machten sich auf den Weg. Bei ihrer Rückkehr am 21. Juli bestätigten sie die Richtigkeit der preußischen Aussage. Nunmehr wurde mehrheitlich von der Besatzung beschlossen, die Festung zu übergeben. Bei Bekanntwerden dieser Maßnahme brach die Disziplin bei den Soldaten völlig zusammen, sie verließen ihre Posten und begannen zu plündern. Dieses Verhalten veranlaßte Corvin, die Preußen um eine schnelle Übernahme der Festung zu bitten. Am 23. Juli 1849, 6 Uhr nachmittags, verließen 5596 Mann die Festung und legten ihre Waffen auf einem freien Platz vor den Toren der Stadt nieder. Bereits um 7 Uhr waren Stadt und Festung von den Preußen besetzt.

Diesen letzten Akt des Dramas ›Badischer Aufstand‹ wählt Gustav Kühn für seinen 77. Bilderbogen. ›Ruhe und Ordnung‹ sind nun auch in der Pfalz und in Baden wieder hergestellt, und der Sieger ist der Prinz von Preußen.

Das Bild zeigt anschaulich den Vorgang der Entwaffnung: die Aufständischen – meist in Zivilkleidung, nur wenige Offiziere in Uniform – haben ihre Waffen bereits niedergelegt und verharren in unterwürfiger Haltung, ihnen gegenüber der Prinz von Preußen und einige preußische Offiziere hoch zu Pferde, und überall ist preußisches Militär angetreten, das diesen Vorgang bewegungslos verfolgt. Der nachfolgende Text, der bis auf den ersten Satz und im weiteren Verlauf mit kleinen Auslassungen der Spenerschen Zeitung vom 31. Juli 1849 entnommen ist, vertieft noch den Eindruck, den das Bild vermittelt. Allerdings hat sich die Entwaffnung nicht vor dem Rastatter Schloß, sondern vor den Toren der Stadt abgespielt, wie es auch im Text korrekt berichtet wird. Kühn diente ein Bild ›Der Ausbruch des Aufstandes zu Rastatt am 13. Mai 1849‹ aus der Illustrirten Zeitung vom 23. Juni 1849 als Vorlage, von der er ziemlich genau das Schloß übernahm. Die Personengruppen fügte er neu ein.

Bild und Text – soweit dieser mit dem Zeitungsbericht übereinstimmt – schildern den Vorgang der Entwaffnung wertfrei, der Titel und der erste Satz des Textes zeigen aber deutlich, wem Kühn die Schuld an diesem Ende der freiheitlichen Bewegung Deutschlands gibt. Stärker noch kommt seine Einstellung in dem folgenden Gedicht zum Ausdruck. In ihm wird nicht nur ein Loblied auf die preußischen Soldaten – wieder einmal – gesungen, sondern mit der 4. Strophe wird der Prinz von Preußen durch seine Taten in der Pfalz und in Baden endlich rehabilitiert. Auch wenn er nicht namentlich genannt wird, war jedem klar, wer gemeint war:

»Sie haben schmerzlich ihn geschmäht,
Verleumdet seinem Volke;
Nun ist die Schmach hinweggeweht,
Verweht die böse Wolke.
Durch Kampf verkläret steht er da,
Und alles Volk ruft fern und nah:
Er ist von altem guten Stamme,
In uns die alte heil'ge Flamme!«

Leider fehlen die Bilderbogen vom 74. bis zum 76. Bild. Es ist also nicht ersichtlich, ob Kühn noch andere badische

»Der Ausbruch des Aufstandes zu Rastatt am 13. Mai.« Holzstich, Illustrirte Zeitung No. 313 vom 23. Juni 1849

Ereignisse herausgebracht hat, oder ob er es bei der Hervorhebung der Taten der beiden Repräsentanten des preußischen Königshauses – des Prinzen Friedrich Carl und des Prinzen von Preußen – beläßt, was zumindest dem Konzept dieser Bilderbogenserie entspräche. Weiter ist durch die fehlenden Bogen nicht feststellbar, ab wann Kühn in seinen Bildtiteln ›Das merkwürdige Jahr‹ wegläßt. Ab dem 77. Bild heißt es nur noch ›Neue Bilder-Zeitung‹, gefolgt von der Bildnummer.

Quellen:
Vollmer: Der Traum von der Freiheit, 1983, S. 399 ff., S. 417 ff. – Erinnerungsstätte für die Freiheitsbewegungen in der deutschen Geschichte, Katalog, 1984, S. 375 ff. – Illustrirte Zeitung, No. 312, vom 23. 6. 1849, S. 393, No. 325, vom 22. 9. 1849, S. 183 ff. – Spenersche Zeitung, No. 175, vom 31. 7. 1849.

Abb. in:
Bilderbogen, Katalog Badisches Landesmuseum, Kat. Nr. 206, S. 30. – Seubert: Ein Neuruppiner Bilderbogen aus dem Jahre 1848, 1976. – Bauer: Der Neuruppiner Bilderbogen, 1903/04, S. 635.

Das 80. Bild: »*Schlacht bei Szegedin und Einnahme der Stadt durch die Oestreicher.*«

Mit dem Eintritt der Russen in den ungarischen Freiheitskampf war es eigentlich nur eine Zeitfrage, wann die Ungarn sich dieser Übermacht ergeben mußten. Trotz des enormen Zulaufs von Freiwilligen, die nach Kossuths Aufruf zu den Fahnen eilten, gelang es nicht, einen wirkungsvollen Kriegsplan in die Tat umzusetzen.

Von allen Seiten wurden die Ungarn bedrängt: in Siebenbürgen mußte sich Bem der russisch-österreichischen Übermacht beugen, von Norden rückten die Russen auf Debrecin vor; der österreichische General Haynau zog mit seinen Truppen in Eilmärschen auf Szegedin und im Süden stand Jellačič mit weiteren Truppenkontingenten. Die Ungarn sahen sich außerstande, ihre gesamten Streitkräfte bei Szegedin zusammenzuziehen, in dessen Mauern sich seit dem 2. Juli 1849 die provisorische ungarische Regierung befand. Kossuth hatte am 1. Juli 1849 die Verlegung der Regierung von Budapest nach Szegedin verfügt, und dies mit dem Vorrücken der Russen begründet. Bereits am 28. Juli 1849 fand die letzte Sitzung der Regierung in Szegedin statt, auf der ihre erneute Verlegung, diesmal nach der im Süden Ungarns gelegenen Festung Großwardein, beschlossen wurde.

Am 3. August 1849 überließen die Ungarn Haynau kampflos die Stadt und zogen sich auf die starken Verschanzungen vor Szegedin zurück, von wo sie aber auch von den Österreichern vertrieben wurden. Am 4. August kam es zu einer Schlacht, die wiederum die Ungarn unter großen Verlusten verloren. Nur der Einbruch der Nacht schützte den Rückzug der Ungarn vor der österreichischen Verfolgung.

Der Fall Szegedins ist das Thema von Kühns 80. Bilderbogen. Auch hier dürfte Kühn Verfasser des Textes und Gedichtes sein, doch welch ein Unterschied im Ton zu seinem 72. Bilderbogen: jener polemisiert gegen Kossuths letzten Versuch, das Blatt doch noch zu wenden, dieser schildert sachlich mit einem leisen Ton der Bewunderung eine der letzten verzweifelten Schlachten der Ungarn um ihre Freiheit.

Die Schilderung der Vorgänge vor, während und nach der Schlacht sind sachlich richtig bis auf den Umstand, daß die Schlacht erst nach der Aufgabe Szegedins stattfand. In den folgenden drei Versen beschwört Kühn fast die Ungarn, den Kampf mit aller Kraft fortzusetzen, ›sonst scheitert das Schiff noch im Hafen!‹ Weiter ruft er ihnen zu:

»*Wir wollen vom Rechte nicht lassen:*
Die Freiheit retten, das Vaterland
Oder freudig sterben, das Schwert
in der Hand.
Und Knechtschaft und Wütheriche
hassen.«

Was mag Kühn zu einem solchen Text veranlaßt haben? Hat ihn vielleicht in der Zwischenzeit der Artikel in der Spenerschen Zeitung vom 13. Juli 1849 zum Nachdenken gebracht, in dem es u.a. heißt: »*Die ungarische Angelegenheit ist nicht eine innere österreichische, sie ist eine europäische. Die Gestalt Europas verändert sich, sobald Ungarn in einem österreichischen Centralstaat aufgeht, und Österreich in sclavische Abhängigkeit von russischer Politik geräth. Die westlichen Mächte und unter ihnen Deutschland, haben das größte Interesse daran, daß Ungarn die Selbstständigkeit in Gesetzgebung und Verwaltung, unter habsburgischem Scepter, behalte, die es vertragsmäßig besitzt. Ungarn ist allein im Stande, der österreichischen Politik ihre Unabhängigkeit von der russischen zu sichern. Die ungarische Frage ist die, welche von den europäischen Mächten sobald als möglich in diplomatische Behandlung genommen werden muß. Österreich selbst auch hat sie durch Anrufung von Rußlands Hülfe zur europäischen gemacht.*« Ob nun dieser Artikel Kühn einen Anstoß zum Umdenken gab oder ein anderer, über diesen Freiheitskampf dürfte überall in Deutschland leidenschaftlich diskutiert worden sein. Es war den fortschrittlich Denkenden sicher klar, daß mit der endgültigen Niederlage Ungarns alle Freiheitsbestrebungen in ganz Europa für Jahre zum Erliegen kommen würden.

»Verdrängung der Magyaren aus Raab am 26. Juni durch die Oestreicher...« Kolorierte Lithographie, No. 76 (MVK Berlin)

Quellen:
Blos: Die Dt. Rev., S. 610 ff. – Spenersche Zeitung, No. 161, vom 13. 7. 1849 – Illustrirte Zeitung, No. 322, vom 1. 9. 1849, S. 131 ff.

Schlacht bei Szegedin und Einnahme der Stadt durch die Oestreicher.

Die Magyaren, durch Kossuth's Proklamationen begeistert und in Wuth versetzt, kämpften den Riesenkampf um ihre Freiheit und Selbstständigkeit gegen die zahllosen Truppen der Oestreicher unter dem Oberbefehl des Generals Haynau, des Banus Jellachich und anderer und der Russen unter dem Oberbefehle des greisen Fürsten Paskiewitsch Erivansky mit aller Wuth der Verzweiflung, reguläre und irreguläre Truppen, Honveds und Landsturm, angeführt von tapferen Generalen, wetteiferten an Tapferkeit und Todesverachtung. Man hatte sie zu überzeugen gesucht, es werde ein Vertilgungskrieg gegen sie geführt und darin bestärkten sie noch die von Oestreichischen Befehlshabern erlassenen Proklamationen und besonders die an vielen von ihnen vollzogenen Hinrichtungen, welche oft gesteigerte Erbitterung zur Folge hatten. Doch wurden sie immer mehr von den Feinden zusammengedrängt und mußten überall den Siegern weichen. Die provisorische Regierung flüchtete nach Szegedin und von da noch südlicher, als die Oestreicher unter Haynau siegreich gegen die Magyaren nach dieser Stadt vordrangen. Sie schlugen Brücken über den Fluß und griffen das verschanzte Lager der Magyaren, welche sich freilich tapfer vertheidigten an und nahmen es nach heftigem Widerstande ein. Am wüthendsten entspann sich der Kampf vor der Stadt und ihr seht hier links auf dem Bilde, wie die Ungarn unter des tapfern Bem's Commando mit gefälltem Bajonett auf die zur Rechten aufgestellten Oestreicher vordringen. Doch diese wehrten sich auf das Tapferste und drangen in immer neuen Verstärkungen vor, so daß die Ungarn endlich das Schlachtfeld räumen und sich in die Stadt zurückziehen, welche sie dann auch später dem General Haynau gegen freien Abzug übergeben mußten.

Die Hölle braust auf in neuer Glut,
Umsonst ist geflossen viel edel Blut,
Noch triumphiren die Bösen.
Doch nicht an der Rache des Himmels verzagt!
Es hat nicht vergebens blutig getagt.
Roth muß ja der Morgen sich lösen.

Und galt es früherhin Muth und Kraft,
Jetzt alle Kräfte zusammengerafft,
Sonst scheitert das Schiff noch im Hafen!
Erhebe dich, Jugend, der Tiger dräut!
Bewaffne dich, Landsturm, jetzt kommt deine Zeit!
Erwache, du Volk, das geschlafen!

Und die wir hier rüstig zusammen stehn
Und keck dem Tod in die Augen sehn,
Wir wollen vom Rechte nicht lassen:
Die Freiheit retten, das Vaterland,
Oder freudig sterben, das Schwert in der Hand,
Und Knechtschaft und Wüthriche hassen.

Original u. Eigenthum No. 2238.   Neu-Ruppin, zu haben bei Gustav Kühn.

Das 84. Bild: »*Der commandirende General der Schleswig-Holsteinschen Armee von Willisen.*«

Der bereits seit Mitte Juni 1849 zwischen Preußen und Dänemark verhandelte Waffenstillstandsvertrag wurde nach der Niederlage der schleswig-holsteinischen Truppen bei Fridericia vom 6. Juli 1849 schon am 10. Juli abgeschlossen. Die wichtigsten Punkte dieses Vertrages beinhalteten die vollständige Trennung der beiden Herzogtümer und für das Herzogtum Schleswig eine gesonderte Verfassung sowie die Verbindung mit der dänischen Krone. Wieder hatte sich Preußen dem russischen Druck gebeugt. »*Nichts wurde der preußischen Regierung so übelgenommen als ihr Versagen in dieser nationalen Angelegenheit: erst sie aufnehmen, dann wieder fallenlassen, erst Hoffnungen erwecken, dann zurückweichen, sich in Widersprüche verwickeln, fremde Eingriffe ertragen, sich aber vor der Verantwortung drücken und zuletzt die Patrioten der Herzogtümer völlig preisgeben…*« schreibt Veit Valentin zu dieser orientierungslosen Politik Preußens in seiner ›Geschichte der deutschen Revolution‹. Die Nationalversammlung protestierte zwar gegen den Waffenstillstandsvertrag, aber ihr Protest hatte kein Gewicht mehr, bestand sie doch nur noch als Rumpfparlament in Stuttgart. Preußen würdigte sie nicht einmal einer Antwort mehr.

Da Schleswig-Holstein nunmehr weder auf Hilfe von Preußen noch vom Deutschen Bund rechnen konnte, wurden Versuche einer gütlichen Einigung mit Dänemark seitens der Statthalterschaft wie auch des Herzogs von Augustenburg unternommen, die aber erneut — wie schon im Jahr zuvor — an den überzogenen Forderungen der Dänen, wie zum Beispiel der Auflösung des Heeres und die Aufgabe der Vertretung des Herzogtums Schleswig durch die Statthalterschaft scheiterten.

Unterdessen widmete General von Bonin weiterhin seine ganze Kraft der Ausbildung des schleswig-holsteinischen Heeres, doch war klar, daß er beim Abschluß eines Friedensvertrages als preußischer Offizier entweder zurück nach Preußen oder den preußischen Dienst quittieren mußte. Dies war natürlich auch der Statthalterschaft bekannt, doch sah sie sich nicht in der Lage, die Forderungen Bonins, der durchaus gewillt war, in schleswig-holsteinische Dienste zu treten, erfüllen zu können. Mit dem Abschluß eines Separatfriedensvertrages zwischen Preußen und Dänemark am 2. Juli 1850 wurden, wie erwartet, alle preußischen Offizere nach Preußen zurückberufen.

Schon Monate vor dem Abschluß des Friedensvertrages hatte sich die Statthalterschaft nach einem Oberbefehlshaber über ihre Truppen umgesehen und meinte, ihn in General von Willisen gefunden zu haben, dem General, der im April 1848 in Posen so unglücklich agiert hatte (siehe auch 17. Bild).

General von Willisen war seit seiner Rückkehr aus Posen vom Ministerium Auerswald in besonderer Mission ins Ausland geschickt worden, erst nach Paris, dann nach Wien und Kroatien. Doch da er sich bei Beförderungen übergangen glaubte, reichte er im April 1849 seinen Abschied bei der preußischen Armee ein. So stand er also zu der Zeit, als die Schleswig-Holsteiner einen Nachfolger für von Bonin suchten, zur Verfügung und nahm den ihm angebotenen Posten an. Schon am 8. April 1850 traf er in Rendsburg ein, wo er sich alsbald mit Neuerungen verzettelte, wie z. B. der Einführung eines neuen Exerzier- und Gefechtssystems, statt entschieden auf eine Kriegsführung gegen die Dänen hinzuarbeiten. Hinzu kam, daß es nach Willisens Überzeugung gar nicht zum Krieg kommen würde. Erst der ausdrückliche Befehl der Statthalterschaft veranlaßte ihn, in Schleswig einzurücken. Hier wie auch schon in Posen offenbarte sich das Unvermögen dieses Generals: er war eher ein Theoretiker als ein Praktiker, dem es zwar nicht an persönlicher Tapferkeit mangelte, wohl aber an Entschlossenheit und Selbstvertrauen.

Mit diesem General als Oberbefehlshaber sollte also das schleswig-holsteinische Heer nach Abzug aller preußischen Offiziere in einen Krieg gegen Dänemark ziehen. Diesem General widmet Gustav Kühn sein 84. Bild. Es wurde vom gleichen Stein wie das 25. Bild gedruckt, nur mit veränderten Köpfen, Helmen und Uniformen. Im Text geht Kühn nicht auf die politischen Hintergründe ein, die Preußen und die Bundesarmee veranlaßt hatten, sich aus dem Krieg zurückzuziehen, sondern berichtet kurz, daß die Dänen mit neuem Krieg drohten und der ›tapfere General Willisen‹ sich an die Spitze der schleswig-holsteinischen Armee stellte, die, nunmehr auf eigene Kraft bauend, entweder siegen oder fallen würde. Dann folgt die von General von Willisen am 3. Mai 1850 erlassene Proklamation ›An die Armee‹, in der er sich lobend über die Beschaffenheit der Truppen äußert, und die unter anderem in der Vossischen Zeitung am 7. Mai abgedruckt war.

Quellen:
Liliencron: Up ewig ungedeelt, 1980, S. 342 ff. – Baudissin: Geschichte des Schles.-Holst. Kriegs, 1862, S. 349 ff., S. 556 f. – Valentin: Geschichte der Dt. Rev., Bd. 2, 1930, S. 566 – Vossische Zeitung, No. 104, vom 7. 5. 1850.

Neue Bilder-Zeitung. — 84stes Bild.

Der commandirende General der Schleswig-Holsteinschen Armee von Willisen.

Dänemark, sich auf seine Flotte verlassend, will Schleswig-Holsteins errungene Freiheit nicht anerkennen und droht mit neuem Krieg. Da nahm der tapfere von Willisen die Sache der Fürstenthümer in die Hand und stellte sich an die Spitze der Schleswig-Holsteinschen Armee.

Welcher Verbündete bleibt der bedrängten Armee? Wahrscheinlich bleibt sie sich jetzt selbst überlassen, und baut auf ihre gerechte Sache. Das Bewußtsein ihrer Kraft macht sie stark. Ihrer glänzenden Siege sich bewußt, wird sie, wie ein Fels im Meere, stehen, und siegen oder fallen.

(Zeitungs-Nachricht.) Proclamation an die Armee! Ich habe nun alle Theile der Armee, alle Waffengattungen, alle Einrichtungen gesehen, und darf sagen, meine Erwartungen sind weit übertroffen. Ich kenne alle große Armeen, aber nirgends habe ich besseres Material, schönere und kräftigere Mannschaften gefunden. Alle Truppen sind, wie es die musterhafte Disciplin bezeugt, vom besten Geiste beseelt, sind zu den größten Anstrengungen ausgerüstet und jeden Tag marschfertig. So kann ich jetzt, was ich früher nur als Erwartung ausgesprochen, als er-füllt bestätigen, daß wir in uns selbst den besten Theil des Ersatzes für das finden würden, was wir verloren haben. Die Armee steht fester, sicherer da, wie sie vorher, wo sie nicht wußte, ob ihr nicht gerade im Augenblick des größten Bedürfnisses wesentliche Elemente würden genommen werden. Jetzt ruht sie allein auf sich selbst, und auch auf sich selbst angewiesen, ist sie ein Muster geblieben in Ordnung und strengem Gehorsam, mitten in der Erschütterung eines Wechsels, eines großen Verlustes. Wir dürfen nun der Zukunft und den Befehlen der Regierung in ruhiger, fester Haltung entgegensehen. Als Bürger wünschen wir den Frieden, als Soldaten freuen wir uns auf den Kampf. Die Muße, welche uns nun vielleicht noch bleibt, gehört unserer weiteren Ausbildung, gehört der Uebung. Die Kräfte dürfen nicht in Unthätigkeit versinken, sie müssen gewahrt bleiben, bis der ehrenvollste Frieden in unseren Händen ist. —

Kiel, im Mai 1850.

Der commandirende General von Willisen.

Original u. Eigenthum No. 2287.

Neu-Ruppin, zu haben bei Gustav Kühn.

Das 85. Bild: »*Große Parade unter den Linden in Berlin.*«

Auf seinem 85. Bild zeigt Gustav Kühn eine Parade, die am 13. Mai 1850 durch Friedrich Wilhelm IV. abgenommen wurde. Obwohl Kühn im Text zum einen darauf hinweist, daß die Parade zu diesem Datum unerwartet kam – sie war für den 16. Mai befohlen worden –, zum anderen alle anwesenden deutschen Fürsten namentlich aufzählt, gibt es in dem langen Bericht keinen Hinweis auf den Grund der Anwesenheit dieser Fürsten in Berlin, nämlich den vom 10. bis 14. Mai 1850 hier stattfindenden Fürstenkongreß.

Schon bald nach dem Scheitern der Frankfurter Verfassungspolitik legte Freiherr Joseph Maria von Radowitz (1797–1853), ehemaliger preußischer Abgeordneter der Rechten in der Paulskirche und Freund und Berater Friedrich Wihelms IV., einen ›Unionsplan‹ vor. Dieser sah neben der ›Deutschen Union‹ unter Einschluß Österreichs ein ›Deutsches Reich‹ vor, dem alle deutschen Staaten angehören sollten. Dieser ›engere Bund‹ ging auf den Frankfurter Verfassungsentwurf zurück. Im Frühjahr 1849, als die Aufstände in Ungarn, in der Pfalz und in Baden noch nicht niedergeschlagen waren, schien der Plan nicht chancenlos. Als aber die Reaktion überall wieder festen Fuß gefaßt hatte, wuchs der Widerstand gegen einen ›engeren Bund‹ unter preußischer Führung. Sachsen und Württemberg sagten ab, Österreich erhob Einspruch, so daß die Verabschiedung einer ›Unionsverfassung‹ auf dem Unionsreichstag in Erfurt im April/Mai 1850 eigentlich eine Farce war.

Die deutschen Fürsten, die ein ›Deutsches Reich‹ unterstützten, waren zu dem am 10. Mai 1850 beginnenden Fürstenkongreß nach Berlin gekommen, um die ›Unionsverfassung‹ zu unterschreiben. Zur Unterhaltung der hohen Gäste war neben anderen Veranstaltungen auch eine große Parade Unter den Linden gedacht, und, da viele der Fürsten Berlin bereits am 14. Mai verlassen wollten, diese auf den 13. Mai vorverlegt worden.

Obwohl es nicht gelungen ist, die Quelle des Textes nachzuweisen, steht außer Frage, daß Kühn diesen von einer Vorlage übernommen hat. Zwar berichtet auch die Berliner Lokalpresse über dieses Ereignis, doch in wesentlich kürzeren Artikeln. Die im Kühnschen Text angegebenen Regimenter und ihre Aufstellungsplätze stimmen nicht mit den in der Vossischen Zeitung gemachten Angaben überein. Trotzdem ist die Beschreibung des Ereignisses mit einer derartigen Fülle von Details – wie teilnehmende Regimenter, anwesende Gäste, Zuschauerplätze gegen Entgelt, Nennung der Gebäude entlang der Linden, Aufzählung der anwesenden deutschen Fürsten – nur für jemand möglich, der der Parade persönlich zugeschaut hat. Der Bericht kommt natürlich Kühns Anschauungsweise sehr entgegen. Nicht der politische Hintergrund ist gefragt, sondern das glänzende Auftreten der Militärmacht Preußen. So dürfte der letzte Satz des Textes ganz im Sinne Kühns gelegen haben: »*Kein höheres Gefühl kann die Preußenbrust durchglühen, als vor sich ein in Europa geachtetes Heer und seinen Fürsten, umgeben von der Mehrzahl deutscher Regenten, zu sehen.*«

Mit der detailgetreuen Schilderung war es für Kühn als guten Berlin-Kenner ein leichtes, die Szene ins Bild umzusetzen. Er hat seinen Blickwinkel von der Neuen Wache aus gewählt, so daß der Betrachter vor sich die auf den Linden links und rechts aufgestellte Infanterie in Paradeuniform sieht, durch die König Friedrich Wilhelm IV., umgeben von den deutschen Fürsten, reitet. Im Hintergrund sind links die Oper, rechts die Bibliothek (die sogenannte ›Kommode‹) und anschließend das Palais des Prinzen Wilhelm, dazwischen die Kuppel des Französischen Doms sehr genau wiedergegeben.

Quellen:
Schieder: Gebhardt Handbuch zur dt. Geschichte, Bd. 15, 1983, S. 98 ff. – Illustrirte Zeitung, No. 359, vom 18. 5. 1850, No. 360, vom 25. 5. 1850, No. 361, vom 1. 6. 1850 – Vossische Zeitung, No. 109, vom 14. 5. 1850 – Spenersche Zeitung, No. 109, vom 14. 5. 1850 – Kreuz-Zeitung vom 14. 5. 1850.

Neue Bilder-Zeitung. — 85stes Bild.

Große Parade unter den Linden in Berlin.
Friedrich Wilhelm IV., umgeben von den hohen Fürsten Deutschlands, nimmt der Berliner Garnison die Parade ab.

Berlin, den 13. Mai. Unerwartet war gestern große Parade zu heute befohlen worden. Kaum ertönte hiervon der Ruf in der Stadt, kaum sah man, wie sich das Militär zu dieser militärischen Feier rüstete, da regte es sich in der Bevölkerung. Tausende und abermals Tausende strömten nach den Linden, um dem Schauspiel beizuwohnen, um sich an dem Anblicke des ruhmbekränzten, treuen Heeres zu erfreuen. Die Berliner Garnison, die nur allein zur Parade kommandirt worden war, hatte sich, die Infanterie auf der rechten, die Kavallerie und Artillerie auf der linken Seite unter den Linden aufgestellt. Es waren an Infanterie 3 Garde- und 2 Linien-Regimenter, außerdem das Garde-Schützen-Bataillon und die Pionier-Abtheilung, an Kavallerie das Kürassier-, das Dragoner- und das Ulanen-Regiment. — Der König war heute früh von Charlottenburg nach der Stadt gekommen und im Schlosse abgestiegen, die Königin erschien später und fuhr in's Palais der Fürsten von Liegnitz, wo sich auch die Prinzessin von Preußen nebst den andern Prinzessinnen des königl. Hauses, ebenso die Fürstin von Waldeck einfanden und an den Fenstern Platz nahmen, um das militärische Schauspiel ebenfalls zu genießen. Aber nicht blos die fürstlichen Damen hatten sich eingefunden, das Zeughaus war in allen Fenstern und auch die neue Wache mit den schönsten Frauen besetzt, und man sah daselbst mehr Sonnenschirme als Bajonette. Die Wohnungen in der Universität hatten ihre Fenster geöffnet, und aus ihnen heraus sahen die Herren der Wissenschaft, und mit ihnen ein reicher Kranz lieblicher Frauengestalten; die Fenster der Hörsäle waren von den Studenten terrassenartig besetzt worden. Die Freitreppe des Opernhauses hatte einen Vorbau erhalten, und wurde — o neidisches Geschick — zu erhöhten Preisen, die Person 20 Sgr. vermiethet. Equipagen hielten in allen Zugängen mit einer schaulustigen Menge, Stühle, Bänke ꝛc. waren für schweres Geld vermiethet worden. Die Bäume des Kastanienwaldes trugen heute mehr Berliner Jünglinge, als im Herbste Kastanien; die Dächer der Häuser hatten eine zahlreiche Bevölkerung erhalten. — Es wird 11 Uhr, auf dem Schlosse auf stolzen Rossen bewegt sich ein langer, glänzender Zug. Voran auf dem muthigen Fuchs sprengt Friedrich Wilhelm IV., Preußens hoher König, neben und hinter ihm Deutschlands Fürsten, er, der Erste unter den europäischen Monarchen, der sein Kriegsvolk mit einem solchen Fürstengefolge in Augenschein genommen hat. Das war ein großer Augenblick, als Preußens Volk seinen König in solcher Umgebung erblickte. Ihm zunächst der greise Großherzog von Baden, der Großherzog von Hessen-Darmstadt, der jugendliche Großherzog von Mecklenburg-Schwerin, die Großherzöge, Herzöge und Fürsten von Weimar, Mecklenburg-Strelitz, Braunschweig, Sachsen, Anhalt, Lippe, Schwarzburg und Reuß. — Zuerst ritt der Zug die Infanteriefront herunter, empfangen von lautem Hurrah und begrüßendem Trommelgewirbel der Soldaten, und zurück die Front der Artillerie und Kavallerie. Wo der König und die Fürsten sich sehen ließen, empfing sie neuer Jubel. — Um die Parade abzunehmen, stellten sie sich an dem Palais der Fürstin Liegnitz auf, und begrüßten die allerhöchsten und höchsten Damen, welche begierig des Schauspiels warteten, was ihnen nun kommen sollte. Heran zogen die Krieger, die fast ohne Ausnahme dem Feinde heldenmüthig ins Auge geschaut hatten, voran die greisen Veteranen, die Corps-Gensd'armen. Dann kam die Garde-Infanterie, die Linienregimenter, das Garde-Schützenbataillon, die Gardes du Corps, Kürassiere, Dragoner, Ulanen, Artillerie zu Pferde, Artillerie zu Fuß und die Pioniere. — Kein höheres Gefühl kann die Preußenbrust durchglühen, als vor sich ein in Europa geachtetes Heer und seinen Fürsten, umgeben von der Mehrzahl deutscher Regenten, zu sehen.

Original u. Eigenthum No 2282.

Neu-Ruppin, zu haben bei Gustav Kühn.

Das 86. Bild: *»Mord-Anfall auf Se. Maj. Friedrich Wilhelm IV. auf dem Potsdamer Eisenbahnhofe.«*

Am 22. Mai 1850 wurde auf König Friedrich Wilhelm IV. ein Attentat verübt. Der König befand sich auf dem Potsdamer Bahnhof in Berlin, um mit dem Zug nach Potsdam zu fahren. Als er sich gegen 12 Uhr Mittag aus dem Bahnhofsgebäude auf den Bahnsteig begab, trat ein Mann in der Uniform eines Unteroffiziers und mit einem darüber gezogenen Soldatenmantel auf den König zu und feuerte aus nächster Nähe einen Schuß auf ihn ab. Friedrich Wilhelm IV. entging einer lebensbedrohenden Verletzung wahrscheinlich nur dadurch, daß er im Moment des Abschusses instinktiv den rechten Arm abwehrend vorstreckte. Die Kugel, auf die Brust gerichtet, drang durch diese Haltung in den rechten Unterarm ein. Der Täter, Maximilian (Max) Joseph Sefeloge, wurde nach dem Attentat sofort überwältigt und der Justiz zugeführt. Es handelte sich bei ihm um einen im Herbst 1849 aus der Armee wegen Geistesverwirrtheit entlassenen Unteroffizier. Es war also die Tat eines Einzeltäters, die keine politischen Hintergründe hatte.

Dieses Ereignis rief bei der Bevölkerung große Aufregung und Empörung hervor, nicht nur in Berlin, sondern auch in Preußen und Deutschland. Die Mehrheit der Berliner stand trotz der Ereignisse der beiden letzten Jahre zu ihrem Königshaus und nahm großen Anteil am Befinden des Königs. Die Lokalpresse brachte mehrere ausführliche Schilderungen des Tathergangs, beschrieb eingehend den Lebenslauf des Max Sefeloge, zählte Beispiele seiner Geistesverwirrtheit auf und berichtete über die Vernehmungen und das Gerichtsverfahren des Attentäters. Noch Wochen nach dem Attentat veröffentlichte die Presse täglich ein Bulletin über den Gesundheitszustand des Königs.

Bei Kühns Einstellung zum preußischen Königshaus ist es selbstverständlich, daß er dieses ›erschütternde Ereignis‹ aufgreift und mit einem Bilderbogen dokumentiert. Zwei Indizien weisen darauf hin, daß der 86. Bilderbogen umgehend nach Bekanntwerden des Attentats vorbereitet und gedruckt wurde: zum einen trägt das 86. Bild die Verlagsnummer 2288, während das 85. Bild mit der Parade vom 13. Mai die Nummer 2289 hat. Also ist das 86. Bild vor dem 85. auf den Markt gekommen. Zum anderen wartet Kühn eine Bildveröffentlichung in der Illustrirten Zeitung nicht ab, die bereits in der Ausgabe vom 1. Juni 1850 – also nur eine Woche nach dem Attentat – erfolgte, sondern setzt die detailgetreue Schilderung in ein eigenes Bild um. Kühns Konkurrent Oehmigke & Riemschneider bringt ebenfalls ein eigenes Bild heraus, das offensichtlich auch nach schriftlichen Quellen angefertigt wurde. Seinem Bild läßt Kühn einen sehr ausführlichen Bericht, der sowohl in der Vossischen wie auch in der Spenerschen Zeitung am 24. Mai 1850 erschienen war, in voller Länge und ohne eigenen Kommentar folgen.

»Schauderhaftes Attentat auf das Leben Sr. Majestät Königs Friedr. Wilh. IV.« Oehmigke & Riemschneider No. 1625

»Mordanfall auf den König von Preußen auf dem Potsdamer Bahnhofe zu Berlin am 22. Mai.« Holzstich, Illustrirte Zeitung No. 361 vom 1. Juni 1850

Quellen:
Vossische Zeitung ab No. 116 vom 23. Mai 1850 bis Mite Juni 1850 – Spenersche Zeitung ab No. 116 vom 23. Mai 1850 bis Mitte Juni 1850 – Illustrirte Zeitung, No. 361, vom 1. Juni 1850.

Neue Bilder-Zeitung. — 86tes Bild.

Mord-Anfall auf Se. Maj. Friedrich Wilhelm IV. auf dem Potsdamer Eisenbahnhofe.

Die Allerhöchsten Herrschaften hatten mit dem Zuge um 11 Uhr nach Potsdam gehen wollen. Kurz vorher war diese Absicht verändert worden, und Ihre Majestäten entschlossen sich, um 12 Uhr abzureisen. Ganz kurz nach 12 Uhr traf Ihre Majestät die Königin auf dem Bahnhofe ein, ganz unmittelbar darauf Se. Majestät der König. Se. Majestät der König ging, ohne sich aufzuhalten, unmittelbar durch das königl. Wartezimmer auf den Perron. Ihm voraus ging der dienstthuende Kammerherr Ihrer Majestät der Königin, Graf Pückler, einen kleinen Schritt hinter dem Könige links Ihre Majestät die Königin, unmittelbar hinter Ihre Majestät die Königin das Gefolge. In dem Moment, in dem der König die drei Stufen zum Perron hinuntersteigen wollte, sprang der Mörder Sefeloge vor, streckte die Pistole dem Könige in der Höhe der Brust in der Entfernung von vielleicht nur zwei Schritt entgegen und drückte ab. Der König scheint unwillkürlich seinen rechten Arm entgegengestreckt zu haben, und dadurch ging die Kugel in das Fleisch des Unterarms etwa vier Zoll unter dem Ellenbogen. Die Kugel ist zwei Zoll tief in das Fleisch schräg eingedrungen und sofort nebst Pflaster, Stück vom Rock und Hemde aus der Wunde wieder herausgefallen. Sie wurde nachher neben den Stufen links gefunden. Der König blieb noch einen Augenblick stehen, dann drauchte er und kam auf die zweite Stufe zu sitzen. Se. Majestät erhoben Sich jedoch gleich wieder mit Hülfe des zugesprungenen Flügel-Adjutanten Prinzen Philipp von Croy, riefen aber Ihrer Majestät der Königin zu, die bei dem Vorspringen des Mörders sogleich zurückgesunken und von Ihren Damen auf das nächste Sopha geführt war, daß er nicht verletzt sei. Sr. Majestät zweite Sorge, während die Umstehenden ihn umfaßten und mit Zeichen der Freude über die glückliche Rettung überschütteten — namentlich wurden Se. Majestät durch die Liebesbezeigungen einiger Kinder sehr gerührt — war die Rettung des Thäters. Se. Majestät gaben den bestimmtesten Befehl, daß ihm nichts geschehen dürfe. Darauf wandte der König sich um und ging in die Wartezimmer zurück. In dem Augenblicke fühlte der König seinen Arm warm werden, und das Blut rieselte die Hand hinab. So wurde erst entdeckt, daß Se. Majestät verwundet waren. Der König ging nun mit festem Schritt in das hintere Zimmer; dort ließen Ihre Majestät die Königin Se. Majestät die erste Pflege angedeihen, wobei der Flügel-Adjutant Ihre Majestät unterstützte. Paletot und Rock wurden ausgezogen und für die Wunde gethan, was in dem Augenblick geschehen konnte. I. M. die Königin begleitete den König. Der Weg des Königs war mit großen Blutflecken bezeichnet; die Königin wurde mit Blut bedeckt. Während nach allen Seiten ausgesandt wurde, um Aerzte zu holen, traf der Prof. Dr. Böhm, der gerade bei dem Bahnhof vorübergefahren war, etwa 6 bis 7 Minuten nach der That ein, erklärte sofort die Wunde für ungefährlich und legte einen vorläufigen Verband an. Als Dr. Böhm die Art der Verwundung für günstig erklärte, bemerkten Se. Maj. scherzend: „Am Ende muß Ich Mich noch bedanken, daß es so gut gemacht ist." Kurz darauf langte auch der Leibarzt, General-Stabsarzt Dr. Grimm an, später Geheimer Rath Dr. Schönlein und Prof. Dr. Langenbeck. Gegen 1½ Uhr konnten Se. Maj. sich wieder in den Wagen setzen, um nach Charlottenburg zurückzufahren: I. M. unterstützten Allerhöchstdenselb. im Wagen. Die Fahrt nach Potsd. hatten die Aerzte wegen der zu heftigen Erschütterung abgerathen. In dem Augenblicke der That hatte vor S. M. nur der Gr. Pückler gestanden; seitwärts außer den Posten der Bahnh.-Insp., mehrere Schutzmänner und einige andere Personen, unter denen zunächst der Lieut. Gr. v. Kanitz vom 1. Garde-Reg. zu Fuß bemerklich geworden ist. Der Thäter versuchte zu entfliehen unter dem Rufe: „Es lebe die Freiheit"; Alles stürzte auf ihn zu, Gr. Kanitz scheint ihn zuerst gefaßt zu haben und entrang ihm die Pistole. Bei dem Fluchtversuch erhielt er einen Hieb, und ist er auch bei der Festnahme ziemlich mitgenommen worden. Zum Schlusse fügen wir hinzu, daß der gnädige Schutz Gottes, der die Kugel von dem bestimmten Ziele abgelenkt hat, auch den Krankheits-Verlauf behütet. Auch heute Mittag befanden S. M. Sich den Umständen nach sehr wohl. I. M. die Königin, für deren Gesundheit die ernstesten Besorgnisse zu hegen waren, befanden sich gleichfalls bis jetzt noch in leidlichem Wohlsein.

Original u. Eigenthum No. 2288.   Neu-Ruppin, zu haben bei Gustav Kühn.

Das 87. Bild: *»Das Lager der Schleswig-Holsteinschen Truppen bei Rendsburg und Friedrichsort.«*

Am 8. Juli 1850 erhielt die Statthalterschaft die offizielle Mitteilung vom Abschluß des Friedensvertrages zwischen Preußen und Dänemark. Da Versuche einer gütlichen Einigung zwischen den Herzogtümern und Dänemark gescheitert waren, wurde ein erneuter Waffengang unausweichlich. *»Daß die Herzogthümer nur durch fortwährende äußere Gewalt zum Verbleiben im dänischen Einheitsstaate zu zwingen sind, bedarf durchaus keiner weiteren Ausführung«*, schreibt die Vossische Zeitung am 13. Juli 1850 und gibt damit die Meinung der Mehrheit der Deutschen wieder. Im gleichen Artikel heißt es weiter: *»Es unterliegt wohl keinem Zweifel, daß die dänischen Truppen, sobald Schleswig und Holstein von den Preußen geräumt sind, von Jütland und Alsen aus in Schleswig einrücken werden, und als eben so sicher dürfen wir annehmen, daß alsdann der Kampf zwischen der schleswig-holsteinischen Armee und den dänischen Truppen sofort entbrennen wird.«* In diesem dritten Waffengang innerhalb von drei Jahren waren die Schleswig-Holsteiner auf ihre eigene Kraft angewiesen. Es war ihnen bewußt, daß es sich um den alles entscheidenden Kampf handelte, den sie mit Entschlossenheit und großer Begeisterung annahmen. Auch die Vossische Zeitung sieht das so, wenn sie in dem vorerwähnten Artikel ausführt: *»Für Schleswig-Holstein ist der letzte Kampf der Verzweiflung gekommen. Jüngling und Mann stehen unter den Waffen, das ganze Land weiß, um was es sich handelt, das ganze Land ist dafür begeistert, die Armee ist bereit, das Leben dafür einzusetzen.«*

Nachdem ein Krieg unausweichlich geworden war, bereiteten sich die Herzogtümer konsequent und ernsthaft auf diesen Krieg vor. Alle Wehrpflichtigen wurden einberufen und fanden sich an ihren Sammelpunkten ein.

Einen dieser Sammelpunkte wählt Gustav Kühn zum Thema seines 87. Bildes. Er zeigt eine sich über den gesamten Bildhintergrund ausbreitende Zeltstadt, während im Vordergrund das Leben im Lager veranschaulicht wird: da exerzieren Infanteristen, ein Offizier zu Pferde erteilt Befehle, Kavallerie, Artillerie und Infanterie werden in ihre Quartiere eingewiesen, einige Ordonnanzen nehmen Befehle eines am Tisch sitzenden Offiziers entgegen. Wo sich dieses Lager allerdings befindet, läßt Kühn im Dunkeln, da er das Bild mit *»Das Lager der Schleswig-Holsteinschen Truppen bei Rendsburg und Friedrichsort«* unterschreibt. In Rendsburg, der Landesfestung, war das Gros der Truppen versammelt. Aber auch Friedrichsort, am Eingang der Kieler Förde gelegen, war durch Truppen gesichert, um einem erwarteten Angriff der Dänen von See her begegnen zu können. Der ausführliche Text befaßt sich nur in einem einzigen Satz mit der bildlichen Darstellung, der Hauptteil besteht aus einer Zusammenfassung der Fakten seit dem Friedensvertrag zwischen Preußen und Dänemark aus Sicht Schleswig-Holsteins, wobei die Ausdrucksweise eine äußerst patriotische ist. Bei diesem Bilderbogen ist es nicht gelungen, die Quellen des Bildes und des Textes nachzuweisen, doch hat auch dieser Text unzweifelhaft eine Vorlage gehabt. Es könnte sich hierbei um ein Flugblatt oder eine offizielle Verlautbarung handeln. Bild, Titel und Text stehen nur im losen Zusammenhang zueinander, wobei nur der Text eine positive Bewertung der Kampfbereitschaft der Schleswig-Holsteiner durch Kühn erkennen läßt.

Quelle:
Vossische Zeitung, No. 160, vom 13. Juli 1850.

Neue Bilder-Zeitung. — 87tes Bild.

Das Lager der Schleswig-Holsteinschen Truppen
bei Rendsburg und Friedrichsort.

Die Würfel sind gefallen, der Krieg ist unvermeidlich! — Schleswig-Holsteiner! In Berlin ist ein Friede von der Krone Preußen mit Dänemark geschlossen worden. Wir bringen dies zu Eurer Kunde. Der Friedensvertrag enthält die Anerkennung der Rechte unseres Landes und überläßt es den Herzogthümern selbst, diese Rechte unbehindert zu schützen. Groß und ehrenvoll ist unsere Aufgabe; die Herzogthümer werden derselben sich würdig zeigen; der wackere einmüthige Sinn des Landes bürgt dafür! Das hart bedrängte Schleswig wird unseres Schutzes nicht entbehren! Wir sind friedlicher Ausgleichung nicht entgegen; wiederholt haben wir sie angeboten; will Dänemark dennoch den Kampf, wir sind bereit. Jedem dänischen Einbruch in Schleswig, unter welchen Versicherungen derselbe auch geschehe, folgt die Gegenwehr, denn wohlgerüstet steht unsere Armee. Eingedenk der ruhmvollen Siege unserer Voräter für das altbeschworene Recht des Landes, wird sie freudig kämpfen! — Es ist bereits durch Plakat alles Ueberschreiten der Eider den Kindern und Bewohnern untersagt. Die Nachricht von diesen Maßnahmen hat natürlich eine Aufregung verbreitet. Die Preußen gehen über den Westen nach Hamburg; die schleswigholsteinische Kavallerie wird über Friedrichstadt den Westen hinauf gehen. Die Dänen sind im Norden 18,000 Mann stark, auf Alsen sollen eben so viele stehen. Man erwartet, daß die letztere Abtheilung durch das Sundewitt auf Flensburg marschiren wird. Wir erwarten dagegen, daß unsere Armee in Schleswig nicht stehen bleiben wird. — In Kopenhagen scheint schon der allgemeine Jubel, der sich bei der Nachricht des Friedensschlusses mit Preußen erhoben hatte, bedeutend abgekühlt zu sein. Wahrscheinlich hatte man gedacht, Schleswig-Holstein werde von Preußen selbst gleichsam auf einem Präsentirteller den darnach lüsternen Dänen überreicht werden. Seitdem man sich aber überzeugt hat, daß Schleswig-Holstein erst durch die eigene Kraft der Dänen erobert werden soll, und daß die „Aufrührer" noch nicht wie reuige Sünder zu Kreuze zu kriechen geneigt sind, ist man etwas nachdenklich geworden. Ja, man kann es den dänischen Blättern anmerken, daß, je näher der Tag der Entscheidung rückt, desto mehr die Meinung in Kopenhagen sich Bahn bricht, daß man eigentlich mit dem Frieden positiv und reell noch gar nichts gewonnen. — Großartig wird der Kampf sein; jeder Zoll Land von Schleswig-Holstein muß mit Blut erkauft werden. Von allen Seiten strömen die einberufenen Permittirten zu ihren respectiven Truppencorps. Bis zum 40. Jahre muß Alles die Waffen tragen. Alle im südlichen Holstein gelegenen Truppen sind nach Rendsburg befördert worden, woselbst sie ein großes Lager bezogen haben. Viele Tausend Soldatenhände sind beschäftigt, bei Rendsburg und Friedrichsort Schanzen aufzuwerfen und 2 Batterien sind nach Eckernförde aufgebrochen. Die Schleswiger sind wüthend über den Hochmuth und die Mißhandlungen der Dänen, die Holsteiner, namentlich die älteren Einberufenen, grimmig, daß sie dieses endlosen Krieges willen noch einmal ins Feld müssen. Man erzählt von der Posener Landwehr, daß sie im Gefecht bei Veile im Jahre 1849 die Dänen, die um Pardon gebeten, mit dem Ausrufe niedergeschlagen: Nein, man muß euch todtschlagen, sonst kommen wir doch nicht nach Hause! Es wird ebenso ernst bergehen. Die Gerüchte eines Einmarsches der Russen mehren sich. Seit dem 13. Juli liegt die russische Flotte, bestehend aus 3 Linienschiffen und 6 Fregatten, auf der Höhe von Bült, also am Eingange des Kieler und Eckernförder Hafens. Bei ihnen ist eine dänische Fregatte. In jedem Falle dürfen wir der wenigstens indirekten Unterstützung Hannovers und Braunschweigs gewiß sein, und daß dann England nicht zurückbleiben wird, bedarf keiner Anmerkung. Die Blokade der schleswig-holsteinischen Häfen ist bereits angesagt. Der Schott liegt vor dem Kieler Hafen; mehrere Fregatten kreuzen vor der Eckernförder Bucht. Wieder weht ein scharfer Ostwind. Aber die Dänen werden ihre letzten Schiffe nicht wagen!

Original u. Eigenthum No. 2309.

Neu-Ruppin, zu haben bei Gustav Kühn.

Das 89., 91., 92., 93. und 94. Bild: Die Schlacht bei Idstedt

»*Der Friede ist geschlossen und der Krieg hat begonnen*« beschrieb die Illustrirte Zeitung treffend den Zustand nach dem Friedensabschluß zwischen Preußen und Dänemark in ihrer Ausgabe vom 27. Juli 1850. Das wurde nicht nur von den Schleswig-Holsteinern so empfunden, das wurde in ganz Deutschland so gesehen und fand in einer Vielzahl von Berichten in den Medien seinen Niederschlag.

Nach preußischen Angaben sollte der Rückzug der preußischen Truppen aus Schleswig bis zum 17. Juli abgeschlossen sein. Schon am 12. Juli standen dänische Vorposten auf den Düppeler Höhen. Nun konnte es selbst dem neuen Oberkommandierenden der schleswig-holsteinischen Truppen, General von Willisen, nicht mehr verborgen bleiben, daß es unzweifelhaft zum Krieg kommen würde. Seinem Plan zufolge wollte er den Feind in der Landesfestung Rendsburg mit seiner Armee erwarten, völlig außer acht lassend, daß sich die Dänen hüten würden, die Grenze zum Herzogtum Holstein, das ja zum Deutschen Bund gehörte, zu überschreiten. Es bedurfte des ausdrücklichen Befehls der Statthalterschaft, um von Willisen zum Einmarsch in Schleswig zu veranlassen. Am 13. Juli überschritt er die Grenze zwischen Holstein und Schleswig und bezog mit dem gesamten Heer – 27 000 Mann – bei dem Dorf Idstedt nördlich der Stadt Schleswig Stellung.

Das dänische Heer, 41 000 Mann stark, rückte unter dem Befehl des Generals von Krogh am 16. Juli im Herzogtum Schleswig ein und besetzte am 17. Juli Flensburg. Am 19. Juli begann der Vormarsch der Dänen in Richtung Süden über die von Flensburg nach Hamburg führende Landstraße, die über Schleswig und Rendsburg geht. Am 23. Juli stand die gesamte dänische Armee den schleswig-holsteinischen Truppen bei Idstedt gegenüber.

Das Aufmarschgebiet, die Idstedter Heide, ist mit Niederungen, kleineren Erhebungen, Gehölzen, Heide, Mooren, Seen und Flußläufen durchsetzt. Die Schleswig-Holsteiner hatten eine rund 30 Kilometer breite Front errichtet, erwarteten aber mit ihrer Hauptmacht den dänischen Angriff im Zentrum derselben bei dem Dorfe Idstedt, weil sich nur der Abschnitt zwischen dem Idstedter Wirtshaus und dem Langsee, einer mit Wald bewachsenen Erhebung, für einen geschlossenen Angriff der von Norden kommenden Dänen eignete. So wäre die Stellung, die Willisen mit seiner Armee acht Tage inne hatte, eine ideale gewesen, wenn er diese unter Einbeziehung der topographischen Gegebenheiten durch Schanzen, Artilleriestellungen, gestaute Bäche und gefällte Bäume zu einer uneinnehmbaren Festung hätte ausbauen lassen. Doch nichts von alledem geschah. Willisen war unschlüssig, erteilte widersprüchliche Befehle, schwankte zwischen offensivem oder defensivem Vorgehen. Seine Unsicherheit übertrug sich auf die Offiziere und übte einen lähmenden Einfluß auf die Truppen aus. Schließlich wurden Willisens Überlegungen zur Kriegstaktik überflüssig, da der dänische General von Krogh am 24. Juli die Initiative ergriff und zum Angriff überging. Es kam zu einem ersten Gefecht zwischen Dänen und schleswig-holsteinischen Vorposten, das sich mit wechselndem Erfolg über den ganzen Tag hinzog. Schließlich mußten die Schleswig-Holsteiner, die mutig und erbittert gekämpft hatten, der Übermacht weichen und sich zurückziehen.

Schon am folgenden frühen Morgen griffen die Dänen erneut an. Trotz Willisens Unfähigkeit und Wankelmütigkeit, der erst den Truppen befahl, zum Angriff vorzugehen, kurz darauf, in den Stellungen liegen zu bleiben und abzuwarten, und trotz der Kommunikationsschwierigkeiten der Truppenteile untereinander, gelang es den Schleswig-Holsteinern nicht nur, das Terrain bei Idstedt bis gegen Mittag im großen und ganzen zu halten, sondern bei dem Dorfe Oberstolk die Dänen so vernichtend zu schlagen, daß General von Krogh die Schlacht für verloren hielt und den Rückzug seiner Armee beschloß. Doch statt nun den fliehenden Feind zu verfolgen und ihm die endgültige Niederlage zu bereiten, befahl auch Willisen den Rückzug – in voller Kenntnis des dänischen Rückzugs, wie Zeitzeugen behaupten. Willisen zog sich mit seiner Armee in einem Gewaltmarsch bis Rendsburg zurück und überließ somit das Herzogtum Schleswig fast vollständig den Dänen. Der dänische Oberbefehlshaber von Krogh erfuhr nur durch Zufall vom Rückmarsch der Schleswig-Holsteiner, machte mit seinen Truppen kehrt, besetzte das verlassene Schlachtfeld und feierte seinen ›glänzenden Sieg‹.

Daß Willisens Agieren auf dem Schlachtfeld zumindest als sehr zweifelhaft angesehen wurde, kommt im Leitartikel der Vossischen Zeitung vom 28. Juli 1850 mit folgenden Worten zum Ausdruck: »*General v. Willisen hat das stille Erstaunen aller Sachkundigen erregt, als er die Dänen so unermeßlich viel Terrain in Schleswig ruhig gewinnen ließ. Er erkennt das selbst als einen großen strategischen Fehler an, indem er sich in seiner Proklamation deswegen entschuldigt und versichert, daß er die strategischen Vortheile den Dänen nur aus dem höheren politischen Grunde einräumte, weil er noch mitten im starken Vorrücken der Dänen den General v. Krogh ersuchte still zu halten, und dafür zu unterhandeln. Das Examen der Feldherren wird ihnen auf dem Felde abgenommen. Der heldenmüthige Tann hat es ehrenvoll bestanden.*«

Willisen erneuerte in Rendsburg seinen alten Plan, dem Feind im Schutz der Landesfestung eine Schlacht zu liefern. Er ließ Schanzen aufwerfen und Befestigungen bauen. Doch ließen sich die Dänen nicht zum Einmarsch in das Herzogtum Holstein verleiten.

Deutschland nahm von Anfang an am Geschick Schleswig-Holsteins großen Anteil, besonders aber im Sommer 1850, wo zum einen in den deutschen Ländern alle freiheitlichen Bestrebungen wieder begraben worden waren, zum anderen aber, weil die Schleswig-Holsteiner nach dem Rückzug der Preußen ihren Freiheitskampf mutig allein in die Hand nahmen. Die im Juli 1850 wieder auflebende Flut von Artikeln und Berichten über die Ereignisse in Schleswig-Holstein in der gesamten Presse zeigt das Interesse der Öffentlichkeit deutlich an.

Dem Kampf bei Idstedt widmet Kühn fünf und einen halben Bilderbogen, wobei es wahrscheinlich ist, daß auch die fehlende No. 90 sich mit diesem Thema befaßt. Die Folge wird mit dem 89. Bild

Neue Bilder-Zeitung. — 89stes Bild.

Schlacht bei Idstedt,
den 25. Juli 1850.

Während die Dänen noch ruhig im Bivouac liegen, umschleichen die tapfern Schleswig-Holsteiner die Vorposten und vertreiben die Dänen aus der festen Stellung bei Eggebeck und Bollingstedt. — Hier wurde nun mit der größten Heftigkeit gekämpft; ein dort liegendes Gehölz wurde von den Dänen dreimal genommen und dreimal wieder erobert; zum vierten Male behaupteten sich die Dänen in demselben und gewannen dadurch ein unbezahlbares Terrain, welches ihnen gestattete, eine größere Stärke gegen das Centrum zu entwickeln. — Eine Entscheidung ist also durch diese anscheinend sehr blutige Schlacht nicht herbeigeführt.

Original u. Eigenthum No. 2313.

Neu-Ruppin, zu haben bei Gustav Kühn.

eröffnet. Dieser fast genrehafte Bogen zeigt zwei schleswig-holsteinische Infanteristen, die in einem Wald nach dem Feind Ausschau halten, der derweil ganz gemütlich hinter Bäumen Rast hält. Das Bild ist mit einer aufwendigen Zierleiste umrahmt und mit »Schlacht bei Idstedt, den 25. Juli 1850« betitelt. Der kurze Text stammt sicherlich aus der Offizin Kühn und beschreibt nur im ersten Satz die Bildsituation. Anschließend folgt eine kurze Schilderung eines Gefechtes – wahrscheinlich des am Gryauer Holz – und endet mit der Bemerkung, daß eine endgültige Entscheidung noch nicht gefallen sei.

Dieses Bild hat Kühn später auch für einen Schulheftumschlag verwendet, wobei er es in der Mitte trennte und somit zwei Einzelszenen bekam. Dieser Schulheftumschlag wurde auch in Dänemark bei Steen & Søn unter der No. XIV vertrieben, hier allerdings mit veränderter Kopfbedeckung der Soldaten auf der linken Seite. Gedruckt wurde der dänische Schulheftumschlag vermutlich ebenfalls bei Kühn in Neuruppin.

Bei der Herausgabe des 89. Bilderbogens scheint sich Kühn der Tragweite dieser Schlacht noch nicht bewußt gewesen zu sein. Darauf deutet die Gestaltung dieses Bogens hin – keine Kampfhandlung, Zierleiste, kurzer eigener Text. Dann folgen mit Unterbrechung von zwei Verlagsnummern vier

Bilderbogen mit fortlaufenden Verlagsnummern (2316 bis 2319), die die Schlacht in vier wichtigen Phasen, chronologisch geordnet, zeigen und die als Texte die Armeeberichte Willisens benutzen. Mit dem Eingang der neuesten Nachrichten vom Kriegsschauplatz dürfte Kühn erkannt haben, daß es sich um eine entscheidende, wenn nicht gar um die Entscheidungsschlacht zwischen Schleswig-Holstein und Dänemark handelte, lagen sich bei Idstedt doch beide Armeen in ihrer Gesamtstärke gegenüber. So zeigen auch alle vier Bilderbogen Schlachtszenen mit großer Truppenbeteiligung.
Das 91. Bild bezieht sich auf das Gefecht am 24. Juli, mit dem die Dänen die Feindseligkeiten eröffneten und das bei dem Dorfe Jübeck am Abend endete, ohne daß eine der verfeindeten Parteien einen Vorteil errungen hatte.
Für die folgenden drei Bilderbogen teilt Kühn den ausführlichen Armeebericht Willisens vom 27. Juli 1850 in etwa drei gleich lange Abschnitte auf und ordnet sie seinen Titeln zu – 92. Bild: »*Beginn des Kampfes bei Idstedt am 25. Juli 1850*«, 93. Bild: »*Die große blutige Schlacht bei Idstedt am 25. Juli 1850*« und 94. Bild: »*Wir sind zurückgedrängt, aber nicht besiegt. Die Schleswig-Holsteinsche Armee verläßt nach hartem Kampf unbesiegt das Schlachtfeld bei Idstedt*« –.
Die fortlaufenden Verlagsnummern, die

175

ausschließliche Verwendung von Armeeberichten – wenn man eine kurze Privatmitteilung außer acht läßt –, die unter anderem in der Vossischen, Spenerschen und Illustrirten Zeitung erschienen waren, sowie die vergebliche Suche nach Vorlagen für die bildlichen Darstellungen, lassen die Vermutung zu, daß Kühn diese vier Bilderbogen auch zusammenhängend und unter Zeitdruck auf den Markt brachte. Die Anzahl der dieser einen Schlacht gewidmeten Bilderbogen und der Titel des 94. Bildes belegen Kühns Sympathien. Allerdings gibt gerade der 94. Bilderbogen Rätsel auf, denn das gleiche Bild verwendete er für seine dänische Kundschaft, nunmehr mit dänischem Titel und Text, deren Übersetzung lautet:

»Großer Sieg über die Insurgenten bei Idstedt. Am 25. Juli siegte die Dänische Armee in einem heißen Kampf über die Schleswigschen und Holsteinischen Aufständischen und schlug sie über die Eider in die Flucht. Damit mußten sie uns ganz Schleswig einräumen. Bald wollen wir auch nach Holstein und singen dazu:«. Es folgen Verse des Liedes »Ser I, hvem der kommer her?«, das von Erik Bøgh verfaßt wurde und Teil der Revue ›Nytaarsnat‹ (Neujahrsnacht) war. Diese Revue kam Ende 1849 erstmalig zur Aufführung, und das Lied – ein Kampf- und Siegeslied – wurde umgehend ein echter Gassenhauer. Da es sich bei dem kurzen Text nicht um ›Neuruppiner Dänisch‹ handelt, der Bogen aber in Neuruppin unter der Verlagsnummer 143 gedruckt wurde – Bogen in Fremdsprachen wurden separat numeriert –, liegt die Vermutung nahe, daß es sich um einen Auftragsbogen gehandelt hat – und Geschäft war noch allemal Geschäft für Gustav Kühn!

Quellen:
Baudissin: Geschichte des Schleswig-Holsteinschen Kriegs, 1862, S. 561 ff. – Liliencron: Up ewig ungedeelt, 1980, S. 366ff. – Illustrirte Zeitung, No. 369, vom 27. 7. 1850, No. 370, vom 3. 8. 1850, No. 371, vom 10. 8. 1850 – Voss. Zeitung, No. 172, vom 27. 7. 1850 bis No. 175, vom 31. 7. 1850 – Spenersche Zeitung, No. 172, vom 27. 7. 1850, No. 173, vom 28. 7. 1850, No. 175, vom 31. 7. 1850 – Danmarks Melodibog, 1500 danske Sange for Piano med underlagt Text, 1. Del, Wilhelm Hansen Musik-Forlag, S. 240.

»Stor Seier over Insurgenterne ved Istadt.«
Gustav Kühn No. 143 (MVK Berlin)

Das 95. Bild: *»Sprengung des Schrauben-Dampf-Kanonenboots ›v. d. Tann‹ bei Neustadt. –* **Kampf in Ober-Stolk und Vernichtung des dänischen Generalstabes Schleppegrell.«**

Der 95. Bilderbogen ist wiederum ein Bilderbogen mit zwei Darstellungen. Mit der Berichterstattung über die Sprengung des Kanonenboots ›v. d. Tann‹ auf der oberen Hälfte des Bilderbogens greift Kühn ein spektakuläres Ereignis aus den Seegefechten auf, mit denen die Feindseligkeiten zwischen Schleswig-Holstein und Dänemark eröffnet wurden.

Seit Ausbruch des Krieges 1848 waren die Herzogtümer Schleswig-Holstein um den Aufbau einer eigenen Flotte bemüht. Da die Herzogtümer über keine eigenen Werften zum Bau von Kriegsschiffen verfügten und im Ausland wegen der dort gewahrten Neutralität keine Kriegsschiffe erwerben konnten, stellte die Statthalterschaft aus vorhandenen Schiffen eine Flotte auf, die aus einem Schrauben-Kanonenboot, drei Raddampfern, einem Kriegsschoner und elf Ruder-Kanonenbooten bestand. Verständlicherweise beschränkte sich diese kleine Flotte auf die Verteidigung der Küsten. Trotzdem gelang es ihr immer wieder, der weit überlegenen dänischen Flotte in kleineren Gefechten empfindliche Nadelstiche zu versetzen. So auch am 20. Juli 1850, als es dem jungen Kommandanten Lange des Kanonen-Dampfboots ›v. d. Tann‹ gelang, einen dänischen Handelssegler aufzubringen. Bei dem Versuch, das Handelsschiff nach Neustadt zu bringen, wurde er durch ein dänisches Kriegsschiff zum Kurswechsel nach Travemünde gezwungen. Der dortige Hafenkommandant zwang das Kanonen-Dampfboot unter Berufung auf Anweisung aus Lübeck, wonach die Neutralität Lübischer Gewässer unbedingt gewahrt bleiben müsse, den dänischen Segler freizugeben und den schützenden Hafen zu verlassen. Als das Kanonenboot gegen 10 Uhr abends in Richtung Neustadt auslief, erwarteten es drei dänische Kriegsschiffe, die die Verfolgung aufnahmen. In der Neustädter Bucht kam es dann in der Nacht zu einem Seegefecht, in dem es dem schleswig-holsteinischen Kanonenboot schon fast gelungen war, die dänischen Schiffe zu vertreiben, als die ›v. d. Tann‹ auf Grund lief und so zu einer leichten Beute der Dänen zu werden drohte. Um dies zu verhindern, befahl Kommandant Lange, das Schiff zu verlassen und sprengte es anschließend eigenhändig in die Luft.

Dieses für die Schleswig-Holsteiner so unglücklich ausgehende Seegefecht fand am frühen Morgen des 21. Juli 1850 statt, vier Tage vor der Schlacht bei Idstedt, der Kühn so große Aufmerksamkeit gewidmet hatte. Die Chronologie der Ereignisse ist also wieder einmal nicht eingehalten. Auf dem Bild wird die Sprengung in den Tag verlegt, obwohl sie gegen 2 Uhr früh erfolgte, gibt aber ansonsten recht anschaulich die Situation des Geschehens wieder. Der Text ist die wortgetreue Wiedergabe eines Artikels der Vossischen Zeitung vom 23. Juli 1850.

Der untere Teil des 95. Bilderbogens bringt ein Ereignis, das besonders in Dänemark große Aufmerksamkeit erregte, und zwar den Tod des dänischen Generals von Schleppegrell während des Gefechtes im Dorf Ober-Stolk. Dieses Gefecht, das mit einem großartigen Erfolg für die Schleswig-Holsteiner endete, fand in der deutschen Presse erstaunlicherweise kaum Erwähnung. Erst die Chronisten des Krieges, Adelbert Baudissin und Detlev von Liliencron, geben genaue Beschreibungen über den Verlauf des Gefechts. Danach erhielt der schleswig-holsteinische General von der Horst, der den rechten Flügel der Armee befehligte, um 6 Uhr früh den Befehl, das Dorf Ober-Stolk zu besetzen. Zeitgleich gingen auch die Dänen von Ober-Stolk auf Idstedt vor. Beim Verlassen des Dorfes wurden die Dänen von schleswig-holsteinischen Jägern angegriffen. Es entspann sich ein heftiger Straßenkampf, in dem der General von Schleppegrell fiel, und mit ihm weitere 32 Offiziere und 971 Soldaten. Schließlich wurden die Dänen völlig aus dem Dorf getrieben. Bei der Meldung dieser Schreckensbotschaft hielt der dänische Oberkommandierende von Krogh die Schlacht für insgesamt verloren und befahl den Rückzug. Beide Chronisten gehen davon aus, daß bei einer entschlossenen Verfolgung des Feindes zumindest die Schlacht von Idstedt siegreich hätte beendet werden können, doch erhielt General von der Horst unverständlicherweise den Befehl, sich ebenfalls zurückzuziehen.

Auch wenn man bei den Beschreibungen der vorgenannten Chronisten wegen ihrer Voreingenommenheit zugunsten der schleswig-holsteinischen Sache Abstriche machen muß, dürfte die Niederlage der Dänen durch den Verlust des Generals und so vieler Offiziere und Soldaten eine sehr empfindliche gewesen sein. Die dänische Presse veröffentlichte viele Berichte, Nachrufe, auch Bilderbogen über Leben und Tod des Generals von Schleppegrell. General von Willisen geht auf den Erfolg bei Ober-Stolk in seinem 3. Armeebericht mit folgenden Worten ein: *»Die 3. Brigade hatte mit großer Tapferkeit bei Ober-Stolk den Feind rasch zurückgeworfen, drei 12-Pfünder erobert, eine feindliche Eskadron, welche wiederholt im Dorfwege eine kühne Attaque gemacht, gänzlich zu Grunde gerichtet; 2 Stabs-Offiziere, den Batterie-Chef und den Eskadrons-Chef gefangen.«* In seinem 4. Armeebericht vom 4. August 1850 stellte er besonders die Leistungen des Generals von der Horst heraus: *»(Er) hat mit seltener Entschlossenheit seine Brigade bei Oberstolk dem Feinde entgegen geworfen, ihn dadurch im Marsche aufgehalten und ihm die größten Verluste beigebracht. Als die Uebermacht sich gegen ihn wandte, hat er mit gleicher Festigkeit sich auf den Feind geworfen, der ihn zu umgehen drohte und seine braven Truppen in die Stellung zurückgeführt.«* In beiden Armeeberichten wird der Tod des Generals von Schleppegrell nicht erwähnt, der ja den dänischen Oberbefehlshaber zu seinem Rückzugsbefehl veranlaßt hatte. Wahrscheinlich ist Willisen nie der Gedanke an eine Fehleinschätzung der Lage gekommen, durch die er unbegründet große Vorteile aufgab. Der dänische Generalstab urteilte über die Schlacht bei Idstedt ganz realistisch: *»Der ehrenvolle Sieg ist ohne Zweifel weniger der Bestimmtheit unseres Obergenerals, als dem Schwanken der feindlichen Heeresleitung zuzuschreiben.«* (v. Liliencron, S. 386)

Kühn, der über gute Geschäftsbezie-

Neue Bilder-Zeitung. — 95stes Bild.

Sprengung des Schrauben-Dampf-Kanonenboots „v. d. Tann" bei Neustadt.

Der Commandeur des Schrauben-Kanonenboots „v. d. Tann", Lieutenant Lange, hat im diesjährigen Kriege das erste Beispiel aufopfernder Vaterlandsliebe gegeben. Er hat sein Schiff selbst angezündet und in die Luft gesprengt, damit es nicht dem Feinde in die Hände falle. Nachdem ein größeres dänisches Dampfschiff auf das Boot Jagd gemacht und dieses sich erst nach der Travemündung zurückgezogen hatte, lief der „v. d. Tann" wieder aus, nahm ein dänisches Handelsfahrzeug und wollte die Prise in Travemünde einbringen. Auf Grund der Neutralität verweigerte man die Aufnahme, wollte sogar nicht gestatten, daß das Dampf-Kanonenboot allein verläufig im Hafen bleibe. Da es demselben unmöglich war, das aufgebrachte dänische Schiff nach Neustadt zu führen, mußte es die Prise fahren lassen. Lieutenant Lange trat mit seinem Schiff allein die Fahrt nach diesem holsteinischen Hafen an, umschwärmt von den dänischen Kriegsdampfern. Mit diesen kam es zu einem Gefecht, und während desselben gerieth das Schiff eine Viertelstunde vom Ufer auf den Grund. Alle Versuche, es wieder loszubringen, waren vergebens. Nur ein Mittel blieb übrig, es zu verhindern, daß es wehrlos in die Gewalt der Dänen falle. Schweren Herzens ergriff er dieses äußerste Mittel und zündete das Schiff an, das bald in die Luft flog. Die ganze Besatzung rettete sich auf den Böten.

Kampf in Ober-Stolk und Vernichtung des dänischen Generalstabes Schleppegrell.

Als die dänische Cavallerie im Carriere die gerade Straße von Ober-Stolk durchritt, um sie zu säubern, warfen sich die jungen holsteinischen Krieger auf die Erde, standen wieder auf, empfingen die im Trabe rückkehrende Cavallerie mit einem mörderischen Feuer und stachen die Pferde todt. Bei dieser Gelegenheit kam der dänische Generalstab in das Dorf und in's Gewehrfeuer, und wurde der General v. Schleppegrell getödtet. — Es ist also eine offenbar dänische Erdichtung, daß Bauern ihn ermordet haben, aber diese Erdichtung wird benutzt, um solche Schandtaten fortzuführen! Man kennt sogar im holsteinischen Heere den Namen des Jägers, der den tödtlichen Schuß auf den General v. Schleppegrell führte.

Original u. Eigenthum No. 2322.

Neu-Ruppin, zu haben bei Gustav Kühn.

hungen zu Dänemark verfügte, dürfte über genauere Informationen als die in der deutschen Presse veröffentlichten verfügt haben. Er zeigt den Moment, in dem der General von Schleppegrell tödlich getroffen vom Pferde sinkt, während um ihn herum ein heftiger Kampf tobt. Im Text beschreibt er die gezeigte Situation mit eigenen Worten, und fügt im zweten Teil die Nachricht hinzu, daß die Dänen die Auffassung verträten, von Schleppegrell wäre von schleswigschen Bauern ermordet worden.

Quellen:
Baudissin: Geschichte d. Schleswig-Holst. Kriegs, 1862, S. 603 ff. – Liliencron: Up ewig ungedeelt, 1980, S. 366 ff. – Giese: Kl. Geschichte der dt. Flotte, 1966, S. 17 f. – Illustrirte Zeitung, No. 372, vom 17. 8. 1850 – Vossische Zeitung, No. 168, vom 23. 7. 1850, No. 169, vom 24. 7. 1850, No. 170, vom 25. 7. 1850 – Spenersche Zeitung, No. 171, vom 26. 7. 1850.

Das 96. Bild: »*Gefecht bei Duvenstedt, den 9. August 1850. – Das Auffliegen des Laboratoriums in Rendsburg, am 7. August 1850.*«

Auch der 96. Bilderbogen greift zwei Augenblicke aus dem Kriegsgeschehen heraus. Am gleichen Tag, an dem in Rendsburg ein Munitionsdepot in die Luft flog, ging das strategisch wichtig gelegene Friedrichstadt an die Dänen verloren. Auch die Aufgabe von Friedrichstadt geht auf eine Fehleinschätzung Willisens zurück, der die gesamte Armee bei Rendsburg konzentriert hatte. Die Dänen aber rückten südwestlich vor. Friedrichstadt, am Zusammenfluß von Eider und Treene gelegen, war von Willisen nur mit 200 Mann und wenigen Geschützen gesichert worden, und als er endlich den drängenden Bitten des befehlshabenden Offiziers um Verstärkung nachkam, war es bereits zu spät. Die schon in Marsch gesetzten Truppen konnten aber in die Kämpfe bei Sorgbrück und Duvenstedt eingreifen und die Dänen an einem weiteren Vordringen hindern.
Am 8. August 1850 um 8 Uhr morgens griffen die Dänen die schleswig-holsteinischen Vorposten bei Sorgbrück und Duvenstedt – beide Orte liegen nur wenige Kilometer nördlich von Rendsburg – an und stießen auf so entschiedenen Widerstand, daß sie schließlich den Rückzug antreten mußten. Hier nun hätte Willisen seine Schlacht unter den Wällen von Rendsburg haben können. Er war den Dänen, die größere Kontingente in Friedrichstadt, Missunde und Eckernförde stehen hatten, zahlenmäßig überlegen, hatte eine zu allem entschlossene Truppe zur Verfügung und einen Feind vor sich, der bereits auf der Flucht war. Doch Willisen begnügte sich mit dem Erreichten und zog sich nach Rendsburg zurück.
Es ist verwunderlich, daß die offensichtlichen Fehler Willisens in der Presse nicht kritisiert wurden. Die Berichterstatter beschreiben nur den Verlauf der Gefechte, ohne strategische Entscheidungen anzuzweifeln oder zumindest zu hinterfragen. So bringt zum Beispiel die Illustrierte Zeitung am 31. August 1850, in ihren ›Nachrichten vom Kriegsschauplatze in Schleswig-Holstein‹ zwar eine ausführliche Beschreibung über das militärische Leben und Treiben in und um Rendsburg, erwähnt aber mit keinem Wort den Verlust von Friedrichstadt, sondern erklärt lapidar: *»Größere Gefechte fanden hier nur am 9. August an zwei Stellen bei Sorgebrück und Duvenstedt statt, wo die Dänen mehre tausend Mann starke Colonnen vorsandten, um wo möglich den Sorgeübergang zu erzwingen, dies aber aufgeben mußten, nachdem sie an Todten und Verwundeten 90–100 Mann verloren hatten.«* Auch die anderen Zeitungen bringen nur eine genaue Verlaufsbeschreibung der Kämpfe, denen sich Kühn durch die wortgetreue Übernahme des Textes auf seinem Bilderbogen aus einem längeren Artikel der Spenerschen Zeitung vom 11. August 1850 anschließt.
Das Bild unterstreicht anschaulich den Text. In der Mitte reitet die schleswig-holsteinische Kavallerie eine Attacke gegen dänische Infanteristen, die dem Ansturm nicht gewachsen sind und zurückgehen, während von rechts Verstärkung herangeführt wird. Links am Bildrand steht schleswig-holsteinische Infanterie in Reih und Glied, befehligt von einem Offizier zu Pferde, und feuert auf die fliehenden Dänen. Bei der Bildunterschrift ist Kühn ein auch in der Illustrirten Zeitung enthaltener Zeitfehler unterlaufen: Das Gefecht fand am 8. August statt und nicht am 9. August, wie von ihm zitiert. Bei der Wahl seines Sujets dürfte wohl sein Wissen um die Anteilnahme seiner Kundschaft am Schicksal der Herzogtümer den Ausschlag gegeben haben, konnte er doch nun nach der empfindlichen Niederlage bei Idstedt wieder einen Erfolg vermelden.
Im unteren Teil des Bilderbogens wird die Explosion des Munitionslaboratoriums am 7. August 1850 in Rendsburg gezeigt. Sie kostete über 100 Menschen das Leben und richtete erheblichen Sachschaden an. Fast umgehend tauchten Gerüchte auf, die Dänen hätten diesen Anschlag verübt und somit wäre das Zusammentreffen des Angriffs auf Friedrichstadt und das Auffliegen des Laboratoriums an einem Tag kein Zufall. Auch der Angriff der Dänen am folgenden Tag bei Sorgbrück und Duvenstedt fast vor den Toren von Rendsburg, der wohl die durch die Explosion verursachte Verwirrung ausnutzen sollte, gab diesem Gerücht weitere Nahrung. Ob nun eine Selbstentzündung der Munition oder dänische Saboteure die Ursache waren, dieser Unglücksfall erregte über Rendsburg hinaus großes Aufsehen und tiefe Anteilnahme.
Kühn illustriert seinen Text, den er mit kleineren Kürzungen der Spenerschen oder Vossischen Zeitung vom 9. August 1850 entnommen hat, auf seine gewohnt drastische Art.
In den Explosionsflammen fliegen neben Munitionsbrocken und Baumaterialien auch Menschenleiber in die Luft. Ansonsten hat er versucht, die im Text beschriebene Lage des Laboratoriums, die Eider-Insel, ins Bild umzusetzen. Da er eine in der Illustrirten Zeitung vom 31. August 1850 gebrachte Illustration über dieses Ereignis nicht als Vorlage benutzt, dürfte er seinen Bilderbogen bereits vor Erscheinen dieser Zeitung auf den Markt gebracht haben.

Quellen:
Baudissin: Geschichte d. Schleswig-Holst. Kriegs, 1862, S. 637 ff. – Illustrirte Zeitung, No. 372, vom 17. 8. 1850, No. 374, vom 31. 8. 1850 – Vossische Zeitung, No. 183, vom 9. 8. 1850, No. 186, vom 13. 8. 1850 – Spenersche Zeitung, No. 183, vom 9. 8. 1850, No. 184, vom 10. 8. 1850.

Neue Bilder-Zeitung. — 96stes Bild.

Gefecht bei Duvenstedt, den 9. August 1850.

Rendsburg, den 9. August. Bei Sorgbrück eröffneten die Dänen gegen 7 Uhr Morgens ein starkes Artilleriefeuer, das unsere Truppen wenig incommodirte. Nur ein Offizier wurde von einer Stückkugel am Ellenbogen getroffen. Unsere Artillerie warf aus zwei Geschützen Shrapnells unter den Feind, die ihm so sehr zu Leibe zu gehen schienen, daß er sich rasch zurückzog. Unsere Truppen folgten nicht, vermuthlich weil es nicht im Plane des Kommandos lag. Nur Dragoner-patrouillen wurden dem zurückziehenden Feinde nachgeschickt, der auf solche isolirte und schwer zu treffende Patrouillen mit Kanonen so heftig zufeuerte, als gälte es eine Schlacht. Vielleicht hofften die Dänen mit diesem Lärm eine andere Recognoscirung zu maskiren, die sie weiter oberhalb an der Sorge bei der Stenternermühle und Duvenstedt auszuführen suchten. Dort entwickelten sie plötzlich gegen unsere Feldwacht eine starke Macht. Unsere Vorposten zogen sich im ersten Augenblick auf stärkere Posten in ihrem Rücken zurück, zu denen alsbald Succurs vorgeschoben wurde. Nun kam es zu lebhaftem Infanteriefeuer, darauf machten unsere Truppen eine herrliche Attaque mit dem Bajonett und warfen den Feind weit zurück. Sein Rückzug war so eilig, daß er eine ziemliche Anzahl Todter auf der Straße zurückließ, während die Dänen sonst einen eigenthümlichen Eifer und eine seltsame Bravour darauf verwenden, ihre Todten wegzuschleppen, wahrscheinlich, um ihrer bekannten Eitelkeit nichts zu vergeben. Wirklich trafen unsere Truppen beim Vordringen eine Anzahl langer Leitern auf dem Wege, zum Theil bereits mit gefallenen Dänen belegt, die wahrscheinlich eben fortgebracht werden sollten, als die Dänen das Feld über Hals und Kopf räumen mußten.

Das Auffliegen des Laboratoriums in Rendsburg, am 7. August 1850.

Rendsburg, 7. August. Gegen Mittag wurde unsere Stadt von einem gewaltigen Ereigniß erschüttert, und zwar im strengsten Sinne des Wortes erschüttert. Ein furchtbarer Knall schlug an jedes Ohr, vor dem die Mauern der Häuser erzitterten, und darauf folgte ein Regen von klirrenden Scheiben und Dachsteinen. Im ersten Augenblick glaubte jeder, in sein Haus wäre eine dänische Bombe geflogen, und Alles stürzte voll Schrecken in die Hausflur. Bald erfuhr man jedoch von den in allen Häusern einquartirten Militärs, daß ein Pulvermagazin aufgeflogen sein müsse. Wirklich war das der Fall, und zwar war es das Laboratorium auf der Eider-Insel, welches in die Luft gegangen. — In militärischer Beziehung ist das Ereigniß ohne Bedeutung, da alle Projectilen und Patronen genöthigt alsbald in die betreffenden Magazine geschafft werden. Es waren auch wenig Leute im Local im Augenblicke des Ereignisses, eben weil die nöthigen Vorräthe bereits beschafft sind. Die dänischen Gefangenen stürzten im ersten Schreck aus dem Gebäude, worin sie verwahrt werden, mit ihren Wächtern auf die Straße, einer von ihnen wurde bei dieser Gelegenheit durch einen aus der Luft fallenden Gegenstand verwundet. Das Gebäude, worin sie gefangen gehalten werden, ist nicht weit vom Laboratorium entfernt. Die übrigen fanden sich, als es in der Luft wieder ruhig wurde, in ihrem Hause ein. Merkwürdig ist es, daß zwei in einem Festwagen gespannte Pferde in der Nähe des Paradeplatzes bloß vor Schreck niederstürzten, nachdem sie einen Luftsprung gemacht und todt liegen blieben. Man hat durchaus keine Verwundung an ihnen bemerkt. Unsere Garnison gab in diesem gewaltigen Moment eine herrliche Probe von Tüchtigkeit und Disciplin. In weniger als 5 Minuten stand jeder Soldat unter den Waffen bei seiner Fahne. Wer Gelegenheit hatte, den kommandirenden General v. Willisen während des Ereignisses zu sehen, spricht die tiefste Bewunderung über die Geistesgegenwart und Sicherheit des alten Kriegers aus, zumal in einem Augenblick, wo Niemand wußte, wie groß die Gefahr werden könne und in welchem Zusammenhang das Ereigniß mit feindlichen Absichten stehe. Die gemessensten Befehle wurden nach allen Seiten ertheilt, und nach 2 Stunden war alles wieder in guter Ordnung.

Original u. Eigenthum No. 2323.

Neu-Ruppin, zu haben bei Gustav Kühn.

Das 97. Bild: *»Sturm-Angriff auf Friedrichstadt.«*

Die Statthalterschaft hatte sich Anfang September 1850 entschlossen, sich von ihrem zögerlichen und unfähigen Oberbefehlshaber zu trennen, der immer nur auf ihr beharrliches Drängen zum Angriff gegen die Dänen schritt – und das bisher mit mehr Mißerfolgen als Erfolgen. Doch Willisen gelobte Besserung, und so nahm die Statthalterschaft von ihrem Entschluß wieder Abstand. Es scheint, daß sie sich die Kompetenz in militärischen Fragen nicht zutraute und das Wagnis einer Neubesetzung des wichtigsten Postens der Armee zu dieser Zeit auch nicht wirklich wollte.

Wie dem auch sei, Willisen blieb im Amt und kam seinem Versprechen auf Offensive am 12. September mit einem Angriff auf Missunde nach. Bei Kochendorf trafen die Schleswig-Holsteiner auf dänische Vorposten, die sie aus ihren Stellungen warfen und bis Missunde verfolgten. Dort brachten sich die Dänen hinter ihren Schanzen in Sicherheit. Willisen ließ die folgende Beschießung derselben noch, bevor die eine oder andere Seite Vorteile erzielen konnte, abbrechen und befahl den Rückzug. Die Dänen drängten den abziehenden Schleswig-Holsteinern nach, so daß es auf beiden Seiten noch zu erheblichen Verlusten kam. Willisen führte seine Truppen nach Rendsburg zurück, wo er erneut auf einen Angriff der Dänen wartete, die ihm wiederum nicht den Gefallen taten. Mit der Niederlage bei Missunde fügte Willisen eine weitere auf sein Konto gehende hinzu.

Jetzt war die Unfähigkeit des Oberbefehlshabers nicht mehr zu übersehen und allenthalben wurde Kritik laut. Doch noch immer mochte sich die Statthalterschaft nicht von ihm trennen, verlangte nur, daß er ihr seine militärischen Absichten bekannt mache und daß eine entschiedene Offensive begonnen werde.

Willisen entschloß sich daraufhin zur Wiedereroberung von Friedrichstadt, der Stadt, die er am 7. August so leichtfertig preisgegeben hatte. Die Dänen hatten die Zwischenzeit nicht nutzlos verstreichen lassen, sondern die Stadt,

»Kampen med Insurgenterne ved Fredericksstadt.« kolorierte Lithographie (MVK Berlin)

die durch Deiche und Dämme gegen die Sturmfluten geschützt war, mit Schanzen und Palisaden befestigt und das Land ringsum durch Durchstechen der Dämme unter Wasser gesetzt, so daß eine Einnahme der Stadt nur durch eine Überrumpelung mit einer großen Streitmacht zu erreichen war. Doch Willisen, der große Zauderer, stellte nur unzureichende Truppenkontingente für das Vorhaben ab, so daß der Mißerfolg vorprogrammiert war.

Die Schlacht um Friedrichstadt dauerte vom 29. September bis zum frühen Morgen des 5. Oktober 1850. Durch Indiskretionen in den eigenen Reihen waren die Pläne Willisens den Dänen bereits vor Eröffnung der Feindseligkeiten bekannt und damit eine Überrumpelung durch einen Überraschungsangriff nicht mehr gegeben. Nunmehr begannen die Schleswig-Holsteiner die Schanzen und Wälle der Stadt mit Kanonen zu beschießen, um Breschen zu schlagen und einen Sturmangriff vorzubereiten. Doch das ganze Unternehmen war schlecht organisiert, zum einen war nicht an Brückenmaterial gedacht worden, ohne das die Gräben nicht überwunden werden konnten, es fehlten Spaten, um Deiche zu durchstechen, dann wieder fehlte Munition in entscheidenden Momenten, so daß sich die Angriffe bis zum 3. Oktober hinzogen und den Dänen Gelegenheit gaben, entstandene Schäden immer wieder auszubessern und sogar weitere Befestigungen anlegen zu können. Friedrichstadt war am 4. Oktober stärker befestigt als am 29. September.

Trotz aller Hindernisse und Unzulänglichkeiten entschloß sich Oberst von der Tann, der den Angriff leitete, zum Sturm auf die Stadt. Nach einer ganztägigen Beschießung, die mehr die Stadt in Trümmern legte als den Befestigungsanlagen Schaden zufügte, wurde um 6 Uhr abends zum Sturm geblasen. Doch die vier Sturmangriffe scheiterten trotz des todesmutigen Einsatzes der Soldaten an den unzulänglichen Vorbereitungen der schleswig-holsteinischen Führung und an der tapferen Gegenwehr der Dänen. Am Ende dieser Nacht war nicht nur die Schlacht verloren, hatten nicht nur über 700 Schleswig-Holsteiner ihr Leben gelassen, auch Friedrichstadt war fast vollständig

Neue Bilder-Zeitung. — 97tes Bild.

Sturm-Angriff auf Friedrichsstadt.

Der Sturm begann 6 Uhr Abends, als schon das Dämmerlicht eingetreten war und die aufsteigenden Dünste die Marschniederung, in der Friedrichsstadt belegen ist, bedeckt hatten. Die von der Chaussee zwischen der Stadt und dem Dorfe Seeth durchschnittene Marsch, nordwestlich von dem Wilder Deich gegen die Treene, südlich vom Drager Deich gegen die Eider begrenzt, bildete den Schauplatz, auf welchem die stürmenden Colonnen heranrückten, nachdem auch von dieser Seite her zahlreiche Batterien und insbesondere die erst am Morgen des Tages aufgefahrenen 25pfünder durch eine ununterbrochene Kanonade den Weg dazu vorzubereiten gesucht hatten. Eröffnet ward der Sturm durch einen Zug des 1. Jäger-Corps unter dem tapfern Hauptmann Bärens und eine Compagnie des 6. Bataillons. Nach einer kurzen Anrede des Obersten von der Tann gingen die Jäger mit einem Hurrah vor, entkamen glücklich den ersten gegen sie geschleuderten Kartätschenladungen und drangen bis an die Pallisaden bei dem Grevedschen Hofe vor. Dort harrten sie der nachfolgenden Infanterie-Abtheilungen, zwängten sich durch die Pallisaden und begannen den Sturm auf die Schanzen. Lange hielten die stürmenden Abtheilungen, unterstützt durch das Feuer der anderen weiter zurückstehenden Truppen, den Kampf unentschieden, bis endlich, was nicht in dem unheroischen, von allen Seiten unterhaltenen Feuer gefallen war, vor der Uebermacht des durch seine Verschanzungen und Werke so sehr begünstigten Feindes zurückweichen mußte. Schon war ein Theil des Blockhauses in unseren Händen gewesen; aber vor dem feindlichen Zudrange vor es nicht zu halten. Unsere Pioniere schlugen Brücken über den Burggraben und sagten die Pforten des Helmer Thores ein; die Brücken waren aber zu kurz, so daß ein Zug unserer hinüberdringenden Soldaten in das Wasser sank. In der Nacht nach dem Sturme ist von unseren Truppen die alte Stellung wieder eingenommen. Am 5. hat der Geschützdonner, aber nur für kurze Zeit, wieder begonnen; später soll er eingestellt sein. Ein heute Morgen vernommener, anhaltender Kanonendonner war auf das diesseits zwischen Tönning und Friedrichsstadt belegene Wollersum gerichtet, wo auch mehrere Häuser in Brand kamen. Eine Abtheilung unserer Artillerie brachte den Feind zum Schweigen.

Original u. Eigenthum No. 2339.

Hauptquartier Rendsburg, den 6. October 1850. An die Armee! Die Tage vor Friedrichsstadt sind nicht glücklich gewesen, aber sie sind Ehrentage für die Armee geworden. Der Sturm am 4. auf den von Natur und Kunst gleich festen Platz ist eine so schöne Waffenthat, wie irgend eine Armee sie aufzuweisen hat. Alle Waffen haben ihre Pflicht gethan. Der Oberst von der Tann hat das ganze Unternehmen mit gewohnter Thätigkeit und mit kühnem Unternehmungsgeist geleitet. Das 1. Jäger-Corps hat seinen alten Ruhm bewährt, das 11. und 15. Bataillon haben sich ruhmvoll benommen, das 6. Bataillon aber hat zwei Drittheile seiner Offiziere auf dem Platze gelassen. Das Bataillon darf mit Stolz den Namen „Friedrichsstadt" in seine Fahnen schreiben. Die Artillerie hat sich, wie immer, ausgezeichnet betragen. Die schwierigen Einleitungen, durch das sehr schlechte Wetter ungeheuer erschwert, sind von ihr mit der größten Umsicht angeordnet und mit der größten Standhaftigkeit durchgeführt worden. Die Pioniere sind vor keiner Schwierigkeit zurückgetreten. Nur unübersteigliche Hindernisse konnten solcher Tapferkeit Schranken setzen. Zum zweiten Male haben wir versucht durch weitliegende, gewagte Unternehmungen den Feind zum gleichen Kampfe auf's freie Feld herauszulocken; es hat auch diesmal nicht gelingen wollen. Wir müssen, so scheint es, ferner Geduld haben. Durch das Aufgeben des Angriffs ist gegen die frühere Lage nichts verloren. Unser Verlust ist sehr schmerzlich, aber das Selbstgefühl der Armee kann nur zunehmen dadurch, daß sie auch vor solchen schweren und gefahrvollen Unternehmungen, wie die gegen Friedrichsstadt, nicht zurücktreten, sie vielmehr ruhmvoll, wenn auch nicht glücklich, bestanden. Jeder, welcher die Armee in diesen Tagen gesehen, wird ihr die vollste Anerkennung nicht versagen. Ich danke allen Truppentheilen, welche an dem Unternehmen haben Theil nehmen können, im Namen des Vaterlandes für das, was sie dabei geleistet haben. Das Vaterland rechnet auch ferner auf ihre volle Hingebung. Ich erwarte von den Truppen ihre Berichte, um einzelne hervorstehende Handlungen durch Beförderung belohnen zu können.

Der kommandirende General: von Willisen.

Neu-Ruppin, zu haben bei Gustav K(

»Sturm der Schleswig-Holsteiner bei Friedrichstadt.« Oehmigke & Riemschneider No. 1708

in Schutt und Asche gelegt und 31 Einwohner waren verwundet oder getötet. Willisen, der dieses Fiasko letztlich zu verantworten hatte, bot am 6. Oktober seinen Rücktritt an. Trotz der Zunahme des außenpolitischen Drucks auf Schleswig-Holstein, dessen Lage nur durch einen überzeugenden militärischen Erfolg hätte verbessert werden können, hielt die Statthalterschaft wiederum an ihrem Oberbefehlshaber fest. Erst als Willisen jegliches weitere offensive Vorgehen ablehnte, nahm die Statthalterschaft seine Demission am 7. Dezember 1850 an und setzte General von der Horst zum Nachfolger ein.
Obwohl die Armee nach der verheerenden Niederlage bei Friedrichstadt bald wieder zu einem neuen Waffengang in alter Stärke bereit stand, entschied sich Schleswig-Holsteins Schicksal nicht auf dem Schlachtfeld, sondern in der Diplomatie. Österreich war nach der Niederschlagung des ungarischen Aufstandes wieder erstarkt und strebte erneut die Vorherrschaft im Deutschen Bund an. In der Olmützer Punktation, dem am 29. November 1850 zwischen Österreich und Preußen geschlossenen Vertrag, verzichtete Preußen auf die Verwirklichung der deutschen Einheit unter preußischer Führung und erklärte sich unter anderem auch zu einem gemeinsamen Vorgehen mit Österreich in der schleswig-holsteinischen Frage bereit. Schleswig-Holstein wurde Anfang Januar 1851 unter der Drohung, ein preußisch-österreichisches Exekutionsheer von 50 000 Mann würde in Holstein einrücken, zum Aufgeben seines Widerstandes bewogen.
Die Schlacht von Friedrichstadt war also der letzte große Waffengang der Schleswig-Holsteiner gegen die Dänen in dem sich seit 1848 hinziehenden Krieg, und obwohl diese Tatsache den Zeitzeugen nicht bewußt sein konnte, nahmen sie an der über sechs Tage dauernden Schlacht bangen Herzens Anteil. In vielen Augenzeugenberichten werden klar die Unterlegenheit der Schleswig-Holsteiner und die Unzulänglichkeit ihrer Ausrüstung angesprochen, wenn auch die Armee-Berichte eine andere Sprache sprechen. Es war damals sicherlich vielen Menschen bewußt, daß bei Friedrichstadt junge Soldaten für die Inkompetenz ihrer militärischen Führer büßen mußten. In dem letzten aufgefundenen Bilderbogen, der zu dieser Serie gehört, greift Gustav Kühn den Sturm-Angriff auf Friedrichstadt vom 4. Oktober 1850 auf. Er zeigt, wie die Truppen auf die Stadt vorrücken, die bereits an mehreren Stellen in Brand geschossen ist. Allerdings sind sowohl die Stadtansicht wie auch die Embleme auf den Fahnen rein fiktiv. Zur Erklärung des Bildes werden zwei Berichte angefügt. Der erste gibt eine genaue Beschreibung des Angriffsverlaufs. Eine bestimmte Textvorlage läßt sich aber nicht nachweisen. Daß der Bericht authentisch ist, zeigen viele Reportagen und Augenzeugenberichte, die in der damaligen Presse erschienen, und alle sehr ähnlichen Inhalts sind. Der folgende Armee-Bericht von General von Willisen, der die Niederlage mit heroisierenden Floskeln verbrämt, erschien in allen Tageszeitungen, so auch in der Vossischen und Spenerschen Zeitung vom 10. Oktober 1850.
Den gleichen Bilderbogen druckte Gustav Kühn, vermutlich für den dänischen Verlag Steen & Son in Kopenhagen, mit der Unterschrift: »*Kampen med Insurgenterne ved Fredericksstadt*«.
Als sich Ende November 1850 mit dem Abschluß des Olmützer Vertrages abzeichnete, daß auch der letzte Hort der Freiheitsbewegung von 1848 verloren war, scheint auch Kühns Interesse an seiner aktuellen Bilderzeitung erloschen zu sein. Es ist jedenfalls bisher kein weiterer Bogen der ›Neuen Bilderzeitung‹ aufgetaucht, so daß angenommen werden darf, daß Kühn nach Friedrichstadt die Serie beendet hat.

Quellen:
Baudissin: Geschichte d. Schleswig-Holst. Kriegs, 1862, S. 653 ff. – Liliencron: Up ewig ungedeelt, 1980, S. 392 ff. – Meyers Großes Taschen-Lexikon, Bd. 16, 1981, S. 74 – Illustrirte Zeitung, No. 379, vom 5. 10. 1850 bis No. 382, vom 26. 10. 1850 – Vossische Zeitung und Spenersche Zeitung, No. 232, vom 5. 10. 1850, No. 236, vom 10. 10. 1850.

Schlußbetrachtung

Es ist trotz jahrelanger intensiver Recherchen nicht gelungen, die Serie »Das merkwürdige Jahr 1848/49 – Eine neue Bilderzeitung« lückenlos zu rekonstruieren. Für die drei Erscheinungsjahre liegen folgende Ergebnisse vor:

für das Jahr 1848	41 von 45 Bogen,
für das Jahr 1849	28 von 35 Bogen,
für das Jahr 1850	12 von 17 (?) Bogen,
insgesamt also	81 von 97 (?) Bogen.

Der letzte aufgespürte Bogen ist das 97. Bild. Ob danach noch zur Serie gehörende Bilderbogen auf den Markt kamen, kann mit Sicherheit nicht beantwortet werden. Daher ist auch der Zeitpunkt der Beendigung der Serie nicht genau feststellbar. Geht man jedoch davon aus, daß Kühn mit der vollständigen Niederlage der Schleswig-Holsteiner in ihrem Kampf gegen die Dänen sein letztes Interesse an dieser Serie über aktuelle Ereignisse verlor, dürfte als Ende der »Neuen Bilderzeitung« – mit Einschränkung – Oktober/November 1850 angenommen werden.

Während der gut zweieinhalbjährigen Laufzeit der »Neuen Bilderzeitung« widmete Kühn rund ein Drittel seiner Bilderbogenproduktion dieser Serie, was sich anhand der Verlagsnummern, die jeder Bilderbogen aus seiner Offizin trägt, feststellen läßt. Das 1. Bild aus dem Jahr 1848 trägt die Nummer 2030, das 97. Bild die Nummer 2339. Somit sind in dem Zeitraum der Herausgabe der »Neuen Bilderzeitung« 309 Bilderbogen auf den Markt gekommen, von denen mindestens 97 zur Serie gehören. Allerdings ist die Gewichtung der einzelnen Jahre sehr unterschiedlich: Sein Interesse an den Ereignissen, die ›würdig waren, gemerkt zu werden‹ nahm augenscheinlich in dem Maße ab, wie die Reaktion wieder in ihren alten Positionen festen Fuß faßte.

Besonders deutlich läßt sich Kühns steigendes und fallendes Interesse an den tagespolitischen Ereignissen anhand der Verlagsnummern für das Jahr 1848 nachweisen, da die Bogen aus diesem Jahr fast vollständig vorliegen. Die ersten fünf Bilderbogen tragen fortlaufende Nummern, was auf ein schnelles, hintereinander folgendes oder sogar auf ein zusammenhängendes Erscheinen aller fünf Bilderbogen deutet. Danach tritt eine ›Ruhephase‹ von 14 Nummern beziehungsweise von rund vier Wochen – von Ende März bis Ende April – ein. Dann befaßt sich Kühn erneut und intensiv vom 6. bis zum 30. Bild in fast ununterbrochener Nummernfolge mit den revolutionären Geschehnissen in Europa und den kriegerischen Ereignissen in Schleswig-Holstein. Eine weitere größere Unterbrechung von 20 Nummern liegt zwischen dem 30. (ein Aktualitätenbogen über den blutigen Tag in Schweidnitz) und dem 31. Bild (ein Genrebogen über den Krieg in Schleswig-Holstein). Dann wird die Serie bis zum 38. Bild in fast ununterbrochener Reihenfolge fortgesetzt, und zwar mit aktuellen Ereignissen auf zwei beziehungsweise drei zusammenhängenden Bogen (33. und 34. Bild: Mißhandlung der Charlottenburger Demokraten und der Straßenkrawall in Berlin; 35. und 36. Bild: Empfang und Parade der aus Schleswig-Holstein zurückgekehrten preußischen Truppen; 37. bis 39. Bild: die Frankfurter Ereignisse nach dem Bekanntwerden des Waffenstillstandsvertrages zwischen Preußen und Dänemark).

Das 40. Bild, das das Bombardement auf Wien zeigt, folgt mit zwei, das 41. Bild, ein Erinnerungsbogen an Erzherzog Johann und seine Familie, folgt mit fünf Nummern Abstand. Die letzten vier Bogen aus dem Jahr 1848 sind wieder fortlaufend numeriert und befassen sich mit Berliner Ereignissen.

Nicht nur die dichte Nummernfolge läßt auf Kühns großes Interesse an dem Jahr 1848 schließen, sondern auch die Fülle der angesprochenen Themen: 15 der 45 Bilderbogen beschäftigen sich mit Berliner und das preußische Königshaus betreffenden Themen, sechs befassen sich mit dem Krieg in Schleswig-Holstein, jeweils vier zeigen Ereignisse aus Paris und Frankfurt, weitere drei Kämpfe in Polen, und je ein Bogen befaßt sich mit revolutionären Erhebungen in Prag, Schweidnitz, Martinique und Wien. Hinzu kommen noch fünf Erinnerungsbogen und ein Genrebogen. Anhand dieser Auflistung lassen sich zwei Schwerpunkte klar erkennen: Berlin als Sitz des preußischen Königshauses stellvertretend für Preußen und der schleswig-holsteinische Krieg gegen Dänemark, in den ja auch Preußen durch seine Armee verwickelt war. Trotz der Gewichtung zu Gunsten dieser beiden Themenbereiche bietet Kühn seiner Kundschaft eine umfassende Information der unterschiedlichsten aktuellen Ereignisse des Jahres 1848. Er versucht, in seiner Bilderzeitung alle ›Merkwürdigkeiten‹ aufzuzeigen, wenn auch auf seine Weise. Denn als die erste Begeisterung über die gelungene Revolution und die damit errungenen Freiheiten – für ihn zu allererst die geschäftsfördernde Pressefreiheit – bei ihm verflogen war, ist eine Änderung der Themenwahl und der Berichterstattung zu Gunsten der Parole ›Ruhe und Ordnung ist die erste Bürgerpflicht‹ nicht zu übersehen, wobei unliebsame, eben diese ›Ruhe und Ordnung‹ störenden Ereignisse wie der Sturm auf das Zeughaus in Berlin am 14. Juni 1848 keinerlei Beachtung finden.

Besonders augenfällig ist Kühns Anhänglichkeit an das preußische Königshaus. Bis zur vehement geführten Diskussion über die Rückkehr des Prinzen von Preußen Ende Mai/Anfang Juni 1848 ist Kühns Haltung der Revolution in Berlin gegenüber eher positiv-abwartend, was sich m. E. an einer ziemlich wertfreien Berichterstattung über die Berliner Ereignisse ablesen läßt. Doch die teilweise recht ausfallenden Angriffe auf den Prinzen in Tagespresse und auf Flugblättern ging Kühn zu weit. So zeigt er denn auf seinem 19. Bild den feierlichen Empfang des Prinzen von Preußen in Nowawes bei Potsdam, bringt einen authentischen Zeitungsbericht aus der Berliner Tagespresse und geht nur mit einer einzigen Zeile seines Gedichtes auf die großen Widerstände der Berliner gegen die Rückkehr des gehaßten ›Kartätschenprinzen‹ ein. Mit dieser Art der Berichterstattung – mehr noch mit dem Nichtgesagten – gibt er sich klar als Anhänger des preußischen Königshauses zu erkennen. Gleichzeitig vollzieht sich in seiner Bewertung der Revolution ein Bruch. Er gibt in den folgenden Blättern immer wieder zu erkennen, daß für ihn ein funktionierendes Verhältnis zwischen Obrigkeit und Volk nur durch diszipliniertes Verhalten zu erreichen ist, und nicht durch wildes, unbeherrschtes Aufbegehren und Infragestellung der gesamten bisherigen Ordnung. Diese Auffassung teilte er mit großen Teilen des Besitzbürgertums, das sich vor dem sich organisierenden Proletariat fürchtete und durch revolutionäre Erhebungen Besitz und Privilegien zu verlieren hatte.

Als weiteres Charakteristikum Kühnscher Betrachtungsweise der Ereignisse aus dem Jahr 1848 fällt auf, daß er

– Erhebungen, die von Preußen unterstützt wurden (schleswig-holsteinischer Krieg) mit großer Anteilnahme schildert;
– Revolutionen, die ohne Mitwirkung Preußens stattfanden (z. B. Paris), objektiv darzustellen versucht;
– Aufstände, die sich gegen Preußen und Deutsche richteten (Polen/Prag) einseitig kritisiert.

Hatte Kühn im Jahr 1848 seiner Kundschaft eine große Varietät von Themen geboten, so engt sich seine Themenwahl für die beiden folgenden Jahre sehr ein. Von den für das Jahr 1849 gefundenen 28 Bilderbogen beschäftigen sich 19 mit dem schleswig-holsteinischen Krieg, von den 12 aus dem Jahr 1850 vorhandenen Bogen 10. Doch schon mit der Niederschlagung der letzten Aufstände in Baden und Ungarn im Sommer 1849 ist Kühns Interesse an seiner »Neuen Bilderzeitung«, wie sie ab dem 77. Bild ohne den Zusatz ›Das merkwürdige Jahr‹ heißt eigentlich erloschen. Zwischen dem 80. Bild und dem nächst aufgefundenen 84. Bild liegt eine Zeitspanne von fast einem dreiviertel Jahr mit 49 Verlagsnummern. Das Wiederaufflammen des deutsch-dänischen Krieges und zwei hochaktuelle Berliner Ereignisse (der Fürstenkongreß und das Attentat auf Friedrich Wilhelm IV.) ließen die Serie noch einmal kurzfristig von Mai bis Oktober 1850 aufleben.

Bleibt noch die Frage zu klären, was die enorme und bis heute ungebrochene Popularität der Kühnschen Bilderbogen ausmacht.

Schon Theodor Fontane weist Gustav Kühn eine hervorragende Stellung unter den drei Neuruppiner Bilderbogenverlagen zu, indem er eben nur Kühn ein eigenes Kapitel in seinen »Wanderungen durch die Mark Brandenburg – Die Grafschaft Ruppin« widmet, die beiden anderen Verlage nicht einmal erwähnt. Dabei zeigen gerade die Bogen von Oehmigke & Riemschneider während der Revolutionszeit ein durchweg politisch engagiertes und fortschrittliches Eintreten für die Ziele der Revolution, was man von Kühn – mit Ausnahme des 11. Bildes – nicht sagen kann. Und doch fällt uns auch heute noch zuerst der Name Gustav Kühn ein, wenn die Sprache auf Neuruppiner Bilderbogen kommt.

Um eine Antwort auf das ›Phänomen Kühn‹ zu versuchen, soll kurz auf den ›Menschen Kühn‹ eingegangen werden. 1794 als siebentes von zehn Kindern des Neuruppiner Buchdruckers und -händlers Johann Bernhard Kühn geboren, zeigte er schon als Kind Talent zum Zeichnen, so daß sein Vater ihn nach Abschluß seiner Schulzeit auf dem Neuruppiner Gymnasium 1812 auf die Kunstakademie nach Berlin schickte. Bereits 1813 endete sein Studium vorzeitig, da die Akademie wegen Schülermangels durch die ausbrechenden Freiheitskriege ihre Pforten schloß. Der junge Gustav schloß sich nicht seinen Altersgenossen im Kampfe gegen Napoleon an, sondern ging zurück nach Neuruppin und trat in das Geschäft seines Vaters ein. Schon hier offenbart sich sein Realitätssinn, denn er zieht Sicherheit und Verdienst dem unsicheren Ruhm auf dem Schlachtfeld vor. In der Firma erwies er sich bald als so tüchtig, daß sein Vater ihn 1815 – erst 21jährig – zum Teilhaber machte, um ihm 1822 das Geschäft ganz zu übertragen. Mit der Anschaffung einer Lithographenpresse 1825, die ein schnelleres Drucken in größerer Stückzahl ermöglichte, nahm sein Geschäft einen enormen Aufschwung. Er leitete nicht nur die Firma fast 40 Jahre mit Geschick und Instinkt für das, was gerade gängig war, sondern er zeichnete, textete und dichtete auch eine Vielzahl seiner Bilderbogen selbst. Allerdings lassen sich Bogen, die von Kühn selbst gezeichnet wurden, nicht zuordnen, weil bis auf die Ausnahme des Lithographen mit dem Monogramm W. G. bzw. W. Grbgr. die Bilderbogen nicht signiert wurden.

Sicher ist nur, daß Kühn der Firma seinen unverkennbaren Stempel aufdrückte, indem er seine Ideen und Vorstellungen, aber auch seine politische und moralische Einstellung auf seinen Bilderbogen zum Ausdruck brachte. Seine ganze Zeit und Kraft widmete er diesem Lebenswerk, für eine Teilnahme an politischen oder gesellschaftlichen Aufgaben in der Kommune blieb kein Raum. Was an Zeit übrig blieb, widmete er seiner Familie. Er war zwei Mal verheiratet und hatte acht Kinder. 1868 starb Kühn, knapp 74jährig.

Wenn man Kühns Lebensweg während der kurzen Zeit der freiheitlichen Erhebungen vermittels seiner »Neuen Bilder-Zeitung«, die er als 53jähriger, in seinen Ansichten fest verwurzelter Mann begann, nachzeichnet, so offenbart sich seine monarchistische und preußische Gesinnung.

In seiner Jugend wurde der Grundstock zu diesen beiden, sein Leben bestimmenden Grundsätzen gelegt. Zum einen erlebte er die großzügige und schnelle Hilfe Friedrich Wilhelms II. beim Wiederaufbau Neuruppins nach dem verheerenden Brand von 1787, zum anderen war das Militär von klein auf ein vertrauter Bestandteil seines Lebens, war doch Neuruppin Garnisonsstadt. Hinzu kam die Unterdrückung aller liberalen Bestrebungen durch die Karlsbader Beschlüsse von 1819. Auch der junge Kühn mußte sich im Interesse seines Geschäftes den restriktiven Maßnahmen beugen – ob er das widerwillig tat, ist nicht bekannt. Aber natürlich prägt so ein Umfeld, in dem das ganze Leben über Jahrzehnte auf Familie und Heim reduziert wird und eigenes Denken unerwünscht ist, einen jungen und aufstrebenden Unternehmer. Andererseits ist sicherlich die Knebelung seiner freien Entfaltung ein Grund dafür, daß er sich zu einem gewieften Geschäftmann entwickelte, der jede geschäftsfördernde Möglichkeit erkannte und nutzte. Beides zusammen, der zeitgeschichtliche Hinter-

grund und sein Geschäftsinstinkt, machen wohl das Geheimnis seines Erfolges aus. Seine auf seinen Bilderbogen ausgedrückte Überzeugung entsprach dem Empfinden der Mehrheit seiner Zeitgenossen, die ebenfalls überwiegend des selbständigen Denkens ungeübt waren und der Freiheitsbewegung, als sie die eigenen Privilegien bedrohte, nicht mehr folgen wollte.
Kühn selbst hat in dem folgenden von ihm verfaßten Vers den Wunsch auf nicht allzu baldiges Vergessen seines Lebenswerkes zum Ausdruck gebracht:

>»Rufe mich, wenn's Dir gefällt;
>Sie wird mir immer enger,
>die wunderliche Welt!
>Und wenn ich von ihr scheide,
>sterb ich vielleicht nicht ganz:
>es blüht wohl noch ein Weilchen
>mein Bilderbogenkranz.«

Sein Wunsch hat sich erfüllt!

Bilderbogen von Gustav Kühn »*Das merkwürdige Jahr 1848 – Eine neue Bilderzeitung*«

Lfd. Nr.	Titel	Verlags-Nr.	Standort
1.	Die Erstürmung der Tuillerien in Paris am 23ten Februar 1848	2030	MVK Berlin BA Rastatt Museet Kolding
2.	Kampf zwischen Bürgern und Soldaten in der Straße Frankfurter Linden in Berlin 18. und 19. März 1848	2031	LA Berlin DHM Berlin HM Neuruppin
3.	Barrikadenkampf in der Breiten Straße am Rathaus zu Berlin 18. und 19. März 1848	2032	LA Berlin DHM Berlin HM Neuruppin
4.	Bestattung der für die Freiheit gefallenen Kämpfer, den 22. März 1848	2033	LA Berlin DHM Berlin MM Berlin HM Neuruppin Museet Kolding MHG Hamburg
5.	Sr. Majestät Friedrich Wilhelm IV., König von Preußen, verkündet in den Straßen seiner Hauptstadt die Einheit der deutschen Nation	2034	LA Berlin MKG Hamburg MHG Hamburg
6.	Schlacht bei Schleswig, den 23. April 1848	2048	BA Rastatt Museet Sønderborg
7.	Die Stadt Kiel in Schleswig-Holstein wird von Dänischen Schiffen blokirt		LA Berlin
8.	Jetzt kein Militair! – Nur Berliner Bürgerwehr. Der Gen.-Major von Aschoff übernimmt das Commando der Bürgermilitairs.	2053	LA Berlin DHM Berlin
9.	Siegreicher Einzug der Preußischen Garden in Schleswig	2054	Museet Kolding
10.	Einzug der Bundestruppen in Flensburg	2055	SHLM Schleswig MHG Hamburg
11.	Freiheitsheld vom 18. und 19. März 1848 in Berlin	2056	MVK Berlin SBB Berlin Berlin Museum WLM Münster
12.	Nicht nachgewiesen		
13.	Gräuelscenen in Polen	2058	Altonaer Museum MKG Hamburg MHG Hamburg BA Rastatt

Lfd. Nr.	Titel	Verlags-Nr.	Standort
14.	Schreckliche Klagen der Frauen über ihre Männer	2059	HM Frankfurt
15.	Große Parade der Bürgergarde und Schützengilde in Berlin vor Sr. Majestät dem König Friedrich Wihelm IV.	2060	LA Berlin BA Rastatt
16.	Gefecht der Bundestruppen in der Vorstadt St. Georg in Flensburg am 24ten April 1848		SHLB Kiel StM Flensburg
17.	Krieg mit den Polen. Erster Kampf	2062	BA Rastatt
18.	(Krieg mit den Polen. Zweiter Kampf.)	(2063?)	
19.	Ankunft Sr. Königl. Hoheit des Prinzen von Preußen von seiner Reise nach London. Feierlicher Empfang in Nowawes bei Potsdam.	2068	LA Berlin BA Rastatt MHG Hamburg
20.	Se. Königl. Hoheit der Prinz v. Preußen erscheint als Abgeordneter des Kreises Wirsitz in der Preußischen National-Versammlung zu Berlin	2071	LA Berlin HM Neuruppin
21.	Bombardement von Prag	2072	BA Rastatt
22.	Die Pariser Barrikadenschlacht am 23.–26. Juni 1848, 1. Tag	2073	BA Rastatt
23.	Die Pariser Barrikadenschlacht am 23.–26. Juni 1848, 2. Tag	2074	BA Rastatt
24.	Die Pariser Barrikadenschlacht am 23.–26. Juni 1848, 3. Tag	2075	BA Rastatt
25.	Prinz Friedrich von Augustenburg	2077	BA Rastatt Altonaer Museum Museet Kolding Rijksmuseum Arnheim
26.	Erzherzog Johann von Oesterreich, Reichsverweser von Deutschland. Feierlicher Einzug des Reichsverwesers in Frankfurt/Main		MM Berlin
27.	Ernst Alfred Fürst von Windischgrätz und Louis Cavaignac, Diktator von Frankreich		BA Rastatt
28.	Der Königlich-Preußische General der Kavallerie von Wrangel	2080	BA Rastatt

Lfd. Nr.	Titel	Verlags-Nr.	Standort
29.	Revolution der Czechen in Prag.	(2081)	Liste VEC
30.	Der blutige Tag in Schweidnitz, veranlaßt durch den Commandanten Rosas du Rosen, jetzt in Stift Heiligengrabe bei Wittstock in der Priegnitz; – Gottlob kein Deutscher, sondern ein Pole!	2082	DHM Berlin BA Rastatt
31.	Der kleine Krieg in Schleswig-Holstein	2102	BA Rastatt MHG Hamburg SHLB Kiel SHLM Schleswig
32.	Neger-Revolution auf Martinique	2103	BA Rastatt
33.	Mißhandlung der Demokraten in Charlottenburg am 20. August 1848	2104	SBB Berlin LA Berlin
34.	Berliner Straßen-Kravall. Angriff der Berliner Demokraten auf das Hotel des Minister-Präsidenten von Auerswald in der Wilhelmstraße zu Berlin am 21. August 1848	2105	SBB Berlin LA Berlin DHM Berlin HM Neuruppin
35.	Einzug und Empfang der siegreichen, aus Schlesw.-Holstein zurückkehrenden Truppen in Potsdam, den 16. Sept. 1848	2106	BA Rastatt
36.	Parade des siegreich aus dem Kampfe gegen die Dänen zurückgekehrten 1. Bat. des Kaiser Alexander-Gren.-Regts. vor Sr. Majestät dem Könige, im Lustgarten zu Potsdam am 16. Sept. 1848	2107	LA Berlin BA Rastatt
37.	Wüthender Angriff der Republikaner auf das in der Paulskirche zu Frankfurt versammelte deutsche National-Parlament, am 18. Sept. 1848	2108	HM Frankfurt SHLB Kiel
38.	Feierliches Leichenbegängniß der gemordeten Deputirten der Frankfurter National-Versammlung, des Fürsten Lichnowsky und des Generals von Auerswald, und der anderen Opfer des Aufruhrs, am 21. September 1848	2109	HM Frankfurt
39.	Schreckliche Mordthat an den Abgeordneten Auerswald und den Abgeordneten von Lichnowsky in Frankfurt am Main	2113	BA Rastatt BLM Karlsruhe
40.	Das Bombardement der Kaiserstadt Wien	2115	BA Rastatt LA Berlin

Lfd. Nr.	Titel	Verlags-Nr.	Standort
41.	Erzherzog Johann, Reichsverweser von Deutschland, und seine Gemahlin, Baronin Anna von Brandhof, nebst ihrem Sohne, dem Grafen von Meran	2120	LA Berlin
42.	Berlin in Belagerungs-Zustand erklärt! Entwaffnung der Bürgerwehr.	2130	LA Berlin DHM Berlin BA Rastatt
43.	Nicht nachgewiesen		
44.	Die silberne Hochzeit unseres hochgeliebten Königspaares, Friedrich Wilhelm's IV. und Elisabeth am 29. Nov. 1848	2132	MVK Berlin MM Berlin BA Rastatt
45.	Der passive Widerstand der Berliner während des Belagerungs-Zustandes	2133	HM Neuruppin

»Das merkwürdige Jahr 1849 – Eine neue Bilderzeitung«

Lfd. Nr.	Titel	Verlags-Nr.	Standort
46.	Der Königliche Glückwunsch zum Neuen Jahr 1849		BA Rastatt
47.	Louis Napoleon Bonaparte, Präsident der französischen Republik, hält in Paris große Heerschau über die Truppen	2141	BA Rastatt HM Neuruppin
48.	Kriegspanorama von Schleswig-Holstein	2174	MVK Berlin
49.	Schleswig-Holsteinsche Infanterie rüstet sich zum Kampf mit den Dänen – Schleswig-Holsteinsche Kavallerie verfolgt den fliehenden Feind	2177	Altonaer Museum
50.	Die Königl. Hannoversche Infanterie und Artillerie ziehen zur Befreiung der Schleswig-Holsteiner, ihren deutschen Brüdern, in den Befreiungskampf gegen die Dänen – Die Königl. Hannoversche Kavallerie zieht zur Befreiung der Schleswig-Holsteiner, ihren deutschen Brüdern, in den Befreiungskampf gegen die Dänen	2178	Altonaer Museum MHG Hamburg
51.	Königl.-Preuß. Infanterie und Artillerie im Lager zu Schleswig-Holstein – Königl. Preuß. Cavallerie im Lager zu Schleswig-Holstein	2179	Altonaer Museum MHG Hamburg

Lfd. Nr.	Titel	Verlags-Nr.	Standort
52.	Die Schlacht von Eckernförde, am 5. April 1849	2180	Altonaer Museum DHM Berlin
53.	Die Schlacht von Eckernförde, am 5. April 1849. Fisch oder Dogge, wer siegt?	2181	Altonaer Museum MKG Hamburg MHG Hamburg DHM Berlin MVK Berlin SHLB Kiel SHLM Schleswig BLM Karlsruhe
54.	Die Schlacht von Düppel, am 13. April 1849	2182	Altonaer Museum DHM Berlin SHLB Kiel MVK Berlin
55.	Gefecht der Schleswig-Holsteinschen Truppen mit den Dänen zwischen Atzbüll und Gravenstein am 3. April 1849	2184	Altonaer Museum MHG Hamburg DHM Berlin SHLM Schleswig
56.	Die tapferen Schleswig-Holsteinschen Jäger, die im Sturm am 23. April die Festung Kolding nahmen – Schleswig-Holsteinsche Artillerie auf den Höhen bei Kolding	2183	StA Flensburg
57.	Untergang des Schiffes Christian VIII. am 5. April 1849	2188	Altonaer Museum DHM Berlin SHLM Schleswig
58.	Die Erstürmung der Düppeler Schanzen am 13. April 1849	2189	Altonaer Museum DHM Berlin SHLB Kiel SHLM Schleswig
59.	Der Sieg bei Kolding	2190	Altonaer Museum MVK Berlin
60.	Siegreicher Kampf der Hannoveraner mit den Dänen bei Ulderup	2191	Altonaer Museum MHG Hamburg MKG Hamburg MVK Berlin SHLM Schleswig Museet Kolding
61.	Kriegs-Panorama von Ungarn, oder: wie die Oestreicher geschlagen werden	2198	StA Flensburg
62.	Die Preußen und die Sachsen machen Kameradschaft mit einander im Kampf wider die Dresdener Aufrührer	2199	DHM Berlin BLM Karlsruhe

Lfd. Nr.	Titel	Verlags-Nr.	Standort
63.	Glänzender Sieg der Schleswig-Holsteinschen Truppen bei Biert und Gudsoe, am 7. Mai 1849	2200	Altonaer Museum MHG Hamburg DHM Berlin SHLM Schleswig Kong. Bibl. Kopenhagen
64.	Nicht nachgewiesen		
65.	Nicht nachgewiesen		
66.	Die Erstürmung von Kolding durch die tapferen Schleswig-Holsteinschen Truppen	2207	Altonaer Museum MHG Hamburg MVK Berlin SHLM Schleswig Museet Kolding
67.	Das heitere Bivouac der Schleswig-Holsteinschen Truppen	2208	Altonaer Museum MHG Hamburg SHLM Schleswig Museet Kolding
68.	Prinz Friedrich Carl von Preußen, der junge tapfere Held an der Spitze in dem Gefecht bei Wiesenthal	2209	MM Berlin BNM München
69.	Das Seegefecht bei Helgoland zwischen dem dänischen und deutschen Geschwader am 4. Juni 1849	2210	Altonaer Museum MHG Hamburg Kong. Bibl. Kopenhagen
70.	Die große Schlacht bei Fridericia, den 6. Juli 1849	2225	Altonaer Museum MHG Hamburg SHLM Schleswig Museet Kolding StA Flensburg
71.	Fürchterlicher Kampf der dänischen Jäger mit den schleswig-holsteinschen Truppen bei Fridericia – Kampf der Dänen gegen die schleswig-holsteinsche Batterie Christiansen bei Fridericia	2226	Altonaer Museum Museet Kolding
72.	Die gewaltsamen Werbungen in Ungarn	2227	MVK Berlin Museet Kolding
73.	Siegreicher Kampf der Ungarn mit den Russischen Vorposten – Zurückgeschlagener Angriff der Oestreicher auf die Festung Comorn	2228	BLM Karlsruhe
74.	Nicht nachgewiesen		

Lfd. Nr.	Titel	Verlags-Nr.	Standort
75.	Nicht nachgewiesen		
76.	Nicht nachgewiesen		
77.	Entwaffnung der Insurgentenbesatzung von Rastatt	2235	BLM Karlsruhe Museet Kolding
78.	Nicht nachgewiesen		
79.	Nicht nachgewiesen		
80.	Schlacht bei Szegedin und Einnahme der Stadt durch die Oestreicher	2238	MVK Berlin
81.	Nicht nachgewiesen		
82.	Nicht nachgewiesen		
83.	Nicht nachgewiesen		

»1850 – Eine neue Bilderzeitung«

Lfd. Nr.	Titel	Verlags-Nr.	Standort
84.	Der commandirende General der Schleswig-Holsteinschen Armee von Willisen	2287	Altonaer Museum MHG Hamburg SHLM Schleswig Museet Kolding
85.	Große Parade unter den Linden in Berlin. Friedrich Wilhelm IV., umgeben von den hohen Fürsten Deutschlands, nimmt der Berliner Garnison die Parade ab.	2289	LA Berlin
86.	Mord-Anfall auf Se. Maj. Friedrich Wilhelm IV. auf dem Potsdamer Eisenbahnhofe	2288	LA Berlin
87.	Das Lager der Schleswig-Holsteinschen Truppen in Rendsburg und Friedrichsort	2309	Altonaer Museum
88.	Die vereinigte Russisch-Dänische Kriegs-Flotte bei Copenhagen.		Liste VEC
89.	Schlacht bei Idstedt, den 25. Juli 1850	2313	Altonaer Museum MHG Hamburg SHLM Schleswig
90.	Nicht nachgewiesen		
91.	Siegreicher Kampf der Schleswig-Holsteinschen Truppen gegen die Dänen bei Jübeck am 24. Juli 1850	2316	Altonaer Museum SHLM Schleswig

Lfd. Nr.	Titel	Verlags-Nr.	Standort
92.	Beginn des Kampfes bei Idstedt am 25. Juli 1850, Morgens 3½ Uhr	2317	Altonaer Museum MVK Berlin
93.	Die große blutige Schlacht bei Idstedt am 25. Juli 1850	2318	Altonaer Museum MHG Hamburg SHLM Schleswig
94.	Wir sind zurückgedrängt, aber nicht besiegt. Die Schleswig-Holsteinsche Armee verläßt nach hartem Kampfe unbesiegt das Schlachtfeld bei Idstedt.	2319	Altonaer Museum MHG Hamburg SHLM Schleswig
95.	Sprengung des Schrauben-Dampf-Kanonenboots »*v. d. Tann*« bei Neustadt – Kampf in Ober-Stolk und Vernichtung des dänischen Generalstabes Schleppegrell	2322	Altonaer Museum
96.	Gefecht bei Duvenstedt, den 9. Aug. 1850 – Das Auffliegen des Laboratoriums in Rendsburg, am 7. August 1850	2323	Altonaer Museum
97.	Sturm-Angriff auf Friedrichstadt	2339	Altonaer Museum MVK Berlin

Bilderbogen von Oehmigke & Riemschneider zu den Revolutionsereignissen der Jahre 1848 bis 1850.

Titel	Verlags-Nr.	Standort
Die Erstürmung des Hôtels des Premier-Ministers Guizot in Paris am 24. Februar 1848.	1315	MVK Berlin
Erster Angriff der Cavallerie auf das unbewaffnete Volk vor dem Königl. Schlosse in Berlin. (18. 3. 1848)	1317	LA Berlin
Berlins Aufstand. Barricade in der neuen Königs Strasse am 19. Maerz 1848.	1319	LA Berlin MHG Hamburg
Das Leichenbegängnis der am 18./19. März gefallenen Freiheitskämpfer.	1320	HM Neuruppin
Einzug König Frederik v. Dänemark in Flensburg (1848)	1333	Liste VEC
Gefecht der Bundestruppen in der Vorstadt St. Georg in Flensburg am 24ten April 1848	o. Nr.	MVK Berlin
Aufzug des Königs von Preußen am 21. März 1848.	1336	LA Berlin HM Neuruppin
Die Todtenfeier auf der Friedrichshöhe bei Berlin am 4. Juni 1848.	1339	LA Berlin HM Neuruppin
Sturm des Pöbels auf das Zeughaus in Berlin am 14. Juni 1848. – Plünderung des Zeughauses zu Berlin am 14. Juni 1848.	1348	LA Berlin
Schlacht zwischen den Preussen und polnischen Sensenmännern bei Rogalin (8. 5. 1848)	o. Nr.	MVK Berlin
Feierlicher Einzug des Reichsverwesers Erzherzog Johann in Frankfurt a./M. (11. 7. 1848)	1363	HM Frankfurt MVK Berlin
Die Erstürmung des Dannewerks bei Schleswig, Angriff des 20ten Infanterie- und 3ten Husaren-Regiments. (23. 4. 1848).	1364	MVK Berlin
Angriff der Preußen auf die Düppeler Schanzen am 5. Juni 1848.	1366	SHLM Schleswig
Huldigung des Reichsverwesers Erzherzog Johann in Berlin. (6. 8. 1848)	1370	LA Berlin
Kampf der Bundes-Truppen auf Sundewitt. (28. 5. 1848)	1372	MVK Berlin
Schrecklicher Martertod der Abgeordneten der Frankfurter National Versammlung Fürsten Lichnowsky u. Generals von Auerswald in Frankfurt a./M. (18. 9. 1848)	1387	MVK Berlin

Titel	Verlags-Nr.	Standort
Erstürmung der Barrikade zu Frankfurt a./M. durch die Oestreicher. (18. 9. 1848)	1388	MVK Berlin
Die Ermordung des Oesterr. Kriegs-Ministers Grafen von Latour in Wien. (6. 10. 1848)	1389	MVK Berlin
Gefecht an der Taborbrücke zu Wien. (7. 10. 1848)	1396	MVK Berlin MHG Hamburg
Gewaltsame Entfernung der Nationalversammlung aus dem Schauspielhause in Berlin. (10. 11. 1848)	1400	HM Neuruppin
Uebernahme der Hamburger Schiffe durch die Reichskommissäre Major Teichert und Hauptmann von Möhring Hamburg.	1401	MHG Hamburg
Kossuth den Landsturm aufbietend.	1440	MVK Berlin
Gefecht der Freischaaren mit den Dänen.	1447	Liste VEC
Das dänische Linienschiff Christian VIII. u. die Fregatte Gefion ergeben sich den Bundestruppen bei Eckernförde, am 5. April 1849.	1450	MVK Berlin
Verteidigung der Barricade am Hohen Haus in der Nikolaistr. in Breslau am Abend des 7. Mai 1849.	1457	HM Neuruppin
Verteidigung der Barricade in der Königs-Ecke Ohlauer Str. und Ketzerberg in Breslau am Abend des 7. Mai 1849.	1458	MVK Berlin
Biwak der Aufständischen auf dem Alten Markt zu Dresden. (Mai 1849)	1460	HM Neuruppin
Die feierliche Beerdigung der im Straßenkampfe vom 7. Mai gefallenen Militairs zu Breslau. (1849)	1465	MVK Berlin
Ludwig Kossuth	1467	HM Neuruppin
Das Gefecht bei Kolding. (24. 4. 1849)	1469	HM Neuruppin MHG Hamburg
Die Einnahme von Kolding durch die Schleswig-Holsteiner. (24. 4. 1849)	o. Nr.	Liste VEC
Das Gefecht bei Gudsoe vom 7. 5. 1849.	1471	HM Neuruppin MHG Hamburg
Sprengung des Wiener Thores bei der Erstürmung von Ofen. (17. 5. 1849)	1478	HM Neuruppin

Titel	Verlags-Nr.	Standort
Das Seegefecht bei Helgoland vom 5. Juni 1849.	1485	HM Neuruppin
Das Gefecht von Mannheim.	1487	HM Neuruppin
Die Festung Rastatt ergiebt sich den Preußen. (24. 7. 1849)	1527	MVK Berlin
Görgey ergibt sich den russischen Truppen. (13. 8. 1849)	1528	MVK Berlin
Ueberfall bei Friedericia. (5./6. 7. 1849)	1540	MVK Berlin
Schauderhaftes Attentat auf Sr. Majestät Friedrich Wilhelm IV. (22. 5. 1850)	1625	LA Berlin HM Neuruppin
Offiziere der Schleswig-Holsteinischen Armee: von der Tann, von der Horst	1661	MHG Hamburg
Gefecht bei Helligbek und Sollbroe.	1662	Liste VEC
Schlacht bei Idstedt. Am 25. Juli Morgens 3½ Uhr. (1850)	1663	Liste VEC
Schlacht bei Idstedt. Scene der Schlacht in der Gegend von Lürschau.	1667	Liste VEC
Mißhandlung schlewigscher Bauern durch die Dänen	1679	MHG Hamburg
Tod des General Schleppegrell in der Schlacht bei Idstedt.	1680	Liste VEC
Sturm der Schleswig-Holsteiner bei Friedrichstadt. (4. 10. 1850)	1708	MVK Berlin
Vorpostengefecht bei Bronzell vom 8. 11. 1850.	1723	HM Neuruppin
Enthüllungsfeier des Friedrich des Großen Denkmal am 31. Mai. (1850)	1800	LA Berlin

Standortnachweis der Bilderbogen

Rijksmuseum Arnheim
  Rijksmuseum voor Volkskunde
  Schelmseweg 89
  NL-Arnheim 6002

Berlin Museum
  Berlin Museum
  Lindenstr. 14
  10969 Berlin

DHM Berlin
  Deutsches Historisches Museum
  Unter den Linden 2
  10117 Berlin

LA Berlin
  Landesarchiv Berlin
  Kalckreuthstr. 1–2
  10777 Berlin

MM Berlin
  Märkisches Museum
  Am Köllnischen Park 5
  10179 Berlin

MVK Berlin
  Staatliche Museen zu Berlin – Preußischer
  Kulturbesitz
  Museum für Volkskunde
  Im Winkel 6–8
  14195 Berlin

SBB Berlin
  Staatsbibliothek zu Berlin – Preußischer
  Kulturbesitz
  Potsdamer Str. 33
  10785 Berlin

StA Flensburg
  Stadtarchiv Flensburg
  Rathaus
  24937 Flensburg

StM Flensburg
  Städtisches Museum Flensburg
  Lutherplatz 1
  24937 Flensburg

HM Frankfurt
  Historisches Museum
  Graphische Sammlung
  Saalgasse 19
  60311 Frankfurt/Main

Altonaer Museum
  Altonaer Museum in Hamburg
  Norddeutsches Landesmuseum
  Museumstr. 23
  22765 Hamburg

MHG Hamburg
  Museum für Hamburgische Geschichte
  Holstenwall 24
  20355 Hamburg

MKG Hamburg
  Museum für Kunst und Gewerbe
  Steintorplatz 1
  20099 Hamburg

BLM Karlsruhe
  Badisches Landesmuseum Karlsruhe
  Schloß
  76131 Karlsruhe

SHLB Kiel
  Schleswig-Holsteinische Landesbibliothek
  Landesgeschichtliche Sammlung Schloß
  24103 Kiel

Museet Kolding
  Museet pa Koldinghus
  Postbox 91
  DK-6000 Kolding

Kong. Bibl. Kopenhagen
  Det Kongelige Bibliotek
  Kort og Billedafdelingen
  Christians Brygge 8
  DK-1219 Kopenhagen

BNM München
  Bayerisches Nationalmuseum
  Prinzregentenstr. 3
  80538 München

WLM Münster
  Westfälisches Landesmuseum für Kunst-
  und Kulturgeschichte
  Domplatz 10
  48143 Münster

HM Neuruppin
  Heimatmuseum Neuruppin
  August-Bebel-Str. 14–15
  16816 Neuruppin

BA Rastatt
  Bundesarchiv
  Außenstelle Rastatt
  Herrenstraße – Schloß
  76437 Rastatt

SHLM Schleswig
  Schleswig-Holsteinisches Landesmuseum
  Schloß Gottorf
  24837 Schleswig

Museet Sønderborg
  Museet pa Sønderborg Slot
  DK-6400 Sønderborg

Liste VEC
  Liste des Bilderbogensammlers V. E. Clausen, Kopenhagen, im Archiv des MVK Berlin. Die Standorte der Bilderbogen sind unbekannt.

Quellen- und Literaturverzeichnis

Adelung, Johann Christoph: Grammatisch-kritisches Wörterbuch der Hochdeutschen Mundart, 3. Theil. Leipzig 1789.

Adreßbuch von Berlin, 1822 und 1847.

Allgemeine Deutsche Biographie. Auf Veranlassung Seiner Majestät des Königs von Bayern, hrsg. bei der Königl. Akademie der Wissenschaften, 10. Bd., Neudruck der 1. Auflage von 1879. Berlin 1968, 24. Bd., Neudruck der 1. Auflage von 1898. Berlin 1971.

Arnscheidt, Margrit: Politische Druckgraphik der Revolution 1848/49. (Bildhefte des Städt. Reiss-Museums Mannheim Nr. 2) Mannheim 1978.

Der Bär von Berlin, Jahrbuch des Vereins für die Geschichte Berlins, 25. Folge. Berlin 1976.

Baudissin, Adelbert: Geschichte des Schleswig-Holsteinischen Kriegs. Hannover 1862.

Bauer, Heinz: Der Neuruppiner Bilderbogen. In: Velhagen und Klasings Monatshefte 18, 1903/04.

Bekanntmachung zur Bürgerbewaffnung. Flugblatt vom 19. März 1848. Landesarchiv Berlin.

Bericht über die Ereignisse in Prag. Flugblatt. Österr. Nationalbibliothek Wien, Flugschriften Sammlung.

Die Berliner März-Revolution. Eine genaue und zusammenhängende Darstellung. Hrsg. von Mitkämpfern und Augenzeugen. Berlin 1848.

Die Berliner Märztage. Vom militärischen Standpunkte aus geschildert. Berlin 1850.

Berliner Revolutions-Kalender 1848–1948. (›Der Prinz von Preußen – seine Flucht und Rückkehr‹; ›Die Berliner Bürgerwehr‹; ›Der große Volkstribun‹; ›Vom Tierarzt Urban, von Lindenmüller und von Vater Karbe‹). Berlin 1947.

Berlinische Nachrichten von Staats- und gelehrten Sachen, Jahrgänge 1848, 1849 und 1850 (ab 4. 6. 1872 ›Spenersche Zeitung‹).

Bernstein, Dr. Ahorn: Revolutions- und Reaktionsgeschichte Preußens und Deutschlands von den Märztagen bis zur neuesten Zeit, 1. Bd.: Die Märztage 1848–1849, Kabinetts-Intriguen. Bis nach Olmütz 1850. Berlin 1882.

Biographisches Lexikon für Schleswig-Holstein und Lübeck, Bd. 8. Neumünster 1987.

Blos, Wilhelm: Die Deutsche Revolution. Geschichte der Deutschen Bewegung von 1848 und 1849. Stuttgart 1898.

Blum, Hans: Die deutsche Revolution 1848–49. Florenz und Leipzig 1897.

Die blutigen Pfingstfeiertage. Flugblatt. Österr. Nationalbibliothek Wien, Flugschriften Sammlung.

Braß, August: Berlin's Barrikaden. Ihre Entstehung, ihre Verteidigung und ihre Folgen. Berlin 1848.

Breslauer Zeitung, Juli – August 1848.

Brückner, Wolfgang: Populäre Druckgraphik Europas: Deutschland vom 15. bis 20. Jahrhundert. München 1969.

Der bunte Rock in Preußen. Militär- und Ziviluniformen 17. bis 20. Jh. in Zeichnungen, Stichen und Photographien aus dem Bestand der Kunstbibliothek Berlin ausgewählt und bearbeitet von Ekhart Berckenhagen und Gretel Wagner. (Katalog zur Ausstellung der Kunstbibliothek Berlin, Staatliche Museen Preußischer Kulturbesitz). Berlin 1981.

Claussen, V. E.: Populäre Druckgraphik Europas: Skandinavien vom 15. bis 20. Jahrhundert. München 1973.

Der Club der Frauen an seine Mitschwestern. Erster Bericht. Flugblatt vom 8. Juli 1848.

Correspondenz-Blatt und Kieler Wochenblatt, März 1848 bis Oktober 1850.

Danmarks Melodibog, 1500 danske Sange for Piano med underlegt Text, 1. Del., Wilhelm Hansen Musik-Forlag. o. O./o. J.

An die deutsche Nation. Flugblatt. Landesarchiv Berlin.

Die Deutsche Revolution 1848/49 in Augenzeugenberichten. Hrsg. von Hans Jessen. München 1963.

Ebeling, Hans und Birkenfeld, Wolfgang: Die Reise in die Vergangenheit. Bd. 3. Braunschweig 1978.

Eckert, Heinrich Ambros und Dietrich Monten: Das deutsche Bundesheer und das Militär der Schweiz, Bd. I–VI. Nach dem Uniformwerk aus den Jahren 1838–1848, bearb. von Georg Ortenburg. (Bibliophile Taschenbücher). Dortmund 1981.

Erinnerungsstätte für die Freiheitsbewegungen in der deutschen Geschichte. (Katalog der ständigen Ausstellung). Rastatt 1984.

Erzherzog Johann von Österreich, Dt. Reichsverweser als Fürst, Mensch und Krieger. Flugblatt. Österr. Nationalbibliothek Wien, Flugschriften Sammlung.

Erzherzog Johann von Österreich. Sein Wirken in seiner Zeit. Festschrift zur 200. Wiederkehr seines Geburtstages Hrsg. von Othmar Pickl. Graz 1982.

Fontane, Theodor: Die Berliner Märztage. Leipzig 1919.

Fontane, Theodor: Gustav Kühn. In: Wanderungen durch die Mark Brandenburg, Bd. 1. München 1969.

Fontane, Theodor: Der Schleswig-Holsteinische Krieg im Jahre 1864. Berlin 1985.

Fraenger, Wilhelm: Materialien zur Frühgeschichte des Neuruppiner Bilderbogens. In: Jahrbuch für Historische Volkskunde 1. Berlin 1925.

Fraenger, Wilhelm: Zwei Neuruppiner Schulheft-Umschläge des Jahres 1848. In: Deutsches Jahrbuch für Volkskunde 7, 1961.

Fragen an die deutsche Geschichte. Ideen, Kräfte, Entscheidungen von 1800 bis zur Gegenwart. (Katalog zur Historischen Ausstellung im Reichstagsgebäude in Berlin). Stuttgart 1974.

Die Frankfurter Nationalversammlung 1848/49. Ein Handlexikon der Abgeordneten der deutschen verfassungsgebenden Reichs-Versammlung. Hrsg. v. Reiner Koch. Kelkheim 1989.

Friedländische Sammlung, Geschichte der Bewegung von 1848. Berlin 1897.

Das fürchterliche Blutbad in Prag. Flugblatt. Österr. Nationalbibliothek Wien, Flugschriften Sammlung.

Funcken, Liliane und Fred: Historische Uniformen 19. Jahrhundert. 1814–1850 Frankreich, Großbritannien, Preußen. Infanterie, Kavallerie, technische Truppen und Artillerie. München 1982.

Giese, Fritz E.: Kleine Geschichte der deutschen Flotte. Berlin 1966.

Grimm, Jacob und Wilhelm: Deutsches Wörterbuch, 6. Bd., Leipzig 1885.

Größing, Helmut: Der Kampf um Wien im Oktober 1848. Militärhistorische Schriftenreihe, Heft 23, hrsg. vom Heeresgeschichtlichen Museum (Militärwissenschaftliches Institut). Wien 1973.

Das große Conversations-Lexicon für die gebildeten Stände, hrsg. von J. Meyer, Hildburghausen, Amsterdam, Paris und Philadelphia 1850.

Hagthornthwaite, Philipp: Uniformen und Schlachten 1815–1850. Deutsch von Karl-Otto von Cernicki. München 1976.

Hansen, A.: Erinnerungen aus den Jahren 1848–1850. Kiel 1870.

Herrmann, Alfred: Berliner Demokraten. Ein Buch der Erinnerung an das Jahr 1848. Berlin 1948.

Hirte, Werner: Die Schwiegermutter und das Krokodil. München 1969.

Hummel-Haasis, Gerlinde: Schwestern zerreißt eure Ketten. Zeugnisse zur Geschichte der Frauen in der Revolution von 1848/49. dtv dokumente. München 1982.

Illustrated London News, Jahrgänge 1848, 1849, 1850.

L'Illustration, Journal Universel Paris, Jahrgänge 1848, 1849, 1850.

Illustrierte Geschichte der deutschen Revolution 1848/49. Autorenkollektiv Walter Schmidt, Gerhard Becker, Helmut Bleiber, Rolf Dlubek, Siegfried Schmidt, Rolf Weber. Berlin 1975.

Illustrirte Zeitung, Leipzig, Jahrgänge 1848, 1849, 1850.

Iwitzki, Angelika: Neuruppiner Bilderbogen. Rekonstruktion und Interpretation der Bildserie ›Das merkwürdige Jahr 1848/49‹. Zulassungsarbeit zur 1. Dienstprüfung für das Lehramt an Realschulen. Pädagogische Hochschule Reutlingen 1975.

Jaenicke-Nickel, Johanna: Neuruppiner Bilderbogen. In: Jahrbuch für brandenburgische Landesgeschichte 13, 1962.

Kaeber, Ernst: Berlin 1848. Berlin 1948.

Knötel, Richard und Herbert Sieg: Handbuch der Uniformkunde. Nachdruck der 9. Auflage. Hamburg 1971.

Königlich privilegirte Berlinische Zeitung von Staats- und gelehrten Sachen. Jahrgänge 1848, 1849, 1850. (ab 24. 12. 1911 ›Vossische Zeitung‹).

Kohlmann, Theodor: Neuruppiner Bilderbogen. (Schriften des Museums für Deutsche Volkskunde Bd. 7). Berlin 1981.

Kölnische Zeitung. Extraausgabe vom 26. 2. 1848.

Lahnstein, Peter: Die unvollendete Revolution 1848–49. Badener und Württemberger in der Paulskirche. Stuttgart Berlin Köln Mainz 1982.

Lankheit, Klaus: Bilderbogen. Deutsche populäre Druckgraphik des 19. Jahrhunderts. Katalog des Badischen Landesmuseums Karlsruhe. 1973.

Lankheit, Klaus: Weißenburger Revolutionsgraphik von 1848/49. In: Zeitschrift für die Geschichte des Oberrheins, Bd. 120, NF 82. 1972.

Liederbuch für Schleswig-Holstein. Hrsg. vom Schleswig-Holsteinischen Heimatbund. Wolfenbüttel und Zürich 1970.

Liliencron, Detlev, von: Up ewig ungedeelt. Die Erhebung Schleswig-Holsteins im Jahre 1848. Frankfurt/Main 1980.

Lüders, Gustav: Die demokratische Bewegung in Berlin, im Okt. 1848. In: Abhandlungen zur Mittleren und Neueren Geschichte, Heft 11. Hrsg. von Georg v. Bülow, Heinrich Finke, Friedrich Meinicke. Berlin und Leipzig 1902.

de Luna, Frederick A.: The French Republic under Cavaignac 1848. Princeton University Press 1969.

Das merkwürdige Jahr. Bildmappe Revolution 48 mit 26 Bildtafeln. Erarbeitet von Heinrich Schwing, hrsg. von der Studiengruppe zur Geschichte der Arbeiterbewegung. Stuttgart 1979.

Meyerinck, Hubert, von: Die Straßenkämpfe in Berlin am 18. und 19. März 1848. In: Voigtländer's Quellenbücher. Leipzig o. J.

Meyers Großes Taschenlexikon. Mannheim, Wien, Zürich 1981.

Näf, Werner: Die Epochen der neueren Geschichte. Bd. 2. München 1970.

Neue Deutsche Biographie. Hrsg. von der Historischen Kommission bei der Bayerischen Akademie der Wissenschaften. Bd. 5 und Bd. 10. Berlin 1971.

Neue Preußische Zeitung (Kreuzzeitung), von Juli 1848 bis Mai 1850.

Die Österreichische Biene: Johann, Erzherzog von Oesterreich, Reichsverweser über Deutschland. Flugblatt vom 7. 7. 1848. Österr. Nationalbibliothek Wien, Flugschriften Sammlung.

Oschilewski, Walter Georg: 1848 – Die Märztage in Berlin. Berlin 1948.

Peschken, Goerd und Hans Werner Klünner: Das Berliner Schloß. Das Klassische Berlin. Berlin 1982.

Pfannstiel, Margot: Der Locomotivkönig. Berliner Bilder aus der Zeit August Borsigs. Berlin 1987.

Pieske, Christa: Genre-Motive auf Neuruppiner Bilderbogen. In: Museum und Kulturgeschichte. Festschrift für Wilhelm Hansen. Münster 1978.

Rellstab, Ludwig: Berlin und seine nächsten Umgebungen in malerischen Originalansichten. Darmstadt 1855.

Riedel, Lisa: Neuruppiner Bilderbogen. Hrsg. Heimatmuseum Neuruppin. 1981.

Riedel, Lisa: Zur Geschichte der Neuruppiner Bilderbogen. Hrsg. vom Heimatmuseum Neuruppin. 1984.

Rimpler, O.: Die Berliner Bürgerwehr im Jahr 1848. Von ihrer Organisation am 19. März bis zu ihrer Auflösung am 11. November. Bearb. von H. Schaffer, Brandenburg 1883.

Schieder, Theodor: Vom Deutschen Bund zum Deutschen Reich. In: Gebhardt, Handbuch der deutschen Geschichte. Bd. 15, dtv Wissenschaft, 8. Auflage. München 1983.

Schiller, Friedrich: Wallensteins Lager. (Reclam UB 41). Stuttgart o. J.

Schmidt-Eberswalde, Rudolf: Neu-Ruppin, zu haben bei Gustav Kühn. In: Brandenburg, Zeitschrift für Heimatkunde und Heimatpflege, Heft 4/1925.

Schwartz, Wilhelm: Bei Gustav Kühn gedruckt in Neu-Ruppin. In: Brandenburgia, Monatsblatt der Gesellschaft für Heimatkunde der Provinz Brandenburg zu Berlin, Jahrgang 1901/02.

Seubert, Josef: Ein Neuruppiner Bilderbogen aus dem Jahr 1848. In: Festgabe für Ernst Walter Zeeden. Münster 1976.

Seubert, Josef: Flugblatt 1848. In: Kosmos-Wandbilder für den Unterricht. Lieferung 59/1973.

Spenersche Zeitung: s. Berlinische Nachrichten von Staats- und gelehrten Sachen.

Springer, Robert: Berlins Straßen, Kneipen und Clubs im Jahre 1848. Reprint der Originalausgabe nach dem Exemplar der Universitätsbibliothek Berlin. Leipzig 1985.

Stieber, Wilhelm J. C. E.: Spion des Kanzlers. Die Enthüllungen von Bismarcks Geheimdienstchef. Stuttgart 1978.

Tagebuch der Straße. Eine Publikation der Wiener Stadt- und Landesbibliothek. Wien o. J.

Treue, Wilhelm: Deutsche Geschichte. Von den Anfängen bis zum Ende der Ära Adenauer. 4. erweiterte Auflage. Stuttgart 1971.

Valentin, Veit: Deutsche Geschichte, Bd. 1 und 2. München/Zürich 1969.

Valentin, Veit: Geschichte der deutschen Revolution 1848–1849, Bd. 1 und 2. Berlin 1930.

Vanja, Konrad: Vivat – Vivat – Vivat. Widmungs- und Gedenkbänder aus drei Jahrhunderten. (Schriften des Museums für Deutsche Volkskunde Berlin, Bd. 12). Berlin 1985.

Varnhagen von Ense, Karl August: Journal einer Revolution, Tagesblätter 1848/49. Nördlingen 1986.

Vollmer, Franz X.: Der Traum von der Freiheit. Stuttgart 1983.

Vossische Zeitung: s. Königlich privilegirte Berlinische Zeitung von Staats- und gelehrten Sachen.

Wetzel, Jürgen: …taub für die Stimme der Zeit. Zwischen Königstreue und Bürgerinteressen. Berlins Oberbürgermeister H. W. Krausnick von 1834–1862. (Katalog des Landesarchivs Berlin). Berlin 1985.

Wien im Belagerungszustand. Flugblatt vom 20. 10. 1848. Österr. Nationalbibliothek Wien, Flugschriften Sammlung.

Windischgrätz und das Bombardement in Prag. Flugblatt Österr. Nationalbibliothek Wien, Flugschriften Sammlung.

Wolff, Adolf: Berliner Revolutions-Chronik. Darstellung der Berliner Bewegungen im Jahre 1848 nach politischen, sozialen und literarischen Beziehungen. Bd. 1–3. Berlin 1851.

Zaepernick, Gertraud: Neuruppiner Bilderbogen der Firma Gustav Kühn. Leipzig 1972.

Zubek, Paul: Das merkwürdige Jahr 1849. In: Festschrift für Heinz Spielmann zum 60. Geburtstag. Hamburg 1990.

Personenregister

Adalbert, Prinz von Preußen 150
Aschoff, Friedrich Heinrich von 34, 48
Auerswald, Alfred von 82, 164
Auerswald, Hans von 94

Baudissin, Adelbert 172
Bauer, Bruno, Buchhändler 80
Bauer, Egbert, Buchhändler 80
Bem, Josepf, poln. General 138, 139, 156, 158, 162
Bergemann, Friedrich Wilhelm 10
Beseler, Wihelm Hartwig 28
Blum, Hans 18
Blum, Robert 18
Bøgh, Eric 176
Bonaparte, Louis 110
Bonaparte, Louis Napoleon (Napoleon III.) 70, 110
Bonin, Eduard von 66, 72, 114, 134, 144, 152, 164
Brandenburg, Friedrich Wilhelm 100
Braß, August 22
Bremer, J., Advokat 28
Bromme, Rudolf, gen. Brommy 150
Bülow, Frederik von 142

Camphausen, Ludolf 54
Cavaignac, Godefroy 70
Cavaignac, Jean Baptiste 70
Cavaignac, Louis Eugène 60, 62, 70, 110
Chemnitz, Matthäus Friedrich 50
Christian VIII., König von Dänemark 15, 28, 66
Christian August, Herzog von Schleswig-Holstein-Sonderburg-Augustenburg 66, 164
Christiansen, Leutnant 152, 154
Colomb, Ferdinand von 52
Corvin, Otto von 160

Dahlmann, Friedrich Christoph 90

Elisabeth, Königin von Preußen 104
Ernst, Herzog von Sachsen-Coburg-Gotha 121, 130

Fontane, Theodor 10, 11, 12, 18, 187
Franz Joseph I., Kaiser von Österreich 98, 138
Frederik VII., König von Dänemark 28, 112, 134
Friedrich, Herzog von Schleswig-Holstein-Sonderburg-Augustenburg 66
Friedrich III., König von Dänemark 152
Friedrich August II., König von Sachsen 140
Friedrich Carl, Prinz von Preußen 148, 161
Friedrich Emil August, Prinz von Schleswig-Holstein-Sonderburg-Augustenburg, Prinz von Noer 28, 30, 66, 72, 112
Friedrich Wilhelm II., König von Preußen 187
Friedrich Wilhelm IV., König von Preußen 18, 22, 26, 30, 48, 54, 56, 66, 72, 88, 100, 104, 108, 140, 166, 168, 186

Glasbrenner, Adolf 106
Görgey, Arthur, ung. General 138, 156, 158
Guizot, François 16

Halkett, Hugh von 72

Haynau, F. M. L., Freiherr von 162
Held, Friedrich Wilhelm 106
Hopf, Albert 106
Horst, General von der 178, 184
Hortense, Ehefrau von Louis Bonaparte 110

Jellačić von Bužim, Josef 96, 162
Johann, Erzherzog von Österreich 68, 98, 185
Joseph II., Kaiser des Hl. Röm. Reiches 98
Jungmann, Hauptmann 121

Kanning, D. M., Lithographische Anstalt 122, 126, 144, 152
Karbe, Adolph Friedrich 106
Kirchhoff, J., Zeichner 42
Klapka, Georg 158
Kossuth, Lajos 138, 156, 157, 158, 162
Krimm, Bürgerwehrkommandeur in Potsdam 104
Krogh, General von 172, 178
Krüger, Franz 108
Kühlwetter, Friedrich von 82
Kühn, Gustav passim
Kühn, Johann Bernhard 187

Lang, badischer Offizier 160
Lange, Kommandant des Kanonenboots ›v. d. Tann‹ 178
Lamoricière, Louis Juchault de, franz. General 62
Latour, Theodor 96
Leopold II., Kaiser des Hl. Röm. Reiches 92
Lichnowsky, Felix, Fürst von 94, 96
Liliencron, Detlev von 72, 178
Louis Philipp, König von Frankreich 12, 16, 110

Manteuffel, Otto Theodor von 108
Masson, Bataillons-Chef von Paris 60
Maytheny, ungar. Offizier 158
Maximilian I., König von Bayern 104
May, Gustav, Lith. Anstalt 94
Medau, C. W. & Co., Verlag 94
Metternich, Clemens, Graf von 14, 18, 56, 100
Mieroslawski, Ludwik 160
Minutoli, Julius von 34
Müller, Bernhard Anton Otto 106

Napoleon I. 14, 72, 110, 150, 187
Napoleon II., Herzog von Reichsstadt 110
Naunyn, Franz 105
Neander, Johann 22
Nobili, F. M. L., Graf von 94

Oehmigke & Riemschneider, Verlag 10, 12, 14, 94, 121, 168, 187
Oeser, L., Lith. Anstalt 94
Olshausen, Justus 28

Paludan, Befehlshaber des ›Christian VIII.‹ 120, 121, 122, 130
Paskiewitsch, Iwan, Graf 158
Peucker, Eduard von 144
Pfuel, Ernst von 100
Prittwitz, Karl Ludwig von 112, 124, 130, 134, 136, 142, 144, 146, 152
Puchner, österr. General 138

Radowitz, Joseph Maria, Freiherr von 166
Reventlow, Fritz, Graf von 28
Rimpler, Otto 100
Rosas du Rosey 74
Rostollon, Gouverneur auf Martinique 78
Rudolf II., Kaiser des Hl. Röm. Reiches 68
Rye, Olaf, dän. General 152

Sala, A., Verlag 46
Schertle, Valentin, Lithograph 108
Schiller, Friedrich von 118
Schinkel, Karl Friedrich 103
Schleppegrell, dän. General 178, 180
Schmidt, M. T. 28
Schöler, August von 26
Schön, von, Königsberger Oberpräsident 72
Schopin, Henri-Frédéric, Maler 76
Sefeloge, Maximilian Joseph 168
Siegerist, Karl 18, 42
Siemens, Werner (von) 32
Steen & Sön, dän. Verlag 174, 184
Stieber, Wilhelm J. C. E. 26
Sydow, Karl 22

Tann, Ludwig von der 124, 172, 182

Varnhagen von Ense, Karl August 54, 74, 82, 88, 100, 103, 108

Waldeck, Benedikt 100
Wehle, Robert, Maler 141
Welden, Ludwig 138, 139
Wilhelm, Prinz von Preußen (Kaiser Wilhelm I.) 54, 56, 148, 160, 166, 186
Willisen, Karl Wilhelm von 52, 66, 164, 172, 175, 178, 180, 182, 184
Windischgrätz, Ernst Alfred, Fürst von 58, 70, 96, 138, 139
Wrangel, Friedrich von 30, 36, 38, 66, 72, 86, 88, 100, 103, 106, 112

Ortsregister

Acs, Ungarn 138
Aller, Schleswig 126
Apenrade, Schleswig 126, 144
Atzbüll, Schleswig 126
Auenbüll, Schleswig 136
Auerstedt 72

Bau, Schleswig 30, 50, 66, 110
Berlin 14, 18, 22, 26, 30, 34, 40, 42, 44, 46, 48, 52, 54, 56, 58, 66, 80, 82, 88, 90, 94, 100, 104, 105, 106, 108, 148, 166, 168, 185, 186, 187
Biert, Schleswig 142, 146
Boulogne 110
Brandenburg 100
Bredstrup, Schleswig 152
Bremerhaven 150
Brüssel 54
Budapest (s. auch Ofen u. Pest, 1872 Zusammenlegung der beiden Städte) 138, 162

Charlottenburg bei Berlin 80, 82, 185
Cuxhaven 150

Debreczin, Ungarn 158, 162
Dresden 134, 140
Düppel, Schleswig 72, 124, 126, 132, 136, 146, 172
Duvenstadt, Schleswig 180

Eckernförde, Schleswig 66, 116, 120, 121, 122, 126, 130, 134, 146, 150, 180
Erfurt 166, 180
Erlau, Ungarn 158

Flensburg, Schleswig 32, 38, 50, 110, 120, 172
Frankfurt am Main 58, 68, 86, 90, 92, 94, 98, 112, 140, 148, 150, 166, 185
Fridericia, Dänemark 86, 110, 142, 146, 152, 154, 164
Friedrichsort, Schleswig 32, 170
Friedrichstadt, Schleswig 180, 182, 184

Germersheim, Pfalz 148
Gernsbach, Baden 160
Gravenstein, Schleswig 126
Graz 98
Großwardein, Ungarn 158, 162
Gudsoe, Schleswig 142, 146, 152

Hadersleben, Schleswig 126
Hamburg 30, 86, 122, 126, 144, 172
Hermannstadt, Ungarn 138

Idstedt, Schleswig 172, 175, 176, 178, 180

Jena 72
Jübeck, Schleswig 175

Karlsruhe 148, 160
Kiel 32, 66, 121
Kochendorf, Schleswig 182
Kolding, Dänemark 86, 128, 134, 136, 142, 144
Komorn, Ungarn 138, 139, 156, 158
Königsberg 72
Konstanz 160
Kopenhagen 28, 32, 66, 184
Krakau 15, 44

Kronstadt, Ungarn 138
Krusau, Schleswig 66

Laboe bei Kiel 32
Lübeck 178

Mainz 90
Malmö, Schweden 86, 90, 112
Martinique 78, 184
Miloslaw, Polen 52
Miskolcz, Ungarn 158
Missunde, Schleswig 180, 182

Nagy Sarlo, Ungarn 138
Neuruppin 10, 11, 176, 187
Neustadt, Schleswig 178
New York 106
Nowawes bei Potsdam 54, 186

Oberstolk, Schleswig 172, 178
Ofen 138, 139
Offenburg 148
Olmütz 96, 184
Oversee (auch: Oewersee), Schleswig 50, 72

Paris 12, 14, 16, 28, 56, 60, 62, 64, 70, 78, 110, 138, 148, 164, 185
Pest (auch: Pesth) 138, 139
Philippsburg, Baden 148
Pleschen, Polen 52
Posen 44, 52, 74, 164
Potsdam 54, 86, 88, 104, 168
Prag 58, 70, 94, 138, 186

Rastatt 160
Rendsburg 30, 38, 66, 72, 110, 164, 170, 172, 180, 182
Rostock 32

Schleswig 30, 36, 38, 40, 50, 72, 110, 172
Schweidnitz 74, 185, 186
Snoghoi, Schleswig 142
Sonderburg 124
Sorgebrück, Schleswig 180
Stettin 32, 72
Stralsund 32
Straßburg 110
Stuttgart 164
Sundewitt, Schleswig 50
Szegedin, Ungarn 162

Temesvar, Ungarn 156
Travemünde 178

Ulderup, Schleswig 136

Veile, Schleswig 142

Waghäusel, Baden 148, 160
Waitzen, Ungarn 138
Waterloo 72
Wien 14, 18, 44, 58, 96, 98, 100, 116, 138, 140, 158, 164, 185, 186
Wiesenthal, Baden 148
Wismar 32
Wreschen, Polen 52

Xions, Polen 52

Fotonachweis:

Bildarchiv Preußischer Kulturbesitz Berlin: 17, 19, 20, 21, 22, 23, 24, 26, 27, 29, 31, 35, 37, 40, 41, 43, 45, 47, 49, 50 (Mitte), 51, 53, 55, 57, 59, 61, 63, 67, 69, 73, 75, 77, 79, 80, 81, 83, 85, 87, 89, 90, 91, 92 (rechts), 93, 94 (oben und Mitte), 95, 97, 98, 99, 101, 102, 105, 107, 108 (unten), 109, 111, 113, 115, 119, 120 (oben), 121, 123, 125, 127, 129, 130 (oben), 131, 133, 134, 135, 137, 139, 141, 143, 145, 147, 149, 150, 151, 153, 155, 156 (oben), 157, 159, 160, 161, 168, 169, 171, 173, 174, 175, 176, 177 (oben), 179, 181, 183.

Landesarchiv Berlin: 33

Museum für Volkskunde Berlin (Claudia Obrocki): 11, 15, 16, 25, 44, 50 (oben und unten), 66, 68, 72, 76, 84, 92 (links), 94 (unten), 96, 124, 130 (unten), 138, 152 (links), 156 (unten), 158, 162, 163, 177, 182, 184.

Staatsbibliothek zu Berlin: 46, 108 (oben).

Altonaer Museum in Hamburg: 126, 144.

Bundesarchiv, Außenstelle Rastatt: 71.

Schleswig-Holsteinisches Landesmuseum, Schleswig: 39, 120 (unten), 122, 152 (rechts).

Schriften des Museums für Volkskunde:
(bis Band 17: Schriften des Museums für Deutsche Volkskunde)

Band 1:
Lebendiges Gestern. Erwerbungen von 1959 bis 1974 (Festschrift für Lothar Pretzell). Beiträge von Ingolf Bauer, Edgar Harvolk, Theodor Kohlmann, Justus Kutschmann, Heidi Müller, Rotraut Sutter und Gertrud Weinhold. Berlin 1975

Band 2:
Wegweiser durch das Museum für Deutsche Volkskunde. Texte von Edgar Harvolk, Wolf-Dieter Könenkamp, Theodor Kohlmann, Heidi Müller und Ulrike Zischka. Berlin 1977

Band 3:
Das Bild vom Bauern. Vorstellungen und Wirklichkeit vom 16. Jahrhundert bis zur Gegenwart. Einführung von Theodor Kohlmann, Beiträge von Wolf-Dieter Könenkamp, Burkhart Lauterbach, Heidi Müller und Ulrike Zischka. Berlin 1978
(vergriffen)

Band 4:
Adolf Reichwein: Museumspädagogische Schriften.
Vorwort von Theodor Kohlmann, Beiträge von Klaus Fricke und Wilfried Huber. Berlin 1978

Band 5:
Laienmaler aus Deutschland und Österreich. Die Sammlung des Museums für Deutsche Volkskunde. Einführung von Lothar Pretzell, Katalogbearbeitung von Theodor Kohlmann. Berlin 1977

Band 6:
Heidi Müller: Dienstbare Geister. Leben und Arbeitswelt städtischer Dienstboten. Mit einem Beitrag von Thomas Roth. Berlin 1981
Buchhandelsausgabe im Dietrich Reimer Verlag Berlin

Band 7:
Neuruppiner Bilderbogen. Katalogbearbeitung von Theodor Kohlmann. Mit einem Beitrag von Peter-Lutz Kindermann. Berlin 1981
(vergriffen)

Band 8:
Bube, Dame, König. Alte Spielkarten aus Berliner Museums- und Privatsammlungen. Katalogbearbeitung von Theodor Kohlmann, Sigmar Radau und Stefan Schlede. Berlin 1982

Band 9:
Christa Pieske: Das ABC des Luxuspapiers. Herstellung, Verarbeitung und Gebrauch 1860 bis 1930. Unter Mitarbeit von Konrad Vanja und anderen. Berlin 1983
Buchhandelsausgabe im Dietrich Reimer Verlag Berlin

Band 10:
Inga Wiedemann: »Der Hinkende Bote« und seine Vettern. Familien-, Haus- und Volkskalender von 1757 bis 1929. Berlin 1984

Band 11:
Regine Falkenberg: Kindergeburtstag. Ein Brauch wird ausgestellt. Mit Beiträgen von Andreas C. Bimmer, Britta Gaedecke-Eller, Theodor Kohlmann und Ingeborg Weber-Kellermann. Berlin 1984

Band 12:
Konrad Vanja: Vivat – Vivat – Vivat! Widmungs- und Gedenkbänder aus drei Jahrhunderten. Unter Mitarbeit von Detlev Brunner, Susanne Rexroth, Katharina Schade, Ilse Umhauer und Chieu-Kyung Yang. Berlin 1985

Band 13:
Großstadt. Aspekte empirischer Kulturforschung. 24. Deutscher Volkskunde-Kongreß in Berlin vom 26. bis 30. September 1983. Herausgegeben im Auftrag der Deutschen Gesellschaft für Volkskunde von Theodor Kohlmann und Hermann Bausinger. Berlin 1985

Band 14:
Heidi Müller, Ekkehard und Inge Lippert, unter Mitarbeit von Regine Falkenberg: Bunzlauer Geschirr, Gebrauchsware zwischen Handwerk und Industrie. Berlin 1986
Buchhandelsausgabe im Dietrich Reimer Verlag Berlin

Band 15:
Christa Pieske: Bilder für jedermann. Wandbilddrucke 1840–1940. Mit einem Beitrag von Konrad Vanja. Berlin 1988
Buchhandelsausgabe in der Keyser'schen Verlagsbuchhandlung München

Band 16:
Auf's Ohr geschaut. Ohrringe in Stadt und Land vom Klassizismus bis zur neuen Jugendkultur. Katalogbearbeitung von Karin Göbel, Theodor Kohlmann, Heidi Müller und Konrad Vanja. Berlin 1989

Band 17:
Roland Wohlfart: Der braven Kinder Weihnachtswünsche. Weihnachtsglückwunschbriefe des 19. und 20. Jahrhunderts. Berlin 1991

Band 18:
Zwischen Schule und Fabrik. Textile Frauenarbeit in Baden im 19. und 20. Jahrhundert. Von Brigitte Heck, Heidi Müller und Friederike Lindner unter Mitarbeit von Guido Fackler. Sigmaringen 1993

Band 19:
Angelika Iwitzki: Europäische Freiheitskämpfe. Das merkwürdige Jahr 1848. Eine neue Bilderzeitung von Gustav Kühn in Neuruppin. Berlin 1993
Buchhandelsausgabe im Dietrich Reimer Verlag Berlin